A GUARDIÃ DE TODAS AS COISAS

Michael S. Malone

A GUARDIÃ DE TODAS AS COISAS

Uma história épica e biográfica da memória humana –
do Surgimento do Homem à Era da Superinformação

Tradução
CLAUDIA GERPE DUARTE
EDUARDO GERPE DUARTE

Editora Cultrix
SÃO PAULO

Título original: *The Guardian of All Things*.
Copyright © 2012 Michael S. Malone.
Copyright da edição brasileira © 2014 Editora Pensamento-Cultrix Ltda.
Texto de acordo com as novas regras ortográficas da língua portuguesa.
1ª edição 2014.
Todos os direitos reservados. Nenhuma parte desta obra pode ser reproduzida ou usada de qualquer forma ou por qualquer meio, eletrônico ou mecânico, inclusive fotocópias, gravações ou sistema de armazenamento em banco de dados, sem permissão por escrito, exceto nos casos de trechos curtos citados em resenhas críticas ou artigos de revistas.

A Editora Cultrix não se responsabiliza por eventuais mudanças ocorridas nos endereços convencionais ou eletrônicos citados neste livro.

Editor: Adilson Silva Ramachandra
Editora de texto: Denise de C. Rocha Delela
Coordenação editorial: Roseli de S. Ferraz
Preparação de originais: Olga Sérvulo
Produção editorial: Indiara Faria Kayo
Editoração eletrônica: Fama Editora
Revisão: Maria Aparecida A. Salmeron e Vivian Miwa Matsushita

Dados Internacionais de Catalogação na Publicação (CIP)
(Câmara Brasileira do Livro, SP, Brasil)

Malone, Michael S.
    A guardiã de todas as coisas : uma história épica e biográfica da memória humana : do surgimento do homem à Era da superinformação / Michael S. Malone ; tradução Claudia Gerpe Duarte, Eduardo Gerpe Duarte. — 1. ed. — São Paulo : Cultrix, 2014.

    Título original: The guardian of all things.
    ISBN 978-85-316-1293-0
    1. Ciência cognitiva 2. Civilização — História 3. Filosofia da mente 4. Memória 5. Tecnologia e civilização I. Título.

14-11557   CDD-153

Índices para catálogo sistemático:
    1. Ciência cognitiva e filosofia da mente : Psicologia 153

Direitos de tradução para o Brasil adquiridos com exclusividade pela
EDITORA PENSAMENTO-CULTRIX LTDA., que se reserva a propriedade literária desta tradução.
Rua Dr. Mário Vicente, 368 — 04270-000 — São Paulo, SP
Fone: (11) 2066-9000 — Fax: (11) 2066-9008
http://www.editoracultrix.com.br
E-mail: atendimento@editoracultrix.com.br
Foi feito o depósito legal.

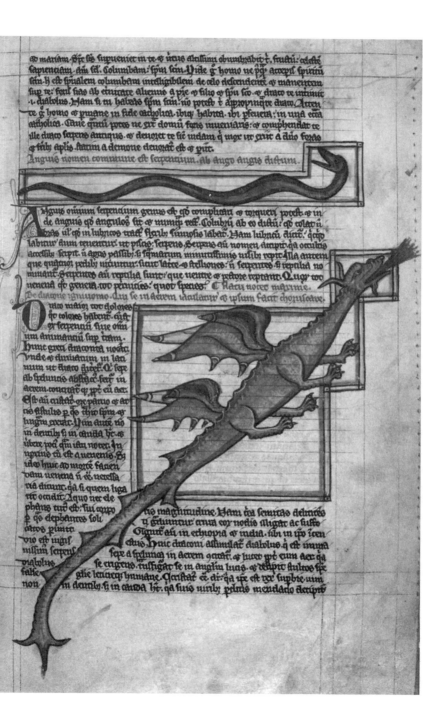

Sumário

Introdução: A guardiã de todas as coisas 9
A memória como biografia

1. Encontrando uma voz 17
A memória como palavra

2. A caverna da iluminação 38
A memória como símbolo

3. Argila, junco e pele 60
A memória como meio

4. A estátua ensanguentada 89
A memória como metáfora

5. Criaturas de pernas longas 118
A memória como classificação

6. Teatros de memória 142
A memória como referência

7. Padronagens no carpete 170
A memória como instrução

8. Grandes invenções, grandes inventores 189
   A memória como registro

9. Diamantes e ferrugem 229
   A memória gratuita

10. A persistência da memória 270
    A memória como existência

Agradecimentos 307
Notas 311

Introdução
A Guardiã de Todas as Coisas
A memória como biografia

"*Memoria est thesaurus omnium rerum et custos.*"
A memória é o tesouro e a guardiã de todas as coisas.
— MARCO TÚLIO CÍCERO

A primeira vez em que pensei em escrever sobre a história da memória foi há mais de trinta anos, em consequência de duas experiências no início da minha vida adulta.

No final de 1979, comecei a trabalhar no jornal *San Jose Mercury News* como repórter da área de tecnologia, provavelmente o primeiro no mundo, na qual escrevia artigos diários. Era fascinante: o vale do Silício estava florescendo e, a não ser por um ou outro jornalista especializado, ele era todo meu. Cobri os últimos dias de glória da Hewlett-Packard e os primeiros anos da Apple. Entrevistei toda a primeira geração de empresários do vale do Silício que logo viraram lenda, desde os homens que fundaram o setor de semicondutores até os fabricantes dos primeiros computadores pessoais, das unidades de disco e dos *video games*.

Eu achava (com razão, como ficou claro) que estava em uma posição privilegiada para observar de perto a história mais importante de meu tempo, que estava se desenrolando. Enquanto eu circulava pelo vale, fazia as minhas entrevistas e escrevia as minhas matérias, aprendi duas coisas. Uma delas foi que, até mesmo em um setor tão científico e empírico como o da tecnologia, a verdadeira história era sempre misteriosa, e as histórias oficiais raramente eram corretas.

Mas foi a outra coisa que eu aprendi que acabou me levando a escrever este livro. Naqueles dias, aonde quer que eu fosse, as pessoas me diziam que eu tinha muita sorte de estar cobrindo o vale do Silício naquele momento. Que a pujança de novas empresas e produtos seria breve. E que os dias de glória já estavam chegando ao fim.

Por quê? Por causa da *memória*, me disseram. A cada ano, os *chips* e processadores ficam cada vez mais velozes e mais potentes. Mas esses são de estado sólido, precisam apenas ser miniaturizados; o caminho deles é claro. Porém, a memória, diziam, era outra história: o *chip* de memória não pode acompanhar o ritmo, e a memória magnética diz respeito a discos giratórios, cabeçotes móveis e motores. A memória de disco é uma máquina com partes móveis; ela nunca acompanhará o passo dos *chips* lógicos e microprocessadores.

E, no entanto, com o passar dos anos, quase como em um passe de mágica, a memória acompanhou o ritmo. De alguma maneira, os engenheiros e cientistas que trabalhavam com a memória sempre descobriam uma maneira de aprimorar cada uma das tecnologias — memória de semicondutores, memória magnética, memória óptica e projetos experimentais um tanto estranhos, como "bolhas" magnéticas — e sempre conseguiam acompanhar o passo. Às vezes, essas empresas, apesar de estarem sempre competindo entre si, parecem atuar juntas — como os jogadores de rúgbi, abrindo caminho dentro de campo, lançando passes laterais de uma companhia ou empresa para a seguinte, sempre avançando e sempre à frente dos outros caras.

Naquela época me ocorreu, e ainda acredito nisso, que esses caras que trabalhavam com a memória foram os grandes heróis não reconhecidos da era da eletrônica. Enquanto outros profissionais desfrutavam da fama e da glória por suas conquistas, aqueles que davam duro no negócio da memória — de quem todos os outros dependiam para sobreviver — ficaram (com a rara exceção de Al Shugart) na sombra do quase anonimato. Decidi, então, contar a história deles.

A segunda experiência foi a morte do meu pai.

Meu pai era um sujeito extraordinário: forte, inteligente, um herói. Quando morreu, aos 67 anos, tinha vivido o que a maioria dos outros homens precisaria de várias vidas para viver. Ele sobrevivera a espetáculos em parques de diversões em que engolia gilete, a vagabundos perigosos que viajavam como clandestinos em trens de carga, a 30 missões como bombardeador a bordo de um B-17 na Europa, a tiroteios como espião na Alemanha e no norte da África, a uma encefalite, a batidas de carro, a um terremoto no Tibete e a três enfartos. No final, o que o matou foi uma lesão causada pelo acidente doméstico mais comum entre os homens de meia-idade: ele caiu de uma escada e fraturou o crânio.

Meu pai não morreu logo; ele era muito forte. Ficou durante algum tempo em estado de semicoma, recebendo a visita diária da esposa e dos filhos adultos, na unidade de terapia intensiva do hospital municipal.

Certo dia, em uma dessas visitas, minha esposa e eu fomos abordados por um dos médicos na entrada da ala em que meu pai estava internado.

— Seu pai — disse ele — está fazendo algo bastante inusitado. Nós não estamos conseguindo entender. Vocês podem observá-lo durante algum tempo e nos dizer o que acham que ele está fazendo?

Eu me sentei em uma cadeira ao lado da cama dele e cheguei bem pertinho. A princípio, ele parecia estar como em todos os outros dias: estirado na cama do hospital levemente inclinada, rodeado de monitores e com uma máscara de oxigênio. Mas alguma coisa tinha mudado: em vez de permanecer deitado imóvel, os olhos dele estavam abertos, mas sem se fixar em ponto algum. Sua mão esquerda, absolutamente imóvel até aquele momento, estava por cima do cobertor, e seus dedos tamborilavam no ar. Sob a máscara de oxigênio, eu podia ver os lábios de meu pai se movendo, como se ele estivesse falando o tempo todo.

Eu me debrucei sobre ele e coloquei o ouvido junto a seu rosto. Podia ver seus dedos ainda tamborilando no ar bem na minha frente.

Ouvi a voz do médico atrás de mim.

— Sabe o que ele está fazendo?

Eu me levantei, olhei para trás e disse:

— Sim, acho que ele está repassando a lista de verificação de procedimentos de um bombardeiro B-17. A máscara de oxigênio deve ter deflagrado uma memória. Vê os dedos dele? Acho que ele está pressionando botões, acionando interruptores e batendo de leve nos indicadores de voo.

— É mesmo? — disse o médico. — Impressionante. — E foi embora.

Fiquei observando meu pai. De alguma maneira, passado meio século, ainda estava tudo lá — cada etapa, cada leitura e cada interruptor para ligar e desligar. Tenho certeza de que nem ele mesmo sabia que se lembrava. Afinal de contas, ele não tinha passado no curso de pilotos — e por isso se tornou bombardeador e navegador de voo. Portanto, o tempo que ele passou na cadeira de piloto deve ter sido breve. No entanto, tinha sido suficiente para imprimir no cérebro dele a memória de uma experiência incrivelmente complexa, aos 22 anos de idade, até o dia de sua morte. O que mais estava lá? Será que estava *tudo* lá? As memórias de uma vida inteira? Será que isso acontece no cérebro de todos nós?

Nunca me esqueci do que vi naquele dia. Já era bastante doloroso perdê-lo — mas a percepção de que as memórias de toda a vida dele, que ainda estavam presentes, se perderiam me deixava ainda mais triste. Desde então, tenho acompanhado as últimas descobertas da ciência cognitiva e da neurociência, histórias de feitos prodigiosos da memória humana e o volume cada vez maior de trabalhos na área de implantes e interconexões cérebro-máquina. Todos esses fatos davam a entender, assim como meu pai naquele dia, que existe alguma coisa grandiosa e surpreendente fora do nosso alcance. Tive a mesma impressão ao observar meus dois filhos, quando bebês, que pareciam absorver o mundo todo em sua mente.

Minha carreira me mantém bastante ocupado, isso sem contar a prateleira cheia de livros que trazem meu nome como autor. Mesmo assim, nunca desisti do meu plano de escrever a história da memória, a humana e a artificial, e como elas interagem para nos tornar quem somos. Há anos eu vinha propondo o livro aos editores, que bocejavam (no sentido figurado) diante da perspectiva de um livro árido sobre unidades de disco, e propunham algum outro tema ("Que tal um livro sobre a Apple?"). Há cerca de uma década, discuti várias vezes essa ideia com James Burke, ex-repórter da BBC para assuntos da NASA e lendário historiador da ciência (autor de *Connections*), além de um velho amigo. Mas nossos planos não deram em nada — embora eu tenha tentado incorporar seu estilo fluente de escrever e seu senso de humor neste livro.

Se há uma coisa que aprendi em minha longa carreira como jornalista e escritor, é que as pessoas são capazes de propor as ideias mais malucas. No fim das contas, foi minha coluna no ABCNews.com, combinada com a popularidade de livros como *The Singularity Is Near*, de Ray Kurzweil, e o pequeno milagre onipresente do *pen drive*, uma memória de semicondutor que, finalmente, tornou a memória memorável e, depois de vinte anos de tentativas, enfim, o pessoal amável da St. Martin Press me deu a oportunidade de escrever este livro.

Curiosamente, depois de esperar com paciência, durante décadas, por esta chance, quando enfim me sentei para escrevê-lo, eu me senti sob grande pressão — como se fosse minha própria corrida contra o futuro. Por causa das inovações tecnológicas dos anos anteriores, o que eu imaginara ser uma celebração da magnificência do cérebro humano e das conquistas sobre-humanas dos idealizadores da memória artificial tinha se tornado algo mais inquietante e mais extraordinário. Havia uma sensação crescente, nas áreas de alta tecnologia, pesquisas científicas, ciências da computação e até mesmo filosofia e religião, de que as duas grandes vias da memória, uma interna e orgânica, e outra externa e mecânica, que havia milênios percorriam trajetos paralelos, de repente estavam prestes a convergir — talvez ainda em nosso tempo. E, quando isso ocorresse, a colisão provavelmente mudaria o exato significado de ser humano. De repente, meu papel não era apenas o de entreter, mas também de servir como mensageiro; eu não era apenas um historiador, mas também um futurista.

Isso não quer dizer que eu não tenha curtido escrever este livro. Não há nada como repassar toda a existência humana, traçar conexões entre eventos separados por milhares de anos, dar o devido destaque a eventos que costumam ser desconsiderados pelos textos de história, e mostrar como uma decisão feita *naquela época*, por meio de uma longa cadeia causal de decisões subsequentes, tomadas pelos mais diversos tipos de homens e mulheres que possamos imaginar, torna-se um imperativo em nossa vida *agora*.

No entanto, principalmente nos capítulos finais, eu visito alguns velhos amigos e conhecidos, muitos dos quais há muito já se foram, que criaram o mundo moderno altamente tecnológico, ágil, assustador e muitas vezes estimulante. Vê-los agora como celebridades históricas reverenciadas — e lembrar deles como homens e mulheres comuns, batalhadores — me fez perceber que a genialidade e a glória estão ao alcance de qualquer um que esteja disposto a arriscar tudo para pôr em prática suas ideias. Fico emocionado pelo fato de muitos deles ainda estarem por aqui para ver, finalmente, sua história ser contada.

Como você verá nas páginas seguintes, a história da memória é, afinal de contas, a história da liberdade. Das tribos paleolíticas às nações modernas, quem controla a memória detém o poder. Portanto, a história da memória — da evolução do cérebro humano, da invenção da linguagem escrita e da linguagem falada, da invenção de maneiras sempre novas de registrar as experiências, do domínio da máquina e da exploração da mente, da lenta extensão de propriedade da memória dos xamãs para governantes, burocratas, governantes, escribas, para todo mundo — é também a história da libertação do espírito humano. Trata-se das memórias da memória e da democratização da recordação — e do seu controle.

Cada capítulo deste livro relata uma importante etapa na história da memória. Cada um deles tem seus protagonistas, sua nova invenção paradigmática, sua transformação cultural, e, no final, a nova avidez criada pela satisfação do último desejo. Essa avidez nunca desaparecerá; ela estava conosco quando o homem de Heidelberg tentava se fazer entender há 500 mil anos, e estará conosco no dia, se ele chegar, em que decidirmos soltar nossa pele e entrar em nossas máquinas, em busca da imortalidade.

Quando comecei a escrever este livro, eu pensava na memória como um fenômeno isolado: uma região do cérebro e uma característica de nossos computadores. Quanto terminei o livro, compreendi que ambas são inseparáveis de suas funções. Perder nossa memória, como seres humanos, é perder nossa identidade, assim como a perda da memória de um computador o reduz a pouco mais do que uma máquina de somar. Para o bem ou para o mal, as memórias nos fornecem não apenas identidade, mas também a própria existência – e esquecer, ou ser esquecido, é o seu próprio tipo de morte.

Como disse, quando comecei a escrever este livro, eu achava, depois de uma espera de vinte anos, que não precisava mais ter pressa. Certamente, não havia necessidade de correr ao escrever sobre Gilgamesh, santo Isidoro ou até mesmo Giordano Bruno. Mas, à medida que me aprofundava nos trabalhos recentes de cientistas que eu conhecia, como Ray Kurzweil e Gordon Bell, passou pela minha cabeça que o capítulo seguinte na história da memória que eles estavam prevendo – se estivessem certos – era tão chocante e tão iminente que poderia esmagar muitos de nós no caminho. O que seria um prazer contar tornou-se um dever advertir, mesmo que, pessoalmente, eu duvidasse que esses eventos fossem ocorrer.

Por fim, se você ainda não chegou a essa conclusão, acredito que a história da memória seja uma história tão épica, heroica e emocionante quanto qualquer história de batalhas, impérios, artistas e monarquias no decorrer da história humana. Espero ter captado pelo menos um pouco disso nas próximas páginas. Espero, também, ter honrado os homens e as mulheres cujos feitos prometi comemorar durante todos aqueles anos passados.

Comédia ou tragédia, somos todos atores no teatro da memória. Portanto, abra a cortina e vamos dar início ao primeiro ato.

A Guardiã de Todas as Coisas

1
Encontrando uma voz

A memória como palavra

Quando foi que os hominídeos se tornaram humanos?
Quando usamos a nossa memória para fazer mais do que nos lembrar.
Quando foi que isso aconteceu? Não é fácil responder a essa pergunta — certamente não tão fácil como pareceria com base naquela clássica ilustração da evolução do homem que vimos pela primeira vez na infância e que, desde então, tem sido parodiada.

Na ilustração, a resposta era óbvia: no longo desfile desde o *Ardipithecus ramidus*, com marcha quadrúpede apoiada nos nós dos dedos dos membros anteriores; passando pelo *Australopithecus*, de postura ereta; o *Homo habilis*, com sua raspadeira de pedra; e o *Homo erectus*, com sua faca de pedra. Em seguida, dependendo da complexidade da ilustração, vem o homem de Neandertal carregando uma lança sobre os ombros fortes.

Por fim, e podemos dizer que essa foi a culminação da evolução humana, pois a figura está em pé, o cabelo penteado, aparência europeia e, em algumas ilustrações, até mesmo vestido para proteger as partes íntimas, lá está o *Homo sapiens* em toda a sua glória de meados do século XX. Ele parecia sempre prestes a apertar sua mão e a se apresentar como gerente regional de vendas do sudeste.

Implícita na ilustração estava a ideia de que o homem se tornou Homem em algum ponto entre o Neandertal de testa e sobrancelhas proeminentes e o novo e reluzente burocrata de Bruxelas. As ilustrações mais antigas tornavam as coisas um pouco mais complicadas, pois, inesperadamente, havia um cara novo (devidamente coberto com pele de animal, pois parecia um pouquinho demais com um de seus vizinhos), enfiado entre o sr. Testa e nós mesmos. Era o homem de Cro-Magnon, que — até que fosse considerado apenas o homem moderno de roupa comum — apresentava o paradoxo deprimente de, ao que parece, ser um espécime mais esplêndido do que o homem moderno.

No entanto, quer estejam ou não faltando elos (reais ou imaginários), a evolução humana parecia um desfile ordenado ao longo de alguns milhões de anos. E o limiar entre os homens primitivos (ferramentas simples, caçadas, pequenos grupos familiares) e o homem moderno (computadores, cidades, Estados-nação) está em algum ponto no espaço em branco bem na frente do testudo sr. Neandertal.

Parte do apelo do conhecimento limitado é que, muitas vezes, ele torna os esquemas de organização e as taxonomias simples demais. Mas, no final, você desenterra um monte de ossos e fósseis e tem de colocar uma nova cabeça — e um novo nome (apatossauro) — no nosso querido brontossauro. E então, nas quatro décadas que se passaram desde a descoberta de "Lucy", a pequenina *Australopithecus afarensis* que viveu há mais de 3 milhões de anos, a ilustração da evolução humana passou de uma simples marcha em fila indiana ao longo da história para algo mais próximo a uma multidão que, no final de um jogo de *hockey*, se dirige lentamente para a única catraca da saída.

Todos os anos, os arqueólogos, munidos de ferramentas cada vez mais sofisticadas, encontram novos fragmentos de ossos e outros artefatos que alteram — às vezes radicalmente — nosso conhecimento da história dos hominídeos. E isso só vai piorar: graças a fenômenos como a "deriva genética", ou "derivação genética" (em que genes raros podem dominar populações isoladas), quanto mais de perto observarmos, provavelmente mais vias, reviravoltas e becos sem saída evolutivos encontraremos.

Um bom exemplo foi a polêmica descoberta, em 2004, na ilha indonésia de Flores, de ossos em miniatura dos "hobbits" (*Homo floresiensis*), que tinham menos de 90 cm de altura.[1] Vale ressaltar que alguns desses esqueletos têm apenas cerca de 13 mil anos, o que os torna contemporâneos do homem moderno. Ainda não se sabe se os *hobbits* eram uma espécie distinta ou simplesmente ossos de *Homo sapiens* com doenças genéticas (como a ausência da glândula tireoide).

Mas talvez a descoberta recente mais interessante esteja localizada logo *atrás* da enorme cabeça do homem de Neandertal em nossa velha ilustração. Seu nome é *Homo heidelbergensis* (em homenagem à Universidade de Heidelberg) e, embora tenha sido identificado no início do século XX, só na década de 1990 é que sua importância foi realmente compreendida — é por isso que ele é praticamente desconhecido do público em geral. O *H. heidelbergensis* tanto responde como complica uma questão importante na evolução humana: o que aconteceu durante essa visível transformação do homem de Neandertal para o homem moderno, há 50 mil anos, na Ásia (30 mil anos atrás na Europa)?

A resposta, acreditam atualmente os cientistas, começa com o *H. heidelbergensis*, que surgiu há cerca de 600 mil anos. O *H. heidelbergensis* era uma figura que impressionava: musculoso e com 1,80 m de altura (alguns podiam ter até mesmo 2,10 m), seu cérebro era mais ou menos do tamanho do cérebro do homem moderno. Ele sabia como usar ferramentas simples. E, o mais extraordinário, parecia ser o ancestral do homem de Neandertal e do homem moderno.

Isso ajuda a explicar por que, pelo menos no final da existência do primeiro, o homem de Neandertal e o homem moderno parecem ter coexistido. O homem de Neandertal herdou a maior parte da aparência do homem de Heidelberg — os ossos pesados, a testa recuada, as sobrancelhas proeminentes e o cérebro comparativamente grande. Mas o homem moderno herdou a altura, e adicionou um rosto singularmente plano e um corpo esguio. E, se o homem moderno não herdou o tamanho do crânio de seu primo Neandertal, ele herdou algo ainda mais importante: a linguagem e um cérebro para processá-la e armazená-la.

Qualquer pessoa que costume assistir a documentários científicos sabe que os chimpanzés e outros símios, apesar de toda a sua capacidade cerebral (que a cada dia conhecemos um pouco mais), têm uma capacidade limitada de falar em virtude da laringe fraca, associada a uma vértebra cervical estreita. O que a maioria das pessoas não sabe é que, assim como os surdos-mudos, sua incapacidade de verbalizar é restringida ainda mais por sua incapacidade de *ouvir* — no caso dos símios, de diferenciar certos sons vocais.

Esse é um dos grandes pontos de divergência entre homens e símios — fato que ficou claro quando os pesquisadores ensinaram pela primeira vez alguns símios a usar a língua dos sinais e ficaram espantados com a facilidade com que eles aprenderam. Historicamente, essa divergência parece ter ocorrido com o predecessor imediato do homem de Heidelberg, o *Homo ergaster*, hominídeo sul-africano que também deveria estar na ilustração da evolução humana, entre o *H. habilis* e o homem de Neandertal.

Assim como o homem de Heidelberg, o *Homo ergaster* é um tipo muito interessante. Enorme — devia ter mais ou menos 1,90 m de altura, e as mulheres eram quase tão altas quanto os homens —, tudo indica que o *Homo ergaster* usou seu cérebro comparativamente maior não apenas para dominar o fogo, mas também para fazer com que os hominídeos migrassem da África pela primeira vez. Por mais revolucionárias que tenham sido essas conquistas, o maior feito do *Homo ergaster* foi desenvolver uma vértebra cervical mais larga — que lhe deu a primeira "voz humana" — e também uma nova configuração da orelha média e da orelha externa, que lhe permitiu ouvir a voz dos outros.

Dificilmente isso foi uma coincidência. A vantagem competitiva de uma facilidade maior para falar foi amplificada pela maior capacidade de ouvir essa voz — e vice-versa. O *Homo ergaster*, provavelmente, nunca teve uma verdadeira voz falada, muito menos desenvolveu uma linguagem falada; seu cérebro ainda era muito pequeno para isso. Mas, assim como no caso do fogo e das ferramentas, o *Homo ergaster* foi, se não o supremo dono da linguagem falada, certamente seu precursor.

A tarefa de transformar essa capacidade em uma característica definidora do ser humano recaiu sobre o *H. heidelbergensis*, com seu cérebro maior e mais ágil. Ele, certamente, tinha os atributos físicos para isso. Existem inúmeras evidências circunstanciais — por exemplo, ele foi o primeiro a reverenciar e enterrar seus mortos, desenvolveu ferramentas relativamente precisas e pode ter usado ocre vermelho para fazer pinturas e adornar o corpo — que indicam um nível de sofisticação cultural aparentemente impossível sem alguma forma de comunicação complexa.

Mas era uma linguagem falada? Talvez nunca tenhamos resposta para essa pergunta. Não existem desenhos ou entalhes do homem de Heidelberg que possam indicar a existência de uma comunicação baseada em pictogramas. E, como qualquer um que já tenha participado de uma caçada ou de um grupo de reconhecimento sabe, é possível transmitir um número considerável de informações — mesmo sem uma gramática formal — por meio de um repertório muito pequeno de sinais com as mãos. Na verdade, como eram exímios caçadores que operavam em pequenas unidades familiares, os homens de Heidelberg podem muito bem ter criado uma espécie de língua de sinais como a descoberta mais tarde nas sociedades de caçadores-coletores (como os índios americanos), de modo a criar um tipo de língua franca para aqueles raros embates intertribais.

Mas a laringe e a orelha interna não estavam se desenvolvendo sem uma vantagem competitiva. Portanto, podemos presumir que os homens e as mulheres de Heidelberg se comunicavam por meio de um vocabulário de sons cada vez mais sofisticado, se não com uma linguagem verdadeira. Podemos presumir, também, que esses sons foram ensinados a milhares de gerações de descendentes que, lentamente, enriqueceram o repertório comum. E, dada a flexibilidade com que esses sons podiam ser emitidos pela laringe ("caixa vocal") em evolução — e o fato de que a comunicação verbal não tinha de ocorrer em linha direta —, parece bastante provável que, se você estivesse caminhando nas selvas da Baviera há meio milhão de anos, teria ouvido proto-humanos chamando uns aos outros nos vales e nas florestas.

Talvez a linguagem falada não representasse muita vantagem durante a caçada, mas certamente representava antes, com a estratégia, e depois dela, com a distribuição da caça. Em um mundo repleto de terror e perigos, gritos de advertência seriam especialmente úteis — sobretudo para advertir as pessoas que estavam olhando na direção errada ou reunir a tribo rapidamente em uma situação de emergência.

Mas, mesmo na análise mais otimista, isso foi o mais longe que o homem de Heidelberg chegou. Ele conseguia transmitir informações (*cuidado!*) no presente — e talvez se referir a objetos físicos no passado (*o mamute peludo de presa encurvada que matamos*) — mas não muito mais do que isso; e mesmo este último provavelmente era mais bem expresso por meio da linguagem de sinais.

Uma linguagem falada mais sofisticada teria que esperar pelo descendente do homem de Heidelberg, o homem de Neandertal. Talvez essa seja uma surpresa para muitos leitores, que aprenderam na escola, no cinema e na televisão que o sr. Neandertal, o estereótipo do "homem das cavernas", só conseguia se comunicar por meio de grunhidos e sons guturais. Porém, os antropólogos contestam essa ideia desde 1983, quando encontraram o osso hioide em esqueletos fósseis de neandertalenses em uma caverna em Israel.[2] O osso hioide é uma estrutura em forma de "C", que atua como uma armação de telhado, unindo a língua e a laringe e permitindo que formem uma "braçadeira" para produzir um espectro sonoro mais amplo.

O osso hioide existe há muito tempo — ele se desenvolveu a partir do segundo arco branquial dos peixes primitivos —, mas acredita-se que o formato desses ossos hioides neandertálicos fosse exclusivo dos seres humanos, fazendo com que a laringe "descesse", o que permitiu ao *Homo sapiens* não apenas emitir inúmeros tipos de som, mas também entoar notas em múltiplas oitavas. Agora, descobriu-se que os neandertalenses tinham o mesmo osso hioide. Pesquisas genéticas descobriram, também, que eles tinham o gene que codifica a proteína

FOXP2 (*Forkhead Box Protein P2*), associado à capacidade de falar.[3] Essas descobertas levaram alguns pesquisadores a aventar a hipótese de que os homens e as mulheres neandertalenses, assim como os homens e as mulheres modernos, pudessem se comunicar verbalmente de duas formas: por meio da fala e da música.

UMA CANÇÃO SIMIESCA

Um neandertalense cantante está muito distante da imagem clássica do homem da caverna de testa proeminente e inclinada, enrolado em uma pele de urso e arrastando um porrete. Mas, mesmo com todas as suas características pesadas e sua força bruta, o homem de Neandertal era uma criatura bastante sofisticada, até mesmo artística, com um cérebro maior que (se não tão avançado quanto) o do homem moderno. Ele construía abrigos, fabricava elaboradas ferramentas de ossos e chifres, enterrava seus mortos, vivia em grandes comunidades e organizava algumas das caçadas mais corajosas e sofisticadas da história hominídea. Considerando-se tudo isso, não seria de admirar que o homem de Neandertal, de alguma maneira limitada, realmente falasse.

Steven Mithen, arqueólogo da Universidade de Reading, Inglaterra, afirmou que o homem de Neandertal usava um modo "protolinguístico" que refletia o fato de a linguagem falada e a música ainda não terem se separado e tomado rumos diferentes.[4] Ele chama essa linguagem musical simples de *hmmmm* — acrônimo de holística, manipulativa, multimodal, musical e mimética. Porém, no momento, Mithen é uma voz isolada: o consenso científico atual é de que mesmo uma linguagem com tão pouca sofisticação provavelmente ainda era demais para o homem de Neandertal.

Mas vamos deixar temporariamente de lado a imagem perturbadora de caçadores neandertalenses de sobrancelhas proeminentes cantando enquanto arrastavam um peludo mamute pela neve, e analisar o que estava acontecendo dentro do cérebro de um daqueles caçadores.

Em primeiro lugar, esqueça o antigo estereótipo de que o homem de Neandertal era burro. Ele tinha um cérebro bastante potente; em alguns aspectos — reconhecimento de padrões, processamento multissensorial e análise abrangente do campo visual —, era mais potente do que o nosso. Mas, para um ser humano moderno, a experiência de habitar uma mente dessas seria, com certeza, emocionante — e aterrorizante.

O aspecto emocionante de compartilhar a mente do homem de Neandertal é que ela existiria no presente com uma inensidade que poucos de nós já conhecemos. O mundo ao nosso redor explotdiria com uma quantidade tão grande de informações — sons, cores, movimentos, formas, texturas e odores —, que seria quase massacrante. Nós, homens modernos, consumimos drogas, assistimos filmes, vamos em busca de aventuras e corremos grandes riscos só para sentir, durante alguns momentos, o "aqui e agora" eterno que o homem de Neandertal provavelmente vivenciava, praticamente, a cada segundo do dia.

Esse é o lado bom. O lado ruim é que o preço de ficar tão completamente mergulhado no presente é perder todo o futuro e grande parte do passado. Estar dentro de um cérebro neandertaloide seria desesperadamente solitário naqueles intervalos em que não estivéssemos absorvidos no momento imediato. De um lado, aquela voz mental — da consciência — não existiria mais. O mesmo aconteceria com todas as histórias e relatos que já ouvimos, e com cada conversa memorável que já mantivemos. As coisas que realmente aprendemos — quase sempre observando outras pessoas — seriam aprendidas por ação mecânica, e, como não teríamos nenhuma capacidade de fazer analogia, sentiríamos dificuldade de nos adaptar a qualquer mudança nas circunstâncias. Em vez disso, simplesmente, faríamos as coisas de maneira ritual, repetidamente, sem compreender por que não funcionavam mais.

Sem uma linguagem verdadeira, nossa capacidade de interagir seria extremamente limitada. Certamente, muitas coisas podem ser feitas não verbalmente: caçar, criar filhos, fazer sexo, preparar alimentos etc. Mas a incapacidade de partilhar memórias evanescentes do passado ou sonhos acerca do futuro, de dividir as próprias esperanças e temores, de trocar ideias e experiências úteis, seria devastadora para qualquer um que já tenha conhecido essas coisas.

Mas, no final, o que talvez fosse o aspecto mais frustrante de habitar um cérebro neandertálico seria que, apesar de nossa nova e aguçadíssima experiência sensorial do mundo a nossa volta, alguma coisa profunda e vital estaria faltando para que pudéssemos *desfrutar* dessas experiências. Não apenas seria difícil compartilhar essas experiências com outras pessoas, mas também, praticamente, não conseguiríamos contextualizá-las para nós mesmos. Sem a linguagem, não teríamos capacidade de fazer analogias e criar metáforas — talvez o traço mais importante que distingue o ser humano de todos os outros seres que vivem na Terra. Sem isso, nossa capacidade de aprender e de crescer intelectualmente seria profundamente prejudicada.

A memória neandertaloide provavelmente era um motor potente, capaz de se lembrar de um número quase infinito de sinais de mudança climática iminente, de padrões e comportamentos animais, de características geológicas e biológicas precisas ao longo de extensas vias migratórias e de rastros, pistas e chamados de centenas de espécies e variedades. Porém, sem a capacidade de extrapolar dados limitados para explicações mais amplas, ou de ligar assuntos diferentes para aumentar a compreensão — e, sobretudo, projetar as tendências do presente em cenários do futuro —, o homem de Neandertal estava fadado a ficar preso para sempre no "agora", em sua curta e brutal existência, tendo que aprender praticamente tudo com a experiência.

O homem de Neandertal tinha um cérebro humano, mas, sem linguagem — nem mesmo uma protolinguística como *hmmmm* —, ele não podia operá-lo com eficiência. Acima de tudo, sem linguagem ele não podia encher, organizar, expandir ou acessar devidamente sua memória além de uma correlação direta entre a experiência passada e a estimulação atual. E, sem essa memória, o homem de Neandertal não podia ser totalmente humano.

Porém, há 200 mil anos, surgiu um segundo descendente do *H. ergaster* na África. Esse hominídeo levou outros 150 mil anos para atingir sua forma final e, pelo menos em uma ocasião (a catástrofe de Toba, há 70 mil anos), ficou tão próximo da extinção que sua população inteira caberia em alguns Boeings 747.[5] Todavia, essa criatura, o *Homo sapiens* — homem moderno —, sobreviveu. Em geral, creditamos isso à alardeada tenacidade e vontade de viver da humanidade. É verdade, mas, no final, o que talvez tenha nos salvado (e possibilitado que nos recuperássemos rapidamente) tenha sido nossa capacidade de trabalhar juntos, com um propósito comum, preservar o conhecimento que tínhamos adquirido e desenvolver inovação em cima de inovação, para criar uma espécie de impulso cultural.

O *Homo sapiens arcaico*, como é chamada essa primeira forma do homem moderno (o homem de Cro-Magnon das ilustrações antigas), parece — com sua constituição magérrima, músculos pouco desenvolvidos e crânio delicado — tremendamente frágil comparado a seus predecessores mais robustos. Na verdade, é difícil imaginar como ele pôde ter sobrevivido ao último período glacial.

Mas, contra todas as chances, ele sobreviveu. E a razão vai além da anatomia. Na realidade, talvez pela primeira vez nos 2 bilhões de anos de vida na Terra, os homens e as mulheres *Homo sapiens* tenham tido êxito porque descobriram uma maneira de atribuir a seus atributos físicos apenas uma importância secundária. E eles fizeram isso evoluindo precisamente aquelas características específicas que tinham aparecido em seus ancestrais — uma vértebra cervical larga, um osso hioide avançado, um ouvido interno aprimorado e o gene FOXP2 —, e depois acrescentaram mais uma nova característica física: um queixo proeminente e pontudo, que tornou possível uma série de novos sons verbais, inclusive o estalido.

Mas os verdadeiros avanços ocorreram dentro do crânio desses primeiros homens modernos. Todo esse equipamento de comunicação aprimorado indica que esse homem moderno primevo não apenas podia falar e ouvir vocalizações cada vez mais complexas, mas também vincular um grande número de sons diferentes — primeiro fonemas, depois sílabas, depois palavras, depois frases — a objetos e eventos da natureza.

Em outras palavras, os primeiros homens modernos podiam *falar*. E, na construção das palavras — isto é, na vinculação de múltiplos sons a fenômenos cada vez mais complexos —, a linguagem humana evoluiu lentamente do concreto para o abstrato, da correspondência direta entre objeto e nome para o mundo confuso, inexato e infinitamente poderoso da analogia e da metáfora.

Não é preciso dizer que isso exigia um tipo totalmente diferente de memória — uma memória especializada tanto em organização e arquivamento quanto em mero armazenamento —, que se baseava tanto na linguagem como no estímulo, e que era tão otimizada para a síntese de novos conceitos provenientes de diferentes fontes quanto para a velocidade de acesso.

Ao transformar a memória de mero sistema de armazenamento em um esquema de organização baseado na linguagem, os primeiros homens modernos desvendaram um quebra-cabeça que desafiara seus ancestrais durante mais de 1 milhão de anos: *como usar esse cérebro poderoso para transferir informações complexas para outras pessoas?* E, ao encontrar a solução desse problema, eles descobriram um efeito colateral extraordinário: essa mesma facilidade com a linguagem criou também uma vida interior mental muito mais rica, enchendo-a de relacionamentos, histórias e pensamentos surpreendentes sobre a vida e a morte; sobre a Terra e o cosmos; e até mesmo sobre Deus e a relação do homem com o Divino — pensamentos que nenhum ser vivo tivera antes.

E, com esses pensamentos, esses primeiros *Homo sapiens* (que significa "homens sábios") tornaram-se humanos.

LEMBRANÇA TOTAL

A memória é quase tão antiga quanto a própria vida.

Todos os animais têm alguma forma de memória, mesmo que seja uma simples codificação bioquímica de aversão a estímulos negativos. Até mesmo crianças em idade escolar sabem que um paramécio, uma vez que tenha sido adversamente estimulado por algum tipo de comportamento — por exemplo, receber um choque elétrico ao se mover em certa direção —, "aprenderá" rapidamente a não fazer isso de novo.

Isso significa que, embora você precise de algum tipo de cérebro para pensar, não precisa, necessariamente, de um cérebro para "lembrar". Tudo o que você realmente precisa é de algumas substâncias químicas orgânicas, que funcionam de maneira parecida com um resistor eletrônico — ligadas a alguma ação física ou comportamento capaz de registrar mudanças ambientais. Assim, a "memória" de um evento desagradável é codificada na substância química e produz uma mudança na resposta futura.[6]

É claro que fica bem mais fácil quando se tem muitas células, e algumas delas — os neurônios — dedicam-se à tarefa de sentir essas mudanças, convertê-las em substâncias químicas ou cargas elétricas de reação rápida, e transferir essas informações para outras células nervosas do corpo, a fim de produzir uma resposta rápida e um registro duradouro do que acabou de acontecer. É, basicamente, assim que os primeiros animais funcionavam há 1 bilhão de anos — e que os animais mais simples funcionam atualmente.

A etapa seguinte consiste em reunir esses neurônios em cordões — nervos — organizados como as estradas e rodovias de uma cidade moderna. Ou seja, você usa estradas secundárias, ruas e desvios para alcançar cada ponto da paisagem. Em seguida, funde tudo em uma artéria de maior tráfego, que acaba se transformando em rampas de saída de rodovias e, depois, em uma grande rodovia interestadual. Esse processo levou outro meio bilhão de anos e produziu animais cada vez mais sofisticados, denominados "cordados", um grupo que abrange tanto o ser humano quanto a tênia, passando por praticamente todas as criaturas que rastejam, nadam, caminham ou voam. Os cordados têm o mesmo sistema nervoso "periférico" de seus primos mais primitivos, mas também apresentam um sistema nervoso "central" que, nos cordados mais simples, como os platelmintos e trematódeos, é pouco mais do que uma protomedula espinhal.

À medida que os animais continuaram a evoluir, os cordados mais desenvolvidos começaram não apenas a proteger seu sistema nervoso central com osso e cartilagem — coluna vertebral ou espinha dorsal —, mas também a apresentar dois tipos distintos de neurônios: *sensitivos*, que enviam sinais para a medula espinhal, e *motores*, que enviam os comandos de resposta para os músculos e órgãos. Essa é, basicamente, a configuração do sistema nervoso dos insetos, lagostas e vermes — provando que você não precisa de um sistema nervoso especialmente desenvolvido para ser rápido, eficaz e, no caso de uma espécie como a barata, tão perfeitamente evoluído a ponto de ser quase imortal.

Reiterando, os insetos e animais rastejantes têm uma memória rudimentar. Ela é suficiente para trazê-los ao mundo com um complemento de comportamento instintivo, que os torna tremendos caçadores, consumidores e adversários, mas não suficiente para impedi-los de voltar para a mesma lâmpada quente, até que cozinhem. Mas os componentes agora estão lá; só o que falta é aperfeiçoar sua configuração. Uma das melhores soluções foi colocar alguns nós nesse sistema nervoso central. Com esses feixes — "cérebros" —, os animais podiam dividir tarefas e armazenar quantidades cada vez maiores de informações. Amarre alguns desses nós ao longo da medula espinhal — como, digamos, uma aranha — e, de repente, conferimos algumas vantagens competitivas em termos de habilidades de espreita e reação rápida, necessárias a um bom predador.

Acontece, porém, que em termos evolutivos o arranjo mais eficaz do sistema nervoso animal — sobretudo se você quiser tentar resolver problemas mais complexos, como migração, nidificação e criação de filhotes — consiste em combinar todos esses pequenos feixes em um grande encéfalo. Os milissegundos perdidos em tempo de resposta, uma vez que as mensagens agora têm de percorrer toda a medula espinhal, são mais do que compensados pelos efeitos de rede, de ter todos esses neurônios próximos uns dos outros.

Essa necessidade se torna especialmente crítica quando você começa a desenvolver uma visão realmente eficaz e o sentido do olfato, pois esses dois sentidos consomem grande parte da capacidade de processamento cerebral. Nos anfíbios, e em especial nos répteis, esses sentidos ocupam a maior parte do cerebro. Na verdade, são tão importantes que esses animais deram início ao processo de produção de um novo tipo de estrutura cerebral, o *grande cérebro* – que chamamos coloquialmente de "massa cinzenta" —, que contém neurônios organizados especificamente para controlar os movimentos voluntários do corpo, os sentidos, a *linguagem*, a *aprendizagem* e a *memória*.

Você pode ver aonde isso está indo. À medida que a vida animal evoluiu — acrescentando mais inteligência às ordens e filos existentes, bem como produzindo espécies totalmente novas de criaturas, como aves e mamíferos ainda mais inteligentes —, os novos cérebros tinham uma quantidade cada vez maior de massa cinzenta. A razão por trás desses cérebros cada vez maiores provavelmente era a vantagem competitiva propiciada por maior acuidade visual e olfato mais aguçado. Mas eles traziam, junto, uma aptidão igualmente maior para a linguagem, a capacidade de usá-la para adquirir conhecimentos e, não menos importante, de armazenar esse conhecimento com o auxílio de um sistema de arquivamento baseado em imagens, para melhorar o acesso e a recuperação de informações.

A maneira exata como tudo isso funcionava é um grande quebra-cabeça. Há muito os cientistas reconheceram que existem dois tipos de memória: a *memória de curto prazo* que, como bem sabe todo aluno de faculdade que "queima as pestanas", parece reter as informações por cerca de trinta segundos antes de desaparecer; e a *memória de longo prazo*, que aparentemente é uma função de experiências marcantes ou de repetição, e pode durar a vida inteira. Mas como elas funcionam, e o que as torna diferentes, sempre foi um mistério. Foi somente no século XXI que os pesquisadores, por meio de manipulação genética, começaram a compreender a maneira como as memórias são formadas, apagadas ou armazenadas.

Como há muito tempo se suspeitava, a criação da memória é resultado de uma reação bioquímica que ocorre nas células nervosas, sobretudo naquelas relacionadas com os sentidos. Pesquisas recentes indicam que a memória de curto prazo, ou "memória de trabalho", opera em diversos locais no cérebro, e também que as tarefas especiais tendem a ser manipuladas no hemisfério direito do cérebro, e as tarefas verbais voltadas para objetos, no hemisfério esquerdo. Fora isso, a natureza dessa distribuição, recuperação e manipulação é objeto de uma considerável especulação.

Segundo uma teoria popular, a memória de curto prazo é formada por quatro sistemas "escravos". O primeiro sistema escravo é o circuito fonológico [*phonological loop*], para o som e a linguagem, que (quando o seu conteúdo começa a se apagar) ganham tempo extra por meio de um segundo sistema escravo. Essa segunda operação é um *sistema de repetição contínuo* — por exemplo, quando você repete um número de telefone que acabou de ouvir enquanto corre para o outro cômodo, para pegar seu aparelho de telefone. O terceiro sistema é um *bloco de notas ou esboço visuoespacial*, que, como o nome indica, armazena informações visuais e mapas mentais. Por fim, o quarto (e mais recentemente descoberto) sistema escravo é um *armazenador episódico*, que reúne todas as diversas informações dos outros escravos e, talvez, também de outras fontes, e as integra no que pode ser descrito como "memória multimídia".[7]

Outras teorias afirmam que a memória de curto prazo é apenas uma variante da memória de longo prazo. Mas quase todos os neurocientistas concordam em que a característica definidora da memória de curto prazo é sua funcionalidade limitada — tanto em termos de duração como de capacidade. Trocando em miúdos, a memória de curto prazo se "enche" rapidamente — de acordo com os cientistas, ela pode reter de quatro a sete "blocos" de informações por vez, como palavras ou números. Depois disso, a lembrança diminui ou é removida.[8] A repetição pode manter memórias de curto prazo importantes temporariamente vivas, mas, no final, as informações têm de ser ou transferidas para a memória de longo prazo ou descartadas.

A memória de longo prazo usa os mesmos neurônios da memória de curto prazo, mas, como se pode imaginar, ela usa esses neurônios de uma maneira muito diferente. Enquanto a memória de curto prazo é limitada em escopo e capacidade, a memória de longo prazo ocupa grande parcela da área da parte superior do cérebro, e foi projetada para manter um registro permanente. Somente nos últimos anos é que os pesquisadores determinaram que as memórias, muitas vezes, são armazenadas nos mesmos neurônios que primeiro receberam o estímulo. O fato de terem descoberto isso rastreando o armazenamento de memórias criadas pelo *medo* em camundongos, indica que a evolução identificou nessa emoção um atributo valiosíssimo em um mundo assustador.

Quimicamente, temos uma boa ideia de como as memórias são codificadas e retidas nos neurônios cerebrais. Assim como no caso da memória de curto prazo, o armazenamento de informações é possibilitado pela síntese de algumas proteínas na célula. O que diferencia a memória de longo prazo nos neurônios é que a repetição frequente de sinais leva à liberação de magnésio — que abre a porta para a ligação com o cálcio, que, por sua vez, torna o registro estável e permanente. Mas, como todos nós sabemos por experiência própria, a memória ainda pode desaparecer com o tempo. Para isso, o cérebro tem um processo químico chamado *potenciação de longo prazo*, que reforça regularmente as conexões (sinapses) entre os neurônios e cria uma proteína enzimática que também fortalece o sinal — em outras palavras, a memória — dentro do neurônio.[9]

Em termos de arquitetura, a organização da memória no cérebro é muito mais difícil de entender; diferentes perspectivas parecem fornecer informações úteis. Por exemplo, uma maneira popular de analisar a memória é considerar que ela assume duas formas: *explícita* e *implícita*. A memória explícita, ou "declarativa", é toda informação contida em nosso cérebro que podemos acessar conscientemente. Curiosamente, apesar de sua enorme importância no que se refere a nos tornar humanos, o fato é que não sabemos onde essa memória está localizada. No entanto, os cientistas dividiram a memória explícita em duas formas: *episódica*, ou memórias que ocorreram em determinado ponto no tempo; e *semântica*, ou a compreensão (por meio da ciência, tecnologia, experiência e assim por diante) de como o mundo funciona.[10]

A memória implícita, ou "memória de procedimentos", por outro lado, armazena as habilidades motoras. Segurar um garfo, guiar um carro, vestir-se — e, o exemplo mais famoso, andar de bicicleta — são atividades que os homens modernos desempenham sem realmente pensar muito a respeito; e são habilidades que, em toda a sua complexidade, podemos desempenhar décadas depois de aprender a usá-las.

Mas essa é apenas uma única maneira de analisar a memória de longo prazo. Há também a memória *emocional*, que parece catalogar as informações com base na intensidade das emoções que elas evocam. Será que essa é uma função especial de busca de memória do cérebro? Será que é uma característica tanto da memória explícita quanto da memória implícita? Ou será que abrange ambas? E a memória *prospectiva* — essa capacidade que os seres humanos têm de "se lembrar de se lembrar" de algum ato futuro? Há poucos anos, os pesquisadores descobriram, também, que alguns neurônios cerebrais podem agir como um relógio no cérebro, servindo como um metrônomo que orquestra o ritmo de operação de bilhões de suas células nervosas. Por quê? Estas e outras características são apenas algumas das charadas na longa lista de perguntas sobre o cérebro humano e a memória. O que realmente sabemos é que — um quarto de milhão de anos depois de a humanidade ter herdado esse órgão extraordinário chamado "cérebro" — mesmo com todos os instrumentos que a ciência moderna tem á sua disposição, a memória ainda é um grande enigma.

UMA FINA CAMADA DE PENSAMENTO

Com a ascensão dos hominídeos, há 3 milhões de anos, a natureza descobriu dois estratagemas valiosos para auxiliar o desenvolvimento do encéfalo. O primeiro foi dividir as atividades cerebrais em diferentes regiões, em que o sistema nervoso autônomo (ou seja, as partes do corpo que funcionam independentemente, como o coração, os pulmões e muitas glândulas) é administrado pelas partes inferiores e mais antigas do cérebro, e o sistema nervoso somático (ou voluntário) é administrado pela massa cinzenta. As funções mais elevadas do sistema nervoso somático, como a fala e a coordenação motora fina, estão situadas nos lobos frontais, cada vez maiores, do cérebro hominídeo.

Mas a natureza deixou seu maior estratagema por último: o *córtex cerebral*. Trata-se de uma camada final de neurônios — que pode ser chamada de massa "muito cinzenta", porque, quando preservada, fica mais escura do que os neurônios mais brancos sob ela —, que reveste toda a superfície da parte superior do encéfalo. Se for retirado das muitas dobras ou circunvoluções cerebrais projetadas para maximizar seu tamanho no espaço confinado do crânio, o córtex cerebral é, basicamente, uma camada com 4 milímetros de espessura, composta por 10 bilhões de neurônios, que cobre uma área de aproximadamente 0,120 m².

Acomodar uma camada de neurônios desse tamanho no espaço comparativamente pequeno do crânio do *Homo sapiens* foi um imenso desafio para a evolução — um desafio repleto de vulnerabilidades, mas com vantagens adaptativas suficientes para fazer com que os riscos valessem a pena.

E esses riscos eram consideráveis. Para portar esse cérebro gigantesco, o homem moderno tinha um crânio mais fino e menos acolchoamento craniano do que seu equivalente neandertalense, o que aumentava a probabilidade de concussões e traumatismos cranianos fatais. Além disso, o tamanho do crânio dos bebês precisou ficar bem no limite da pelve adulta feminina, o que tornou o parto, exceto nos últimos cem anos no mundo desenvolvido, a principal causa da morte de mulheres jovens.

Mas, em termos de adaptação e sobrevivência das espécies, o córtex cerebral valeu seu custo. Isso porque, naqueles bilhões de neurônios, havia a capacidade de integrar informações sensoriais, raciocínio abstrato, linguagem e uma memória prodigiosa, sem paralelo — na verdade, quase sem precedente — na história da vida na Terra. E, por incrível que pareça, isso era o de menos, porque, de alguma maneira, em um processo que continua inexplicável, dessa camada de células nervosas surgiu o mais extraordinário e singular dos traços: a *consciência*.

Algum dia, segundo as probabilidades (e a equação de Drake), encontraremos vida em outros pontos do universo.[11] Se isso acontecer, probabilidades quase infinitesimalmente menores preveem que, no futuro, encontraremos também outra forma de vida consciente. Mas, por ora, e talvez por milhares de anos ainda, só nós, os *Homo sapiens*, somos conscientes e autorreflexivos. Por enquanto, aparentemente só nós podemos avaliar essa solidão, e, com nossa imaginação, sondar o cosmos em busca de respostas. Somente nós sabemos que nós somos *nós*.

Quer você acredite em uma fagulha divina, em um efeito de rede emergindo daqueles bilhões de neurônios, ou em algum tipo de fenômeno quântico que ocorre em nanotubos de carvão dentro dos neurônios, o fato de a consciência ter surgido ao mesmo tempo que a linguagem, e de residir na mesma esfera dela, indica algo mais do que uma relação casual. De fato, a melhor explicação para a ascensão da consciência humana pode estar na frase de abertura da Bíblia: *No princípio era o Verbo*.

UMA CONEXÃO COMPUTACIONAL

Cada era tem suas metáforas dominantes, lentes através das quais nós olhamos o mundo. O iluminismo usava a física newtoniana, a tardia evolução da era vitoriana. No início do século XX, a teoria da relatividade de Einstein e a teoria do inconsciente de Freud influenciaram tudo, da arte e literatura até os padrões morais cotidianos. No final do século XX, foi a vez do princípio da incerteza de Heisenberg.

No nosso tempo, as metáforas dominantes são provenientes do mundo dos computadores e redes. Enquanto, como veremos, os homens e mulheres da época do iluminismo viam o pensamento humano como um espírito dentro de um autômato, nós imaginamos o pensamento como uma placa-mãe sofisticada e bastante potente, ou localizado em um *chip* de silício no interior de um potente microprocessador.

As três principais funções do cérebro são a lógica, a memória e o estímulo/resposta — e, quando analisamos o cérebro humano através dos olhos do início do século XXI, é isso o que vemos. Para nós, a mente humana parece mais um computador multiprocessador que equilibra essas três funções de *lógica* (o processamento de dados para produzir novas ideias e entendimentos), *memória* (com a qual nos definimos e organizamos vastas esferas da experiência) e *estímulo/resposta* (o primeiro combina informações sensoriais com fontes abstratas, como a palavra impressa; o segundo surge como linguagem e arte, ideias e ação), do que um motor analítico superalimentado.

No campo das metáforas, a imagem do cérebro humano como um moderno computador multiprocessador não é má, e é melhor do que qualquer outra criada anteriormente. Isso ajuda a explicar por que muita gente está convencida de que essa via acabará levando a verdadeiras "máquinas pensantes". Mas, pelo menos por ora, o cérebro como computador ainda é uma analogia, e não uma explicação final. Muitas das características do cérebro humano ainda estão ausentes nos computadores, inclusive a capacidade de "se curar" após uma lesão física incapacitante, o aprimoramento das vias usadas regularmente para agilizar o acesso, e o sentido inerente de propósito e sobrevivência que pode ser encontrado até mesmo nos animais mais simples.

Porém, acima de tudo, os computadores não têm consciência — a verdade é que só nós temos consciência. Sem consciência, o homem moderno nada mais seria do que um *Homo ergaster* supercapaz e terrivelmente vulnerável. Em outras palavras, provavelmente não teria nascido; e, se tivesse, não teria durado muito tempo, e muito menos dominado a natureza. É graças à consciência que as funções cerebrais superiores podem atingir todo o seu potencial.

Ser consciente e ter capacidade de autorreflexão — saber que você existe como um ser pensante independente — significa também reconhecer que você é apenas um pontinho minúsculo e bastante frágil em um mundo imenso e perigoso. Significa também saber que você é mortal, que um dia vai morrer e que tudo o que está em sua mente morrerá junto com você. E, dessa colisão entre o conhecimento da morte e a noção de seu próprio valor e propósito, surge também a noção de que o universo tem um propósito maior, do qual talvez você seja uma parte pequenina, mas para o qual possa dar uma contribuição, mesmo após a morte. Você quer transmitir o que aprendeu, a sabedoria que adquiriu a duras penas, para aqueles que virão depois de você e que honrarão sua memória.

Com seu córtex cerebral maior, o homem moderno arcaico tinha a capacidade de desenvolver linguagens complexas. Mas foram as exigências cada vez mais complicadas do dia a dia, aliadas à consciência e a esse irresistível apelo do significado e propósito, que levaram à concretização da linguagem. Nós aprendemos a falar porque tínhamos coisas a aprender e histórias para contar.

Ainda assim, no princípio, essas histórias eram, por necessidade, bastante simples. As pesquisas sobre linguagem animal realizadas nas últimas décadas mostraram que a comunicação verbal de muitos animais — de aves a golfinhos e de baleias a macacos — pode ser consideravelmente sofisticada. Portanto, o que parecia uma conquista singular da humanidade agora parece, apenas, o último avanço em um longo *continuum*, que retroage ao canto dos grilos. E há um fundo de verdade na afirmação de que a maneira de falar do homem de Neandertal, e certamente do *H. ergaster*, provavelmente não era muito mais sofisticada do que, digamos, a da baleia-corcunda, e tampouco tinha muito mais conteúdo do que a dos gorilas modernos treinados na língua dos sinais.

Porém, ao mesmo tempo, seria um erro não reconhecer que ocorreu uma profunda descontinuidade com o passado no momento em que o homem moderno abriu a boca. Essa camada neural amarrotada do córtex cerebral, com sua grande capacidade de memorização e linguagem e, sobretudo, com a consciência e seu desejo de poder e imortalidade, podia fazer coisas que nenhum outro cérebro jamais pôde. Ela podia organizar os pensamentos usando a lógica aprendida com as relações causais observadas na natureza; podia sintetizar novas ideias por meio da ligação metafórica de duas noções diversas, e podia imaginar, aperfeiçoar e testar cenários a respeito do mundo, para compreender melhor a realidade.

Nenhuma outra criatura tinha conseguido isso; nenhuma criatura, inclusive os primeiros hominídeos (exceto, talvez, o homem de Neandertal), tinha conhecido o conceito de "eu", especulado sobre o futuro ou usado a lógica (dedutiva para compreender o presente, indutiva para prever o futuro) como um caminho para a verdade. Na realidade, nenhum outro animal havia formulado a própria noção de verdade. E, como sugere a alegoria do Jardim do Éden, conhecer a verdade é também conhecer a falsidade. Para o bem (a capacidade de criar realidades fictícias) e para o mal (a capacidade destrutiva de uma alienação de si próprio e dos outros), o homem moderno agora sabe *mentir*.

Com uma linguagem verdadeira (também pela primeira vez na história da vida na Terra), memórias complexas, tanto antigas quanto novas (memórias "novas" são ideias), podiam ser transmitidas de um membro de uma espécie para outro — um processo que ficou mais fácil à medida que a linguagem evoluiu, e ainda hoje evolui, para aperfeiçoar essa função. As memórias compartilhadas não apenas perduravam mais, como também podiam aumentar de volume e ser mais úteis à medida que cada indivíduo contribuía para o seu conteúdo e depois as compartilhava novamente. Essa "memória comum" — *sabedoria* compartilhada, em oposição às habilidades mecânicas compartilhadas — era quase sempre maior do que a memória individual de qualquer pessoa. Isso significa que, quase sempre, falar uns com os outros, trocar experiências, encerrava uma vantagem intrínseca e óbvia.

Esse compartilhamento, por sua vez, abrangia grupos cada vez maiores de pessoas, não apenas porque a linguagem era fácil de ser expandida, mas também porque exibia o que conhecemos atualmente como Lei de Metcalfe: *o valor de uma rede aumenta muito mais rapidamente com o número de participantes dela*. Acrescente outro membro à tribo e você ganhará não apenas as memórias dessa pessoa como também o valor de sua interação com cada um dos outros membros da tribo. Obviamente, a infraestrutura, a tecnologia e a harmonia social de uma sociedade definem o limite máximo do tamanho da população — no final, o acréscimo de novos membros gerará inquietação e drenará recursos, o que conferirá a esse acréscimo um valor negativo — mas isso só cria um incentivo para que os membros da tribo, vila, cidade ou, finalmente, da nação, pensem juntos e encontrem soluções para melhorar a produção de alimentos, a aplicação das leis, as condições de moradia e a educação.

Portanto, vamos seguir essa linha de raciocínio: o córtex cerebral, que possibilitou a disposição genética do hominídeo para a linguagem e a expressão total de uma grande memória, levou à criação (de alguma maneira) de um fenômeno exclusivo ao homem moderno (a consciência). Homens e mulheres conscientes, ansiosos por usar em benefício próprio seu novo conhecimento da natureza e da morte, descobriram uma vantagem competitiva em expandir a linguagem, fazer com que ela se tornasse mais abrangente, adaptativa e abstrata. Então, ao usar a linguagem para compartilhar memórias (habilidades, experiências, ideias, histórias), o homem moderno descobriu o valor de estruturas sociais cada vez maiores — e a vantagem e o poder da estratificação social e da especialização. Por fim, essa especialização liberou alguns indivíduos na sociedade — xamãs, sacerdotes e, futuramente, acadêmicos —, para que se dedicassem a expandir tanto esses estoques comuns de memória quanto a linguagem necessária para lidar com eles.

Ufa! O que torna esse processo milagroso não é apenas o fato de ele ter ocorrido, mas de ter ocorrido tão rápido. Como dissemos, o *Homo sapiens* surgiu pela primeira vez há 200 mil anos. De maneira que 130 mil anos depois — um piscar de olhos no tempo evolucionário —, o homem moderno arcaico já tinha iniciado sua migração da África e, apesar de quase ser extinto, ainda conseguiu explorar e habitar a Eurásia e a Oceania, nos 30 mil anos seguintes. Apenas 25 mil anos depois disso, os primeiros homens e mulheres modernos atravessaram o estreito de Bering e habitaram as Américas. E, apenas 4 mil anos mais tarde, o *H. sapiens* deixou a vida de caçador-coletor, formou cidades e deu início à primeira revolução agrícola. Dez mil anos depois disso, ele deixou a Terra e caminhou na Lua. No mesmo intervalo histórico, a maioria dos mamíferos, répteis, anfíbios, peixes e insetos não mudou nem um tiquinho.

DEVANEIOS MODERNOS

Há 50 mil anos, por volta da época em que o homem moderno primitivo deixou a África, os traços intelectuais que o distinguiam de seus predecessores haviam atingido todo o seu desenvolvimento. Esses seres humanos do Paleolítico Superior eram, nessa altura, verdadeiramente "modernos", como seu novo nome, *Homo sapiens sapiens* (basicamente, "o mais sábio dos homens"), indica. Eles eram, praticamente, indistinguíveis das pessoas que você conhece hoje. Esses novos homens e mulheres tinham a capacidade de raciocínio abstrato — sobretudo a capacidade de introspecção, de olhar para dentro da própria consciência e para fora, para se localizar temporal e fisicamente na natureza. Tinham uma linguagem, e podiam rir e contar piadas, e também chorar por causa de um amor perdido ou de uma história triste. Eram cada vez mais capazes de distinguir a verdade da falsidade e a racionalidade da paixão. Na verdade, eram (e ainda são) o único animal racional de todos os tempos. E fizeram jus à "sapiência" — a sabedoria — de seu nome. Assim como nós, eles buscaram incansavelmente explicações sobre os mecanismos das coisas, e, mesmo que sua imaginação não conseguisse encontrar uma explicação para o infinito e o inefável, ela podia pelo menos abarcar esses conceitos.

Quando, à noite, esses homens e mulheres modernos sentavam-se em volta da fogueira e olhavam o céu, com sua lua e suas estrelas, eles se lembravam da história contada por uma avó ou pelo xamã da aldeia a respeito de como essas luzes distantes foram parar no céu. E se perguntavam se poderiam contar a mesma história para seus netos, e temiam que a própria história um dia se perdesse, porque as memórias eram algo muito falível, e as palavras eram apenas sopros levados pela brisa, como a fumaça produzida pela fogueira.

E a própria vida deles e tudo o que eles tinham vivenciado? Quem se lembraria da história deles depois que eles fossem enterrados junto com suas agulhas de costura e suas lanças?

Se pelo menos houvesse alguma maneira de tornar essas histórias, e suas próprias memórias, tão fortes e duradouras quanto as próprias rochas...

2
A caverna da iluminação
A memória como símbolo

Se soubermos onde procurar, poderemos ver o nascimento da linguagem escrita sendo reencenado diariamente.

Por exemplo, observe uma criança entediada sentada em um chão de terra, em um tanquinho de areia ou na praia. Em pouco tempo, ela vai pegar um graveto — ou apenas usar o dedo indicador — e começar a desenhar figuras geométricas na areia ou na terra. Às vezes, esses símbolos evoluem para representações mais complexas de paisagens ou seres vivos. Como o meio utilizado é areia ou terra (em outras palavras, granulado), os desenhos podem facilmente ser apagados, parcial ou totalmente, com um simples gesto de mão, e modificados ou substituídos — um processo que pode ser repetido várias vezes em questão de minutos.

Enquanto isso, se você estivesse participando de uma caçada ou de um grupo de combate — o mais próximo que conseguimos chegar, no mundo moderno, da antiga cultura caçadora-coletora —, poderia muito bem encontrar um caçador ou soldado ajoelhado no chão, com um graveto na mão, fazendo um esboço tosco da paisagem a sua volta e, depois, indicando, com um sinal, a localização da caça ou do inimigo. Em seguida, ele faria uma série de gestos, para mostrar como cada membro do grupo deveria se mover em conjunto, para que tivessem a máxima chance de sucesso.

Em outras palavras, com a criança, o caçador e o soldado, essa forma mais primitiva de desenho abrange quase todas as categorias mais básicas e mais elementares da arte humana: geométrica, gestual e abstrata, imaginativa, representativa, comunicativa, tática e organizativa. Acrescente o gibi no bolso de trás da criança e o sinal da cruz que o soldado, nervoso, faz apressadamente sobre o peito antes de partir para sua missão, e você completa a lista com (respectivamente) a narrativa e as formas sagradas/ritualísticas de arte.

Infelizmente, vivemos em um mundo no qual a vida das crianças é vista como distinta da dos adultos. Além disso, nenhum de nós já passou por uma experiência de combate ou esteve em uma caçada. A maioria das pessoas, porém, já ficou *rabiscando* distraidamente enquanto aguardava ao telefone ou lia algum texto maçante, e surgiu uma ciência menor para interpretar as bases psicológicas dessas formas. Mas até mesmo os rabiscos parecem estar com os dias contados em um mundo de *smartphones*, *laptops* e mensagens de texto sob a carteira escolar.

Assim como no caso da linguagem falada, é quase impossível dizer, com qualquer grau de precisão, há quanto tempo os seres humanos, e os hominídeos, vêm produzindo imagens. Vários processos fisiológicos e mentais parecem ser pré-requisitos para o desenho. Um deles é o pensamento simbólico — ou, pelo menos, a capacidade de executar a equação da lógica categórica: *para todo X existe um Y*. De modo geral, todos os animais que têm hábitos alimentares seletivos exibem uma forma básica dessa inferência. Os etologistas, cientistas que estudam o comportamento animal, há muito concluíram que esse tipo de pensamento é, em grande parte, instintivo, mas também pode ser consequência de cópia, imitação e condicionamento.

Um gato que já comeu um passarinho sabe que todo pássaro que ele caçar também será comestível. Pode haver algumas surpresas, mas a inferência é suficientemente forte para superar as exceções — e uma criatura de ordem superior como o gato (em outras palavras, um mamífero) tem capacidade de aprimorar essa inferência, aprendendo a ir atrás dos lentos e gordos melros, em vez dos pequeninos e ágeis beija-flores. Em contrapartida, o cachorrinho que come uma vespa provavelmente vai querer manter distância de todas elas, como um cão escolado.

Experimentos demonstram que muitos, na verdade, a maioria dos animais que tem tronco encefálico aprende a fazer essa inferência. Em alguns dos animais mais inteligentes (gralhas, polvos e símios), essa capacidade é tão sofisticada que eles não apenas conseguem concatenar muitas dessas inferências em uma ação complexa de vários estágios — "amontoar os blocos para chegar à vareta, usar a vareta para fazer uma ponte até o botão e, depois, pressioná-lo para obter comida" — mas também ensinar essa habilidade a sua prole e, assim, perpetuar a memória dessa nova habilidade ao longo de gerações.

Um segundo requisito para o desenho é a coordenação motora fina. É aí que entra em cena o famoso dedo polegar oponível dos símios. Mesmo que um lagarto tivesse capacidade mental para desenhar, ele teria muita dificuldade em fazê-lo. Golfinhos e elefantes têm cérebro enorme, mas mesmo quando são treinados para segurar um objeto, como um lápis ou uma caneta, com os dentes ou a tromba, esses objetos tiveram que ser fabricados por seres humanos.

Tanto o homem de Heidelberg, ancestral direto do homem moderno, quanto o homem de Neandertal, seu primo mais velho, tinham essa coordenação motora fina — de sobejo. O homem de Neandertal, na verdade, pode ter sido o maior caçador nato que já viveu sobre a Terra. E certamente tinha um cérebro suficientemente grande. Mas parece que nem mesmo ele tinha o fator final necessário para criar imagens: a noção de "coisidade" — uma ontologia — acerca da natureza. O mamute lanudo e a unidade familiar talvez tenham sido os dois grandes antípodas da existência do homem de Neandertal — ele pode até mesmo ter criado rituais simples de caça, comemorações de nascimento e cerimônias fúnebres. Mas não existem evidências de que ele sentisse a necessidade de imortalizar esses momentos; sua visão de passado e futuro era muito limitada.

Obviamente, assim como fez com a linguagem falada, o homem de Neandertal pode ter criado algumas imagens rústicas, mas usou um meio — a terra, a superfície de uma folha, a pele de um animal ou até mesmo sua própria pele —, e nada disso, obviamente, poderia durar até os dias de hoje. E talvez algum dia (um possível candidato foi descoberto na Espanha em 2011) encontremos um trabalho de arte neandertalense — um desenho em forma de espiral, uma série de linhas ou até mesmo o contorno de uma mão — que nos levará a reformular nosso pensamento. O que aumenta a probabilidade de que isso aconteça é que há uma boa razão para acreditar que, na história humana, a arte é mais antiga do que a linguagem. Isso porque a mais simples das artes — como a feita hoje por um bebê — é produto de um conjunto simples de gestos físicos. Em comparação, a linguagem verbal requer uma audição bem desenvolvida, uma laringe mais baixa e uma manipulação bastante sofisticada da respiração e dos músculos da boca.

De fato, os seres humanos geneticamente "mais antigos" do mundo, os bosquímanos do deserto de Calaári, na Namíbia e em Botsuana, demonstraram que é possível realizar tarefas bastante complexas sem nenhuma linguagem, graças a uma combinação de conhecimento de táticas fracionadas e de uma série de sinais manuais. Com lanças e flechas rústicas, cuja ponta foi embebida em veneno de ação lenta, os caçadores bosquímanos conseguem espreitar, atacar e depois seguir os rastros de um animal moribundo durante vários dias — sem ter de pronunciar uma única palavra. Na verdade, esse processo dos bosquímanos de rastrear os animais, em um terreno sem rochas (como o deserto de Calaári), é praticamente silencioso. É bem provável que tenham começado a utilizar os sinais que usam — digamos, a forma da letra V feita com dois dedos, para identificar um órix, ou uma espiral desenhada no ar com um dos dedos, para apontar um cudo (uma espécie de antílope com chifres torcidos) — muito antes de desenvolver sua linguagem de estalidos.

Não é um salto tão grande deixar de representar esses símbolos no ar e passar a desenhá-los na terra ou rabiscá-los em uma pedra. Mas o fator crucial é a *vontade*. Se você, simplesmente, não tiver noção de futuro e não conseguir extrapolar o que é para o que será, terá pouco incentivo para *memorizar* — ou seja, criar um veículo para gravar alguma coisa na memória — um evento, desenhando uma figura para si mesmo e para compartilhar com os outros.

Essa vontade de representar o mundo, assim como o desenvolvimento da linguagem falada, mais uma vez nos remete à questão da facilidade: quando foi que o homem primevo teve um cérebro suficientemente maleável, suficientemente capaz para lidar com o tempo e com a lógica simbólica, e com um senso suficiente de si próprio, para sentir a necessidade de representar a natureza por meio de imagens? Acrescente a isso outro fator: a sinédoque — o uso de uma parte (por exemplo, um único alce) para descrever o todo (um rebanho em migração). A sinédoque eleva ao nível de abstração esse senso natural de inferência encontrado na maioria dos animais.

Mais uma vez, vemos o homem moderno primitivo avançando lentamente, ao longo do período de 150 mil anos transcorrido desde seu surgimento até sua transformação em *Homo sapiens sapiens*, munido de todos os instrumentos cognitivos de que necessita, mas ainda tentando ajustá-los para atingir o nível máximo de harmonia e desempenho. E talvez isso tenha levado tanto tempo também por outras razões, especialmente o fato de a humanidade ter estado um pouquinho distraída pela necessidade de sobreviver às suas várias "quase extinções", para fazer alguma coisa além de batalhar por sua subsistência.

UM DESPERTAR

Então, novamente, há cerca de 70 a 50 mil anos, alguma coisa aconteceu e tudo foi sintetizado. As incipientes partes do cérebro humano se juntaram em uma camada de córtex cerebral, para se tornarem a verdadeira modernidade comportamental identificável. De repente, a humanidade não apenas tinha um passado, mas também um futuro, a respeito do qual podia imaginar e refletir. E assim que o homem olhou para o mundo a sua volta, e tentou explicá-lo com o pensamento racional e a linguagem, ele encontrou também, no desenho, um instrumento espantosamente poderoso para captar esse mundo em toda a sua complexidade.

O falso provérbio chinês que diz "uma imagem vale mais do que mil palavras" — também atribuído a um artigo sobre propaganda publicado em uma revista americana nos anos 1920, bem como ao romancista russo Turgenev — tornou-se uma verdade comumente aceita, pois capta algo essencial sobre as imagens: elas podem levar a descrições e discussões praticamente infinitas. Assim, elas são especialmente apropriadas para o simbolismo — como descobriram 2.500 gerações subsequentes de artistas de primeira e segunda grandeza.

Portanto, embora possamos, em tese, usar o desenho simplesmente para *reproduzir* aquilo que vemos, o resultado tem pouco valor intrínseco para uma tribo de caçadores-coletores (ou até mesmo para o homem moderno: as representações precisas só surgiram na época dos romanos, e as paisagens e naturezas-mortas, na Renascença). Os primeiros homens modernos não tinham tempo para estética, embora tenham descoberto rapidamente o poder da representação visual.

O mais extraordinário a respeito do nascimento da arte humana, quando ela finalmente teve início, é a rapidez com que se desenvolveu. Os "desenhos" mais antigos feitos pelo ser humano de que se tem conhecimento — isto é, rabiscos em uma rocha — foram encontrados na África e remontam a cerca de 70 mil anos antes de Cristo. Mas uma data mais precisa seria 40 mil anos atrás, idade das primeiras obras de arte verdadeiras de que se tem conhecimento. Essas obras do Paleolítico Superior assumem três formas básicas: *petróglifos*, imagens gravadas na pedra ou rocha; *pictogramas*, pinturas feitas na pedra (no início com outra pedra macia, como o almagre, ou ocre vermelho); e a arte *portátil* (como estatuetas, esculturas e coisas do gênero). A arte rupestre pode ser definida, ainda, com base no fato de ser encontrada no interior das cavernas (como na

Europa), ou fora das cavernas, na superfície de pedras (Austrália e Américas). Quanto à arte portátil, ela pode ser feita com rochas ou uma base biológica dura, como chifre ou osso.

Dois aspectos são especialmente relevantes com relação a essa arte humana primitiva. O primeiro é que, quase sempre, ela é encontrada em lugares "especiais" — cavernas, monólitos expostos (como o monte Uluru, na Austrália) — ou enterrada junto com os ossos de líderes tribais. O segundo aspecto é a excelente qualidade desses feitos artísticos. As pequeninas estatuetas de figuras femininas — como a Vênus de Hohle Fels, de 40 mil anos de idade, e a ainda mais famosa Vênus de Willendorf, de 24 mil anos — são obras impressionantes. Suas distorções físicas, sensualidade e senso de movimento só seriam vistos novamente no século XX, e ainda hoje permanecem insuperáveis.

Depois que quatro adolescentes descobriram a gruta de Lascaux, na França, os primeiros visitantes ficaram absolutamente maravilhados — embora não soubessem que as pinturas tinham 17 mil anos de idade — com a beleza do trabalho artístico. O famoso "cavalo ocre" dessa gruta é uma das pinturas mais famosas do mundo, não por sua venerabilidade, mas por ser linda de morrer. Essa pintura rupestre, em todos os aspectos, é uma das maiores obras de arte de todos os tempos. Em menor medida, essa qualidade elevada caracteriza outras obras de arte do Paleolítico em todo o mundo: a caverna dos nadadores no Egito (de 10 mil anos); as imagens de girafas, homens e cavalos nas montanhas de Acacus, no deserto do Saara (de 10 mil a 12 mil anos); e o cervo esculpido em chifres de cervo na caverna de Turobong, Coreia do Sul (de 40 mil anos). Muitas das técnicas e motivos dessas obras só foram redescobertos na Renascença, e, outros, apenas pelos fauvistas e cubistas do século XX.

A localização peculiar e a excelente qualidade dessa arte paleolítica sugerem algo mais importante sobre o surgimento das imagens e dos primeiros homens modernos. Enquanto a linguagem verbal se tornava mais valiosa para seus usuários conforme crescia o número de pessoas que a empregava, a linguagem simbólica, por sua vez, conferia seu poder por meio da exclusividade. Isso explica suas localizações exclusivas: essas imagens nunca estavam facilmente acessíveis aos membros da tribo (nem hoje em dia, pois as pinturas — como as de Lascaux — atualmente são vulneráveis até mesmo à respiração dos visitantes).

Em vez disso, admirar essas imagens era, provavelmente, uma experiência mística bastante rara, disponível quase exclusivamente ao patriarca, o chefe, ou ao novo tipo de líder — o xamã, cuja tarefa era administrar e controlar o acesso da tribo ao infinito, ao misterioso e ao inefável que seu poderoso cérebro tornara possível. O xamã, sacerdote da tribo, era o porteiro do portal da vida e da morte, do aterrorizante e do reconfortante, dos deuses e dos demônios — um papel que ele costumava fortalecer por meio do uso de substâncias químicas recém-descobertas (álcool, alucinógenos, venenos), que alteravam o delicado funcionamento de seu cérebro.

Era vantajoso para o xamã valorizar o máximo possível a experiência mística de apreciação das pinturas pelo restante da tribo — e ele (às vezes, ela) também acreditava que uma experiência mais intensa o aproximaria mais dos deuses e da sabedoria oculta. Daí a caverna: caso contrário, por que alguém faria essas magníficas pinturas no *escuro*? Porém, imagine um membro da tribo paleolítica, talvez ao mesmo tempo inebriado e aterrorizado, sendo conduzido para as entranhas escuras da Terra por um homem que ele sabia que tinha um acesso especial ao mundo dos espíritos, cercado por sons e criaturas cobertas com crânios e peles, e, então, à súbita luminosidade de uma tocha, encontrar o "cavalo ocre" ou a face de seu pior pesadelo.

Esse devia ser um momento de tirar o fôlego, e seu respeito e temor pelo xamã, a figura divina capaz de criar essa experiência, eram ilimitados.

Sabemos, com base na análise de esqueletos fósseis, que os primeiros seres humanos eram perfeitamente capazes de cuidar de seus inválidos ou deficientes mentais, muitas vezes durante anos. E, obviamente, o líder da tribo, o chefe, tinha privilégios especiais (embora, em geral, à custa de assumir um maior risco durante as batalhas ou de uma aposentadoria rápida e fatal). Mas o caso do xamã é diferente: pela primeira vez na história da humanidade, um membro do grupo recebe várias vantagens da comunidade — como nunca ter de caçar ou coletar alimentos, um suprimento de concubinas e autoridade sobre todos, inclusive sobre o chefe — em troca da vantagem que era, para a tribo, ter um membro com acesso direto aos poderes exclusivos do mundo dos espíritos. O xamã, é claro, teria de fazer alguns sacrifícios em retribuição — isolamento, lesões físicas oriundas dos rituais e, possivelmente, consequências fatais pelo fracasso —, mas era uma vida privilegiada e recompensadora. A figura do xamã foi uma etapa importante não apenas na estratificação da sociedade humana, mas também em sua especialização.

O SENHOR DO MEIO

Mas existe uma segunda figura especializada nesse quadro, uma figura cuja existência não é tão óbvia, mas que certamente pode ser presumida. Trata-se do *artista*. Seria um absurdo imaginar que aquelas pinturas e esculturas, que merecem ficar ao lado de uma obra de Ticiano ou Modigliani, eram criadas por algum talento inato sem preparo que surgiu do nada ou até mesmo por um político esperto como o xamã. Não se esculpe uma Vênus de Willendorf na primeira tentativa, nem na quinquagésima, por mais talentoso que se tenha nascido. Não, os artistas que criaram aquelas primeiras obras de arte tiveram seu talento identificado bem cedo; eles passaram muitos anos aprendendo e praticando sua arte e, só então, tiveram permissão para trabalhar naquele local sagrado. E, durante todo esse tempo, esses artistas, assim como os xamãs a quem eram vinculados, devem ter tido uma existência separada (e provavelmente privilegiada) da tribo. O mundo das distinções sociais — e os vários níveis de poder associados a elas — estava se estruturando.

O chefe, o xamã e o artista — o líder/guerreiro, o sábio/sacerdote e o personificador/artesão — foram os primeiros a se distinguir do restante da tribo. Mas essa distinção era frágil. Tendo em vista os privilégios proporcionados por seus papéis (naquela época, assim como agora, poucos notavam os sacrifícios exigidos por essas funções), não faltavam aspirantes a esses títulos.

Nossa história literária está repleta de narrativas de desafios, às vezes superados, apresentados a chefes e reis fracos, corruptos ou incompetentes. O mesmo se aplica às histórias de falsos profetas que são denunciados e derrubados. Mas, no dia a dia do Paleolítico Superior, o trabalho influente de artista tribal também deve ter sido bastante disputado. Assim como no caso do chefe e do xamã, essa competição teve o efeito salutar de forçar aqueles que desempenhavam tal tarefa a dar o melhor de si. Para os artistas, por sua vez, deve ter sido um excelente motivador para que nunca deixassem de aprimorar sua arte — não apenas a técnica e o tema, mas também a *narrativa* da apresentação: a dramatização da experiência visual, a representação da época e da ação e a *história* de modo geral contida na imagem.

Em sua forma mais rudimentar, a arte de contar histórias, uma das grandes conquistas da humanidade, provavelmente precede a própria humanidade. O homem de Neandertal tinha inteligência suficiente para representar a recriação de uma caçada ou uma luta, até mesmo colocar algumas peles e chifres de animais, a fim de conferir certa verossimilhança. No caso do homem moderno arcaico, essas representações seriam um quadro vivo, composto de vários intérpretes e vários atos, provavelmente acrescido com um narrador ou cantor e atores experientes nos papéis principais.

Na condição de figura criativa mais talentosa da tribo/comunidade, o artista deve ter sido exortado a ajudar nessas apresentações em que histórias eram narradas; certamente esperava-se que ele as superasse em termos de qualidade e impacto. Mesmo que nenhuma dessas conjecturas seja verdadeira, provavelmente ajudam a explicar por que a arte humana atingiu um nível tão elevado de sofisticação com tanta rapidez. A arte de qualidade garantia a segurança no posto.

A inteligência oferecia a mesma coisa. Provavelmente, não foi um grande artista, mas sim um inovador inteligente, quem descobriu como usar uma série de imagens relacionadas para fazer uma narrativa extensa, para criar novas reviravoltas em uma trama ou captar a ação ou simplesmente a passagem do tempo. E a grande resposta a essa técnica tão inteligente teria levado também ao seu rápido aprimoramento — sem mencionar uma série de imitadores entre os outros contadores de histórias que estavam nascendo na tribo.

Nessa altura, já cruzamos há muito a linha dos 50 mil anos que separam o homem moderno arcaico do homem verdadeiramente moderno — a demarcação onde todas as potencialidades mentais humanas finalmente são concretizadas, e começam a acontecer os milagres. Nós, *Homo sapiens sapiens*, éramos mais do que capazes de reconhecer a congruência entre histórias faladas e imagem, e a importância de construir pontes entre elas. A criação da linguagem falada havia começado.

A linguagem falada tinha dado aos seres humanos um instrumento poderoso para organizar a memória em seu próprio cérebro e compartilhá-la. Ao mesmo tempo, a arte tinha dado àqueles mesmos seres humanos um meio praticamente ilimitado de *memorializar* o mundo físico e reter os muitos significados simbólicos que ele contém. Com a linguagem falada, a humanidade seria capaz de combinar ambos, criando uma extensão portátil, partilhável e praticamente infinita, tanto em escala quanto em escopo, da memória humana.

Apesar de ter acontecido rapidamente, evidências recentes indicam que a linguagem escrita, na verdade, já vinha sendo criada havia muito tempo. Em 2009, cientistas canadenses que estudaram as marcações de quase 150 cavernas na Europa, ficaram impressionados ao encontrar 26 símbolos que exibiam um aspecto extraordinariamente constante ao longo de mais de 20 mil anos.[1] Ficou claro que os primeiros homens modernos acharam esses símbolos úteis e os incorporaram às suas sociedades durante vinte milênios e, com essa característica singular do ser humano moderno — a de refletir sobre o futuro —, usaram tais caracteres para transmitir esse futuro a seus filhos e netos.

Esses 26 símbolos — é apenas uma coincidência, mas uma coincidência e tanto, que esse seja o mesmo número de letras nas línguas latinas e na inglesa — não constituíam de jeito nenhum a verdadeira linguagem escrita. Não havia regras semânticas, uma pontuação óbvia e tampouco uma forma clara de reuni-los para formar construções mais complexas. Em vez disso, juntos, eles podem ser descritos como uma protolinguagem. Mas todas as peças já estavam presentes para fazer grandes coisas acontecerem. Só faltava a centelha da necessidade.

ESCREVENDO PARA CASA

Essa centelha ocorreu há 11 mil anos. O mesmo cérebro poderoso do homem recém-moderno, que permitiu que ele falasse, desenhasse e escrevesse, também permitiu que ele abandonasse a dura vida de caçador-coletor, se estabelecesse em agregações sociais cada vez maiores, como cidades e metrópoles, e iniciasse a revolução agrícola. Essa primeira grande transformação na história do homem moderno começou a ocorrer em locais como Jericó.

Fala-se muito, e com razão, que Jericó e as outras cidades da região do Levante e da Mesopotâmia foram fundadas logo no início do Holoceno. Essa foi uma época de aquecimento global após a última glaciação (que continua até hoje), que produziu não apenas períodos mais longos de cultivo, mas também novas variedades de grãos hibridizados.

Fala-se menos, porém, sobre o fato de que a verdadeira linguagem escrita também surgiu por volta da mesma época — e isso também não é uma coincidência. A civilização e a linguagem escrita, provavelmente, operavam de forma simbiótica (assim como nos dias de hoje), e cada aumento na velocidade, amplitude e "largura de banda" das comunicações possibilitou um salto equivalente na magnitude e complexidade da construção social humana.

Nem é preciso dizer que é muito difícil administrar uma grande cidade — uma cidade como Jericó ou, mais tarde, as cidades vizinhas de Biblos e Sídon deviam ter milhares de habitantes —, sobretudo à medida que passa a haver uma maior divisão de trabalho, hierarquia social e maior dependência do comércio. Nesse mundo palpitante, acontecimentos e transações importantes se sucedem a um ritmo cada vez mais acelerado — muito mais rápido do que se possa fazer desenhos e também pinturas, em uma rocha ou um muro de pedra, para memorializá-los.

Os arqueólogos acreditam que foi o comércio que forçou a criação de línguas verdadeiras, sem mencionar a contabilidade e a aritmética. O comércio, como lida com estoques, quantidades para embarque, preços, impostos, tarifas, contas a pagar e a receber, por sua própria natureza produz grandes quantidades de fatos e números — cuja importância só é equivalente a seu caráter temporário. Na verdade, o volume de dados, provavelmente, era tão grande que produziu as primeiras ocasiões em que a montanha de informações a ser memorizada ultrapassava a capacidade, exceto de alguns cérebros humanos, de retê-la.

Até então, a linguagem escrita tinha sido usada principalmente para informações "atemporais", como registrar eventos importantes e fatos históricos, e disseminar decretos de chefes, reis e altos sacerdotes. Esses eventos podem ser categorizados como comunicação *de cima para baixo*, algo que ocorre em todas as grandes organizações da atualidade: os memorandos e *e-mails* descem da alta direção, porém a chance de trafegarem em sentido contrário é pequena.

A linguagem escrita comercial mudou tudo isso — e rapidamente —, sobretudo porque havia dinheiro envolvido. Pela primeira vez, a linguagem estava sendo usada para uma comunicação verdadeiramente bidirecional, de informações efêmeras, por longas distâncias. A mensagem podia ser simples, como "Acabei de enviar as 200 ânforas de azeite de oliva pelo preço combinado. Favor confirmar o recebimento de todo o pedido e incluir o ouro em sua resposta".

Isso é algo bastante básico, mas com enormes implicações. Com um comércio eficaz e além do horizonte, as novas cidades podiam crescer em tamanho e em população — estimulando uma especialização ainda maior. Esse fato, por sua vez, criava uma necessidade ainda maior por alfabetização e bons escritores — ou seja, funcionários e escribas. Às vezes, isso fazia com que as cidades tivessem de instituir algum tipo de sistema educacional — professores, escolas e instituições de ensino superior —, para satisfazer à demanda crescente por escribas preparados.

Assim como no caso dos contadores de história, esses escribas desfrutavam de uma posição privilegiada na sociedade. Com isso, a busca por uma carreira (e toda a instrução necessária para isso) tornou-se objetivo dos jovens mais destacados e inteligentes de cada geração nas cidades.

Uma das curiosas ironias da história da linguagem escrita é que, embora ela representasse um dos momentos decisivos mais importantes na história da humanidade — fato que memorializamos ao dividir a própria história em "história escrita" e "pré-história" —, foi, em muitos aspectos, uma revolução reacionária. A razão disso é que a linguagem falada, livre da escrita, era um meio bastante fluido — tão variável quanto os seus falantes, e que se transformava constantemente com novos sons e expressões. Mas o advento da linguagem escrita uniu essas duas vozes essencialmente diferentes e as canalizou para uma simbologia, gramática e ortografia comuns. O lado positivo é que essa padronização tornou a linguagem muito mais fácil de aprender, mais precisa e mais universal, mas tudo isso à custa de uma rápida mudança e adaptabilidade, bem como (pelo menos por enquanto) da inovação retórica.

Não admira que, com a humanidade vivendo em comunidades relativamente isoladas e remotas, a forma assumida por essa linguagem escrita variasse de um lugar para outro. O espantoso é que essas formas eram *muito* diferentes — e afetavam a maneira como os falantes e escribas das diferentes linguagens pensavam, organizavam o cérebro e viam a natureza.

Qual dessas antigas comunidades, efetivamente, inventou o primeiro sistema de linguagem escrita é o tema de muitos debates, principalmente porque não existe, em geral, um número suficiente de artefatos (e a maioria deles é composta por fragmentos aflitivamente incompletos) que nos permita determinar se estamos meramente olhando para uma coleção de imagens, protoescrita, ou uma linguagem escrita efetiva.

Este é, sem dúvida, o caso dos símbolos jiahu, entalhados em carapaças de tartaruga e que datam de quase 9 mil anos atrás, descobertos em Henan, na China. Existem 16 sinais jiahu, e, embora pareçam ser representações simbólicas, não existe nenhum relacionamento semântico óbvio entre eles. Isso sugere que, muito provavelmente, os símbolos jiahu são uma forma de protoescrita. No entanto, seu conteúdo e seu formato remetem tão explicitamente à escrita chinesa moderna que a questão ainda está em aberto, até que artefatos mais convincentes sejam encontrados.[2]

Um segundo candidato, igualmente convincente, é a escrita vinca, de 7 mil anos atrás, da Hungria e da Romênia. Enquanto os símbolos jiahu parecem um eco distante do chinês, os símbolos vinca sugerem, extraordinariamente, as inscrições cirílicas ou até mesmo romanas. No entanto, uma vez mais, não existem, até o momento, evidências que indiquem que essas marcas sejam algo além de uma agregação de símbolos. Em outras palavras, elas não parecem *codificar* uma linguagem completa.[3]

O terceiro candidato para a linguagem escrita mais antiga é a primeira escrita hindu, de 5 mil anos atrás, da Índia. Ela é mais pictórica do que a jiahu ou a vinca e, como elas, permanece indecifrada. Essa linguagem, que só aparece em sequências muito curtas (com 3 a 17 caracteres), parece se assemelhar à escrita brâmica posterior, mas a maioria dos pesquisadores discorda de que haja alguma relação, argumentando que ela parece ter raízes aramaicas. Uma coisa é certa: a primeira escrita indo é incrivelmente complicada, tendo mais de 400 símbolos conhecidos.[4]

Curiosamente, à luz do fato de que a linguagem falada surgiu primeiro na África, a linguagem escrita desenvolveu-se relativamente tarde neste continente. A primeira grande linguagem da África, o nsibidi, surgiu no sudeste da Nigéria, há cerca de 3 mil anos. Talvez a mais elegante e decorativa de todas as primeiras formas de protoescrita (ela tem, literalmente, milhares de caracteres), o nsibidi também é singular porque é a única dessas linguagens que ainda é usada; chegou até mesmo ao Caribe, por meio do tráfico de escravos. Ela também tem o mito de fundação mais magnífico de todos: o povo igbo acreditava que ela foi originalmente transmitida para eles pelos babuínos.[5]

Nesse meio-tempo, do outro lado do planeta, nas Américas, o processo de criar uma linguagem escrita foi retardado pela migração e colonização do Novo Mundo. O processo, finalmente, começou há cerca de 3 mil anos na América Central, com a civilização olmeca do centro-sul do México (as pessoas que criaram as colossais esculturas das cabeças). Essa escrita também não foi ainda decifrada.

A mais misteriosa e exótica de todas as primeiras linguagens escritas deve ser o *quipu* andino (dos primeiros incas) — sequências que chegam a ter 2 mil combinações de caracteres coloridos interligados, que de alguma maneira parecem codificar complexas informações. O mais antigo desses *quipus* tem 5 mil anos — é tão antigo quanto as primeiras linguagens escritas do hemisfério oriental e, provavelmente, também uma protolinguagem.[6]

Esses *quipus* são tão diferentes de qualquer coisa que a civilização moderna encara como escrita, que passaram-se gerações desde que eles foram descobertos até que os arqueólogos começassem a se perguntar se eles não seriam mais do que simplesmente decorativos. Os especialistas acham hoje que temos, codificado nessas cores e agrupamentos, pelo menos um sistema muito sofisticado de números e cálculos e talvez até mesmo uma linguagem (ou pelo menos palavras usadas para rotular os grupos de números). Mas, assim como no caso das outras linguagens primitivas, décadas e até mesmo séculos poderão transcorrer até que encontremos as respostas.

Nenhuma delas pode, na realidade, ser uma verdadeira linguagem escrita, mas certamente demonstram evidências de ser mecanismos de memória. As pessoas rabiscam símbolos em pedras, chifres e conchas porque querem se lembrar de informações importantes ou porque querem associar esses símbolos a uma coisa de valor, para que sua posse seja "lembrada" mesmo quando elas não estiverem mais presentes. Efetivamente, é a essa finalidade que muitos pesquisadores acreditam que essas marcações (e agrupamentos) jiahu, vinca, hindu antigo, olmecas, nsibidi antigo e incas se destinavam.

PALAVRAS E PENSAMENTOS

Os historiadores da linguagem escrita costumam categorizar todas as formas de escrita com base no punhado de características definidoras que primeiro apareceram nas formas mais antigas de protoescrita.

Os especialistas geralmente definem todas as linguagens escritas como tendo um conjunto de símbolos, caracteres e glifos (tecnicamente "grafemas") básicos estabelecidos, um conjunto de regras igualmente estabelecidas a respeito de como o significado é atribuído aos símbolos, isolados ou em conjunto; uma linguagem falada à qual essa linguagem escrita está associada; e alguma maneira de apresentar os símbolos de forma quase permanente.

As próprias linguagens escritas são, geralmente, divididas em três categorias básicas: *logográficas, silábicas* e *alfabéticas*. A escrita logográfica consiste de palavras que se relacionam com imagens simbólicas derivadas da natureza. Quase todas as linguagens escritas mais antigas são logográficas, como os hieróglifos egípcios e a primeira escrita cuneiforme sumeriana (as primeiras linguagens escritas dominantes do mundo), bem como o chinês moderno. Como se pode imaginar, não existem linguagens logográficas puras porque precisaríamos de um símbolo diferente para todas as coisas, de modo que essas linguagens logo começaram a combinar símbolos para captar conceitos complexos.

Por outro lado, a escrita silábica usa símbolos escritos – chamados "sílabas" –, que se combinam formando palavras. O "silabário" (conjunto de sílabas) de uma linguagem escrita é considerado completo quando tem um componente para cada som, na linguagem falada correspondente. Os exemplos da escrita silábica são muito diferentes, como o kana japonês e o árabe. A mais interessante das linguagens silábicas talvez seja o iroquês, inventado em um trabalho de gênio — pelo chefe indígena Sequoyah, até então analfabeto, no início da década de 1820.[7] De forma impressionante, Sequoyah iniciou esse empreendimento tentando criar uma linguagem logográfica, mas logo se deu conta de que um silabário de 85 (originalmente 86) caracteres funcionaria bem melhor. E, na realidade, até mesmo em face do imenso peso cultural do inglês norte-americano, o iroquês ainda é usado em partes do estado de Oklahoma e em outros lugares. O que torna interessante a decisão de Sequoyah é que ela apresenta fortes argumentos para a ideia de que a linguagem escrita de uma cultura é definida, em grande parte, pela maneira como seus cidadãos pensam, veem o mundo e se lembram das experiências.

A escrita alfabética conduz esse processo a sua suprema conclusão. Ela reduz o relacionamento entre a linguagem e o símbolo a sons individuais — fonemas —, cada um dos quais tem um símbolo correspondente, que pode ser misturado e combinado em um número quase infinito de maneiras. No final, esse tipo de escrita foi o que alcançou mais sucesso no mundo moderno. Sem dúvida, uma das razões para isso é a total flexibilidade dos fonemas, o que possibilita uma precisão e detalhe praticamente impossíveis de obter nas outras formas de linguagem. Imagine um projeto construído com LEGO, comparado com um construído com blocos de concreto.

Tendo em vista a complexidade filosófica envolvida — por exemplo, adotar a ideia de associar símbolos não a coisas, ou mesmo palavras, mas a *pedaços* de palavras —, a escrita alfabética não foi um feito monolítico. Diferentes culturas levaram o processo a diferentes níveis de abstração — em outras palavras, aos tijolos (consoantes) e vogais (argamassa) para converter os sons verbais em símbolos alfabéticos individuais. E embora possa parecer óbvio para nós hoje em dia, que as consoantes e as vogais existam de forma independente, isso não era tão evidente para nossos ancestrais, que se mostravam igualmente propensos a aglutinar o som da vogal suave a uma consoante próxima — um sistema chamado *abugida*, que é encontrado no indiano antigo. Ou era possível partir do princípio de que esses sons eram implícitos — um sistema chamado *abjad*, que é mais notoriamente encontrado no árabe.

Existe um quarto tipo de linguagem escrita, ainda mais detalhado, chamado escrita *traçal**, que não apenas desmembra as palavras em sons, como também contém detalhes visuais sobre como esses sons devem ser pronunciados. Foi aventado que o hangul coreano é a única escrita desse tipo, embora seja questionado se ele satisfaz, rigorosamente, essa classificação.

A primeira forma de linguagem escrita geralmente reconhecida como sendo completamente alfabética, com consoantes e vogais independentes, é o grego antigo. Portanto, o grego é, estruturalmente, o precursor das linguagens latinizadas (inglês, francês, italiano e assim por diante), e, até certo ponto, também das linguagens germânicas e cirílicas, o que o torna a linguagem escrita dominante do mundo moderno.

Devido a uma bizarra virada do destino, os alfabetos principais dessas linguagens que descendem do grego não são de modo alguma provenientes do grego antigo. Mais exatamente, as formas de nossos abecedários derivam, em grande medida, de uma antiga linguagem semítica criada pelos canaanitas no Sinai. Os fenícios adotaram esse alfabeto, modificaram-no e, como eram os maiores navegadores e comerciantes do mundo antigo, eles o espalharam ao redor do Mediterrâneo, criando tudo, desde o romano, o hebraico moderno, a até mesmo o grego moderno.

A ávida adoção desse alfabeto por essas culturas provavelmente se deveu ao fato de que, por ser quase perfeitamente fonético (ao contrário, digamos, do inglês, as palavras de uma linguagem fonética soam exatamente como suas letras são pronunciadas), ele era relativamente fácil de aprender. Um ímpeto mais sutil para a difundida adoção do fenício — o qual, em última análise, tinha um alcance bem maior — foi o fato de que, por ser tão simples e fácil de aprender, ele expandiu a alfabetização, substituiu a fala "sagrada" privilegiada, e começou a derrubar hierarquias sociais consolidadas.

Uma medida do poder e da utilidade da linguagem escrita é que existe um intervalo de apenas 5 mil anos entre as marcas toscas das primeiras linguagens protoescritas e as maiúsculas requintadas esculpidas na Coluna de Trajano — ainda considerada uma das escritas mais belas, equilibradas e refinadas jamais criadas pela mão do homem. Esse fenômeno ocorreu em menos de 10 por cento do tempo que os seres humanos levaram para aprender a enfileirar palavras em frases.

---

* *Featural writing*, no original em inglês. (N.T.)

Sem dúvida, o valor da linguagem escrita era instantaneamente evidente para todo mundo que a via pela primeira vez. Ela era tão valiosa que, pela evidência da sua rápida adoção e ainda mais célere aperfeiçoamento, era provavelmente considerada decisiva para o destino de uma comunidade. Aprender a escrever, pelo menos para uma cultura como um todo, tornou-se rapidamente uma questão de vida ou morte.

MISTURA DE LIGAS

Por que a escrita era tão importante? Existem duas grandes razões para isso, e ambas têm a ver com a memória.

A primeira é que essa era historicamente breve — de 3 mil a 5 mil anos atrás — coincidentemente, é o período em que a sociedade humana fez a transição do Período Neolítico (Idade "da Pedra") para uma era muito diferente, caracterizada na maior parte do hemisfério oriental — exceto, curiosamente, na China, onde a maioria dessas transições históricas é indistinta — por uma habilidade nova em folha: a de extrair minérios da terra e misturá-los, transformando-os em novos e úteis metais.

A mais importante dessas ligas deu o nome a essa era: a Idade do Bronze.

O fato de esse salto na civilização humana ter ocorrido na mesma ocasião do surgimento da verdadeira linguagem escrita não é, uma vez mais, nenhuma coincidência. Com a habilidade de escrever, a memória humana e a artificial se separaram pela primeira vez e puderam seguir diferentes caminhos. O início da construção da memória recua aos xamãs, com suas pinturas nas cavernas, mas agora qualquer pessoa alfabetizada podia se envolver com ela — e ela afetava todo mundo que não era alfabetizado.

Uma vez mais, graças à Revolução Agrícola e ao crescimento das cidades, a sociedade já estava se tornando incrivelmente complexa, de modo que somente as mentes mais brilhantes eram capazes de compreendê-la totalmente. As primeiras protolinguagens haviam sustentado muitas dessas grandes mudanças, criando uma duradoura "cola" social para essas agregações humanas mais novas e maiores.

Mas a Idade do Bronze levou a explosão das informações a um novo nível. De repente, as linguagens escritas haviam se tornado vitais. E, ao mesmo tempo que essas linguagens tornavam possíveis as grandes "civilizações" dessa nova era, compostas de múltiplos níveis, com os seus sacerdotes e comerciantes, soldados e artesãos, elas também precisavam dar o passo seguinte, das imagens isoladas para narrativas completas — em outras palavras, para linguagens faladas e escritas genuínas.

A habilidade de escrever significava a capacidade de registrar informações. Remover uma coisa da memória da pessoa e colocá-la em um depósito de memória sintética, onde ela permaneceria, em grande medida, não vigiada, até que fosse novamente necessária. Essa memória registrada também poderia ser compartilhada com outras pessoas com uma precisão nunca antes disponível, com seres humanos transmitindo mensagens uns para os outros. Curiosamente, essa memória registrada também podia ser transmitida ao longo de distâncias ilimitadas, tanto no espaço quanto no tempo. No que dizia respeito ao espaço, isso significava a capacidade de conversar com outras pessoas — reis, comerciantes e fornecedores — tão distantes que você talvez nunca fosse conhecê-las durante sua vida. Significava um novo tipo de estilo de comunicação, transações e, acima de tudo, confiança. Em particular, a confiança de que pessoas de fora da tribo, da sociedade e, até mesmo, além do horizonte iriam cumprir seus acordos. A escrita jazia no âmago desse novo tipo de contrato social.

Mas a habilidade de escrever para registrar memórias também apresentava uma segunda grande vantagem: *preservar* o passado. A verdadeira história começa com a palavra escrita, quando o passado, de repente, se torna não apenas um conjunto fragmentado de mitos e lendas, mas também uma coleção de registros, memórias e histórias consignadas na palavra escrita. Uma vez mais, não é uma coincidência que as primeiras grandes histórias da civilização — o Pentateuco da Bíblia, *A Epopeia de Gilgamesh*, o *Livro Egípcio dos Mortos*, o *Mahabharata* e a *Ilíada* — tenham aparecido durante a Idade do Bronze. A maioria dessas histórias, sem dúvida, tinha sido criada, aprendida e guardada na cabeça de bardos e contadores de histórias gerações a fio. No entanto, a escrita tornou possível que essas narrativas fossem, finalmente, guardadas em segurança, em um lugar onde poderiam ficar protegidas, ser compartilhadas e esculpidas para acompanhar a nova e mais complicada realidade da vida na Idade do Bronze. É até mesmo possível que um desejo irresistível de adicionar essas histórias a um registro permanente possa ter ajudado a impulsionar a formação de uma verdadeira linguagem nacional, como, mais tarde, o Alcorão parece ter feito para o árabe e o *Beowulf* para o inglês antigo.

É desnecessário dizer que, uma vez que o cisma tenha ocorrido, não havia como voltar atrás. Nenhuma sociedade jamais renunciou voluntariamente à escrita. Pelo contrário, parece que a capacidade de registrar informações deflagra quase que imediatamente uma explosão de *novas* informações, registros e histórias, que não poderiam de modo algum ser devolvidos ao cérebro humano. Para os seres humanos, pensar é falar, e falar é escrever, e escrever é criar repositórios de memórias extrínsecas às suas.

No entanto, assim como a escrita motivou a invenção da memória "externa", ela também transformou a maneira como a memória operava dentro de nosso cérebro. Para entender como isso funcionava, imagine uma analogia com a substância alquímica que definia a era.

Para nossos olhos modernos, o salto do trabalho com a pedra e com metais, materiais naturais, para trabalhar com algo criado pelo homem, como o bronze, parece simples. Entretanto, na verdade, isso marcou um dos grandes momentos decisivos da história humana. O cobre e o estanho, por serem brilhantes e maleáveis, podem dar origem a objetos belos e sagrados, mas são moles demais para ter uma utilização construtiva. No entanto, se combinarmos os dois a uma temperatura aproximada de 1.000 graus centígrados, o metal resultante é, ao mesmo tempo, duro e maleável. E, o que é mais importante, pode manter o fio, o que significa que pode ser usado na fabricação de armas brancas.

O bronze era tão valioso para as antigas sociedades que elas se reorganizaram ao redor dele. Além da sua óbvia utilidade na fabricação de uma infinidade de coisas, como armas, instrumentos e as primeiras máquinas, o bronze também provocou uma mudança filosófica nas comunidades que trabalhavam com ele. Ao lado do couro (outro novo produto encontrado nas cidades), ele era um meio *plástico*. Era possível curvá-lo, martelá-lo, sulcá-lo e moldá-lo em tantas formas quantas a mente humana conseguisse imaginar — e isso ativou uma maneira inteiramente nova de interpretar, se envolver e participar do mundo físico, fosse por meio de um espelho polido, uma máscara, um novo tipo de espada, uma corrente, um escudo ou um prego.

A escrita causou o mesmo efeito, mais ou menos na mesma época, na mente humana.

Hoje em dia, 5 mil anos depois, a linguagem escrita está de tal modo entranhada no funcionamento do nosso cérebro que é difícil, para a maioria de nós, notar quanto nossos pensamentos e nossas memórias estão construídos em torno de palavras escritas. Grande parte do que aprendemos na escola veio da página impressa, e o mesmo acontece com a maior parte de nosso conhecimento sobre os acontecimentos atuais. Os títulos dos filmes, nomes de marcas, instruções de operação e um sem-número de outras informações entram em nosso cérebro através do caminho direto das palavras. Em geral, isso começa com a "leitura em voz alta", mas, na adolescência, quase todas as pessoas no mundo desenvolvido já abandonaram há muito a prática de verbalizar o material impresso e podem ler um texto a uma velocidade de centenas de palavras por minuto. No que diz respeito à mera largura de banda do fornecimento de informações úteis, nem mesmo o vídeo consegue acompanhar a leitura.

Além disso, no mundo moderno, *a maneira* como obtemos as informações impressas é cada vez menos importante — não estou me referindo apenas ao formato em que elas são apresentadas (jornal e panfletos impressos, telas de computador), mas também à natureza dos próprios símbolos. Grande parte do mundo, até mesmo as nações do Extremo Oriente, que oficialmente respeitam seus tradicionais símbolos logográficos, desenvolveu alfabetos paralelos usando letras latinas/fenícias, ao mesmo tempo que ensinam suas crianças a serem bilíngues em sua língua materna e na forma global emergente do inglês.

No entanto, há 4 mil anos, este certamente não era o caso, e é interessante especular como diferentes tipos de escrita desempenharam um papel definido na maneira como organizávamos, recordávamos e até mesmo observávamos o mundo. Em outras palavras, quando você organiza seu cérebro — e, particularmente, sua memória — em torno da escrita, o tipo de escrita que você usa tem muita importância.

Por exemplo, a escrita alfabética, com a liberdade criada por seus minúsculos elementos básicos (fonemas) e sua gramática flexível, pareceria fortalecer o individualismo, a inovação e uma forma cívica de democracia, mas também correria perpetuamente o risco de desmoronar no caos. A escrita logográfica, devido à mera dificuldade de ser aprendida, pareceria mais adequada a uma sociedade mais rígida e estratificada, com classes acadêmicas e de escribas, mas também poderia ostentar um esteticismo cultural muito mais forte (cada palavra sendo uma pintura) e naturalismo. E as linguagens silábicas, por serem muito mais fáceis de aprender, pareceriam ser uma vantagem para o mercantilismo e o comércio e a uma maior democracia cultural, porque conduziriam a taxas mais elevadas de alfabetização.

Obviamente, como nos lembra a história, a escrita não é o destino. No entanto, existe uma correlação suficiente entre as características desses tipos de escrita e as culturas que as produziram, para sugerir que isso seja mais do que uma coincidência — que existe um certo vínculo causal entre o estilo de escrita de uma cultura e a maneira como ela vê e recorda o mundo a sua volta, como ela regula sua sociedade e o que ela valoriza. E embora muitas dessas características estejam esmorecendo à luz da economia global, da Internet e da comunicação de massa, o que resta é suficiente para contribuir para as tensões do mundo moderno.

Em outras palavras, a invenção da escrita não ocorreu sem um custo.

No lado positivo, ela possibilitou que a sociedade humana acelerasse seu desenvolvimento a uma velocidade vertiginosa. O salto de cinco milênios de uma tribo de caçadores-coletores que plantou a primeira semente, para um homem que caminha na Lua, é o maior milagre da humanidade. E isso se viabilizou porque a escrita possibilitou que, pela primeira vez, simultaneamente, diferentes culturas inovassem, compartilhassem resultados e depois ampliassem essas realizações com um número ainda maior de inovações correspondentes.

Começando com a grande descontinuidade de 50 mil anos atrás (o despontar do *Homo sapiens sapiens*), a humanidade cada vez mais criou sua própria história, participando de eventos em expansão e influenciando-os tão profundamente que ficou difícil distinguir, mais tarde, a mão do homem da mão da natureza. No caso dos animais, a causa e o efeito são geralmente óbvios — por exemplo, a perda do habitat provoca a extinção, uma Era do Gelo determina pelos mais longos, e assim por diante.

Mas, no caso dos seres humanos, especialmente dos modernos, este não é o caso. E, com a linguagem escrita, temos um perfeito exemplo desse paradoxo: a Idade do Bronze teria sido desencadeada pela melhoria do comércio, que se tornou possível pelo surgimento das linguagens escritas formais? Ou todos esses avanços na comunicação humana foram resultado da descoberta acidental — causada pela migração humana para o norte, a Eurásia, depois do recuo das geleiras da Era do Gelo — de como fundir o bronze e fabricar tudo, de armas a dinheiro?

A resposta provável — um pouco de ambos — é ainda mais insatisfatória. Mas a indeterminação dos inícios, meios e fins é uma realidade com a qual o homem moderno precisa conviver perpetuamente. E o mesmo podemos dizer do fato de que, devido à linguagem escrita, os seres humanos não apenas começam a pensar de uma maneira diferente da de seus ancestrais, como também, com frequência, de uma maneira diferente uns dos outros. A longo prazo, essa diversidade intelectual pode ser uma poderosa ferramenta para a adaptação evolucionária, mas a curto prazo ela é a causa de consideráveis atrito e angústia humanos. A torre de Babel pode não ser, na verdade, uma parábola a respeito da linguagem, e sim da escrita.

"Passamos nossos anos como uma história que é narrada", escreveu o salmista, que reconheceu que as palavras, concebidas como uma ferramenta, iriam, por sua vez, nos definir. Pela primeira vez, os seres humanos podiam emitir suas palavras não apenas para aqueles que estavam ao alcance da voz, mas também ao longo da história. E, de uma maneira bastante apropriada, entre essas primeiras palavras estão as de um rei que viaja ao fundo do mar para procurar a planta que ele acredita irá lhe conferir a imortalidade.

Ele perde a planta, mas suas palavras impressas — "Ó que desgraça! O que faço agora? Para onde vou agora?" — se dirigem a nós mais de quarenta séculos depois, em *A Epopeia de Gilgamesh*, e, desse modo, ele encontrou na escrita algo que está mais próximo da imortalidade do que a humanidade jamais conhecerá.

3
Argila, junco e pele
A memória como meio

A preguiça e a desconfiança, tanto quanto a ambição e a confiança, são as verdadeiras fontes da inovação humana. Isso é verdade hoje em um lugar como o vale do Silício, e era verdade há pelo menos sete mil anos, quando, às margens dos rios Tigre e Eufrates, um agricultor entediado e desconfiado encontrou um atalho engenhoso — e mudou a trajetória da história.

Não muito tempo depois de a Revolução Agrícola ter chegado ao sul da Mesopotâmia, agricultores e artífices começaram a usar marcas para contar seu estoque. Sem dúvida, isso era feito, em parte, para controlar as mercadorias armazenadas para pagar trabalhadores e clientes, mas era igualmente provável que fosse para evitar serem enganados ou roubados. Esses primeiros comerciantes faziam marcas que representavam unidades individuais. E, a fim de tornar essas marcas o mais simples possível de produzir, eles usavam o material mais barato e flexível que tinham disponível: lama.

Ou, mais precisamente, plaquinhas de argila seca. Essas plaquinhas de argila cumpriam exatamente seu propósito: não custavam nada, sua fabricação era rápida, era fácil armazená-las e eram resistentes o bastante para permanecer armazenadas. Logo, milhares dessas plaquinhas estavam sendo fabricadas, e elas ajudaram a estimular a criação da sociedade sumeriana que surgiu na região.

Mas essas plaquinhas de argila encerravam alguns problemas. O mais óbvio era o fato de serem todas iguais: aquela pilha de plaquinhas representava cestos de trigo ou de sorgo? Aquela pilha de plaquinhas é sua ou minha? Além disso, é claro, sempre havia um risco potencial quando chovia...

Ninguém é mais prático do que um agricultor quando se trata de proteger sua riqueza arduamente obtida. Assim sendo, não demorou muito para que um comerciante empreendedor começasse a estampar suas plaquinhas de argila com sua marca pessoal. Mas isso significou que essas plaquinhas personalizadas tinham agora seu próprio valor intrínseco; em um certo sentido, elas se tornaram uma espécie de protomoeda corrente de baixo valor. Assim sendo, por ser outro tipo de riqueza, elas também precisavam ser preservadas e protegidas. E a melhor maneira de fazer isso era criando um recipiente para contê-las.

Como se tratava do início da Idade do Bronze, uma caixa resistente de metal estava fora de questão. Não, a solução era voltar ao mesmo material — a argila — e fabricar potes. Moldá-los, enchê-los com plaquinhas, selar a tampa, e você tem um bom e resistente sistema para guardar informações sobre seu negócio, em grande medida à prova d'água. E mais seguro também, em um mundo cheio de pessoas que tentam passá-lo para trás em seu negócio.

Só havia um problema. Depois que o pote era fechado, as pessoas voltavam a depender de sua memória para se lembrar da quantidade de plaquinhas encerrada dentro dele, o que frustrava de saída o esquema das plaquinhas e do pote. Uma vez mais, um comerciante esperto inventou uma solução: ele podia, simplesmente, fazer algumas marcas no lado de fora do pote, quando a argila ainda estava mole, que indicavam o número de plaquinhas que havia no recipiente.

E então surgiu outro ponto decisivo na história da memória. Somente uma pessoa preguiçosa teria se dado conta de que, uma vez que você tinha as marcas no pote, *por que você precisava das plaquinhas que estavam dentro dele?* E, por sinal, *por que você precisava do pote* se você podia simplesmente fazer as mesmas marcas em uma das plaquinhas?

Assim sendo, a simples marca de registro em uma placa de argila mole se tornou o meio para a contagem e, nos 38 séculos seguintes, as pessoas dessa sociedade — que, com a ajuda desse novo sistema de registro, se tornaria a poderosa civilização sumeriana — usaram essa técnica como seu meio universal de registro permanente.

As marcas originais nessas plaquinhas de argila eram, essencialmente, desenhos em miniatura, semelhantes à marca do proprietário. Mas desenhar na argila, como sabem muitos alunos do primeiro ano primário, não é a coisa mais fácil de fazer; pedaços tirados do sulco se acumulam, e o meio é tão denso que ele parte o pauzinho ou pedaço de junco com o qual você está desenhando;

é um problema sério. Assim sendo, os sumérios, em um dos grandes saltos intelectuais da Idade do Bronze, abandonaram as pequenas imagens — os pictogramas ou escrita logográfica — e desenvolveram uma forma de escrita silábica mais flexível. Durante esse processo, eles reduziram o número de símbolos de sua linguagem de mais de mil para menos de 400.

Mas, o que é mais importante, ao simplificar sua linguagem — além de lidar com as limitações do meio de escrita escolhido —, os sumérios também simplificaram radicalmente seu *estilo* de escrita ao longo de cerca de dois mil anos. Novamente, como toda criança sabe, a maneira mais fácil de criar uma imagem na lama ou em argila é pegar um pauzinho e pressioná-lo, formando um padrão decorativo. E era exatamente isso que os sumérios faziam, se bem que de uma maneira padronizada e em grande escala: eles pegavam sua tabuinha de argila mole, colocavam-na em uma pequena bandeja, para evitar que a forma retangular ficasse distorcida, e faziam pequenas marcas na superfície com um estilete fino, em forma de cunha, geralmente feito de junco.

O resultado, que chamamos de escrita *cuneiforme*, foi a primeira linguagem escrita produzida em massa na história humana. Na realidade, as plaquinhas de argila gravadas com essa escrita — que quase se tornaram pedras, por causa de incêndios acidentais posteriores, que agiram como fornos — estão entre os artefatos mais onipresentes e valorizados da civilização da Idade do Bronze.

O desenvolvimento da escrita cuneiforme foi, provavelmente, um processo bastante claro e direto para os sumérios, já que a Mesopotâmia era a capital agrícola e comercial do mundo. Os comerciantes e agricultores já estavam acostumados a fazer sinais numéricos em jarros e plaquinhas, para controlar a quantidade das suas mercadorias havia cinco mil anos. Quando os números cresceram, eles logo aprenderam a criar novos símbolos para representar *grupos* de números — como o prisioneiro proverbial que marca cada quinto dia com uma linha diagonal sobre as quatro marcas anteriores.

Munidos da ideia de usar variações dos símbolos existentes, para representar subconjuntos, conjuntos e superconjuntos, os sumérios provavelmente tiveram bastante facilidade em, primeiro, transformar seus pequenos desenhos em símbolos simplificados desses desenhos, e depois usar esses símbolos, isolados ou combinados, para criar pensamentos mais complexos. Na realidade, foram necessários apenas cerca de quatrocentos anos, de 3 mil a.C. a 2600 a.C., para que os primeiros pictogramas evoluíssem para a escrita altamente abstrata, que associamos hoje à escrita cuneiforme.

O resultado foi que o cotidiano na antiga Suméria teria se parecido, surpreendentemente, com a vida atual, com as pessoas comuns sentadas em lojas e em bancos, perfurando a superfície de suas pequenas plaquinhas portáteis. E podemos pressupor que os escritores experientes da época poderiam escrever quase tão rápido no estilo silábico, de cima para baixo e da esquerda para a direita da escrita cuneiforme mais recente, quanto nós escrevemos hoje no estilo alfabético latino cursivo, e provavelmente mais rápido do que no chinês tradicional. Em outras palavras, os sumérios, pela primeira vez na história humana, tinham um meio de escrita "permanente" que era portátil e barato, e um sistema de escrita que reduzia o tempo do pensamento para a palavra impressa a uma questão de segundos — e não às horas e dias da gravação tradicional em pedra. E bastava um raspar de dedo ou um borrifo de água para apagar uma frase ou uma mensagem.

PALAVRAS DE LIBERDADE

Um dos temas dominantes deste livro é que a evolução da memória, tanto humana quanto artificial, também é a história do avanço da liberdade humana. Cada grande inovação em nossa capacidade de captar, armazenar e recordar o conhecimento teve como consequência uma expansão cada vez maior de liberdade e igualdade social.

Mais de quarenta séculos depois de os sumérios terem criado a verdadeira escrita, *sir* Francis Bacon usou essa habilidade para redigir um dos aforismos mais conhecidos (e menos compreendidos): "Conhecimento é poder".

A maioria das pessoas que lê essa frase parte do princípio de que ela descreve um fenômeno pessoal: que o poder e a influência sociais são provenientes da educação, ou seja, da quantidade e da qualidade de aprendizado que preenche nossa memória. Assim, quanto mais conhecimento uma pessoa tiver armazenado na mente, mais poder essa pessoa terá sobre sua carreira, relacionamentos e atividades da vida cotidiana. Além disso, esse conhecimento também possibilitará que essa pessoa lide melhor com situações novas, inesperadas e até mesmo perigosas; por exemplo, o escoteiro experiente tem uma probabilidade maior de sobreviver se se perder na floresta, o piloto de corrida, de escapar de um acidente de carro, o marinheiro, de vencer as dificuldades de uma tempestade no mar.

Tudo isso é verdade. E o próprio Bacon, um dos mais brilhantes seres humanos que já passou pela face da Terra, pareceria a personificação de seu próprio truísmo. No entanto, ele era mais do que um grande ensaísta e filósofo da ciência. Francis Bacon também era o lorde chanceler de um dos maiores impérios da história — e, nessa função, ao lidar com a corte assassina e intrigante do rei James I, que no final o derrubaria, Bacon era especialista em controlar um grande poder político. Sendo assim, mais do que qualquer pessoa até agora, ele compreendia que o *verdadeiro* poder — do tipo que governa nações, muda a vida de milhões de pessoas e altera a trajetória da história — também era produto desse conhecimento. O poder era a compensação de ter o cérebro abarrotado de regras, leis e segredos, bem como de um profundo entendimento das lições da história.

Segue-se, portanto, que qualquer nova arte, habilidade ou tecnologia que expanda a capacidade dos seres humanos de acumular conhecimento — quer em sua própria memória, quer em algum outro lugar de fácil acesso — resultará em uma maior aquisição de poder por aqueles que tirarem proveito dessa inovação. E se mais pessoas tiverem a chance de usar uma inovação — graças a custos de produção mais baixos ou a uma maior facilidade de utilização —, o poder concomitante também será mais amplamente disseminado por toda a sociedade, [...] o que resultará em uma maior igualdade, liberdade e, no final, democracia.

Escrever em plaquinhas de argila em caracteres cuneiformes foi apenas uma inovação que mudou a história. O surgimento da linguagem escrita, 45 mil anos antes, havia começado a dividir a sociedade entre aqueles que conheciam palavras e imagens secretas/sagradas — os xamãs, sacerdotes e governantes — e os que não as conheciam. Como gravar símbolos na pedra era uma tarefa longa e laboriosa, que requeria uma habilidade considerável, a escrita — e o conhecimento que ela codificava —, era reservada para os poucos poderosos e privilegiados e usada, principalmente (como nas pinturas nas cavernas), para deixar os observadores assombrados e consolidar ainda mais o poder dos primeiros.

Mas, na antiga Mesopotâmia, a argila estava em toda a parte, assim como o junco. E a linguagem silábica cuneiforme, especialmente no que dizia respeito aos primeiros pictogramas, era relativamente fácil de aprender. Com essa combinação da disponibilidade da tecnologia e facilidade de utilização, foi impossível para a classe dominante manter o monopólio do conhecimento — e, portanto, do poder absoluto. É claro que isso não impediu que ela tentasse, e a Suméria certamente não era uma democracia moderna, mas, os milhares de plaquinhas de argila que milagrosamente sobreviveram até nossos dias são uma ampla evidência de que, apropriando-nos de uma famosa história mesopotâmica, o gênio tinha saído da garrafa. A escrita se tornou não apenas uma ferramenta popular como também uma profissão altamente competitiva. Como diz um velho ditado sumeriano: "Aquele que deseja se destacar na escola dos escribas precisa se levantar ao amanhecer".

Os gênios fazem mágicas, e a verdadeira mágica da revolução da escrita cuneiforme e da argila é que ela expandiu mais do que nunca a imaginação humana. O zênite dessa explosão criativa é uma coleção de doze plaquinhas de argila da biblioteca de Assurbanipal, rei dos assírios (os sucessores dos sumérios), do século VII a.C. Essas plaquinhas contêm a história mais antiga do mundo. A *Epopeia de Gilgamesh*.

O CONHECIMENTO MAIS ANTIGO

Somente uma sociedade que tenha lançado sua rede de linguagem bem longe, para captar os mais raros talentos literários, poderia produzir uma história como *Gilgamesh*. E é necessário um nível elevado de liberdade individual para possibilitar que essa história fosse narrada — uma narrativa que retrata não apenas a grandeza esperada de seu protagonista, o rei Gilgamesh, mas também suas crueldades, seus erros e seus defeitos, que não eram insignificantes. Esta é uma verdadeira segurança social, e explica não apenas o profundo impacto da história quando os poemas que o constituem apareceram pela primeira vez há 4.500 anos, mas também porque a jornada de Gilgamesh ainda nos sensibiliza muito profundamente hoje em dia. São suas palavras aflitas que concluíram o último capítulo.

A influência mais óbvia de Gilgamesh foi definir a forma e o padrão de um novo tipo de narrativa, que arrebatou o mundo antigo. Seus ecos, encontrados nos grandes poemas históricos posteriores, como os de Homero,[1] levaram outras culturas a criar seus próprios poemas épicos nacionais — tão logo suas linguagens escritas alcançaram um nível comparável de sofisticação —, para contar essas histórias. Provavelmente, não é coincidência que a história do Grande Dilúvio, contada para Gilgamesh pelo imortal Utnapishtim e sua esposa — o primeiro registro escrito desse evento —, tenha seu eco na Bíblia, na história de Noé e sua mulher. Além disso, a jornada de Gilgamesh, as numerosas criaturas que ele encontra e a feiticeira Ishtar têm uma segunda vida mil anos depois, na

Odisseia de Homero. Se, como é dito, toda ficção é a história de uma jornada, então A *Epopeia de Gilgamesh* criou o molde, o que explica por que elementos e temas do poema constantemente reaparecem, até mesmo hoje em dia, em romances, filmes, peças teatrais e séries de TV.

Mas A *Epopeia de Gilgamesh* também teve um segundo efeito, mais sutil, porém igualmente poderoso, na história da humanidade. Como veremos, ela ligou para sempre o presente ao passado, lançando a humanidade na epopeia ainda maior, que chamamos de "história".

A *Epopeia de Gilgamesh* é uma grande obra de arte porque combina o que é profundamente estranho com aquilo que é confortavelmente familiar. Cerca de 250 gerações mais tarde, a história ainda tem a capacidade de entreter, emocionar, surpreender e até mesmo aterrorizar os leitores.[2]

Partes da história são extremamente singulares, parecendo respirar o ar antigo e empoeirado de um mundo há muito desaparecido: gigantescos homens-escorpião falantes, uma floresta mágica de cedro que provoca visões do futuro, um Touro do Céu homicida... Há também momentos, na narrativa, em que os personagens (e, por sinal, o autor) tomam decisões inexplicáveis, baseadas em uma estrutura ética que não mais compartilhamos — um lembrete de que a Antiguidade era, com frequência, mais estranha do que imaginamos. E há momentos de puro terror: a caminhada de 7 léguas (34 quilômetros) de Gilgamesh através de um vazio completamente escuro, sem nunca saber o que o passo seguinte poderia trazer, é, de seu jeito evocativo, mais assustadora do que qualquer coisa escrita depois.

O(s) autor(es) anônimo(s) de A *Epopeia de Gilgamesh* fez(fizeram) uma coisa nunca antes consumada, e uma coisa que raramente foi alcançada depois: ele(s) representou(aram) o mundo de Gilgamesh em uma espécie de forma dramática abreviada, e depois lançou(aram) essa memória milhares de anos no futuro. Funciona, e provavelmente sempre funcionará, porque, embora as ações e motivações de Gilgamesh possam às vezes parecer obscuras, em outros momentos ele pode ser surpreendentemente familiar. É obcecado por si mesmo, casualmente cruel e manipulador, nobre, valente e tem medo de morrer — permanecendo, portanto, como um perpétuo lembrete de que, embora os detalhes culturais mudem, a natureza humana raramente se modifica.

Gilgamesh é a pessoa mais velha que "conhecemos". Ele se ergue no início da história, apontando para trás, para o mundo indistinto que existia antes de a escrita unir toda a humanidade, viva e morta.

Ao contrário de um sem-número de heróis de epopeias posteriores, Gilgamesh não é, no início, nem nobre nem heroico; na realidade, ele é, basicamente, um monstro e um tirano. E a história não começa com seu nascimento; em vez disso, assim como *Ilíada* e o evangelho de João, ela começa no meio da ação. E assim como personagens posteriores, como Hércules, Tom Jones e Augie March, *A Epopeia de Gilgamesh* é uma espécie de romance de formação, no qual o jovem herói, forçado a passar por uma série de provas potencialmente fatais, ressurge mais velho, mais sábio e, de quase todas as maneiras, transformado.

No início da epopeia — pelo menos, a partir do que julgamos ser o começo, com base nas plaquinhas remanescentes que foram descobertas por Hormuzd Rassam em 1853, nas ruínas da biblioteca do rei Assurbanipal — Gilgamesh, rei de Uruk, é o jovem embriagado pelo poder que abusa da sua posição, caso bastante familiar. Dois terços deus e um terço homem — mistura que simboliza quanto a humanidade percorreu e até onde ela precisa ir —, Gilgamesh é um terror. Quando não está com as prostitutas do templo, ele está deflorando as virgens locais na noite de núpcias delas. Quanto aos rapazes de seu reino, ele os afasta de seus deveres e faz com que desperdicem as energias em jogos nos quais ele pode exibir sua perícia, ordena que realizem tarefas absurdas e, aparentemente, transforma-os quase em escravos, ao obrigá-los a trabalhar em obras de utilidade pública.

Não é preciso dizer que o povo sumeriano tomou aversão por Gilgamesh e, por saber que não pode derrotá-lo e derrubá-lo, decide, em vez disso, distraí-lo. Para conseguir isso, faz um apelo a seus deuses para que criem estes uma força igual à de seu rei, capaz de contrabalançá-la. Os deuses atendem ao pedido essencialmente clonando Gilgamesh, criando um homem cabeludo, selvagem, chamado Enkidu, que perambula pelas florestas atacando as armadilhas dos caçadores e que personifica o lado sombrio, atávico, do rei.

Ao ler hoje *A Epopeia de Gilgamesh*, você não precisa ser um psicólogo amador para compreender que Gilgamesh e Enkidu são dois lados do mesmo homem — um moderno e o outro primitivo —, e que a chegada de Enkidu, semelhante ao *id*, libera Gilgamesh para encontrar seu eu nobre e imitar os deuses. Como estamos bem treinados nos roteiros dos filmes, também parece óbvio que Gilgamesh precisa destruir esse "homem selvagem" para seguir em frente.

Mas os antigos eram bem mais sábios do que isso. Os sumérios passavam os dias cercados por homens selvagens e sabiam muito bem que eles nunca poderiam ser completamente derrotados pela espada. Assim, a trama sofre uma reviravolta inesperada: o sofrido caçador de peles contrata uma prostituta do templo para seduzir Enkidu e trazê-lo para a cidade. O caçador de peles leva, então, Enkidu para o campo de um pastor de ovelhas, onde ele recebe comida comum dos seres humanos e se torna o vigia noturno do campo. Sexo, comida e serviço militar — uma estratégia para lidar com os bárbaros que os romanos teriam apreciado.

Particularmente inesperada é a maneira como os dois homens, finalmente, se encontram. Quando Enkidu ouve dizer que Gilgamesh está prestes a estuprar outra jovem recém-casada, ele corre para a cidade para impedi-lo. Enkidu encontra o rei na entrada da câmara nupcial, e os dois homens travam uma luta cruel — a voz do Velho Mundo lembrando ao representante da Nova Ordem que nem todas as regras podem ser reescritas, que os atos sagrados ainda precisam ser preservados.

Aqui as coisas começam a ficar novamente esquisitas. Gilgamesh vence inesperadamente a luta; Enkidu reconhece esse fato, e os dois homens se tornam excelentes amigos. A comunidade fica, então, aliviada quando Gilgamesh sugere que ambos partam em uma grande aventura — em particular, para matar Humbaba, o ogro monstro da floresta de Cedro. Isso é um pouco mais do que os líderes locais tinham em mente e, ao se verem diante da perspectiva do vácuo de poder criado por um rei morto, tentam convencer os dois homens a desistirem dessa missão suicida. Mas os anciãos são ignorados.

No final, depois de simplesmente não dar atenção ou interpretar erroneamente numerosos presságios e sonhos que os advertiam dos riscos da jornada, os dois homens encontram o horripilante Humbaba, e, com a ajuda dos deuses, o capturam. Quando Gilgamesh — exibindo a consciência ou a fraqueza do homem moderno — fica com pena do monstro, Enkidu o obriga a matar Humbaba. Depois, em um estarrecedor ato de heresia, eles levam a cabeça do ogro de volta para Uruk, em uma balsa que eles construíram com a madeira dos cedros sagrados.

Como indica seu ato de quase misericórdia, Gilgamesh começa a mudar. E quando, depois de ser recebido como um herói, é abordado pela deusa Ishtar (desempenhando o papel da Circe de Ulisses, que o chama de volta para uma vida mais violenta e comodista), o rei rejeita o assédio dela. Furiosa, Ishtar invoca seu pai, o deus Anu, pedindo-lhe que envie o "Touro do Céu" para Uruk, a fim de vingar sua humilhação. Anu satisfaz o pedido da filha, e a cidade é quase destruída. No final, Gilgamesh e Enkidu matam o touro, tornando-se heróis ainda mais importantes para os cidadãos de Uruk.

No entanto, embora a maioria dos deuses tenha respaldado as aventuras dos dois homens, essa segunda matança de uma criatura parcialmente divina não pode ser suportada sem uma morte equivalente — ou, simbolicamente, um sacrifício ao velho mundo que está prestes a desaparecer. O sacrifício, é claro, será Enkidu, que no final precisa morrer com seu mundo. Assediado por uma série de pesadelos cada vez mais horripilantes, que apresentam uma imagem da vida após a morte que está entre as mais perturbadoras da literatura mundial, Enkidu — lamentando ter que morrer na cama como um homem moderno, em vez de em uma batalha, como um verdadeiro guerreiro — definha e morre.

Gilgamesh, abalado, fica inconsolável. Afinal de contas, ele foi para sempre separado de seu eu mais velho, mais natural e, talvez, "mais verdadeiro". Ergue um monumento para o amigo e vaga pela floresta em busca do espírito de Enkidu. Mas, por mais que seu pesar se deva à perda de Enkidu, ele também se deve, em parte, à dolorosa compreensão de sua própria mortalidade. Pela primeira vez, ele sentiu o hálito frio da morte e agora teme seu próprio fim. Como será mais tarde o caso de Adão e Eva, cuja história será escrita daí a mil anos (e cujo Jardim do Éden está situado, talvez não por coincidência, mais ou menos no mesmo lugar que Uruk), o preço do conhecimento é a familiaridade com a morte.

Obcecado por escapar da morte, Gilgamesh inicia, sozinho, sua maior busca, sozinho — simbolicamente a mesma da própria civilização: a busca da imortalidade. É sabido que a vida eterna só foi concedida a duas pessoas no mundo de Gilgamesh: um sobrevivente do Grande Dilúvio, chamado Utnapishtim (que é, apropriadamente, traduzido como "o distante") e sua esposa. Gilgamesh jura encontrá-los. A jornada resultante, com seus leões, trevas intermináveis, homens-escorpião e até mesmo um barqueiro semelhante a Caronte, tem uma importância incomensurável para o futuro da literatura mundial.

Mas Utnapishtim se revela um homem comum, que recebeu um presente extraordinário, em uma ocasião igualmente extraordinária (o dilúvio). Gilgamesh, abalado, é reprovado no que parece ser um simples teste (permanecer acordado durante sete dias) para ver se ele realmente merece a imortalidade. Quando Gilgamesh, desanimado, se prepara para voltar para casa, Utnapishtim fica com pena do rei e fala a respeito de uma planta que brota no fundo do mar e que lhe devolverá a juventude.

Por meio de uma engenhosa estratégia, Gilgamesh consegue colher a planta. Mais tarde, porém, quando ele a deixa desprotegida, a planta é roubada por uma serpente gigante — a qual, para demonstrar o poder da planta, solta sua pele enquanto vai embora. A busca de Gilgamesh fracassou. Ele parte para Uruk mais velho e mais sábio. Mas então, ao avistar novamente os grandes muros de seu reino, sente-se mais animado quando contempla o que seu povo realizou. Ele precisa aprender a se consolar com isso.

A mensagem de A *Epopeia de Gilgamesh* é tão importante hoje quanto o foi naquela época: *você vai morrer*. Mas, se viver a vida intensamente, sua história — como palavras — viverá depois de você, na memória dos outros. Se você viver a vida com grandeza, essas palavras poderão se estender ao longo das eras, com as palavras enganando a morte, embora seu corpo não possa fazê-lo. Gilgamesh buscou viver para sempre, e falhou nessa tentativa. Mas talvez ele estivesse procurando a imortalidade no lugar errado: *devido* a seu fracasso, ele chegou mais perto de alcançá-la do que qualquer mortal na história.

Quanto a A *Epopeia de Gilgamesh*, os milênios subsequentes mostraram o que ela realmente é: um poema de memória. É uma celebração do poder da linguagem e da escrita, uma trenodia a um mundo perdido, mais velho e mais elementar, que vivia quase que exclusivamente no presente — e um lembrete das limitações da ambição humana. Depois da morte de Enkidu, seu eu mais velho e personificação da pré-escrita e da pré-história, Gilgamesh (e o restante da humanidade) é separado para sempre do Velho Mundo. Mas ele ainda tem suas memórias de Enkidu, e, uma vez escritas, ele sempre as terá. Assim sendo, extraordinariamente, A *Epopeia de Gilgamesh*, a primeira verdadeira obra de ficção escrita, também funciona como uma metaficção no estilo moderno, pois ela parece antever seu próprio lugar na história.

É este último significado que talvez explique não apenas por que A *Epopeia de Gilgamesh* sobreviveu por cinco mil anos, mas também por que ainda é lida para a obtenção de discernimento e, também, para entretenimento. Ela sobreviveu ao declínio da Suméria e a sua conquista pelos babilônios — sobrevivendo até mesmo tanto à extinção da linguagem falada sumeriana quanto à escrita cuneiforme. E porque foi valorizada e preservada, sobreviveu até ser redescoberta e traduzida no século XIX. Hoje, existem poucas dúvidas de que A *Epopeia de Gilgamesh* sobreviverá pelo menos até a próxima grande transformação da humanidade.

UM REINO DE PEDRA E PAPEL

A *Epopeia de Gilgamesh* e uma grande pilha de plaquinhas de argila são, praticamente, tudo o que resta da civilização sumeriana na imaginação humana moderna. Mas outra cultura que parece ter adotado a escrita cuneiforme pictográfica primitiva, e a modificado para seus propósitos, é tão onipresente em nosso cotidiano que, às vezes, ela parece ainda existir em algum canto distante do planeta.

O Egito.

A hieroglífica é, provavelmente, a mais famosa de todas as linguagens escritas da Antiguidade, sendo associada até mesmo pelas crianças às pirâmides e às múmias, a Cleópatra e a Tutancâmon. E os hieróglifos parecem ter sido inventados, assim como a escrita cuneiforme, como um conjunto de símbolos usados para rastrear informações, e que, com a adição de uma gramática, começaram a ser reunidos em pensamentos complexos. Como os mais antigos símbolos hieroglíficos já encontrados apareceram logo depois da invenção da escrita cuneiforme, a maioria dos linguistas pressupõe que eles tenham, de alguma maneira, derivado dela, embora também seja possível que (como acontece, mesmo hoje em dia, com muitas invenções) tenham surgido de maneira independente.

O que nós sabemos é que, com extrema rapidez, a hieroglífica logo evoluiu e se tornou uma das linguagens escritas esteticamente mais ricas e evocativas jamais criadas. Ela está, também, entre as mais complexas: de 3 mil a.C. a 400 a.C., o número de hieróglifos saltou de algumas centenas para mais de cinco mil.[3]

Obviamente, não era fácil aprender a linguagem egípcia. E ela não tinha a intenção de ser fácil. Os faraós e seus conselheiros parecem ter compreendido, instintivamente, que estimular a alfabetização significaria dar poder às pessoas, que eles não queriam de jeito nenhum que acontecesse. Acredita-se que a alfabetização hieroglífica no Egito, durante a era faraônica, nunca esteve acima de 2 por cento da população (embora se acredite que uma aldeia de trabalhadores no vale dos Reis, Set Ma'at — hoje conhecida como Deir el-Medina — tivesse uma taxa de alfabetização de 40 por cento).[4] Portanto, além de tornar a linguagem cada vez mais complicada — os hieróglifos, com o tempo, passaram a incluir tudo, desde símbolos para letras, a sons, palavras e conceitos —, os faraós também restringiam a escrita apenas à classe "certa" de pessoas, ou permitiam seu uso somente em serviços especiais do governo.

Ainda assim, para a Antiguidade, e em uma civilização que tinha vários milhões de pessoas, uma alfabetização de 2 por cento era um número impressionante. E embora fosse mais difícil aprender a hieroglífica (e seu uso fosse mais restrito) do que a escrita cuneiforme, a sociedade egípcia mais do que compensava isso com um conjunto sem precedente de *meios* de escrita baratos e duráveis.

Os egípcios, é claro, como todos os povos antigos, sabiam gravar e pintar na pedra. Além disso, sendo os mais famosos construtores da história, não tinham nenhuma escassez de paredes onde escrever. O que é menos conhecido é o fato de que eles, rapidamente, aprenderam a escrever em plaquinhas de argila — embora, devido à complexidade de seus símbolos, essa escrita ficasse geralmente reduzida à impressão de rótulos e selos pessoais. Ainda assim, foram descobertas centenas dessas plaquinhas, muitas datando de 3300 a.C.

No entanto, em algumas centenas de anos, os egípcios também descobriram um material novo e literalmente mais flexível no qual escrever. E isso mudou tudo.

O papiro (*Cyperus papyrus*) é uma forma de ciperácea, um tipo de planta que cresce em terras úmidas, que também inclui a castanha-d'água, e que lembra muito a grama de pântano, ou junco.[5] A característica mais proeminente do papiro é que o cerne fibroso de seus longos talos (que chegam a ter quase três metros de altura) é, ao mesmo tempo, filamentoso e viscoso. Os habitantes pré-históricos do Nilo tinham descoberto que esse cerne podia ser socado e torcido, transformando-se em uma corda muito eficaz para cestos, camas e até mesmo barcos.

Inevitavelmente, alguém descobriu que também era possível cortar esse cerne em tiras finas, colocá-las lado a lado em uma só camada, adicionar uma segunda camada com as tiras perpendiculares às primeiras, e depois socar tudo, transformando-as em uma única folha. Quando a folha era colocada para secar no calor do deserto do Egito, o resultado era o "papiro" — um meio barato, altamente portátil e maleável, com a textura perfeita (depois de ser polido com um seixo) para receber uma pincelada.[6]

O que tornou o papiro tão revolucionário não foi apenas sua leveza e portabilidade, em comparação com as plaquinhas de argila, ou mesmo sua surpreendente durabilidade, e sim a maneira como ele aceitava marcas em sua superfície. Era preciso arranhar ou gravar laboriosamente a pedra, na argila só era possível perfurar ou fazer marcas; mas, no papiro, era possível *desenhar*. Agora, pela primeira vez, podíamos pegar as ricas e sofisticadas pinturas laboriosamente marcadas em pedra ou paredes de terra e colocá-las em uma folha que podia ser enrolada e guardada dentro de nosso manto.

Um dos resultados disso foi, como todos sabemos, que o Egito tornou-se um lugar coberto por hieróglifos. De repente, eles não estavam apenas gravados nas pirâmides e pintados em muros de pedra, mas também escritos em milhares (talvez milhões) de rolos de papiro — não apenas por causa das informações que captavam, mas também devido à sua intrínseca beleza decorativa, como no caso de outros tipos de escrita ideográfica.

Os hieróglifos, que começaram como uma linguagem pictográfica — ou seja, de imagens literais usadas, principalmente, para fins religiosos (*hieróglifo* é uma palavra grega que significa "escrita sagrada") —, passaram pela evolução normal e se tornaram ideogramas (ou seja, imagens cada vez mais simbólicas para captar pensamentos complexos) — e simplesmente continuaram evoluindo. Na época da ocupação romana, os hieróglifos continham pictogramas, ideogramas, símbolos fonéticos, letras do tipo alfabético e até mesmo gíria. Havia, inclusive, uma segunda versão, abreviada, para os menos letrados.* Isto explica por que, depois que os egípcios praticamente abandonaram a escrita hieroglífica (cerca de 400 a.C.), a linguagem levaria séculos para ser decifrada. Os especialistas, começando pelos historiadores árabes Dhul-Nun al-Misri e Ibn Wahshiyya, no século IX d.C., presumiram, erroneamente, que os hieróglifos eram estritamente pictogramas — e logo se viram em becos sem saída.[7]

É por esse motivo que a famosa descoberta da Pedra de Roseta pelas tropas de Napoleão foi tão importante. Não, como geralmente se supõe, porque a grande laje de granodiorito contivesse a mesma mensagem em hieroglífica, na escrita copta demótica que a substituiu e em grego antigo, tornando fácil a leitura dos hieróglifos. Se fosse só isso, Jean-François Champollion e outros teriam levado vinte minutos para fazer a tradução, e não os vinte anos que essa tarefa acabou requerendo. O que a Pedra de Roseta realmente mostrou a esses tradutores franceses foi que os hieróglifos eram muito mais complicados do que eles imaginavam.

---

* Foi essa segunda versão, abreviada, dos hieróglifos que começaria a quebrar o domínio dos faraós sobre a escrita. Quando ela surgiu, os índices de alfabetização começaram a disparar.

Eis o que Champollion escreveu a respeito da descoberta: "Trata-se de um sistema complexo, a escrita é ao mesmo tempo figurativa, simbólica e fonética, no mesmo texto, na mesma frase, eu quase diria na mesma palavra".[8]

Foi somente no fim do século XIX — bem a tempo para a era de ouro da egiptologia (e ajudando a torná-la possível) — que cientistas como Howard Carter e vários caçadores de tesouros conseguiram ler, com rapidez e segurança, os hieróglifos que encontravam em suas escavações. Nesse ínterim, o grande avanço na tradução de repente tornou a procura de rolos de papiro valiosa por si mesma.

O resultado foi a descoberta, ao longo dos últimos dois séculos, de milhares desses rolos. Reunidos, eles apresentam para o Antigo Egito a mais completa recordação de todas as civilizações fundadoras da humanidade, uma das razões pelas quais o Egito está tão mais "presente" para nós do que, digamos, a Suméria ou Micenas. Individualmente, alguns dos rolos que foram encontrados também constituem uma importante contribuição para o legado coletivo da humanidade. Eles contêm narrativas, como A *História de Sinuhe* (basicamente a história de José da Bíblia, contada ao inverso), monólogos como as *Instruções de Amenemhat* (narradas por um fantasma, para abrilhantar o legado de um faraó falecido) e A *História do Marinheiro que Naufragou* (um antecedente mais fantasioso do que *Robinson Crusoé*).

Mas a mais famosa narrativa egípcia — que é encontrada cuidadosamente escrita em rolos de papiro em muitos túmulos — é *O Livro dos Mortos* (ou, mais precisamente, *O Livro para Sair à Luz do Dia*).

A rigor, *O Livro dos Mortos* não é um livro praticamente em nenhum sentido. Mais exatamente, ele é o mais famoso dos "textos funerários" egípcios — ou seja, compilações em constante variação de orações e fórmulas mágicas que foram usadas por 1.500 anos. Embora historicamente mais novo do que A *Epopeia de Gilgamesh*, *O Livro dos Mortos* parece muito mais velho. Sendo o texto supremo da obsessão pela morte da cultura egípcia, ele parece respirar a poeira e a decadência das múmias e dos túmulos enterrados há muito tempo.

Entretanto, curiosamente, *O Livro dos Mortos*, à sua maneira, também é o mais moderno de todos os textos antigos. Existem evidências de que, no Novo Império, os egípcios abastados encomendavam seus próprios papiros personalizados, contendo sua seleção cuidadosamente escolhida de fórmulas mágicas e narrativas. Ao mesmo tempo, enquanto mandavam colocar os rolos em seus túmulos, esses egípcios também mandavam pintar segmentos do texto nas paredes dos túmulos, criando desse modo os primeiros "livros" feitos sob encomenda, de multimídia e multiplataforma.

O papiro tornava possível esse tipo de flexibilidade, rica imagística e utilização em grande escala, devido à natureza exclusiva do material em si. Ninguém iria carregar uma tabuinha de argila que tivesse mais de algumas polegadas de diâmetro — elas eram simplesmente volumosas e pesadas demais. Elas também eram afetadas se ficassem muito próximas da chuva, da umidade ou do suor. Mas o papiro era uma substância muito diferente. Era possível juntar as extremidades das folhas antes que elas secassem, a fim de criar tiras de comprimento quase ilimitado e, se as porções componentes do cerne de papiro fossem alinhadas de maneira que, em um dos lados, se estendessem por todo o comprimento da tira, era possível enrolá-la, com relativa firmeza, sem rachá-la ou rompê-la.

O resultado era o *rolo*, aquele meio histórico que, junto com a toga, veio a simbolizar a Antiguidade. Curiosamente, embora tenhamos a tendência de pensar no rolo de papiro como sendo um fenômeno grego ou, melhor ainda, romano, ele é, na verdade, muito mais antigo do que isso. A data da sua primeira utilização como um meio de escrita pode recuar a 3 mil a.C. E, embora o papiro tenha sido, em grande medida, suplantado já no início da era cristã, muitos leitores ficarão surpresos ao tomar conhecimento de que ainda em 1022 — ou seja, em um período bem avançado da Idade Média — o papiro era usado para os éditos papais ("bulas"). No Egito e em certas partes do Império Bizantino, o papiro foi usado até o século XII. Isso significa que a última utilização do papiro pode ter alcançado o nascimento do papel moderno. Essa é uma incrível sequência de dominância quase universal de uma única tecnologia.

Ainda assim, o papiro não estava inteiramente sozinho no mundo. Outras culturas, sem acesso àquele tipo particular de ciperácea do pântano, encontraram outros meios de escrita. A civilização hindu, por exemplo, aprendeu a secar e tratar com fumaça folhas de palmeira, para criar um tipo de papel que foi, rapidamente, adotado em toda a Ásia Oriental. Na parte superior do Hemisfério Norte, da Rússia à América do Norte, os povos indígenas acabaram encontrando, por acaso, a casca do vidoeiro — uma superfície branca extremamente flexível — e tornando-a seu meio de escrita. Na Mesoamérica, apenas um pouco depois do advento do papiro no Egito, os nativos aprenderam a pegar a casca fibrosa de certas figueiras, deixá-la de molho em uma solução cáustica para amolecer as fibras, e depois socá-la e transformá-la em folhas para criar um papel de alta qualidade. Os astecas foram os maiores usuários desse papel *amate*

(*Ficus glabrata*) e, no auge de sua produção, no século XV, estimava-se que eles fabricassem quase 500 mil folhas por ano.

Mas cada um desses meios alternativos tinha graves defeitos, e a maioria deles estava relacionada com a durabilidade. O papel feito com folha de palmeira era tão delicado que qualquer coisa escrita nele logo tinha que ser copiada, para o caso de o original se desintegrar. Como qualquer pessoa que já trabalhou com a casca de vidoeiro sabe, ela tende a se romper, rachar e apodrecer — motivo pelo qual é quase impossível determinar quando esse tipo de escrita começou; os artefatos mais antigos conhecidos datam do século XIII d.C. Somente o papel *amate*, amado pelos artistas latino-americanos, ainda sobrevive. Seu defeito fundamental era político: a produção era rigidamente controlada pela monarquia e pela classe sacerdotal asteca, de modo que, embora tenha se revelado um meio efetivo para armazenar a memória da aristocracia, ele pouco fez para as pessoas comuns, na maneira como vemos evidenciado no Egito e, especialmente, na Grécia e em Roma.

Portanto, durante três milênios, o rolo de papiro triunfou, tornando-se o repositório dominante da memória da humanidade. E o símbolo permanente dessa realização era, e ainda é, a Biblioteca de Alexandria.

A MEMÓRIA DO MUNDO

A Biblioteca de Alexandria — não raro reunida com o farol próximo, talvez porque, intelectualmente, a primeira fosse igualmente uma Maravilha do Mundo — é uma dessas antigas entidades que, por ser tão frequentemente imaginada, nos faz sentir como se a conhecêssemos. Mas, na verdade, a biblioteca é mais bem caracterizada por aquilo que *não sabemos* a respeito dela.

Por exemplo, estamos bastante certos de que a biblioteca foi uma criação do Egito ptolomaico e construída no século III a.C., mas não sabemos se a obra começou no reinado de Ptolomeu I ou II. Também costumamos acreditar que a biblioteca foi acidentalmente destruída pelo fogo em 50 a.C., por Júlio César, que estava incendiando seus navios em face de um exército egípcio que se aproximava — mas nossa única fonte disso é Plutarco, que só iria escrever sobre o assunto 150 anos depois, e o próprio César não faz nenhuma menção ao fato.[9] Tampouco nós sabemos qual era aparência da biblioteca, embora saibamos que ela tinha jardins, salões de palestras, salas de reunião, uma sala de catalogação e um departamento de aquisições. Reza a lenda que, sobre as prateleiras com rolos de papiro, estavam inscritas as seguintes palavras: LUGAR DE CURA DA ALMA. Mas ela tinha um único andar ou era uma estrutura com muitos andares? Sua concepção era grega helenística ou tendia mais para egípcia?

Na realidade, nem mesmo sabemos quantos rolos havia na Biblioteca de Alexandria — uma estimativa é de meio milhão, mas havia, provavelmente, pelo menos, várias centenas de milhares deles, embora muitos pudessem ser duplicatas. Tampouco sabemos como os rolos eram obtidos; uma das lendas diz que todos os navios que entravam no porto de Alexandria tinham que entregar todos os rolos de papiro que tivessem a bordo. E embora se admita que ela era a principal biblioteca do mundo, provavelmente isso não fosse verdade; outra história diz que Marco Antônio deu a Cleópatra 200 mil rolos, saqueados da igualmente extraordinária, porém muito menos famosa, biblioteca de Pérgamo, na Turquia.

O que nós *sabemos* é que a Biblioteca de Alexandria se propôs — provavelmente pela primeira vez na história humana — a captar, catalogar e armazenar o conhecimento coletivo e a memória da humanidade, e chegou muito perto disso. Até mesmo o pouco que sabemos a respeito do que havia nos arquivos da biblioteca é surpreendente — todas as obras do antigo Egito, todos os textos dos filósofos e dramaturgos gregos, os primeiros registros de algumas das grandes religiões do mundo tudo o que foi destruído no incêndio é de cortar o coração. Talvez 90 por cento dos textos importantes do mundo antigo estejam para sempre perdidos para nós. Quem sabe como a história poderia ter sido diferente se tivéssemos tido acesso ao restante da obra de Aristóteles e Sófocles, e a todas as outras grandes obras pelas quais os antigos se definiam.

Quase esquecido na história da Biblioteca de Alexandria era o fato de que, adjacente a ela, havia o Musaeum, cujo nome é a origem do termo moderno. Isso é apropriado porque, assim como a biblioteca era o protótipo de tudo o que se seguiu, o mesmo também ocorria com o Musaeum (com algumas peculiaridades). E enquanto a biblioteca se propunha a reunir a memória da humanidade em forma de palavra escrita, o Musaeum tentava fazer o mesmo por meio de artefatos. A história registra que ele oferecia um zoológico, um observatório, um salão de anatomia e um dos maiores programas de palestras da história, dando destaque a pessoas como Arquimedes e Euclides. Em 2005, uma equipe arqueológica afirmou ter descoberto as ruínas de 13 salões de palestras perto do sítio arqueológico, com espaço para um total de cinco mil pessoas.[10]

Leitores da história da ciência com frequência ficam surpresos quando o centro da descoberta parece se deslocar da Europa para o norte da África — não apenas no caso dos dois cientistas anteriormente mencionados, mas também no de Eratóstenes, que determinou a circunferência da Terra, e no de Hiparco, que inventou a trigonometria. Eles podem recorrer ao Musaeum para conseguir uma explicação.

A Biblioteca de Alexandria e o Musaeum são símbolos, e talvez os melhores exemplos, de um novo tipo de memória humana. Foram construídos em reconhecimento ao fato de que a revolução dos meios, decorrente da invenção do papiro, havia produzido uma explosão tão grande de informações e memória que enormes quantidades de importante conhecimento e novas ideias corriam o risco de ser desconsideradas ou perdidas para sempre. A solução era reunir todas essas informações em gigantescos repositórios, para que fossem guardadas em segurança.

Por outro lado, o mero tamanho desses repositórios criou seu próprio problema: mesmo que todas as informações estivessem em um único lugar, o número delas era agora tão grande que seria impossível encontrar um item específico naquele monte de dados, mesmo que tivéssemos mil anos para procurá-lo. Isso significava que era preciso catalogar os rolos de papiro e, depois, armazená-los nas paredes da biblioteca, por assunto e tema. E quando o número de rolos começou a chegar a centenas de milhares, além de desenvolver ferramentas de navegação para encontrá-los na sala certa, na caixa certa, e até mesmo no lugar certo naquela caixa, foi preciso iniciar a laboriosa tarefa de *indexar* o conteúdo dentro daqueles rolos. Essa indexação é uma tarefa que ainda não foi concluída. Ao contrário, desde o dia em que o trabalho de indexação na Biblioteca de Alexandria começou, o desafio só se tornou maior a cada ano e, provavelmente, nunca terminará.

PERDIDO NOS JUNCOS

Os egípcios pareceram ter encontrado no papiro o perfeito meio de escrita: barato, leve, flexível e — pelo menos no Egito — extremamente durável.

Essa última característica era imensamente importante. Mais ainda do que hoje em dia, esperava-se que os materiais escritos fossem muito duráveis. Um dos motivos era que a concorrência (a pedra entalhada ou pintada) era quase imortal; o outro era que, na era antes da impressão — e, especialmente, no caso de uma linguagem pictográfica complicada como a hieroglífica –, o volume era baixo e os períodos de produção eram consideráveis. O fato de termos rolos com hieróglifos egípcios que ainda se encontram em esplêndida condição 5 mil anos depois de terem sido produzidos é uma prova da resistência do papiro. Para preservar a memória humana e deixar fórmulas encantatórias para os deuses, os rolos de papiro de O *Livro dos Mortos*, colocados em cavernas vedadas no deserto, se revelaram pelo menos tão permanentes (e hoje em dia, talvez mais preserváveis para o futuro) quanto os entalhes e as pinturas nesses mesmos túmulos.

Mas o papiro não é um meio perfeito. Ele possui vários defeitos inerentes que, embora secundários no Egito, se tornariam devastadores quando a tecnologia do papiro se deslocou para o mundo mais amplo.

Um desses problemas é a textura. Como todo "papel" produzido a partir de longas fibras de celulose — inclusive o papel de *amate* e, mais tarde, o papel de arroz chinês (na realidade, da casca da amoreira) — a superfície é bastante áspera. Como qualquer pintor lhe dirá, esse tipo de textura áspera não é ruim se você estiver trabalhando com um pincel, como as pessoas faziam no caso dos hieróglifos; mas, como qualquer calígrafo também lhe dirá, ela é péssima para a caligrafia traçada com lápis ou pena. O resultado é um dilema: ou gastar muito mais dinheiro por um papiro que tenha sido pesadamente socado e polido (e que, ainda assim, é bastante áspero), ou comprometer a densidade — a quantidade de informações que podiam ser colocadas em cada folha. Isso não era muito importante no mundo em grande medida agrário do Egito, em 1500 a.C.; no entanto, era importantíssimo no mundo burocrático da Roma imperial, por volta de 250 d.C.

Além disso, o papiro, apesar de representar um salto importante na portabilidade, em comparação com os meios que o precederam, ainda era (pelo menos de acordo com os padrões modernos) uma coisa muito rígida. Alinhar as folhas do cerne seco possibilitava formar rolos com o papiro, mas não muito mais do que isso. Por exemplo, não era possível realmente dobrá-lo, o que significava que você se via diante de rolos cada vez mais longos. Uma história quase contemporânea de Ramsés III, o "Grande Papiro Harris", escrita por volta de 1000 a.C., é a mais longa conhecida: tem mais de 40 metros de comprimento.

Uma vez mais, o desafio se tornou a acessibilidade à busca: para encontrar um item em um rolo, o leitor precisava examinar tudo no texto que vinha antes do item. E, em um rolo que tivesse quase a metade do comprimento de um campo de futebol, isso equivaleria a muito enrolamento e perscrutação. Talvez seja compreensível, portanto, que os escribas que criavam esses rolos monstruosos de vez em quando se perdessem: muitos desses rolos exibem páginas redundantes, sugerindo que ou os escribas estavam cansados demais para voltar atrás para ver o que já tinham feito, ou simplesmente incluíam páginas importantes várias vezes, para poupar o leitor da terrível tarefa de desenrolar toda a narrativa. Há também o problema prático, de serem necessárias duas mãos para manter um rolo aberto, o que significava que os especialistas não podiam facilmente ler e escrever ao mesmo tempo — uma coisa que nós aceitamos como coisa natural hoje em dia.

Mas o maior problema do papiro era geográfico. A planta crescia, principalmente, nas áreas pantanosas dos climas quentes e secos do norte da África, no Levante e nas regiões do extremo sul da Itália. O papel papiro preferia o mesmo clima seco: ele tinha tendência de apodrecer na presença da umidade e do frio. Infelizmente, era para esse tipo de clima que a civilização ocidental estava migrando. Isso explica por que, nas ilustrações e filmes da Grécia e da Roma Antigas, vemos, perfeitamente, representações de sacerdotes, arquitetos, burocratas e políticos trabalhando em rolos de papiro, mas raramente vemos até mesmo fragmentos desses rolos nos museus modernos. Isso acontece porque, ao contrário dos veneráveis rolos de papiro egípcios que ficavam assando nos túmulos no vale dos Reis, quase todos os rolos europeus apodreciam em menos de um século. Nas sociedades como as da Grécia de Péricles ou da Roma agostiniana, com seus pensamentos voltados para o infinito e o imortal, esse tipo de impermanência em sua memória escrita era indefensável. Não é preciso dizer que logo começou a busca, na Europa, por um novo meio de escrita mais resistente às intempéries.

Ironicamente, o que também instigou a busca de um novo meio foi a ascensão das bibliotecas. A armazenagem de rolos de papiro era não apenas um desafio de conservação, mas também o desafio de fazer uma busca em centenas de milhares de metros de pergaminhos para encontrar alguma coisa, e que estava se tornando mais insustentável a cada ano. Fora isso, o suprimento das plantas papiro, e portanto do papel, era finito (a planta acabou se tornando extinta no Egito devido à utilização excessiva, e precisou ser reintroduzida), e as grandes bibliotecas começaram a absorver todo o estoque disponível. Ser deixada em uma situação de inferioridade não era algo que Roma fosse aceitar durante muito tempo.

A economia básica diz que, quando temos uma tecnologia comprometida, cujo suprimento está em declínio (com o preço mais elevado concomitante), que é incompatível com uma nova aplicação popular, temos o perfeito ambiente para que os empreendedores engenhosos desenvolvam uma alternativa competitiva.

PELE E TINTA

No final, a resposta veio da Turquia e de uma das cidades mais antigas da Grécia jônica, e foi uma adaptação de um meio de escrita ainda mais antigo do que o papiro.

Os seres humanos escreviam na pele dos animais, mesmo que apenas para fins decorativos, desde a pré-história. Mas a pele dos animais é ardilosa. Em primeiro lugar, é muito mais escassa — ou pelo menos era, antes de a humanidade se fixar e começar a pastorear rebanhos. Mas, mesmo depois que o animal é morto e esfolado, a pele mole e ensanguentada resultante apresenta uma série de problemas, antes que possa ser usada até mesmo como vestuário, e ainda mais como meio de escrita.

O primeiro desafio é que a pele, em sua forma crua, apodrece, fica rançosa e atrai outros animais e uma série de diferentes insetos. Além disso, à medida que ela seca — especialmente se foi intensamente lavada para a retirada de todo o sangue, inclusive o coagulado — ela encolhe, fica retorcida e tenta, de todas as maneiras, se transformar em charque. Mesmo que você consiga mantê-la plana, a pele seca resultante é rígida como uma tábua e pode requerer meses de uso para ficar mais macia e se tornar mais flexível.

Os antigos combateram isso, ao longo de milhares de anos, desenvolvendo uma série de técnicas para transformar a pele em *couro curtido*.[11] O processo, em última análise, incluía várias etapas. A primeira era raspar a camada de gordura de um dos lados da pele, para evitar o apodrecimento, e o pelo do outro lado, para produzir uma superfície lisa e resistente. A pele limpa era então encharcada em uma solução de vegetação em putrefação (como casca de árvore); óleo de bacalhau ou outro óleo; miolos, ou alúmen, não apenas para preservar a pele como também para decompor as proteínas no colágeno, a fim de torná-lo mais flexível. Esse processo, chamado de *curtimento*, também removia praticamente todo o pelo residual. O curtimento produzia uma espécie de pele que era suficientemente macia e flexível para se transformar em vestuário, especialmente porque sua natureza porosa se prestava, prontamente, ao tingimento, ou a ser estampada e moldada em uma série de produtos. Se fervido, o couro curtido encolhia e começava a se transformar em cola de pele de animal, o que criava um material bem duro, para armaduras e escudos.

Mas trabalhar com a pele também podia seguir um ritual diferente. Em vez de serem curtidas, as peles podiam ser embebidas durante dias na mesma solução alcalina de casca de árvore ou cerveja, ou, o melhor de tudo, cal (óxido ou hidróxido de cálcio), e, depois, imediatamente esticadas e postas para secar. Esse material mais macio podia então ser raspado ainda mais (especialmente no lado que antes tinha pelos) ou polido, e em seguida coberto com uma camada de pó de granulação fina, como o giz, e transformado no que talvez seja o meio de escrita de melhor qualidade jamais criado: o *pergaminho*.

O pergaminho é um belo material para escrita ou ilustrações; é macio, incrivelmente resistente e durável (muitos livros medievais escritos em pergaminho parecem tão novos agora quanto o eram quando foram escritos há setecentos anos), e ele recebe muito bem a tinta, efetivamente se dissolvendo levemente para manter a imagem.[12] Ele pode ser dobrado, um fato ao qual não damos muita atenção hoje, mas que foi um aperfeiçoamento radical na ocasião. Ele também permite a raspagem — que é, tipicamente, feita raspando-se a imagem com uma faca —, uma característica que poderia se revelar ao mesmo tempo uma bênção para os escribas da época e uma maldição para os futuros historiadores. Muitas obras importantes nos séculos seguintes seriam apagadas (raspadas com uma faca ou lavadas com leite e farelo de aveia), recicladas e reescritas no que é chamado de "palimpsesto".[13] E, ao contrário do papiro e do papel de arroz, o pergaminho não depende de uma única e frágil espécie: ele pode ser produzido (e tem sido) a partir de todo tipo de pele de mamífero, como vacas, carneiros, jumentos, animais de caça ou até mesmo esquilos (e, horrivelmente, a partir da pele humana). A opinião geral era que o melhor pergaminho era o produzido a partir de pele de bezerro. Esse papel translúcido, com elevado teor de colágeno, era chamado de *vellum* (velino).*

O pergaminho também tem suas fraquezas. Assim como o papiro, ele também reage a mudanças com calor e umidade. A diferença é que, enquanto o papiro se desintegrava nos climas mais frios e úmidos da Europa, o pergaminho,

---

* O "velino" sintético atual, usado em desenhos arquitetônicos e nas artes gráficas, é projetado para imitar a aparência do verdadeiro velino.

geralmente, apenas se expande e encolhe levemente, tornando-se mais ou menos flexível com as condições atmosféricas. Um problema bem maior era a disponibilidade; até mesmo em uma cultura voltada para a carne, como a do norte da Europa, são necessárias muitas vacas mortas para encher uma biblioteca com livros — especialmente quando fabricantes de selas e armeiros estão competindo pelo couro. No entanto, graças ao interregno de trezentos anos sem livros — a Idade das Trevas —, depois da queda de Roma, a corrida entre as populações de gado bovino e ovino e a demanda do pergaminho só se tornou séria por volta do século XII d.C. E, àquela altura, uma nova invenção chinesa estava pronta para entrar em cena.

O pergaminho como meio de escrita poderia ter permanecido uma indústria relativamente setorizada — até mesmo os primeiros egípcios e babilônios haviam, ocasionalmente, utilizado o pergaminho para documentos especiais —, circunscrita à Ásia Menor, se a Biblioteca de Alexandria não tivesse, uma vez mais, mudado as regras. Reiterando, quem controla a memória também detém um enorme poder, e a própria existência da Biblioteca de Alexandria representava uma ameaça para cada uma das civilizações do Mediterrâneo — especialmente para os gregos helenísticos, que viviam nas grandes cidades do que é hoje a Turquia. É compreensível, portanto, que os gregos tenham resolvido criar sua própria imensa biblioteca — a anteriormente mencionada biblioteca de Pérgamo —, numa espécie de corrida armamentista intelectual contra os egípcios.

Basicamente, eles tiveram sucesso — pelo menos até que, se a história apócrifa é verdadeira, Marco Antônio saqueou o local como um presente para sua amante Cleópatra —, mas não foi fácil. O maior problema foi o fato de que a Biblioteca de Alexandria, com sua insaciável demanda de novos textos, havia criado um verdadeiro "buraco negro" para o papiro, em todo o Mediterrâneo. Não tinha sobrado muito para Pérgamo, e o que havia não era barato. E a escassez ficou ainda pior quando o Egito parou, completamente, de exportar papiro.

Isso ajuda a explicar por que, de acordo com o grande cientista romano Plínio, o Velho, Eumenes, o rei de Pérgamo, determinou uma pesquisa intensiva no desenvolvimento de um material de escrita de boa qualidade, em grande escala. Ele o encontrou em seu próprio quintal. Já no século V a.C., o historiador grego Heródoto havia notado que os jônios, na Ásia Menor, usavam geralmente a pele de animais em vez do papiro, para seu registro de informações. Assim, tudo o que era preciso era otimizar o processo de fabricação do pergaminho para a produção em massa, e, o que era mais importante, adotar esse novo paradigma — folhas individuais em vez de rolos — como um meio aceitável para textos importantes e a Biblioteca de Pérgamo voltou a entrar em ação. Essa mudança do material vegetal para a pele de animais foi tão influente, e o resultado estava de tal modo associado a essa biblioteca, que a palavra "pergaminho", na verdade, deriva do nome "Pérgamo".

A IMPRESSÃO ESCRITA

Em retrospecto, a suprema vitória do pergaminho sobre o papiro parecia inevitável — assim como o papiro triunfara sobre a argila. Mas, na realidade, a disputa foi apertada. Os problemas de durabilidade do papiro na Europa, os períodos de escassez crônicos do material, exatamente quando a burocracia romana estava em ascendência, e a planta papiro estar começando a desaparecer do Egito, devido à colheita excessiva, certamente fizeram o resultado pender para o lado do pergaminho.

Mas trabalhar contra o pergaminho foi o que hoje chamamos de "problema do legado". A maior parte da escrita do mundo greco-romano era feita em rolos de papiro, a maioria das pessoas cultas daquela parte do mundo havia crescido com os rolos — bem como seus ancestrais, recuando a centenas de gerações —, e até mesmo o projeto interno dos prédios estava configurado para acomodar enormes pilhas de rolos de papiro. Como vimos em nossa época, no caso dos computadores de grande porte e dos computadores pessoais, do *software* de sistemas operacionais e do *hardware* de entretenimento, não basta que uma nova tecnologia seja um pouco melhor do que sua predecessora. Para levar os usuários a abandonar um padrão ao qual se acostumaram, é preciso que o novo seja *imensamente* melhor. E, pelo menos durante o primeiro século de sua utilização, o pergaminho carecia dessa vantagem. Alguma coisa estava faltando, e tinha a ver com a facilidade de utilização. Podia ser muito trabalhoso usar os rolos de papiro, mas eles eram elegantes, compactos e guardavam uma grande quantidade de conteúdo em um formato estruturado. Em comparação, as folhas soltas de pergaminho, apesar de todas as suas vantagens, eram uma bagunça, e costurar as extremidades das folhas de pergaminho para criar um rolo resultava em uma massa pesada e volumosa.

Sem dúvida, era necessário um novo formato, que tirasse o máximo proveito dos pontos fortes do pergaminho.

Na realidade, a busca dessa solução já estava em andamento tanto em Roma quando no Oriente Próximo — e as duas linhas logo convergiriam em um exemplo clássico de síntese na inovação.

Em Roma, em 100 a.C., os cidadãos cultos havia muito estavam acostumados a escrever e ler bilhetes e mensagens em *cerae* — tábuas de madeira cobertas por uma camada de cera. Para escrever, usavam um estilete de madeira afiado, como um lápis sem grafite, a fim de escavar a superfície da cera. E, para apagar — o motivo pelo qual as *cerae* eram populares, já que o papiro não pode ser apagado —, usavam um pequeno dispositivo semelhante a uma espátula, para alisar a superfície da cera.

A *cera* foi inventada pelos gregos (é até mesmo mencionada na *Ilíada*), como uma versão aprimorada da tabuinha de argila, e, quando chegou aos romanos, várias centenas de anos depois, a tecnologia havia sido bastante aperfeiçoada. A *cera* romana clássica se caracteriza por duas tábuas articuladas, cada uma com uma folha de cera na face interna, com uma moldura de madeira. Munidos de um estilete e um alisador, os romanos podiam abrir suas *cerae*, fazer anotações ou redigir algumas frases, e depois fechar as tampas — como um computador *laptop* — enfiá-las debaixo do braço e seguir seu caminho.

A *cera* se revelou uma ferramenta muito flexível — uma combinação de bilhete *post-it*, papel de rascunho, cartão-postal e *clipboard*. Ela sobrevive nas epopeias históricas, nas cenas de César batendo com o punho, com seu anel de sinete, em uma *cera* aberta, que é segurada por um servo/escriba. Na realidade, como a produção em grande escala as tornou muito baratas, as *cerae* eram usadas pelos milhares de romanos em todo o império. Com o tempo, *cerae* de múltiplas "páginas" começaram a aparecer, a fim de conter um número de palavras cada ver maior.

Por conseguinte, as *cerae* formavam, com o papiro, uma excelente combinação — como o equivalente da memória de curto e de longo prazo — para os cidadãos dos estados gregos e, depois, do Império Romano. As coisas efêmeras eram impressas nas *cerae*, e as obras duradouras eram pintadas em rolos de papiro.

Teoricamente, o pergaminho poderia ter, simplesmente, substituído o papiro, mais frágil e escasso, em algum momento dessa equação de oferta e demanda, em que o preço da nova tecnologia ficasse mais baixo do que o de sua predecessora. Mas as novas tecnologias nunca funcionam dessa maneira: elas quase sempre começam como um substituto para uma solução existente, mas com o tempo encontram suas próprias aplicações mais poderosas.

Isso foi verdade para o pergaminho. Já no século I d.C., níveis crescentes de alfabetização, combinados com o exército de escribas e burocratas necessários para administrar o império, haviam provocado uma explosão na escrita. Com a crescente escassez do papiro, isso não apenas piorou, como também estava ficando difícil controlar o número cada vez maior de rolos. Uma coisa era encher as crescentes fileiras de bibliotecas em todo o império — Roma sozinha viria a ter, com o tempo, 28 diferentes bibliotecas —, mas o mero tamanho do império exigia um grau de mobilidade de informações até então desconhecido.

Uma solução veio do Oriente Médio. Apesar da resistência do papiro a ser dobrado e a sua intrínseca fragilidade, alguns especialistas começaram a retirar folhas de papiro de seus rolos e a dobrá-las em plissê, como um acordeão. Isso as tornou muito mais portáteis, especialmente quando recebiam uma capa dura como a da *cera*. Na realidade, este foi o formato no qual os "rolos" do Mar Morto foram encontrados. Não é preciso dizer que, com esse tipo de dobradura, as pessoas só podiam escrever em um dos lados da folha. Além disso, as próprias "páginas" tinham a tendência de rachar com o uso, levando alguns donos a colar ou costurar juntos um dos lados das dobras sobrepostas, para não perder partes delas.

É fácil ver aonde isso está levando. Todas as peças estavam agora no lugar, para criar algo novo e revolucionário; e tudo o que era necessário era um meio de escrita que pudesse ser dobrado em duas, quatro ou oito partes, que seriam então costuradas umas nas outras. E o pergaminho tinha todas as qualificações necessárias para essa finalidade. O que era ainda melhor, alguém descobriu que era possível remover as dobras do lado não costurado, para criar páginas de dois lados. O resultado foi o códice (*codex* em latim), o precursor do livro moderno. Ele era incrivelmente portátil, flexível (como podia ser apagado, o códice podia cumprir a função da *cera e* do rolo) e, talvez, o melhor de tudo, ele tornou a busca de informações *não linear*. Em outras palavras, você não precisava desenrolar um metro de rolo para obter alguma informação no final do texto; agora, você podia simplesmente ir para as últimas páginas do códice. Você podia numerar as páginas e criar um *índice*, que lhe diria em que páginas estavam informações importantes, o que era ainda melhor.

Com o códice, o corpo da memória humana se tornou mais acessível do que jamais fora. Pelo menos na Europa, o códice de pergaminho suplantou o rolo de papiro no decurso de apenas algumas gerações. Nas ruínas de Pompeia e Herculano, datadas de 79 d.C., os arqueólogos encontraram restos carbonizados apenas de rolos. Já no final daquele século, o poeta Marcial estava escrevendo imensos elogios a respeito da portabilidade e da compatibilidade do códice (importante para alguém que compunha milhares de dísticos de versos epigramáticos). E, poucos anos depois disso, as caixas de papiros em todas as bibliotecas romanas estavam sendo substituídas por prateleiras de livros.

O LIVRO DE TODAS AS COISAS

A mudança tecnológica acarreta a mudança cultural e, em última análise, cria a mudança filosófica. Em menos de um século, a existência desses novos códices havia transformado a maneira como os romanos contemplavam a organização do conhecimento e da memória. Essa evolução no pensamento foi mais bem captada no século VI, pelo "último estudioso da Antiguidade", santo Isidoro, arcebispo de Sevilha. Ao descrever a natureza do códice, ele oferece um vislumbre não apenas de como a história dos livros e a do pergaminho se sobrepõem, mas também como os volumes encadernados haviam aberto a imaginação de seus usuários:

> Um códice é composto de muitos livros; um livro, de um único rolo. Ele é chamado de códice à guisa de uma metáfora dos troncos (codex) de árvores ou vinhas, como se fosse uma tora, porque contém em si mesmo uma profusão de livros, como se fosse de galhos.[14]

Estas palavras são oriundas da obra *Etymologiae*, de Isidoro — um "epítome" cristão, ou compêndio de resumos de outras obras, e foi um dos primeiros exemplos mais notáveis dessa nova metáfora, de uma árvore do conhecimento. Quando o arcebispo se sentou para redigir essa obra, Roma havia caído e a Europa estava deslizando para a Idade das Trevas. Os visigodos, tendo conquistado a maior parte do continente, haviam capturado os monarcas da Espanha, e Isidoro tinha se esforçado, com sucesso, para convertê-los ao cristianismo. Mas, enquanto ele fazia isso, seu trabalho estava sendo enfraquecido dentro da Igreja, por várias heresias emergentes que ele lutou para esmagar.

Em face de tudo isso, em um dos empreendimentos intelectuais mais heroicos da história humana, Isidoro se pôs a preservar, na *Etymologiae* (também conhecida como *Origines*), toda a memória da civilização ocidental. Ele preencheu 20 volumes de pergaminho, com quase 250 capítulos de registros. Mas tratava-se de um empreendimento condensado, como ele provavelmente sabia, o que tornou sua tentativa ainda mais admirável. A Europa estava desmoronando no caos, e nada poderia impedir esse processo. Como se em um presságio do que estava por vir, Isidoro dedicou a obra ao rei dos visigodos, Sisebut. E, com a morte de Isidoro em 636, a Espanha, último reduto da civilização europeia, também caiu na escuridão.

Mas o empreendimento extraordinário de Isidoro não fora em vão. A *Etymologiae* — preservada tanto pelo emergente império muçulmano, que iria capturar Sevilha, quanto pela durabilidade do próprio livro de pergaminho — sobreviveria aos séculos até que a Europa finalmente estivesse pronta para seu retorno. E, quando isso aconteceu, as páginas do livro, ao mesmo tempo uma receita bem recebida para a revivescência cultural e um triste lembrete de tudo o que fora perdido, serviria de pedra angular para a Idade Média.

Àquela altura, suas páginas de pele animal já estariam competindo com um novo meio de memória, dessa feita vindo da China. O *papel*.

4
A estátua ensanguentada
A memória como metáfora

Depois de décadas de filmes, televisão e ficção histórica, muitas vezes sentimos que conhecemos o mundo antigo.

Aprendemos a nos reconhecer em nossos ancestrais a ponto de, às vezes, sentir que conhecemos Ulisses, Augusto ou Marco Aurélio tão bem quanto nosso vizinho de andar ou da rua ao lado. Aprendemos, até mesmo, a aceitar ou entender completamente alguns dos extremos de selvageria (gladiadores e crucificações) e comportamento (orgias e infanticídios).

No entanto, os detalhes da vida cotidiana na Antiguidade ainda podem nos surpreender. Ainda ficamos chocados ao tomar conhecimento de que a casa típica em Pompeia saudava os visitantes — e as crianças da família — com um mural erótico. Ou que a prova final de virilidade de um jovem espartano era atacar à espreita um escravo e assassiná-lo.

Uma das esquisitices inesperadas que teríamos encontrado ao visitar um importante prédio cívico ou templo na Roma antiga, especialmente em um horário fora do expediente, teria sido a visão de figuras famosas — senadores, oradores, talvez até mesmo o próprio César — arrastando os pés como zumbis e perscrutando com grande intensidade estátuas, colunas, pilastras e outros detalhes arquitetônicos.

Se você pudesse ter examinado a mente desses grandes homens em um desses momentos, teria ficado ainda mais atônito, pois eles poderiam muito bem estar, mentalmente, pintando as estátuas com sangue, colocando testículos de touro sobre a mão estendida de um deus, ou substituindo as palavras entalhadas no frontão triangular por números relacionados com a produção agrícola na Gália.

Não se podia dizer que fosse alguma forma de loucura coletiva, ou mesmo de uma forma bizarra de entretenimento, esquecida havia muito tempo. Mais exatamente, era um trabalho de memória disciplinado, que usava a ferramenta mais poderosa da época: o que era chamado de "arte" (ou seja, disciplina) da memória, *Ars Memorativa*. E aqueles homens, entre eles algumas das figuras mais célebres da história, enquanto estavam sozinhos naqueles prédios públicos, estavam construindo algumas das maiores proezas de memorização já conhecidas — proezas que podem inspirar em nós, agora, mais assombro e admiração do que quando eram uma realização do dia a dia.

Façanhas prodigiosas de memória estavam longe de ser uma novidade, até mesmo na Roma republicana. Afinal de contas, a tradição bárdica de recitações longas e precisas era mais antiga que a própria escrita. O mais famoso exemplo dessa tradição era, é claro, Homero. Quem quer que tenha(m) sido o(s) autor(es) da *Odisseia*, não existe nenhuma dúvida de que gerações de bardos recitaram, embelezaram e refinaram esses poemas épicos, de milhares de linhas, diante de reis e de suas cortes, durante os séculos anteriores à época em que as narrativas, finalmente, foram registradas em forma escrita.

Mas a primeira grande história de uma memória aparentemente sobre-humana é a de Simônides de Ceos, em 500 a.C.[1] Simônides, um famoso poeta lírico (ele até mesmo é citado nas obras de Platão) que inventou algumas das letras do alfabeto grego, foi convidado para um banquete oferecido pelo nobre tessálico Scopus, para apresentar um panegírico (um poema comemorativo) a respeito da recente vitória deste em uma batalha. Essa era uma *performance* fácil para Simônides, pois ele já tinha a reputação de ter uma memória poderosa, capaz de recordar textos extensos.

Mas seu desempenho deixou seu anfitrião furioso, pois ele, aparentemente, achou que as numerosas referências elogiosas aos gêmeos Castor e Pólux tinham desviado parte da atenção devida a ele. Assim, quando chegou a hora de Simônides receber o pagamento pela *performance*, Scopus só lhe entregou metade do que fora combinado, dizendo-lhe, ironicamente, que fosse cobrar o restante dos gêmeos divinos.

Antes que fosse iniciada ali uma discussão, um dos servos da casa apareceu para dizer a Simônides que dois homens estavam esperando por ele do lado de fora. Ao ir até o jardim, Simônides descobriu que não havia ninguém lá e, exatamente nesse momento, o salão do banquete desmoronou, matando todos os que estavam do lado de dentro.

Os corpos de Scopus e dos convidados estavam tão destroçados, que seria impossível identificá-los e, portanto, proporcionar-lhes um sepultamento apropriado. Simônides, então, entrou em cena. Para assombro de todos os que faziam parte do grupo de resgate, o poeta identificou cada um dos numerosos corpos pela posição em que as pessoas estavam sentadas na mesa do banquete.

A proeza de memória de Simônides surpreendeu o mundo — e deflagrou uma corrida de quinhentos anos para descobrir seus segredos e igualar suas realizações.

Uma das teorias afirmava, como na história da magia, que Simônides tinha herdado um acervo de truques secretos dos egípcios — uma explicação típica da época para qualquer coisa extraordinária, assim como "o Oriente" se tornaria 1.500 anos depois. Outra teoria, também bastante corrente na ocasião, era que a arte da memória tinha sido inventada apenas uma geração antes de Simônides, pelos misteriosos pitagóricos (supostamente, quando eles não estavam também criando música e a Regra Áurea).

Não existem evidências que respaldem nenhuma das duas histórias. Além disso, na realidade, a habilidade de Simônides pode muito bem ter sido uma invenção sua, forjada a partir de várias ferramentas da tradição bárdica, de seus próprios dons pessoais e de alguns truques recém-inventados. Seja qual for a explicação, a lenda de Simônides revelou-se tão poderosa que, durante quatro séculos, imitadores e admiradores se mostravam igualmente propensos a atribuir seu trabalho tanto a poderes místicos quanto a qualquer metodologia reproduzível. As primeiras menções conhecidas à arte da memória, provavelmente inspiradas por Simônides, estão na *Dialexis* grega (400 a.C.) e em algumas das obras de Aristóteles.

MESTRE TÚLIO

Foi somente no século I a.C. que um aluno das artes retóricas, cujo nome ainda é sinônimo de oratória, se pôs a explicar, sistematicamente, a arte da memória. Trata-se de Marco Túlio Cícero (que tinha orgulho de que seu último nome significava o humilde "grão-de-bico"), e ele talvez seja a figura mais conhecida da República Romana — especialmente devido a sua luta heroica, embora fracassada, para impedir que seu país passasse a ser dominado pela ditadura dos césares.² Como todo colegial vitoriano um dia iria saber — eles adquiriam seus conhecimentos de latim aprendendo seus mais famosos discursos —, Cícero nasceu em 106 a.C. em uma cidade nas colinas próximas a Roma, de uma família aristocrática de ordem inferior ("equestre"). O pai de Cícero era inválido e se dedicara, em grande medida, ao aprendizado e à vida da mente, e transmitiu esse forte interesse para o filho. Ainda bem jovem, Cícero já se destacava na região, e na capital, devido a seu prodigioso intelecto.

Como era o caso da maioria dos rapazes aristocráticos romanos, os preceptores de Cícero eram quase todos gregos, e foi com eles que ele aprendeu as três partes da educação clássica — a gramática, a lógica e a retórica —, o *trivium*. Mais do que ninguém, ele iria popularizar o *trívium* e influenciar o aprendizado das artes liberais ao longo dos dois mil anos seguintes.³

Teoricamente, as três partes do *trivium* deveriam ser igualmente importantes. A lógica era a arte de lidar com o mundo como ele era — o mundo das coisas. A gramática era a arte de trabalhar com símbolos. E a retórica era a arte de comunicar o pensamento de uma mente para outra. Mas para Cícero, especialmente depois de ele iniciar uma carreira ilustre, e não raro corajosa, em direito e depois na política, foi na última dessas três partes que ele adquiriu proeminência.

Com efeito, embora tenha começado como um filósofo abrangente (chegou a visitar a Academia de Platão, na Grécia, para estudar), com o tempo, Cícero começou a ver a retórica, especialmente a oratória, como a suprema arte da humanidade. Ele acreditava que a excelente oratória, com sua capacidade de convencer os outros a agir de comum acordo, visando um objetivo comum, era o supremo guia moral de qualquer sociedade, especialmente de uma democracia ou uma república. Seguia-se, portanto, que um grande orador precisava ser imensamente habilidoso, culto e, acima de tudo, profundamente ético — caso contrário, seus dons seriam desperdiçados ou utilizados para fins errôneos.

É compreensível, portanto, que Cícero logo se voltasse para as ferramentas e truques então disponíveis, que poderiam ajudá-lo a decorar seus longos discursos. E, quando esses recursos se revelaram insuficientes, ele cavou mais fundo e redescobriu a arte da memória. Sendo um bom romano pragmático, Cícero inicialmente descartou toda superstição que cercava o treinamento da memória e se pôs a desconstruir, usando as palavras do próprio Simônides, sua realização. O que ele descobriu o deixou surpreso: Simônides havia encontrado uma maneira de ir além dos truques habituais de repetição e mnemônica (ferramentas verbais, como "VLAVAIV" para lembrar as cores do espectro de luz visível: Vermelho, Laranja, Amarelo, Verde, Azul, Índigo, Violeta), para um novo tipo de metodologia que era quase sublime em sua utilização da arquitetura do cérebro. Como Cícero escreveu mais tarde:

> [Simônides] concluiu que as pessoas desejosas de treinar essa faculdade (da memória) precisam escolher lugares e formar imagens mentais das coisas que desejam recordar, e armazenar essas imagens nos lugares, de maneira que a ordem dos lugares preservará a ordem das coisas, e as imagens das coisas denotarão as coisas propriamente ditas, e empregaremos os lugares e as imagens, respectivamente, como uma tabuinha de escrita de cera e as letras escritas sobre ela.[4]

Como um bom advogado reunindo os elementos de seu caso, Cícero começou a compreender que o que Simônides tinha feito era pegar uma coisa nova (uma observação, o rascunho de um discurso, um curso de estudos) e, de maneira muito sistemática, associá-la a uma coisa bem conhecida. Frances Yates, o historiador britânico cujo livro memorável, *A Arte da Memória*, renovou o interesse pelo assunto, se concentrou, principalmente, no uso de objetos arquitetônicos, como templos e prédios públicos, como base para esses exercícios de memória, e, portanto, é a imagem dos senadores romanos arrastando os pés em prédios vazios que vem mais de imediato à mente moderna. Mas Cícero e seus companheiros romanos também usavam padrões geométricos, estruturas imaginárias, paisagens e outros "lugares" familiares aos quais associar as novas memórias. O segredo era trabalhar a partir de um local de origem cuja natureza fosse conhecida do pensador.

O passo seguinte era a parte ardilosa. Como a mente humana tende a recordar mais as imagens e emoções extremas do que as comuns e cotidianas (o que hoje chamamos de "efeito de Von Restorff"), ao associar mentalmente uma nova memória a um velho local, o pensador precisa usar as ideias mais ousadas possíveis — de preferência que estejam relacionadas, de maneira simbólica ou mnemônica, ao tema a ser lembrado. Donde a utilização de sangue, absurdidades, obscenidades e estranhos simbolismos, a fim de fixar a memória.

> *A própria natureza nos ensina o que devemos fazer. Quando vemos na vida cotidiana coisas triviais, corriqueiras e banais, geralmente não nos lembramos delas, porque a mente não está sendo estimulada por nada novo ou maravilhoso. Mas se*

virmos ou ouvirmos algo excepcionalmente desprezível, vergonhoso, extraordinário, magnífico, inacreditável ou ridículo, provavelmente nos lembraremos disso durante muito tempo...

Devemos, portanto, criar imagens que possam permanecer o mais tempo possível na memória. E faremos isso se estabelecermos semelhanças o mais extraordinárias possíveis; se criarmos imagens que não sejam numerosas ou vagas, mas que estejam fazendo alguma coisa; se atribuirmos a elas uma beleza excepcional ou uma feiura singular; se as vestirmos com coroas ou mantos roxos, por exemplo, para que a imagem possa ser mais marcante para nós; ou se, de alguma maneira, as desfigurarmos, introduzindo uma delas manchada de sangue, suja de lama ou lambuzada de tinta vermelha, de maneira que sua forma fique mais impressionante, ou atribuindo certos efeitos cômicos a nossas imagens, pois isso também garantirá que nos lembraremos mais prontamente delas. As coisas que recordamos com facilidade quando são reais, nós igualmente recordamos sem dificuldade quando são imaginárias, desde que tenham sido cuidadosamente delineadas. Mas o seguinte será essencial – examinar repetidamente na mente, rapidamente, as informações originais, a fim de revigorar as imagens.[5]

BOLAS E SANGUE

Estas palavras foram extraídas da primeira grande obra sobre a arte da memória, *Rhetorica ad Herennium* [Retórica a Herênio], escrita por volta de 95 a.C., e tradicionalmente atribuída a Cícero (embora essa autoria há muito venha sendo questionada). Aqui, em uma analogia jurídica que respalda o argumento a favor da autoria de Cícero, está a seguinte descrição, extraída da mesma obra. Contendo as imagens que começaram este capítulo, ela demonstra como a técnica da memória arquitetônica funciona na prática:

Frequentemente encerramos o registro de uma questão inteira em uma única notação, uma única imagem. Por exemplo, o promotor disse que o acusado matou um homem por envenenamento, denunciou que o motivo do crime foi uma herança, e declarou que existem muitas testemunhas e cúmplices desse ato. Se, a fim de facilitar nossa defesa, quisermos nos lembrar desse primeiro ponto, formaremos em nosso primeiro pano de fundo uma imagem de toda a questão. Retrataremos o homem em questão como deitado na cama, doente, se conhecermos a pessoa. Se não a conhecermos, escolheremos alguém para ser nosso inválido, mas não um homem da classe inferior, para que ele possa nos vir de imediato à mente. E colocaremos o acusado ao lado da cama, segurando na mão direita um cálice, na esquerda, plaquinhas, e no quarto dedo os testículos de um carneiro [em latim, testiculi pode significar tanto "testículos" quanto "testemunhas"]. Dessa maneira, poderemos gravar na memória o homem que foi envenenado, a herança e as testemunhas.[6]

Agora o processo está mais claro. O orador, ou outro especialista em memória, inicia o que é um processo de quatro partes. Primeiro, ele prepara o texto, seja um discurso que tenha escrito ou uma narrativa existente, como um poema épico. Os detalhes desse processo de preparação não são completamente conhecidos, mas o processo — certamente refinado com a prática —, provavelmente, envolvia desmembrar o texto em partes separadas, independentes, que o usuário já sabia que se prestariam a uma imagística simples e poderosa. Essa técnica é semelhante ao que os psicólogos chamam hoje de "agrupamento" [*chunking*] — a capacidade do cérebro humano de reter apenas sete itens de cada vez, na memória de curto prazo, uma das razões pelas quais os números de telefone norte-americanos foram criados com sete dígitos.

Com o texto agora desmembrado em partes que cabem no pensamento, o memorizador avançava então para a estrutura subjacente do processo. Em termos modernos de computador, o orador usaria um sistema de *endereços* que fossem uma segunda natureza para ele, e nos quais poderiam ser afixados os segmentos de texto, uma vez que fossem convertidos em símbolos ou amplificados de alguma outra maneira. Como isso funcionava, exatamente, não está muito claro. Mas alguns memorizadores usavam, sem dúvida, a arquitetura e a decoração como "locais" para suas memorizações. Outros podem ter trabalhado a partir de jardins ou outras características naturais. Outros ainda parecem ter trabalhado a partir de quadros ou outras imagens, que eram especificamente destinados ao processo de memorização.

A parte crucial desses locais era que eles seriam tão bem conhecidos pelo memorizador que seriam para ele uma segunda natureza; em outras palavras, eles estariam gravados tão completamente em sua memória de longo prazo que o memorizador poderia fechar os olhos e "caminhar" pelo local, recordando cada característica tão vividamente como se ela fosse real. Na realidade, é bem possível que os oradores experientes e outros memorizadores tenham, com o tempo, deixado de visitar seus locais e empreendido virtualmente suas turnês de memória.

O terceiro passo era então, efetivamente ou virtualmente, percorrer cada local, associando mentalmente os segmentos da narrativa às características do projeto, da maneira descrita na *Rhetorica ad Herennium*. Assim, o orador poderia decorar um discurso de várias horas, ou o estudioso, o poema de mil estrofes, não apenas na ordem correta, mas até mesmo com uma precisão que chegava às frases efetivas. Não é preciso dizer que seria bem mais fácil, depois de uma prática considerável, fazer essa memorização em casa, onde o conteúdo de um pergaminho (ou das dezenas de plaquinhas de cera) poderia ser lido e colocado na memória, em vez de carregá-lo até um templo próximo.

O quarto e último passo é, de muitas maneiras, o mais misterioso de todos. De alguma maneira, toda essa associação de palavras e conceitos a detalhes arquitetônicos e de outro tipo, em determinado local, por meio da utilização de todos os tipos de imagens estranhas e ensanguentadas, efetivamente funcionava. Também de alguma maneira, todo esse brilho adicionado conseguia permanecer intacto, e no lugar certo, na mente do orador. No quarto passo, o processo todo precisava ser revertido; em outras palavras, o orador tinha que ficar em pé diante de uma audiência, como Cícero o fez muitas vezes diante do senado romano, e de alguma maneira percorrer sua estrutura de memória, escolhendo um detalhe ostentoso depois do outro, convertendo seu simbolismo em um fluxo contínuo de palavras, tudo isso enquanto, *simultaneamente*, adicionava entonação, emoção e tudo o mais que era necessário para se conectar e influenciar a audiência que estava diante dele. Podemos imaginar que o orador menos experiente falaria como alguém perdido em um sonho.

Mais impressionante ainda é a possibilidade de que um orador magistral, versado na arte da memória, poderia até mesmo ter sido capaz de *compor* um discurso dessa maneira, ou seja, percorrendo mentalmente seus locais da memória, tecendo um texto e depois imediatamente convertendo-o em imagens e colocando-o sobre algum dispositivo próximo, em um balé cerebral, em tempo real, de múltiplos estágios, que continuamos a ter muita dificuldade em compreender.

PALAVRAS MÁGICAS

Mesmo para as pessoas que a estudam, a arte da memória pode às vezes parecer impossível. Ela era, sem dúvida, incrivelmente difícil, o que provavelmente ajuda a explicar por que foi, em grande medida, abandonada e esquecida tão logo o papel, e depois a impressão, se tornaram baratos. Também é difícil reproduzir essas artes de memória porque os antigos textos — e havia vários, entre eles não apenas a *Rhetorica ad Herennium*, mas também livros sobre o assunto, de autoria de Quintiliano e, o mais famoso de todos, o *De Oratore*, do próprio Cícero — não são inteiramente claros com relação aos detalhes do processo, como costuma acontecer na divulgação dos valiosos conhecimentos privilegiados.

Por exemplo, embora o "método dos locais" seja a técnica mais conhecida dos antigos — especialmente por ser tão bizarra —, existem evidências de que esses mesmos oradores também usavam uma série de outras técnicas mnemônicas, entre elas o processo consagrado, bem conhecido dos atores e colegiais, de simplesmente recitar o mesmo texto em voz alta diversas vezes, até que ele seja gravado na memória da pessoa.

Uma coisa que nós sabemos é que essas extraordinárias proezas de memória não estão além da capacidade do cérebro humano comum. A capacidade de, rapidamente, decorar enormes quantidades de informação aflorou ao longo da história em pessoas dotadas do que hoje chamamos de memória "fotográfica". Antes considerada rara, graças aos programas de jogos, à televisão e aos vídeos na Internet, essa habilidade, em sua forma total ou parcial, se revelou muito mais comum do que anteriormente imaginávamos. E tem uma durabilidade extraordinária: até mesmo quando estava na casa dos 90 anos, o grande ator *sir* John Gielgud afirmava conseguir se lembrar de todas as peças shakespearianas nas quais tinha se apresentado. Mais prosaicamente, todos os dias, no mundo muculmano, centenas de milhares de colegiais lotam os madrassas* para recitar, repetidamente, o Alcorão, até terem decorado cada linha.

O autor Joshua Foer, escrevendo a respeito das competições de memória do século XXI, descreve um competidor que usava uma técnica de "método de locais", para se lembrar de uma sequência de cartas de baralho que saiu diretamente da *Ad Herennium*:

> *Eu estava armazenando as imagens em um palácio de memória que eu conhecia melhor do que qualquer outro, a casa em Washington, D. C., onde eu morara desde os 4 anos de idade... Na porta da frente, vi minha amiga Liz fazendo a vivissecção de um porco (2 de copas, 2 de ouros, 3 de copas). Do lado de dentro, o Incrível Hulk*

---

* Seminários islâmicos. (N.T.)

exercitava-se em uma bicicleta ergométrica, enquanto um par de enormes brincos bizarros pendiam dos lóbulos de suas orelhas (3 de paus, 7 de ouros, valete de espadas)...[7]

Certamente, alguns dos antigos mestres da arte da memória eram, de fato, abençoados com uma memória fotográfica. Mas é igualmente provável que a maioria deles não o fosse, e tivesse que trabalhar com cérebros que possuíam pouco mais do que uma imaginação, memória e inteligência comuns.

Os oradores romanos, certamente, poderiam ter escrito cuidadosamente seus discursos em papiro e depois usado algum tipo de suporte para segurar e virar o rolo resultante — de maneira semelhante a como o *teleprompter* é usado hoje em dia. Então, por que empreender todo o esforço necessário para dominar a arte da memória? Pelas mesmas razões que as pessoas sempre buscaram a maestria de um ofício ou de uma habilidade: isso proporciona o orgulho da realização, ensina a disciplina necessária para alcançar outras metas, distingue o mestre dos membros comuns da humanidade e, com muita frequência, porque esse esforço é bem remunerado.

Acima de tudo, e uma vez mais, no caso dessa prática, memória equivalia a poder. Na Antiguidade, o acesso à informação era difícil, as ferramentas eram complicadas e era necessário muito tempo para evocar a lembrança. Com a arte da memória, contudo, vastas bibliotecas podiam residir no cérebro humano. E, nas mãos de um notável orador como Cícero, a maestria das artes da memória, combinada com uma habilidade de oratória inigualável, podia persuadir impérios inteiros.

O ÚLTIMO REPUBLICANO

Mas a história de Marco Túlio Cícero também é um lembrete das limitações da memória. Munido com um nascimento aristocrático, uma educação grega superior e um dom incomparável de oratória, o jovem Cícero logo adquiriu em Roma a reputação de advogado, professor do *trivium* grego, tradutor e até mesmo de filósofo. Seus dons eram amplamente reconhecidos, e logo ele se viu galgando as fileiras da liderança política romana, tipicamente atingindo cada nível — questor, edil e pretor — com a mínima idade possível, até que, finalmente, foi nomeado cônsul quando contava apenas 42 anos de idade. Essa foi uma realização extraordinária, segundo qualquer parâmetro, mas especialmente para uma figura que pertencia à mais baixa classe aristocrática, e um tributo ao dom de Cícero como orador. Em uma era desprovida de qualquer forma real de comunicação de massa, Cícero, mesmo assim, conseguiu, por meio de seus discursos públicos, tornar-se o equivalente a uma celebridade da mídia. Um futuro de fama e glória na liderança da elite de Roma, parecia agora garantido.

No entanto, no século I a.C., Roma era um lugar imprevisível e, às vezes, muito perigoso. Nos primeiros anos daquele século, a república havia desmoronado em meio a uma guerra civil. No final, um general, Lúcio Cornélio Sula, marchou sobre Roma e foi proclamado ditador. Sula se revelou um governante surpreendentemente esclarecido, que, com o tempo, até mesmo renunciou ao cargo de governante, depois de efetuar uma série de mudanças positivas no governo de Roma. Mas a sorte já tinha sido lançada. Roma estava pronta para ser tomada.

Com o tempo, três homens, todos generais, ascenderam ao topo em busca desse prêmio supremo. Crasso, Pompeu e Júlio César formaram, juntos, o Primeiro Triunvirato de ditadores militares romanos. Em 60 a.C., Júlio César chegou a convidar Cícero para se juntar a seu triunvirato, sem dúvida por acreditar que, fazendo isso, conquistaria um aliado. No entanto, quando Cícero recusou o convite, acreditando que sua aceitação fosse prejudicar qualquer chance do restabelecimento da república, ganhou um poderoso inimigo.

Crasso então (o homem que esmagou a revolta de Espártaco) foi morto em combate, e Pompeu e Júlio César deflagraram uma segunda guerra civil, com cada um deles buscando o poder absoluto. Dessa luta nasceu o Império Romano. Roma nunca mais seria uma república. Atuando por intermédio de um representante no senado, César logo colocou Cícero em risco de ser executado. Assim, em 58 a.C., Cícero fugiu para o exílio na Tessalônica, Grécia.

Uma vez no exílio, Cícero caiu em profunda depressão. A única coisa que parecia impedi-lo de cometer suicídio eram as cartas que enviava, regularmente, a seu amigo da vida inteira, Ático, que ele conhecera quando era um jovem advogado. Essas cartas veementes, devido a seus grandes detalhes a respeito da política e da vida cotidiana, são hoje consideradas um dos grandes tesouros da "Idade de Ouro" de Roma.

Cícero ficou apenas um ano no exílio – e foi recebido de volta em Roma como herói. Mas logo aprendeu (como *sir* Francis Bacon aprenderia quinze séculos depois) que navegar através de uma época traiçoeira, no topo do mundo político, requeria não apenas genialidade e talento, mas também a capacidade de superar os defeitos da própria personalidade. No caso de Cícero, essa fraqueza era a falta de coerência interna — por ser um grande advogado, ele era facilmente influenciado pelo bom argumento seguinte. Assim sendo, ao longo dos doze anos seguintes, enquanto sua popularidade pública aumentava, ele conseguiu, regularmente, se aliar ao lado errado — especialmente ao arrogante Pompeu —, ao mesmo tempo que perdia a maior parte de seus partidários tradicionais. No final, Cícero voltou a Roma pela segunda vez (ele tinha novamente deixado a cidade quando as legiões de César se aproximaram), obteve o perdão de seu velho inimigo, e tentou, sem sucesso, não chamar atenção.

Embora Cícero não tenha participado do assassinato de César, em 47 a.C., ele era de modo geral percebido tanto como inspiração para o ato quanto como defensor de seus propósitos. O fato de Brutus, o mais famoso dos assassinos, ter apelado para Cícero para restabelecer a república enquanto brandia a faca ensanguentada sobre o corpo de César, não o ajudou muito.

Por um golpe do destino, na condição de líder do senado, coube a Cícero executar a última vontade de César, uma tarefa que ele dividiu com o jovem e ambicioso Marco Antônio, e que tornou os dois homens as figuras mais poderosas de Roma. Quando Cícero acusou Marco Antônio de fazer acordos duvidosos, este último se tornou um inimigo muito perigoso — especialmente quando subiu ao poder, com Otávio, o filho de César, e o patrício Marco Emílio Lépido, criando o Segundo Triunvirato, a ditadura oficialmente aprovada, que acabou legalmente com a república.

Para tentar impedir a ascensão de Marco Antônio, Cícero — sem dúvida munido da arte da memória — iniciou uma série de 14 discursos, as *Filípicas* (*Philippicae*), que estão entre os mais famosos da história da retórica. Mas, apesar de todo o poder das *Filípicas* de Cícero, elas não eram páreo para a força combinada dos recém-aliados Otávio (que logo seria Augusto) e Marco Antônio. Quase que imediatamente, Marco Antônio pediu a punição de todos os inimigos de Roma, com Cícero no topo da lista. Ao que consta, Otávio defendeu durante dois dias a retirada do nome de Cícero da relação, mas no final aquiesceu.

Cícero tentou fugir, e tão grande era sua reputação de amigo da república, que muitas pessoas o abrigaram durante a fuga. Mas Marco Antônio foi implacável e, após um ano (7 de dezembro de 43 a.C.), ele foi apanhado tentando chegar à Grécia e foi executado. Sua morte, como narrada por Heródoto, foi como uma imagem retirada de uma das próprias sessões de Cícero:

> Cícero ouviu a chegada [de seus perseguidores] e ordenou que seus servos baixassem a liteira [na qual ele estava sendo conduzido] onde eles estavam. Ele [...] olhou firmemente para seus assassinos. Estava coberto de poeira; o cabelo longo e despenteado, e o rosto aflito e debilitado por suas ansiedades – de modo que quase todos os que estavam presentes cobriram a face, enquanto Herênio o matava. Sua garganta foi cortada assim que ele colocou o pescoço para fora da liteira...[8]

Ao que consta, as últimas palavras de Cícero antes que sua garganta fosse cortada foram dizer ao soldado que brandia a faca: "Não há nada adequado no que você está fazendo, soldado, mas tente me matar adequadamente" – uma linha de prosa belamente equilibrada (a duplicação da epimone, com uma distorção, em "adequado"), que poderíamos esperar de um grande orador. Ele tinha 63 anos de idade.

Não apenas a cabeça de Cícero foi levada de volta para Roma, mas, por ordem de Marco Antônio, as mãos que haviam composto as *Filípicas* tiveram o mesmo destino. As três partes foram pregadas na tribuna do grande orador, no Fórum Romano, de frente para o prédio do senado. E dizem que a mulher de Marco Antônio, Fúlvia, visitava repetidamente o local a fim de puxar a língua de Cícero para fora e perfurá-la com uma agulha de tricô, para se vingar das *Filípicas* e de seu orador.*

UM IMPÉRIO DE MEMÓRIA

A morte de Cícero marcou o último suspiro do sonho republicano para Roma. Mas Roma, como um vasto e poderoso império continental sob o governo dos césares, dominaria a Europa, o Oriente Médio e o norte da África por mais quinhentos anos. E embora o mais famoso praticante da arte da memória já tivesse partido, a disciplina em si se desenvolveria e se tornaria mais refinada nas gerações futuras de oradores e contadores de histórias.

---

* O filho de Cícero viveu para ver Fúlvia ser substituída por Cleópatra e para anunciar pessoalmente, diante do senado romano, a derrota de Marco Antônio na batalha naval de Actium, e o seu subsequente suicídio.

Uma razão fundamental tanto da vitalidade quanto da durabilidade da Roma Imperial era que ela desfrutava de um acesso sem precedente a múltiplas formas de memória. Primeiro, havia duas categorias reconhecidas de memória humana: a *natural*, que consideramos a forma comum de armazenamento de informações no cérebro (em outras palavras, uma coleção aleatória de histórias, imagens, sons e assim por diante), e a *artificial*, que para os antigos significava o tipo de "arquivos" de memória disciplinados e precisamente organizados, produzidos pela prática da arte da memória.

Hoje, quando o conteúdo memorizado de nossa mente consiste mais provavelmente da letra de algumas músicas e poemas, e talvez de alguma mnemônica ("*i* antes de *e*, exceto depois de *c*"),* a ideia desse cisma nas arquiteturas da memória parece ao mesmo tempo estranha e arbitrária. Mas os antigos, especialmente os romanos, levavam isso muito a sério — e atribuíam uma suprema importância à memória artificial. Para o romano instruído, ter a cabeça repleta de um conhecimento memorizado e armazenado era o equivalente a carregar uma grande biblioteca, e no entanto portátil, particular e de rápido acesso — ou um *laptop* carregado com material de consulta e manuais — dentro da própria cabeça.

A essa memória natural e artificial, os romanos também podiam adicionar as agora consagradas formas de memória *sintética* externa, que incluíam rolos de papiro e códices de pergaminho (longo prazo), e plaquinhas de *cerae* (curto prazo). Esse portfólio de ferramentas de memória conferiu aos romanos um tipo de acesso a memórias e conhecimento sem precedentes na história humana. Ele também conferiu ao romano típico um nível de erudição até então impossível. Além disso, também possibilitou que a sociedade romana expandisse o conhecimento existente com novas descobertas, e depois disseminasse rapidamente essas descobertas por todo o império.

O resultado está óbvio nos espantosos feitos da engenharia e *design* romanos que sobrevivem até nossos dias. Somente uma cultura que se lembrasse da glória da Grécia e que também estivesse munida das mais recentes descobertas relacionadas com os arcos, o concreto e a metalurgia poderia ter construído o Panteão,

---

* O autor está se referindo a uma regra prática mnemônica para os falantes do inglês. Se a pessoa não tiver certeza se uma palavra é escrita com a sequência *ei* ou *ie*, a rima sugere que a ordem correta é *ie*, a não ser que a letra precedente seja *c*, em cujo caso será *ei*. Por exemplo: *ie*, em *believe, fierce, friend, die. Ei* depois de *c* em *deceive, ceiling, receipt*. Alguns autores desaprovam a regra, por ela ter um número de exceções que consideram excessivo. (N.T.)

o Coliseu e o aqueduto Pont du Gard. Podemos considerar o Império Romano como uma tirania sanguinária, mas os romanos viam a si mesmos (e não sem razão) como o povo mais esclarecido e capaz que jamais vivera. E, considerando tudo o que aconteceu de errado com o império durante séculos, pelo menos parte de sua longevidade pode ser atribuída a sua preservação, administração e distribuição de informações — ou seja, a sua memória coletiva.

QUEDA E DECLÍNIO

A causa (ou causas) da queda do Império Romano no século V ainda é (são) objeto de especulação, principalmente porque o acontecimento foi de tal maneira catastrófico que muitos dos registros da época foram perdidos durante o processo. Será que o império apodreceu por dentro, vítima de seus próprios sucessos, enquanto gerações de decadência e riqueza entre os cidadãos romanos fizeram com que eles não se dispusessem a se defender e se tornassem cada vez mais dependentes dos mesmos bárbaros que combatiam? Terá sido inevitável o declínio, como em todas as ditaduras, devido à qualidade dos césares que governavam o império e às legiões que os serviam? Uma população enfraquecida e reduzida devido a epidemias periódicas? Ou foi apenas a inevitabilidade histórica das tribos bárbaras, cuja taxa de natalidade, energia e ambição não podiam mais ser negadas? A utilização de chumbo nos canos de água romanos? A expansão imperial excessiva, que se estendeu além da tecnologia de comunicação da época? As limitações de uma economia baseada na pilhagem? A destruição dos recursos naturais de uma extremidade à outra do Mediterrâneo? A mudança do poder econômico da Itália para Bizâncio, graças a seu acesso à China, à Índia e ao restante do Extremo Oriente?

Provavelmente, todas essas coisas tiveram alguma influência. Mas, para nossos propósitos, uma pergunta muito mais importante não é por que Roma caiu, mas por que ela caiu quando caiu, e por que caiu tão completamente?

A data tradicional, designada pelo historiador Edward Gibbon, para a queda de Roma é 476 d.C., quando o líder germânico Odoacro, ele próprio um general romano, marchou sobre a Itália e conquistou Roma.[9] Em seguida, investiu sobre Ravena, onde depôs o imperador adolescente Rômulo Augusto em 4 de setembro de 476, e se declarou rei.* Na condição de primeiro rei germânico da Itália e do Império Ocidental, sua coroação garantida pelas espadas acaba resultando em uma conveniente data final.

Mas existe outra razão, muito boa, para estabelecer a queda de Roma nessa data. É claro que a Cidade Imperial e seu império circundante já tinham sido invadidos, com sucesso, várias vezes antes. Os visigodos, fugindo dos hunos, a tinham invadido em 378 e destruído um exército romano em combate, antes de aceitar um acordo dentro da proteção do império. E, na noite de Ano-Novo de 405, em uma das imagens mais inesquecíveis da era, uma multidão gigantesca de vândalos, suevos e alanos explodiu em todo o recém-congelado rio Reno, perto do que é hoje a cidade de Mainz, na Alemanha, e se espalhou pela Gália (França), pela Península Ibérica (Espanha e Portugal) e pelo norte da África.

Depois, em 410, os maltratados visigodos uma vez mais se levantaram, e, sob o comando de Alarico, conquistaram e saquearam Roma pela primeira vez. A cidade se recuperou, mas nunca mais seria a mesma, e a mudança de poder de Constantinopla para o Império Oriental se acelerou.

Depois disso, os desastres começaram a se acumular. Na década de 440, no mais terrível flagelo até então, os hunos, sob o comando de Átila, atacaram os Bálcãs e a Gália e ameaçaram as duas capitais do império. Em 455, foi a vez dos vândalos saquearem Roma. Eles abandonaram a cidade e seguiram adiante, para conquistar as principais cidades romanas no norte da África. Um duro golpe ocorreu em 461 e 468, quando Roma tentou dois contra-ataques navais contra os vândalos, tendo sido derrotada em ambos.

Pouco havia então a ser salvo. A gota d'água ocorreu em 493, depois que Rômulo Augusto foi deposto, quando o imperador oriental, Zeno, preocupado porque o reino de Odoacro estava se tornando poderoso demais, convenceu os ostrogodos a atacar a Itália. Eles derrotaram Odoacro, mas, em vez de jurarem fidelidade a Zeno, fundaram seu próprio reino, sob o governo de Teodorico. O cisma entre os Impérios Oriental e Ocidental era agora completo e permanente.

Por que então, à luz de todas essas desventuras, escolher 476 como data? A resposta é que, antes do ataque de Odoacro, Roma *ainda tinha uma memória de si mesma*. A Cidade Imperial e seus arredores podiam já ter sido atacados e saquea-

---

* Ele não se declarou imperador para não enfurecer o imperador bizantino. Na realidade, Odoacro oficialmente se considerava um vassalo do imperador em Constantinopla, de maneira a não provocar uma invasão.

dos várias vezes no século anterior, mas os atacantes sempre *partiam*. Os rolos, os códices as memórias e o conhecimento adquirido do milênio precedente da história greco-romana ainda estavam intactos. Era possível contar com eles enquanto o império se reconstruía. E, enquanto essa memória estivesse acessível, Roma se recuperaria de praticamente qualquer insulto.

Há uma descrição famosa de membros da tribo mongol, que romperam a Grande Muralha e atacaram as grandes cidades da China Imperial, berrando pelas ruas, agarrando galinhas, panelas e cavalos, e deixando para trás valiosos tesouros que foram incapazes de reconhecer. O mesmo, provavelmente, era verdade com relação aos vândalos, visigodos e, especialmente, os hunos, que certamente sabiam o suficiente para arrancar o folheado de ouro das portas das bibliotecas romanas, mas que estavam alheios aos verdadeiros tesouros que havia dentro delas.

O motivo pelo qual o ano de 476 se revelou uma data tão importante para Roma é que, dessa vez, os invasores *permaneceram lá*. Os últimos césares podem ter sido fracos ou sombras degeneradas de seus predecessores, mas culturalmente eles mantinham uma linha contínua, que recuava quinhentos anos no tempo, a Júlio e Augusto. Na época, para o cidadão romano comum, o poderoso e resoluto Odoacro pode até mesmo ter parecido uma mudança bem-vinda comparado à criança fraca e irresoluta que governava oficialmente sua vida. Mas esse ganho no curto prazo veio acompanhado de uma estarrecedora perda no longo prazo. Roma era agora governada por bárbaros germânicos — pessoas que, apesar de toda a sua coragem, talento artístico e coesão tribal, mesmo assim não tinham nenhuma tradição de hábito de leitura e oratória, e muito menos de escolástica. Inevitavelmente, essas tradições — entre elas a arte da memória —, por não serem mais valorizadas e recompensadas sob a nova ordem, lentamente desapareceram.

Isso talvez explique a suposta contradição entre a aparente quase indiferença dos romanos pela queda de Roma em si — para muitas pessoas, a vida, simplesmente, pareceu prosseguir como antes, o que levou alguns historiadores a argumentar contra a ideia de que tenha havido uma "queda" — e o crescente sentimento, nos anos que se seguiram, de que uma grande catástrofe tinha ocorrido.

DESCEM AS TREVAS

Somente alguns dos homens e mulheres de mais visão — cuja maioria acreditava que Deus jamais os abandonaria — foram capazes de perceber o que estava por vir e começaram a preservar as memórias da sua época. Na Espanha, Isidoro escreveu suas *Etimologias*. No país que hoje é a Argélia, o bispo de Hippo, Agostinho, já tendo escrito *Confissões*, a primeira grande autobiografia da história, passou então a escrever *A Cidade de Deus*, para consolar seus companheiros crentes em face do que estava por vir. Preeminente pai da Igreja Ocidental, Agostinho foi assassinado pelos vândalos em 430.

Essas três obras, incluídas entre as glórias da civilização ocidental, sobreviveram à queda. Assim como *De Oratore*, as *Filípicas* e outras obras de Cícero, especialmente devido ao assombro que produziam nos leitores que se seguiram, menos eruditos. Mas muito se perdeu e grande parte do que sobreviveu tinha sido escondido em outras partes do mundo um pouco antes ou surrupiado logo depois. E nesses lugares, por descreverem práticas incrivelmente complicadas e mundos havia muito tempo esquecidos, esses textos logo se tornaram igualmente esquecidos.

Quando os novos governantes bárbaros da Europa se tornaram suficientemente civilizados e cultos para desejar se beneficiar da vasta sabedoria dos antigos, esta já desaparecera havia muito tempo. Os rolos de papiro, que precisavam ser regularmente copiados, já tinham apodrecido também havia muito tempo. E o mesmo acontecera com as plaquinhas de cera. Somente as folhas de pergaminho tinham sobrevivido — e estas, também, foram frequentemente abandonadas em um mundo sem escrita. Os textos que sobreviveram — na África, no Oriente Médio e na Espanha — estavam nas mãos de inimigos, ficando, portanto, tão inacessíveis quanto se estivessem na Lua. Até mesmo as pinturas romanas, cuja maioria era feita em murais, desbotaram e desmoronaram com os muros e as paredes que as ostentavam.

Somente a grandiosa e magnífica arquitetura permaneceu. Mas sem as memórias, textos e ferramentas que deram origem a essas tecnologias de engenharia, elas não poderiam ser reproduzidas e nem mesmo restauradas. Até mesmo a importantíssima fórmula do concreto romano, o meio de construção milagroso do império, ficou perdido durante os mil anos seguintes.

Assim, a glória de Roma foi rapidamente reduzida a ruínas tão impressionantes, das Ilhas Britânicas à Pérsia, que as pessoas que viviam aos pés desses grandes edifícios decadentes os contemplavam como se eles tivessem sido criados por uma raça de seres sobre-humanos.

Chamamos essa era, os quinhentos anos que se seguiram à queda de Roma, de "Idade das Trevas", embora os historiadores tenham a tendência de estremecer diante do termo, devido a suas conotações negativas. E essa preocupação de certa forma se justifica, especialmente no que diz respeito ao emprego mais antigo do termo para descrever toda a Idade Média, de 500 d.C. a 1500 d.C. Sabemos, hoje, coisas demais a respeito da segunda metade desses mil anos — a dinâmica e criativa parte final da Idade Média, de 1000 d.C. a 1500 d.C. — para ainda a considerarmos como tendo estado perdida nas trevas da ignorância.

Mas o início da Idade Média, de 500 d.C. a 1000 d.C., é uma história muito diferente. Foi Plutarco que chamou o período de Idade das Trevas e, por ser um grande poeta, ele fixou alguma coisa essencial e ressonante com a utilização do termo — a ponto de, apesar de várias gerações de historiadores se recusarem a usar o epíteto, ele ainda ser a expressão preferida pelas pessoas comuns.*

Elas talvez estejam certas ao preferi-la. A Europa Ocidental, depois da queda de Roma, ficou como o exemplo mais horripilante na história documentada do que acontece quando uma sociedade perde sua memória. Tornou-se uma obviedade desgastada afirmar que basta que uma única geração deixe de transmitir sua cultura para a geração seguinte para ocasionar o fim de uma civilização, mas foi exatamente o que aconteceu nas décadas que se seguiram a 476 d.C. O que é especialmente trágico é que todas as memórias ainda estavam tecnicamente presentes na mente de um punhado de homens que estavam envelhecendo e nos milhares de rolos e livros que se deterioravam nas bibliotecas abandonadas. Mas aqueles que poderiam usar esse conhecimento, os governantes, eram em grande medida analfabetos ou indiferentes, e aqueles capazes de compreendê-lo estavam impotentes. A Europa Ocidental afundava em um abismo escuro de caos, violência e ignorância.

---

* Isso se aplica mais à língua inglesa. Em língua portuguesa usamos a expressão Idade das Trevas, mas Idade Média é bem mais utilizada, para todo o período. Em inglês, existia realmente a preferência por *Dark Ages* (Idade das Trevas) para todo o período da Idade Média, mas aos poucos isso está mudando, como o próprio autor explica. Como o autor chama os primeiros quinhentos anos da Idade Média de *Dark Ages* e os mil anos seguintes de *Middle Ages*, os tradutores seguiram essa orientação. (N. T.)

Houve um momento luminoso na metade da Idade das Trevas: a coroação do rei franco Carlos, "o Magno" — *Charlemagne* — que reinou de 768 a 814. Carlos Magno, neto de Carlos Martel (o general que expulsou os invasores muçulmanos do sul da França, na Batalha de Tours, em 732, que mudou a história), conquistou a maior parte da Europa e depois começou a restaurar a glória de Roma e dos césares em seu próprio Império Carolíngio.

Esclarecido, e um dedicado defensor do aprendizado e das artes, Carlos Magno foi um raio de luz na Idade das Trevas. Mas suas metas eram impossíveis: muito havia se perdido, e nem mesmo seu extenso reinado foi longo o suficiente para reinventar uma civilização inteira. Seu reinado se revelou apenas um interregno de meio século, um breve arco luminoso rematado por duas metades da Idade das Trevas, cada uma com dois séculos de extensão. Quando Carlos Magno morreu, o império desmoronou sob o governo de seus descendentes, e o brilho do esclarecimento só voltou na alvorada do novo milênio.

OLHANDO PARA O ORIENTE

É desnecessário dizer que, enquanto a Europa Ocidental e o norte da África estavam perdidos na Idade das Trevas, em outros lugares do mundo diferentes civilizações estavam sobrevivendo, até mesmo vicejando. Em Bizâncio, Império Oriental, os ritmos da antiga Roma prosseguiram em passo acelerado, embora com uma atmosfera cada vez mais oriental. Rico, mais dedicado à diplomacia do que à conquista (ele subornou os hunos, por exemplo) e governado a partir da poderosa (e fortemente defendida) capital Constantinopla, o Império Bizantino dava a impressão de que poderia durar para sempre. E quase durou. Quando sucumbiu aos otomanos, em 1452, ele havia sobrevivido outros mil anos.

Quando o Império Ocidental desmoronou, o Império Oriental (que ainda denominava a si mesmo "Império Romano") desfrutava da vantagem especial de ser governado por um brilhante e implacável imperador, Justiniano. Ao ver o poder vazio em Roma, Justiniano ordenou a suas legiões que retomassem a maior parte do Império Ocidental na Itália, no sul da França e no norte da África.

Em grande medida, ele foi bem-sucedido, mas, em face de intermináveis contra-ataques das tribos bárbaras na Europa, e epidemias devastadoras em casa, Justiniano nunca foi capaz de consolidar seus ganhos — provavelmente deixando escapar a última chance de recuperar alguma coisa dos vestígios do Império Ocidental e evitar a Idade das Trevas da Europa.

O que o Império Oriental *efetivamente* salvou da memória reunida do Ocidente foram todas aquelas coisas já incorporadas à sua cultura: a arte, a arquitetura, a ciência militar, textos fundamentais e a liturgia cristã. Com suas imensas riquezas — e apesar de um sistema político que deu seu nome (bizantino) ao que é complexo, sorrateiro e intrigante — o Império Oriental produziu algumas magníficas obras de arte. Talvez a mais famosa seja a catedral Hagia Sofia (posteriormente uma mesquita, e atualmente um museu), concluída em 537 e um dos maiores prédios do mundo — apropriadamente, a Hagia Sofia foi dedicada à Palavra — e os belos mosaicos (entre eles um retrato de Justiniano) na Basílica de San Vitale em Ravena, na Itália.

Do ponto de vista da história da memória e, portanto, da civilização, a maior realização de Justiniano foi convocar uma comissão formada por dez homens para reexaminar todos os códigos legais romanos, transcrevê-los, organizá-los e condensá-los em um documento utilizável. O trabalho durou cinco anos. O resultado foi o *Codex Justinianus*. Finalmente, a comissão, liderada por um jurisconsulto chamado Triboniano, produziu quatro textos: uma compilação da lei romana (o Código), uma coleção de citações de juristas romanos (o Digesto, uma das primeiras enciclopédias), um livro-texto para estudantes (os Institutos) e uma lista de novas leis criadas por Justiniano (as Novelas).

Juntos, eles se tornaram conhecidos como o *Corpus Juris Civilis* (*O Corpo da Lei Civil*). É a obra seminal de jurisprudência no mundo ocidental e a essência do direito mais moderno (inclusive o papal).

Ainda assim, em parte porque repousava em um nexo de linguagens e culturas, em parte porque desprezou as realizações anteriores do Império Ocidental, por considerá-las símbolos de fracasso, e especialmente porque parecia manifestar um pouco do depauperamento cultural mais amplo da Roma Imperial, o Império Bizantino não é conhecido por suas maiores realizações intelectuais. Isso inclui a escrita: a literatura bizantina, embora extensa, é conhecida por ser um pastiche de estilos mais antigos, de simples recitações de fatos desprovidas de emoção. Estas últimas podem ser úteis, especialmente na história bizantina, mas não resultam em uma leitura divertida.

Assim como no caso do Ocidente e Carlos Magno, o Império Oriental teve sua própria improvável idade "média" de luz e aprendizado. Trata-se da dinastia macedônica (ou armênia, porque era essa a classificação étnica dos governantes), que começou em 867 e durou quase duzentos anos. A dinastia macedônica não apenas marcou a era de maior poder (ou até mesmo tamanho) para o Império Bizantino, mas também alcançou alturas tão elevadas na cultura e nas artes — e, em última análise, em influência — que às vezes é descrita como a Renascença Macedônica.

Obras de arte requintadas foram criadas durante a dinastia macedônica. Mas, para nossos propósitos, a mudança mais importante que ocorreu durante essa era foi que o Ocidente começou, intermitentemente, *a recuperar sua memória*. Isso ocorreu de duas maneiras. Primeiro, um novo interesse em colecionar começou a se desenvolver. De repente, depois de quatro séculos de desinteresse, os estudos clássicos e a erudição antiga ficaram na moda. Felizmente, tendo em vista seu estado decadente, antigos manuscritos foram reunidos, escrutinados, copiados e ensinados. E quanto mais os bizantinos aprendiam não apenas sobre a antiga Grécia, mas também sobre o havia muito desaparecido Império Ocidental, mais impressionados eles ficavam com o que liam, e mais ansiosos ficavam para aprender mais.

O maior desses colecionadores era Fócio, patriarca de Constantinopla. Fócio amava tanto os antigos manuscritos que patrocinava buscas por eles, pagava para que fossem copiados e, finalmente, fundou a maior biblioteca da época. Foi um afortunado momento para a civilização.

A segunda importante tendência intelectual da dinastia macedônica foi um intenso interesse pela compilação e categorização (não inteiramente independente da nova coqueluche de colecionamento). Ao longo desses dois séculos, surgiu um grande número de importantes historiadores e cronistas, que produziu intermináveis volumes recordando o passado. Por conseguinte, o século X d.C., impulsionado por um colecionador maníaco, o imperador Constantino VII Porfirogênito, foi a primeira Era das Enciclopédias. Com um intenso desejo de organizar e catalogar, o que só seria visto novamente no século XVIII, acadêmicos bizantinos se puseram a organizar o mundo conhecido e tudo sobre a memória humana, criando durante esse processo vastas enciclopédias de ciência política, epigramas, antigos textos e ciências físicas.

O mais importante desses enciclopedistas também era, possivelmente, a maior figura de sua época. Monge, filósofo, professor, escritor e historiador, Miguel Psellos nasceu no início do século XI e dominou seu fim. Psellos, como Cícero antes dele e Bacon depois, foi um desses gênios abrangentes não conformistas que conseguem reescrever seu mundo enquanto atingem os níveis mais elevados de seu governo: no caso de Psellos, ele se tornou primeiro-ministro do imperador. Assim como os outros, ele também perdeu os favores na corte (as razões são obscuras, assim como grande parte de sua vida pessoal, a não ser pelo fato de que, tendo em vista o significado de "psellos", ele provavelmente gaguejava), e, especificamente, encontrou refúgio em um mosteiro. Mas Psellos não só retornou à glória alguns anos depois, como também até mesmo conseguiu permanecer nela: passou o resto da vida como conselheiro de confiança de uma sucessão de imperadores.

Assim como Fócio antes dele, Psellos era um ávido colecionador e estudioso da Antiguidade. Mas, ao contrário de seu predecessor, era um homem de grande imaginação e fortes opiniões. Não considerava os textos que colecionava como tendo o mesmo valor, e nem o conteúdo deles como merecendo idêntica veneração. Pelo contrário: quando Psellos se sentou para escrever sua história dos imperadores bizantinos, a *Chronographia*, conferiu uma ênfase sem precedente ao caráter de seus personagens, em vez de simplesmente apresentar uma recitação árida das batalhas e monumentos.[10]

Mas foi em suas histórias filosóficas que a personalidade de Psellos realmente veio à tona. Assim como o cientista pesquisador William Gilbert acusou Francis Bacon de escrever textos científicos "como um lorde chanceler", Psellos também encheu suas obras com as próprias opiniões a respeito de figuras históricas normalmente consideradas incriticáveis. Por exemplo, ele colocou Platão na posição suprema, acima de todos os outros filósofos — inclusive de Sócrates e Aristóteles, dos pré-socráticos e dos filósofos romanos e bizantinos — opinião que não apenas o deixou em desacordo com seus colegas como também à beira de ser acusado de blasfêmia. Por ser um político habilidoso, sobreviveu a esse escândalo (fez um juramento aos deuses) e retornou ao trabalho. Ele teve até mesmo a coragem, sendo talvez o primeiro escritor a fazer isso depois de Agostinho, de preencher seus textos com trechos autobiográficos.

Com essa combinação de um talento abrangente, disciplina acadêmica, ambição e ego, Miguel Psellos pode às vezes parecer um homem fora de seu tempo — quatro séculos antes de sua época. E foi precisamente essa posição e essa personalidade singulares que possibilitaram que ele conduzisse a restauração da memória ocidental ao nível seguinte, indo do colecionamento e organização para o efetivo *discernimento* e *aplicação*. Sua realização foi tão notável quanto a de Isidoro quinhentos anos antes, mas, como foi muito mais sutil e pessoal, nunca foi tão celebrada.

A BIBLIOTECA DE OURO

As memórias da civilização ocidental não estavam apenas nas bibliotecas e escolas de Constantinopla. Em outros lugares, na orla do antigo Império Ocidental, outros esconderijos de memórias estavam sendo cuidadosamente preservados por diferentes grupos, por diferentes razões.

Na extremidade noroeste da Europa, não raro literalmente forçados a fugir para as rochas do Oceano Atlântico a fim de escapar da predação de bárbaros e *vikings*, monges católicos irlandeses amontoavam-se em suas frias colinas e copiavam, anotavam, ilustravam e reescreviam os textos sagrados do cristianismo em folhas de velino. De todos os salvadores da civilização, o trabalho deles foi o mais desgraçado e ingrato. Esquecidos pelo restante da humanidade, eles continuaram a labutar, geração após geração, esperando que a luz retornasse à Europa. Seu sacrifício não recompensado ainda ronda o mundo moderno.

Na Espanha, eruditos árabes também estavam meditando a respeito das memórias remanescentes da Antiguidade. A civilização árabe, que começou sua expansão com a queda de Roma e o vácuo de poder deixado no Oriente Médio pelas legiões em retirada, entrou em marcha acelerada com o nascimento do Islã e a morte do profeta Maomé em 632. Obedecendo à ordem de Maomé de conquistar e converter os hereges, os exércitos muçulmanos se espalharam para o Sul, em direção à África subsaariana, para o Oeste, através do norte da África, para o Norte, pela Síria (e mais tarde na Turquia), e para o Leste, em direção à Índia. Eles também atacaram a Europa em um vasto movimento de pinça* continental, sendo forçados a recuar (temporariamente) a Leste, ao atingir os muros de Constantinopla, e a Oeste (permanentemente), por Carlos Martel e os francos em Tours.

Essa época de rápida expansão do califado de Umayyad se tornou uma "Era de Ouro" de quinhentos anos de consolidação e império com seu sucessor, a dinastia Abassid. Não demorou muito para que os eruditos árabes estivessem seguindo a direção dos exércitos muçulmanos conquistadores, procedendo a sua própria pilhagem intelectual.

---

* O movimento de pinça ou envolvimento duplo é uma manobra militar na qual os flancos do exército oponente são atacados simultaneamente por duas alas defensivas, que se movimentam como braços de uma pinça em reação ao ataque inimigo contra o centro do exército, e cujo objetivo é cercar o atacante. (N. R.)

E isso estava facilmente disponível. No Egito, esses eruditos descobriram os resíduos da Biblioteca de Alexandria e suas sucessoras. E na Espanha, mais notoriamente em Córdoba, encontraram esconderijos de rolos e pergaminhos que haviam sido deixados pelos romanos e preservados pelos bizantinos. Ao contrário dos bizantinos, os árabes não sentiam nenhum desprezo pelo havia muito desaparecido Império Romano Ocidental, de modo que foram capazes de reconhecer — dois séculos antes de Constantinopla — o tesouro que tinham encontrado.

> *A Andaluzia era, acima de tudo, famosa como uma terra de eruditos, bibliotecas, amantes de livros e colecionadores [...] quando Gerbert estudou em Vich (por volta de 995-999), as bibliotecas da Espanha mourisca continham aproximadamente um milhão de manuscritos... Em Córdoba, os livros eram mais avidamente procurados do que belas concubinas ou joias.*[11]

Ninguém compreendeu melhor essa dádiva milagrosa do que Abd ar-Rahman III, conhecido como emir Al-Hakam II. Ele era um tipo bastante sanguinário, tendo ajudado o pai em um notório massacre e passado grande parte de seu reinado lutando contra todo mundo, dos francos aos visigodos. Mas Al-Hakam II também era celebrado por suas obras públicas, e nenhuma era mais famosa do que a gigantesca Mesquita Real de Córdoba. O mero tamanho e beleza do lugar por si sós já a teriam tornado famosa, mas o que Al-Hakam II fez com ela forjou seu lugar na história: ele adicionou uma biblioteca.[12] E não foi apenas uma pequena biblioteca pessoal — Al-Hakam II a construiu com tamanho suficiente para abrigar todos os velhos volumes encontrados naquela parte da Espanha, bem como todas as novas obras que ele se propunha adquirir.

> *A glória da cidade era a Grande Biblioteca fundada por Al-Hakam II [...] no final ela continha 400 mil volumes [...] na página inicial de cada livro estava escrito o nome, a data, o local de nascimento e a linhagem do autor, ao lado dos títulos de suas outras obras. Quarenta e oito volumes de catálogos, incessantemente aperfeiçoados, relacionavam e descreviam todos os títulos e continham instruções a respeito de onde uma determinada obra podia ser encontrada.*[13]

Para lhe dar uma ideia melhor, essa biblioteca, que deve ter sido mais ou menos do tamanho do acervo de uma típica pequena faculdade de artes liberais quando foi instalada na Mesquita Real de Córdoba, provavelmente tinha mais livros do que todos os castelos, coleções privadas e bibliotecas do resto da *Europa*. Em comparação, as outras duas maiores bibliotecas da Europa combinadas, a de Avignon e a da Sorbonne, não tinham mais do que 4 mil volumes.[14]

Curiosamente, o homem que Al-Hakam II nomeou diretor da biblioteca, chamado Talid, contratou como sua auxiliar uma mulher fatimida (norte-africana) chamada Labna. A função dela era percorrer os quiosques de livros e mercados do Cairo, Damasco e Bagdá, em busca dos textos mais raros, para comprá-los. Essa foi a primeira vez que uma mulher apareceu em um papel importante nessa história da memória — e a própria Labna pode ser vista como o protótipo da intrépida bibliotecária dos filmes e musicais modernos. Com o tempo, a biblioteca viria a empregar até 170 mulheres, para traduzirem textos do Alcorão.

A nova obsessão árabe pelos livros e pelo aprendizado cruzou com uma revolução tecnológica que estava tendo lugar na outra extremidade do Império Muçulmano. Longe das preocupações da Europa, de sua Idade das Trevas e guerras intermináveis, a China sobrevivera a sua própria série de desafios e emergira como um confiante Império do Centro.

DOS NINHOS DE VESPAS

Depois do colapso, em 618, da efêmera e tirânica dinastia Sui, a China iniciou sua breve era de ouro sob o governo da dinastia Tan. Durante a maior parte dos trezentos anos seguintes, gozou de considerável prosperidade, inovação tecnológica e, o que era incomum para aquela cultura, um amplo comércio internacional. Tudo isso terminaria em uma sangrenta guerra civil, que lançaria o país em um século de caos, mas não antes que toda aquela inovação e comércio colocassem uma das mais importantes invenções da história nas mãos dos árabes.

Como já foi mencionado, os chineses, assim como os mesoamericanos, já tinham uma forma de papel produzida a partir de casca de árvores e fibra de madeira processadas. Geralmente se atribui a invenção dessa forma primitiva de papel a um eunuco da corte, chamado Cài Lun, em 105 d.C., durante a dinastia Han.[15] Sua inovação revolucionária não foi o emprego da casca de árvore, mas o fato de Cài Lun ter também adicionado à mistura uma verdadeira miscelânea de outros ingredientes, entre eles a entrecasca de plantas fibrosas, como o linho e o cânhamo, trapos velhos e até mesmo rede de pesca. A mistura era embebida em soluções cáusticas, que desmembravam tudo em seus componentes fibrosos, e depois era derramada através de uma peneira e posta para secar. Lin atribuiu sua descoberta a sua cuidadosa observação de como as vespas construíam seus ninhos.

Curiosamente, as primeiras utilizações populares dessa nova invenção variavam entre papel de embrulho, papel higiênico e um efetivo meio de escrita. E, com o tempo, como é o caso hoje em dia, essas diferentes utilizações acabaram conduzindo a diferentes categorias e estilos de papel. O verdadeiro papel de escrita era, tipicamente, fabricado com os materiais mais requintados, corantes vegetais e até mesmo inseticidas naturais para protegê-los.

O papel oferecia um grande número de vantagens sobre seus predecessores era barato (e ficou ainda mais barato com as economias de escala), macio e flexível. Era facilmente dobrável, o que significava que podia ser encadernado em livros sem dificuldade, e, já no ano 300, os chineses estavam fazendo exatamente isso. O papel também aceitava maravilhosamente a tinta, de modo que, já em meados da dinastia Tan (aproximadamente em 1040), os editores chineses, de forma mais memorável Bi Sheng, estavam fazendo experiências com blocos de madeira entalhados e embebidos de tinta estampados sobre múltiplas folhas de papel — o despontar da impressão.

Àquela altura, o papel era abundante na vida cotidiana da China, sendo usado por todo mundo, do dono de loja ao próprio imperador. E graças a uma explosão no comércio, apoiada pelo governo, o mundo obteve seu primeiro vislumbre da tecnologia do papel — e a cobiçou. O Japão foi o primeiro a pôr as mãos na tecnologia do papel, por volta de 610, por intermédio de um monge budista visitante.

O REDESPERTAR

O Ocidente levou mais 140 anos. Supõe-se que a China tenha perdido o monopólio sobre o papel quando também perdeu a Batalha de Talas (nos dias atuais, Quirguistão) para um exército muçulmano, em 751. Reza a lenda que dois prisioneiros chineses capturados na batalha, sem dúvida depois de uma considerável persuasão, entregaram a fórmula.

Cinquenta anos depois, enormes fábricas de papel estavam sendo construídas pelo califado perto dos pântanos dos rios Tigre e Eufrates, nas cercanias de Bagdá, e logo milhares de resmas de papel novo estavam sendo expedidas para o Ocidente. No final do milênio, graças à demanda criada por lugares como a

Mesquita Real de Córdoba, calcula-se que 60 mil compilações, livros de poesia e textos científicos estivessem sendo produzidos por ano. Nesse ínterim, um exército de escribas e tradutores era mantido ocupado, convertendo os antigos textos latinos e gregos para o árabe. Esse processo foi favorecido pelo fato da Espanha andaluza ter desfrutado, durante esse período, de um longo intervalo de paz, enquanto o restante da Europa Ocidental era atingido por uma sequência de desastres naturais e artificiais, por epidemias e colheitas insatisfatórias causadas pelas predações dos *vikings*.

Mas esse cenário não duraria para sempre. Já em 1100, a Europa finalmente emergira na era de importantes realizações artísticas e científicas, conhecida hoje como a Alta Idade Média. Foi a era confiante das catedrais góticas, dos primórdios da revolução científica e das Cruzadas. Até mesmo o tempo ficou mais quente.

Enquanto isso, o Império Bizantino, graças a gerações de reduzido investimento em seus exércitos, bem como à estagnação cultural de uma sociedade envelhecida, via-se atacado por todos os lados e logo romperia com o Ocidente, no Grande Cisma da Igreja Católica.

Até mesmo o Império Muçulmano pareceu perder sua vitalidade, especialmente no Ocidente, nesse período. De particular interesse para esta história foi o colapso da Espanha muçulmana em pequenos reinos rivais. Esta era, finalmente, a abertura que os normandos do norte da França precisavam, e rapidamente eles expulsaram os muçulmanos de grande parte da Espanha.

Finalmente, os europeus tinham acesso ao total remanescente de sua memória cultural e científica perdida. Mas seiscentos anos haviam se passado desde a última vez que eles tinham tido esse acesso, de modo que, mesmo tendo à mão agora as respostas, nem mesmo as mentes mais brilhantes de uma Europa ressurgente sabiam realmente que perguntas deveriam fazer. Assim, durante mais um século, a investigação e a disseminação desse conhecimento desaparecido havia tanto tempo foram lentas e confusas.

Foi então que, em 1203, a aparentemente inexpugnável Constantinopla foi quase destruída, por um movimento interno, resultante de aliança dos cruzados com a armada veneziana. O Império Bizantino estava inegavelmente se desintegrando; e suas melhores e mais brilhantes mentes começaram a abandoná-lo em busca de portos mais seguros no Ocidente. Logo, eruditos gregos e orientais começaram a ser encontrados nas novas universidades emergentes em toda a Europa Ocidental. Esses eruditos conheciam os tesouros que se encontravam na biblioteca em Córdoba e em outros lugares, e sabiam que livros seus alunos deveriam examinar — entre eles as obras dos filósofos gregos, de Agostinho, Isidoro e o *De Oratore* de Cícero.

Não demorou muito para que começasse a corrida, em todo o continente, para ser o primeiro a retomar e pôr em prática tal conhecimento recuperado. A Europa estava, finalmente, pronta para recordar.

5
Criaturas de pernas longas
A memória como classificação

Imagine um dragão.

Se você vive no mundo ocidental (e, cada vez mais, também no resto do mundo), é bem provável que pense em uma criatura enorme, semelhante a um lagarto, com um focinho curto que exala fogo; uma longa cauda com a ponta semelhante a uma lança; um par de gigantescas e rígidas asas de morcego; e possivelmente um segundo par de asas menores, no pescoço da criatura.

Essa é uma das grandes imagens compartilhadas pela humanidade. E ela surge quase em toda a parte, em numerosos filmes, em programas da televisão e na literatura. Aparece em *O Hobbit*, de J. R. R. Tolkien, em que o dragão Smaug defende o anel e, mais tarde, na trilogia de *O Senhor dos Anéis*, na qual os Nazgül cavalgam dragões através do céu, em busca de Frodo. Mais recentemente, esse arquétipo da figura de dragão aparece na série Harry Potter, a coleção de livros infantis mais popular já escrita em todos os tempos.

Uma das imagens mais incomuns e inesquecíveis desse tipo de dragão aparece em outro livro infantil clássico, *Alice no País das Maravilhas*, de Lewis Carroll, desta feita como o Jabberwock. O ilustrador de Carroll, *sir* John Tenniel, já um famoso cartunista político, se divertiu um pouco com essa temível criatura, vestindo-a com um colete e colocando nela os dentes de coelho e os olhos míopes de um professor universitário vitoriano de Oxford (que Carroll efetivamente era). Mas repare que, apesar desses acessórios, o Jabberwock ainda retém as convenções do dragão que todos conhecemos.

Então, de onde veio essa imagem de dragão que todos carregamos em nossa mente? Qual foi a origem dessas imagens extremamente semelhantes, de romancistas de fantasia a Hollywood, que se estendem por mais de cem anos?

Na realidade, a ideia dos dragões pode ser tão antiga quanto a humanidade — e ter séculos de existência em sua forma atual. As primeiras histórias escritas sobre dragões são provenientes dos hititas e datam de mais ou menos 1500 a.C. Criaturas semelhantes a dragões — Leviatã, a criatura vermelha no livro do Apocalipse — também aparecem na Bíblia. E também aparecem no mito grego — mais notoriamente a Hidra. Adicione a isso a rica história dos dragões semelhantes a serpentes, sem asas, mas que voam, da Índia, da China e do Japão, cada um com sua exclusiva iconografia, e os estranhos vermes e serpentes semelhantes ao dragão que aparecem em toda a parte, desde a Escandinávia (o *lindworm*) à Austrália aborígene (a serpente do arco-íris) e aos astecas (Quetzalcoatl), e você tem o que parece ser a imagem de algum tipo de dragão no inconsciente coletivo da humanidade.

Esse aparecimento universal de dragões em todas as culturas do mundo efetivamente convenceu algumas pessoas de que eles devem ter existido em carne e osso. Mas, mesmo que os dragões nunca tenham sido reais, permanece a questão a respeito de onde vieram essas criaturas. As teorias variam, indo dos dinossauros terem sobrevivido até a era do *Homo sapiens*, exageros a respeito de répteis grandes como crocodilos, cobras e varanos imensos, até tentativas primitivas de entender enormes ossos fósseis.

Provavelmente, jamais chegaremos a uma única explicação. O que sabemos é que os dragões assumiam personalidades muito variadas, em diferentes culturas. No Extremo Oriente, eles frequentemente representam boa sorte e saúde. Também são caracteristicamente benevolentes. Na Mesoamérica, a serpente emplumada representa a ressurreição e o conhecimento. Os índios americanos viam o dragão como um símbolo de sabedoria e imortalidade; para os aborígenes australianos, o dragão governava a natureza.

Mas, começando na Suméria e na Babilônia, passando pelo Levante e entrando na Europa — e depois seguindo ao redor do mundo —, o dragão era uma criatura sem dúvida diferente: perigosa, má, representando as forças das trevas. Algumas das histórias mais antigas da humanidade envolvem vários heróis hititas e sumerianos, combatendo e derrotando dragões.

É uma história que nunca parece envelhecer. Pondo de lado *Harry Potter* e *O Senhor dos Anéis*, pense na sequência de filmes de dragão ao longo dos últimos

25 anos, de *Coração de Dragão* e *O Dragão e o Feiticeiro* ao filme de ficção científica *Reino de Fogo*. Na realidade, filmes icônicos como *Alien, o Oitavo Passageiro* e (ironicamente) *Godzilla* são, essencialmente, variações em torno do tema do dragão ocidental. Os dragões também fazem aparições regulares nos romances de fantasia modernos e, é claro, no imensamente popular *role-playing game* (RPG) *cult* Dungeons & Dragons.

Portanto, se é improvável que jamais venhamos a saber onde ou quando a *ideia* do "dragão" surgiu, será pelo menos possível determinar de onde veio essa permanente *imagem* do dragão malévolo com asas de morcego que exala fogo? Considerando que ele é, provavelmente, a criatura mítica mais importante da coleção de imagens-fantasia coletiva da humanidade, não seria interessante conhecer a origem dessa imagem?

Bem, por acaso, podemos datar quase que com precisão esse momento: 1260 d.C. E podemos ver o nascimento do dragão moderno. (Veja o frontispício.)

Ele tem a cauda um pouco mais longa do que o dragão estereotípico que conhecemos, embora as saliências semelhantes a barbatanas, semelhantes às encontradas nos dragões chineses e japoneses, sejam um acréscimo interessante. O par de asas adicionais, agora na pélvis, também está no lugar errado. Mas estas são diferenças secundárias. O que importa é que, inquestionavelmente, este é em grande medida o dragão de nossa memória coletiva. Ele também é, espantosamente, semelhante ao desenho de Smaug, de Tolkien, desde as suíças no queixo até a ponta trifoliada da cauda.

E, no entanto, essa imagem paradigmática de um dragão, manancial de um milhão de imagens e um bilhão de pesadelos, foi criada *oitocentos anos* antes de Tolkien botar a tinta no papel.

Essa imagem do dragão é, na realidade, uma ilustração pintada à mão — uma "iluminação" — em um livro do século XIII, enterrado na coleção medieval na British Library em Londres. O livro propriamente dito tem o nome nitidamente desinteressante de *MS Harley 3244*, e pertence a uma classe de livros conhecidos como "bestiários medievais".

Como sugere a ilustração do dragão, esses bestiários estão entre os livros mais extraordinários jamais criados. E embora poucas pessoas jamais tenham ouvido falar deles, e muito menos segurado um nas mãos, os bestiários não apenas são importantes protagonistas na história da memória, mas também, como no caso do dragão, rondam nossa memória até mesmo hoje em dia. E tanto quanto as grandes catedrais góticas, eles captam o espírito do século XIII — quando a chegada tardia das memórias registradas da Antiguidade de repente se derramaram sobre uma Europa Ocidental que já estava recuperando sua força cultural. A Idade Média, que começara na escuridão e na miséria, surgiria trovejando em glória e prepararia o terreno para o que talvez tenha sido a mais celebrada era da história humana: a Renascença.

UM VIGOROSO NOVO MUNDO

Embora eles não sejam geralmente conhecidos, os historiadores com freqüência reconhecem três períodos distintos de renovação e prosperidade durante os setecentos anos da Idade Média. O primeiro foi a era carolíngia, durante o reinado de Carlos Magno, aquela breve luz na Idade das Trevas. O segundo, bem mais obscuro, foi a dinastia otoniana, ainda mais efêmera — também conhecida como "Revitalização do Ano 1000" — na Alemanha e na Itália. O período é mais conhecido pela produção, em *scriptoria** de mosteiros como o do Lago Constança, de algumas das mais belas miniaturas e livros ilustrados de todos os tempos.

Mas foi a terceira dessas eras, que ocorreu no século XII, que se revelaria a mais duradoura e influente. A descrição dessa extraordinária era pelo medievalista do início do século XX, Charles H. Haskins, ainda é a que melhor a exprime:

> Ela foi, em muitos aspectos, uma era de vida estimulante e vigorosa. Época das Cruzadas, da ascensão das cidades e dos primeiros Estados burocráticos do Ocidente, ela viu o auge da arte românica e os primórdios da gótica; a emergência das literaturas vernáculas; o ressurgimento dos clássicos latinos, da poesia latina e do direito latino; a recuperação da ciência grega, com seus acréscimos árabes, e de grande parte da filosofia grega; e da origem das primeiras universidades europeias. O século XII deixou sua assinatura na educação superior, na filosofia escolástica, nos sistemas jurídicos da Europa, na arquitetura e na escultura, no drama litúrgico, na poesia latina e vernácula.[1]

---

* Plural de *scriptorium*. As *scriptoria* eram salas reservadas para a escrita nos mosteiros. (N. T.)

Até mesmo Haskins, ao estudar a era, ficou impressionado com o ritmo da mudança — tudo impulsionado pela chegada de ondas de textos antigos encontrados em bibliotecas árabes e bizantinas:

> O século começa com a era florescente das escolas catedrais, e termina com as primeiras universidades já bem estabelecidas, em Salerno, Bolonha, Paris, Montpellier e Oxford. Ele começa com apenas os simples contornos das sete artes liberais, e termina com a posse do direito romano e canônico, do novo Aristóteles, dos novos Euclides e Ptolomeu, e dos médicos gregos e árabes, tornando portanto possível uma nova filosofia e uma nova ciência. Ele vê a revitalização dos clássicos latinos, da prosa latina e do verso latino [...] e a formação do drama litúrgico. A nova atividade na produção literária histórica reflete a variedade e a amplitude de uma era mais rica — biografias, memórias, anais da corte, a história vernácula e a crônica da cidade.
> Uma biblioteca, por volta de 1100, teria pouco mais do que a Bíblia e os padres latinos, com seus comentaristas carolíngios, os livros de oração da igreja e da vida de vários santos, os livros-texto de Boetio e alguns outros, fragmentos da história local, e talvez alguns dos clássicos latinos, frequentemente cobertos de poeira.
> Por volta de 1200, ou alguns anos depois, deveríamos esperar encontrar não apenas cópias melhores e em maior número dessas antigas obras, mas também o Corpus Juris Civilis e os clássicos parcialmente salvos da negligência; as coleções canônicas de Graciano e dos papas recentes; a teologia de Anselmo, de Pedro Lombardo e dos outros escolásticos; os textos de são Bernardo e de outros líderes monásticos [...] uma grande quantidade de nova história, poesia e correspondência; a filosofia, a matemática e a astronomia desconhecidas da tradição medieval mais antiga e recuperadas dos gregos e árabes no decurso do século XII. Deveríamos agora ter as grandes epopeias feudais da França e o melhor dos poemas líricos provençais, bem como as primeiras obras em Médio Alto-Alemão.[2]

Os conflitos culturais — Alexandre conquistando os babilônios e atacando a Índia, a abertura do comércio com a China por Marco Polo, a descoberta europeia do Novo Mundo, a viagem do comodoro Perry ao Japão — são quase sempre épocas de grande mudança e inovação. Mas o século XII talvez tenha sido especial porque a cultura europeia estava colidindo *com seu próprio passado*. O resultado foi um encontro de quatrocentos anos, cujas implicações se estendem ao presente, ao redor da Terra e até mesmo ao espaço cósmico.

Nas palavras do historiador da ciência Lawrence M. Principe, "eruditos europeus iniciaram um grande 'movimento de tradução' no século XII. Dezenas de tradutores, não raro monásticos, viajaram até bibliotecas árabes, especialmente na Espanha, e produziram continuamente versões latinas de centenas de livros. Significativamente, os textos que eles escolheram traduzir estavam quase inteiramente nas áreas da ciência, matemática, medicina e filosofia".[3]

A enxurrada de livros resultante que se derramou sobre a Europa afetou a memória europeia de várias maneiras. Uma delas foi a *completude*: muitos dos antigos textos que tinham conseguido sobreviver aos séculos na Europa eram apenas fragmentos de textos maiores; as novas descobertas completaram muitos desses textos às vezes transformando seu significado nesse processo. Outra foi a *expansão*: os eruditos europeus da Idade Média com frequência viam apenas uma ou duas obras no *corpus* dos maiores escritores da Antiguidade — como os dramaturgos gregos —, e, portanto, às vezes diminuíam essas figuras em relação a outros escritores de menor envergadura. Finalmente, havia a *substituição*: os europeus aprendiam naturalmente a admirar o melhor do que tinham, mas encontraram o que pareciam ser concorrentes superiores para essas obras.

O exemplo clássico desse último caso foi a descoberta das obras de Aristóteles por acadêmicos do século XII. Eles tinham aprendido havia muito tempo a exaltar Sócrates e Platão, acima de todos os outros antigos filósofos — mesmo correndo o risco de ser acusados de heresia. O custo dessa mentalidade foram séculos de um foco bitolado no diálogo, na governança e nas decisões morais.

Mas a redescoberta de Aristóteles, com sua concentração no empirismo, na classificação e nas ciências naturais, estimulou a Europa Medieval. Eis um filósofo cuja orientação estava em perfeita harmonia com a nova Europa, pragmática e voltada para resultados, da era gótica da Alta Idade Média. Rapidamente, Aristóteles se tornou, na prática, o espírito secular dominante ao longo da era, com seu domínio nas jovens universidades emergentes sendo quase completo, e sua perspectiva, embora inicialmente emancipadora, com o tempo se tornando sua própria restrição à inovação.

Mas isso aconteceu trezentos anos mais à frente. Para o final da Idade Média, a descoberta de Aristóteles (e Euclides, Arquimedes, Tales e um grande número de outros homens notáveis da Antiguidade) foi um ato atordoante, não apenas de recuperação do patrimônio cultural do continente, mas também de uma liberação sem precedente. Não apenas eram os grandes pensamentos e ideias, instruções e exegeses mais impressionantes do que o que já se encontrava nas bibliotecas da Europa, como também, geralmente, contradiziam opiniões consagradas. Tendo aprendido a venerar a sabedoria dos antigos, as mentes mais independentes da Europa logo compreenderam que esses novos textos as libertavam das restrições do *status quo*.

Mas, primeiro, os pensadores do século XII tinham que abraçar os tesouros que jaziam nesses milhares de "novos" volumes. Como podemos imaginar, tendo em vista o pequeno número de acadêmicos na Europa na ocasião, e a montanha de textos a serem examinados, essa tarefa não era nada fácil. Na realidade, ela levou o restante do século e, mesmo então, o trabalho estava incompleto e não raro incorreto.

AS MEMÓRIAS QUE VOCÊ GUARDA

Os acadêmicos do século XII se viram diante de três tarefas imediatas. A primeira era a *seleção*. Por onde deveriam começar? Em uma cultura que estava passando pelo processo de se reconstruir, e que também era dominada pela Igreja Católica Romana, a escolha era inevitável: pela religião e pela ciência.

A segunda era a *tradução*. Agora que sabiam o que estavam procurando, os pesquisadores tinham que converter os textos para uma forma legível, e com a maior precisão possível. Essa triagem de tradução deu prioridade ao latim, já que não havia escassez de padres que falassem o idioma; em segundo lugar, ao árabe, porque essa era a linguagem dos textos reescritos; e, somente depois, ao grego. Esse sistema de prioridades teve um efeito colateral muito importante: levou um desses acadêmicos, Leonardo de Pisa, a importar numerais arábicos — fornecendo finalmente à Europa um sistema de números e de matemática tão poderoso quanto suas palavras e escrita.

Mas essa priorização da tradução também tinha um inconveniente: a não ser pelos cientistas e filósofos falantes do latim, quase tudo o que estava sendo traduzido já era uma tradução de fonte secundária para o árabe, do latim ou do grego — ou pior, de fonte terciária do grego para o latim, para o árabe, e agora novamente para o latim, ou para o vernáculo. Assim como o jogo infantil do "telefone sem fio", toda essa tradução e retradução inevitavelmente permitia que muitos erros e confusão se introduzissem nos textos. E, em sua impetuosa pressa de absorver todas essas novas informações, os acadêmicos do século XII não tinham tempo para fazer uma profunda verificação dos fatos.

A última tarefa conjunta era a *compilação e interpretação*. A Europa se viu, de repente, inundada por textos, um oceano de memórias — filosofia grega e matemática, tratados científicos romanos, textos eclesiásticos recuperados das margens mais agrestes da Europa Ocidental, histórias bizantinas, documentos médicos árabes baseados nos textos básicos dos romanos Galeno e Ptolomeu, histórias regionais de todo o continente, do venerável Bede, nas Ilhas Britânicas, aos arquivistas da corte bizantina, bem como um novo tipo de poema em formato longo — a epopeia nacional —, que estava se originando do crescente sentimento de nacionalismo entre as monarquias da Europa. Entre essas epopeias nacionais estavam *A Canção de Rolando*, as histórias do rei Artur que começam com a *Historia Regum Britanniae*, de Godofredo de Monmouth, as versões escritas definitivas de *Beowulf*, *A Canção dos Nibelungos*, da Alemanha, e (talvez não por coincidência) *O Conto dos Heike*, do Japão.

Todo mundo sabia que a situação de sobrecarga ia piorar. Nobres e igrejas estavam construindo bibliotecas privadas — tornando a função de erudito ou escriba uma profissão bem paga, e, portanto, atraindo mais pessoas talentosas. Uma nova fábrica de papel fora construída na Espanha no início do século, e outras estavam surgindo em toda a Europa meridional. Ao mesmo tempo, o primeiro grande império comercial, a Liga Hanseática, estava se formando na Europa setentrional. Ela acabaria espalhando mercadorias, conhecimento e livros contábeis por todo o continente. E quando, algumas gerações depois, Marco Polo abrisse o caminho para a China, esse comércio se tornaria global. Finalmente, e não menos importante, um conjunto inteiramente novo de hábitos sociais — o "cavalheirismo" — estava arrebatando a nobreza com sua diretriz implícita de não apenas ser mais heroico e virtuoso, mas, pelo menos, levemente letrado.

Uma quantidade tão grande de informações diferentes e desorganizadas se tornou de repente disponível (sem mencionar a crescente demanda), que ficou quase impossível simplesmente mergulhar de cabeça, e começar a investigar, sem ficar completamente perdido. Tornou-se necessário algum plano "metaorganizacional" que pudesse se adequar a todo esse conhecimento, para organizá-lo em função de seus principais temas e depois arquivar cada item dentro desses temas. As duas soluções concebidas por esses eruditos do século XII ainda estão conosco hoje em dia.

A primeira delas, a *universidade*. Centros de aprendizado, na forma de escolas catedrais e monásticas, já existiam desde o século VI, atuando como uma espécie de oásis de aprendizado entre o crescente caos que os cercava, e como repositórios para livros e registros. Portanto, praticamente desde o início, as protouniversidades estavam no âmbito da memória.

Mais quinhentos anos se passariam antes que verdadeiras universidades surgissem, em lugares como Bolonha, Paris, Oxford, Cambridge e Pádua. Isso não foi uma coincidência. A explosão do novo conhecimento e da memória, iniciada no século XII, havia, de repente, conferido às escolas de ensino superior um propósito novo e muito maior. Agora, a tarefa delas não era apenas educar, mas também preservar, traduzir e investigar.

Os alunos dessas universidades não recebiam mais ensinamentos apenas sobre o velho *trivium*, havendo também uma segunda fase, o *quadrivium* — aritmética, astronomia, geometria e música —, grande parte da qual se tornou possível devido aos recém-descobertos textos dos antigos.[4] Os melhores alunos eram até mesmo convidados a prosseguir no estudo da filosofia e da teologia — o que significava que os melhores eruditos eram não apenas habilitados nas artes superiores, mas também versados na ciência prática.

A primeira "aula" universitária efetivamente conhecida ocorreu na Universidade de Bolonha por volta de 1087, e foi ministrada por um professor chamado Imerius. Sua matéria foi, de maneira bastante apropriada, a atualização do direito romano deixado pelo imperador bizantino Justiniano, o *Corpus Juris Civilis*, que acabara de ser descoberto a menos de duzentos quilômetros de distância, em Pisa, onde provavelmente permanecera desapercebido durante séculos, até a cidade ser conquistada por Florença.

Porém, mais do que ensinar esses textos recuperados, o corpo docente e os eruditos, nessas novas universidades de "guilda" (muitas delas financeiramente sustentadas pela realeza, na mais recente corrida armamentista intelectual), também estavam intensamente envolvidos na recuperação do processo em si. Professores se juntavam aos monges em viagens à Espanha, Roma e Constantinopla, em busca de livros perdidos, e cada vez mais tornou-se incumbência deles fazer as traduções e interpretações do que encontrassem.

No curto prazo, isso fez das universidades os novos centros da memória na cultura europeia, cultuando o livro e, mais particularmente, a biblioteca como o novo coração da vida universitária. Isso era verdade tanto metafórica quanto literalmente. Olhe para Oxford, que podemos argumentar ser a primeira verdadeira universidade do mundo: até mesmo hoje, erguendo-se sobre os "pináculos de sonho" da cidade, está a cúpula da Radcliffe Camera, a obra-prima circular paladiana* originalmente projetada não apenas para abrigar a biblioteca de ciência da universidade, mas também para se erguer como um farol para a biblioteca e, em última análise, a universidade que ela representa.

ASSIMILANDO O PASSADO

Nos séculos XII e XIII, a principal tarefa dos eruditos da Europa era se apossar de toda essa memória recuperada e organizá-la — e havia mais do que o suficiente para manter ocupado cada professor, monge e estudante universitário no continente. Mas o que fazer então com todo esse conhecimento assimilado? Era excessivamente caro e dependente de mão de obra reproduzir tudo em latim ou no vernáculo, e simplesmente não havia por lá um número suficiente de leitores consumados para usar esses livros. A melhor solução acabou se revelando a outra instituição duradoura: a *enciclopédia*. O século XII demonstrou ser a segunda grande Era das Enciclopédias, talvez até maior do que a terceira, que teria lugar daí a seis séculos. O mundo estava ávido por todo esse novo conhecimento — e impaciente para colocá-lo em prática. E ele se revelou um mercado quase insaciável para digestos, compilações, livros de aforismos, histórias religiosas, vidas de santos, temas das ciências naturais (estudos de mecânica, zoologia e assim por diante) e enciclopédias.

Mas as enciclopédias já existiam desde a *Naturalis Historia*, de Plínio, nos primeiros dias do Império Romano (parece que ele a estava revisando quando morreu investigando a erupção do Vesúvio). E embora tenha havido outros trabalhos semelhantes de produção literária, de autoria dos romanos nos anos subsequentes, somente o tratado de Plínio sobreviveu até a Idade Média. A *Etymologiae*, de Isidoro, também sobreviveu — e se revelaria ainda mais influente do que a obra de Plínio como modelo para as enciclopédias. Uma das características que tornaram o trabalho de Isidoro tão valioso foi que o grande erudito, em sua pressa de salvar a memória do mundo, alterara muito pouco suas fontes primárias, não raro apenas pegando simplesmente blocos inteiros de texto de outros escritores e inserindo-os na *Etymologiae*, uma dádiva para os eruditos

---

* No estilo do arquiteto italiano Andrea Palladio. (N. T.)

quinhentos anos depois, porque puderam ler fragmentos de obras importantes, até então desaparecidas.

Havia também enciclopédias mais novas disponíveis, entre elas o gigantesco léxico bizantino, o *Suda*; uma enciclopédia da ciência, de autoria do médico e farmacêutico árabe Abu Bakr al-Razi, e uma enciclopédia de medicina de Ibn Sina. Como foi mencionado, os chineses também haviam criado *Os Quatro Livros das Canções*, embora a obra ainda estivesse indisponível. E a dinastia Ming, sob o governo do imperador Yongle, estava prestes a iniciar uma das maiores façanhas de registro da memória: a *Yongle Dadian* [Enciclopédia de Yongle], com 11 mil volumes e 370 milhões de caracteres escritos à mão.[5]

Mas a recuperação de antigas compilações não foi o único trabalho escolástico empreendido nesse século enciclopédico. Parecia que todas as universidades da Europa também estavam ocupadas, preparando novas enciclopédias e compêndios. Muitas dessas novas obras não apenas imitavam a forma das antigas, mas também copiavam grande parte de seu conteúdo. Uma das fontes usadas com mais frequência, especialmente no caso das novas ciências naturais, era Isidoro, e isso era especialmente verdadeiro com relação aos bestiários, que começaram a conquistar a imaginação popular no final do século XII.

O ZOOLÓGICO DE DEUS

O bestiário, ou mais precisamente o *Bestiarum vocabulum*, era um tipo extremamente popular de livro, que desfrutou um breve intervalo de influência mais ou menos de 1180 a 1290. Por serem incrivelmente caros — muitos teriam custado dezenas de milhares de dólares em moeda atual —, poucos foram criados. Hoje, apenas algumas centenas deles sobrevivem como preciosas relíquias de alguns dos maiores museus e bibliotecas do mundo.

Uma simples descrição de um bestiário é que trata-se de um livro que combina imagens de animais do mundo inteiro com descrições de seu comportamento e de seu papel no ecossistema mais amplo.

Mas isso não dá a mínima ideia da experiência de, efetivamente, ler um desses volumes. Os melhores contêm dezenas de refinadas pinturas em miniatura, muitas delas verdadeiras obras-primas. Quanto aos animais propriamente ditos, esse não é um guia prático moderno: mais exatamente, a seleção de criaturas varia do prosaico (rato, gato e cachorro) ao fabuloso — unicórnio, fênix, manticora e, naturalmente, o dragão. Na realidade, o fato de essas criaturas permanecerem vivas na memória comum e estarem tão profundamente incorporadas a nossa cultura, a ponto de provavelmente virem a sobreviver pelo menos por mais um milênio, deve-se, em grande parte, a esses bestiários.

Mas há muito mais. Para o homem moderno, a leitura de um bestiário medieval pode ser uma experiência profundamente desorientadora, até mesmo perturbadora.

Tem-se ali a mente medieval em plena florescência, um vislumbre de como uma sociedade pode ser construída de maneira sofisticada e elegante, sem os rigores da ciência experimental. A epistemologia que está por trás dos bestiários é tão complexa quanto qualquer taxonomia científica moderna, e a metafísica do mundo que ela retrata é tão sutil, irracional e anti-intuitiva quanto qualquer coisa encontrada na teoria das cordas ou na física das partículas.

Assim como a mente moderna frequentemente funde o início da Idade Média (a Idade das Trevas) com a última parte dela, ela também, não raro, parte erroneamente do princípio de que as pessoas da Idade Média eram simples e ignorantes. Mais exatamente, que eram servos estúpidos à mercê de uma nobreza brutal. Mas a sociedade medieval era tão complexa (ou até mesmo especializada) quanto a nossa. E preterir esse mundo como sendo exclusivamente um lugar de agricultores gordos, estúpidos e bêbados, dançando e tropeçando em um quadro de Bruegel; de clérigos desligados do mundo e obcecados por si mesmos; e de nobres arrogantes e cobertos de joias, vestindo meias-calças com codpieces*, significa desconsiderar seus equivalentes atuais nas corridas NASCAR, nos eventos de celebridades de Hollywood, nas audiências dos subcomitês do Congresso e nas reuniões do corpo docente nas universidades. O conhecimento muda, mas a inteligência não. O homem medieval, embora geralmente menos letrado e menos capaz de lidar com contas do que o homem moderno, tinha uma mente e uma imaginação tão poderosas quanto as nossas.

Na realidade, ao longo dos últimos séculos, uma série de importantes escritores, artistas e filósofos — Henry Adams, G. K. Chesterton, os pintores pré-rafaelitas e Henri Bergson, citando apenas alguns — sugeriram que perdemos muito com a ascensão do mundo industrial moderno e que é bem possível que, apesar de todas as dificuldades daquela era, o homem medieval tivesse uma vida

---

* Pedaço de tecido ornamentado, usado nas calças dos homens para cobrir a genitália. (N. T.)

interior mais rica, um relacionamento mais tranquilo com a natureza, e que fosse, muito provavelmente, até mesmo *mais feliz* do que nós somos.

Mas entrar na mente medieval, vivenciar o mundo através daqueles olhos e sonhar os sonhos de um homem ou mulher da Idade Média se torna mais difícil a cada ano. O ritmo da vida vem se acelerando quase que continuamente ao longo dos últimos oito séculos, e agora — graças à teia mundial — World Wide Web — e ao microprocessador — começou a avançar em um ritmo além de qualquer sistema biológico, inclusive do cérebro humano. No nosso mundo, uma única imagem pode atrair 50 milhões de espectadores no decurso de uma hora na Web, nossos telescópios podem olhar 6 bilhões de anos para trás, para o início do universo, e podemos traçar a trajetória de partículas tão pequenas que o tamanho delas com relação ao de um ser humano é proporcional a nosso tamanho com relação ao Sistema Solar.

Também vivemos em um universo no qual Deus, se é que ele existe, recuou para os cantos mais indistintos do princípio de incerteza de Heisenberg e da constante cosmológica. Graças à física quântica, não temos mais certeza da existência de nada, e somos ainda menos capazes de descrever alguma coisa com segurança. Verdades que um dia foram óbvias, como a causalidade, hoje desapareceram. Na realidade, a própria noção da verdade está sendo atacada por todos os lados. A seleção darwiniana e a genética nos dizem que os seres humanos são meramente um acidente químico. Somos um minúsculo erro em um canto distante de um universo que nós provavelmente jamais conseguiremos entender, ele próprio parecendo ser desprovido de significado e propósito.

Para o homem medieval, no entanto, a humanidade erguia-se no centro do cosmos, sob a indulgência de um Deus vigilante. O homem era o senhor — e o guardião — de todas as coisas vivas. Até mesmo o Sol e as estrelas giravam ao redor dele, em órbitas tão perfeitas quanto a mente do próprio Criador. Além disso, toda a natureza era um vasto palácio de enigmas, criado para o homem decifrar a vontade de Deus — um teatro no qual cada criatura existe para dar lições, boas e más, a respeito da graça de Deus, da salvação de Cristo e da Ressurreição.

Esse era o mundo dos bestiários. Devido a sua raridade, beleza e, acima de tudo, estranheza, eles já são, há muito tempo, tema de pesquisas científicas e especulações. No entanto, ainda existem enormes buracos em nosso conhecimento a respeito deles.

Não sabemos, por exemplo, realmente quem os inventou, quem os possuía e até mesmo para que eram usados. Durante muito tempo, fora aceito que eles eram criados por artesãos para famílias muito abastadas (ou grupos de famílias vizinhas), principalmente na Inglaterra, mas também na França. De acordo com essa teoria, os bestiários eram uma combinação de objeto de prestígio, livro de viagens, caixa de curiosidades e livro de instruções teológicas. Eles podiam ser exibidos para impressionar visitantes, entreter adultos e instruir crianças — por meio de histórias e imagens que, ao mesmo tempo, emocionavam e encantavam — sobre a importância de se tornarem bons cristãos.

Mas existe uma segunda teoria, mais nova, que afirma que poucas famílias — até mesmo as mais ricas e nobres — estariam dispostas a pagar o preço de um volume desses, e que os bestiários eram na verdade encomendados pelas abadias e mosteiros mais abastados. Lá, eles teriam sido usados, talvez, para a instrução moral dos noviços aristocráticos e para o entretenimento e aperfeiçoamento moral dos padres e monges.

A verdade provavelmente reside em algum ponto intermediário. Os bestiários eram imensamente dispendiosos, de modo que sua provável audiência, em um mundo cuja classe comercial era pequena, teria se restringido a um número muito pequeno de pessoas extremamente poderosas, fizessem elas parte de nobres famílias ou de grandes instituições — da maneira, digamos, como um jato particular é hoje.

A ESFERA PRIMORDIAL DA NATUREZA

O romancista T. H. White, mais conhecido por sua sequência de romances a respeito do rei Artur, *O Único e Eterno Rei* (que serviu de base para o filme *A Espada Era Lei* e do musical *Camelot*), também foi um importante medievalista. E ele ficou encantado com os bestiários medievais — especialmente os exemplares existentes na universidade onde estudou, Cambridge. Em 1954, ele publicou o único livro sobre o assunto jamais escrito para o leitor comum, *The Book of Beasts*, a respeito do melhor dos bestiários de Cambridge, "MS. li.4.26".[6]

Além de ser um dos bestiários mais requintadamente ilustrados — e, graças a White, mais conhecidos —, o MS. li.4.26 (doravante *Bestiário de Cambridge*) é também um dos poucos cujas origens podem ser localizadas com relativa exatidão. A história dele é um vislumbre de como era o negócio da memória no final do século XII.

Segundo a tradição, o *Bestiário de Cambridge* foi criado na abadia de Revesby em North Midlands — uma região no centro-norte da Inglaterra que hoje não tem um *status* oficial, mas que, geralmente, é considerada como incluindo as partes setentrionais de Derbyshire e Nottinghamshire (este último condado contém suas próprias ressonâncias históricas: Robin Hood supostamente começou a agir a partir da floresta de Sherwood pouco depois de esse bestiário ter sido escrito).

White acreditava que o *Bestiário de Cambridge* fora produzido por volta de 1130 d.C. Ele baseou essa data em várias características do livro, entre elas o fato de alguns animais aparecerem (ou não) em suas páginas, e a aparente transição de suas páginas com capitulares com iluminuras para sem iluminuras — tendo sido a técnica do primeiro caso proibida naquela ocasião, por ordem muito austera da abadia, a cisterciana.

Isso colocaria a elaboração do livro no reinado do último rei normando da Inglaterra, Estevão. No entanto, posteriormente, membros do mundo acadêmico deslocaram essa data para mais tarde, para o final do século XII. Isso faria com que a obra tivesse sido criada durante o reinado de um rei muito mais famoso, Henrique II — um dos maiores monarcas ingleses, o primeiro Plantageneta, marido da lendária Eleanor de Aquitânia, e o homem que ordenou a morte de Thomas Becket. Alguns pesquisadores contemporâneos até mesmo consideram que o *Bestiário de Cambridge* poderia ter sido escrito no reinado do filho de Henrique, o menos admirável, porém ainda mais famoso, Ricardo Coração de Leão.

Esses nomes ilustres podem provocar imagens específicas na mente do leitor: muros de castelos com ameias, elegantes damas de companhia, torneios coloridos e desordenados e, talvez, o ator Errol Flynn com meias-calças verdes. A realidade era muito diferente. White cita o historiador eduardiano George Macaulay Trevelyan:

> *Que lugar deve ter sido aquela mata virgem da velha Inglaterra, sempre invadida por inumeráveis clareiras de camponeses, mas ainda abrigando a fartura de Deus de todos os tipos de belos pássaros e outros animais, e ainda se expandindo exuberantemente em uma vasta riqueza de árvores e flores...*
>
> *Em certos aspectos, as condições da vida pioneira nos condados da Inglaterra saxônica e na parte da Inglaterra regida pela lei dinamarquesa não eram diferentes daquelas da América do Norte e da Austrália no século XIX – o lenhador com seu machado, a choupana de toras na clareira, os bois de tração, os cavalos para caval-*

gar até a fazenda mais próxima, a oito quilômetros de distância através do mato, a arma sempre à mão ao lado do machado e do arado, a palavra rude e o golpe rápido, e a boa camaradagem dos pioneiros.

[...] Cada uma das aldeias sonolentas e tranquilas que parecem jardins da Inglaterra rural (de hoje) foi um dia uma povoação pioneira, um posto avançado do homem, cravado e disputado no meio da esfera primordial da natureza.[7]

Isso pode soar idílico, mas ainda há muito mais. Depois de Guilherme, o Caçador, a invasão normanda, e o massacre e os expurgos que se seguiram, não foi muito mais longo do que um único período de vida humano. A Inglaterra ainda se sentia como um país ocupado, os nativos anglo-saxões fervendo de raiva sob o domínio de uma nobreza falante do francês.

Graças à sucessão contestada — e à subsequente fraca liderança — de Estevão, a Inglaterra descambou em uma guerra civil chamada, de forma reveladora, "A Anarquia".

A Anarquia é o mundo dos romances do irmão Cadfael: nobres trocando a toda hora de lealdade, obrigando seus servos a servir como soldados e a proceder a cercos, matança indiscriminada e tortura. De acordo com Trevelyan, distritos inteiros do país foram "despovoados". A alguns quilômetros da abadia de Revesby, nos pântanos, Godofredo de Mandeville e seu exército estavam vivendo à custa da zona rural, saqueando, estuprando e assassinando todos os que encontravam no caminho.

Em Peterborough, um monge, que White desconfia que talvez tenha conhecido os autores do *Bestiário de Cambridge*, captou os horrores da era nas últimas e trágicas anotações da *Crônica Anglo-Saxônica*, a notável história encomendada pelo rei Alfredo quatro séculos antes:

Eles oprimiam imensamente as pessoas pobres, obrigando-as a trabalhar [construindo] castelos, e, quando os castelos estavam terminados, eles os ocupavam com demônios e homens maus. Depois, pegavam aqueles que eles desconfiavam ter quaisquer pertences, agarrando tanto homens quanto mulheres, de noite e de dia, e, colocando-os na prisão por causa do ouro e da prata, os torturavam com sofrimentos indescritíveis, pois nunca mártires foram atormentados como esses o foram.[8]

Esse era um mundo de violência aleatória, caos social e orações desesperadas por salvação: para o senhor do local, para o rei e, acima de tudo, para Deus.

Assim, ao representar a abadia de Revesby, deveríamos estar imaginando não tanto um lugar tranquilo e em boa ordem – com seus monges pacíficos labutando, dia após dia, seguindo a programação precisa determinada pelos sinos das orações –, mas mais um bastião murado, homens trabalhando arduamente longas horas para produzir produtos que fariam a abadia ganhar dinheiro e salvar suas almas nesse processo. Os monges que criaram o *Bestiário de Cambridge* eram, provavelmente, mais vigilantes do que contemplativos, ao mesmo tempo que trabalhavam regularmente sondando o horizonte à procura de homens com elmos ou a cavalo.

UM CÍRCULO DE ESCRIBAS

A efetiva produção do *Bestiário de Cambridge* e de outros bestiários também é diferente do que a maioria das pessoas poderia imaginar que ela foi. O monge escriba solitário, labutando em uma minúscula cela, é na maioria das vezes um mito. Produzir bestiários era um negócio, para o qual uma abadia poderia tirar proveito de seu capital intelectual – homens letrados, com habilidades artísticas e muito tempo disponível – e transformá-lo em capital operacional. Tendo em vista que a abadia poderia ganhar o equivalente moderno de 50 mil a 200 mil dólares por livro, praticamente sem custos indiretos do trabalho, é compreensível que a produção se parecesse menos com a de um artífice solitário e mais com uma linha de montagem.

White aventa que a maioria dos bestiários era criada com o uso do ditado: "Como os livros só podiam ser reproduzidos à mão, era razoável reproduzir o máximo possível ao mesmo tempo, por meio do ditado. Vários escribas sentados a suas escrivaninhas, ao redor do *Scriptorium*, podiam produzir uma edição limitada enquanto o texto era lido em voz alta para eles".[9]

Entre as evidências que respaldam esse argumento está o fato de que os erros que regularmente aparecem nos bestiários são tipicamente aqueles que mais provavelmente resultam não de uma leitura errada, mas sim de um *erro de audição* – "*eximiis*" em vez de "*et similis*", é o exemplo dado por White. Há também a constatação de que os bestiários remanescentes podem ser primorosamente agrupados em um punhado de "famílias" – ou seja, grupos de três ou quatro, que apresentam narrativas e imagens semelhantes.

A ideia de um único autor também não se enquadra a muitos desses livros. White assinala que o *Bestiário de Cambridge* parece ter sido escrito por *dois* escribas, cuja caligrafia diferia levemente. Podemos quase imaginar turmas de ditado trabalhando em turnos, com os que não estavam escrevendo talvez trabalhando nos campos ou preparando as refeições.

A imagem de uma linha de montagem inicial é adicionalmente respaldada pelo fato de que os escritores dos bestiários não participavam das ilustrações. Esse trabalho era feito pelo "ilustrador" — o artista. Não sabemos, na verdade, o que acontecia primeiro, se as imagens ou as palavras — se os escribas escreviam o texto deixando buracos a ser preenchidos depois com imagens, ou vice-versa. Mas, certamente, deve ter havido regras a respeito da distribuição do espaço nas páginas. O fato de haver frequentes divergências entre a descrição dos animais no texto e a maneira como eles aparecem na ilustração que os acompanha sugere que a comunicação entre as duas partes era provavelmente rara, e a concorrência não era desconhecida. E, fiel à ideia da ilustração em bloco, também é importante ter em mente que, embora muitas das ilustrações sejam esplêndidas, ocasionalmente aproximando-se da genialidade, elas não são obras-primas da ordem mais elevada, como aquelas encontradas na grande coqueluche editorial seguinte, o *Livro das Horas* — sendo o de Jean, duque de Berry, um exemplo notável, uma obra-prima que levou um século para ser criada e custou uma verdadeira fortuna real.

Não, a grandeza dos bestiários reside no fato de não serem a criação de pintores especializados da corte e de acadêmicos isolados, mas sim de artífices habilidosos, mergulhados (quer gostassem, quer não) na vida cotidiana da sociedade que os cercava. Aqueles mesmos monges e ilustradores provavelmente ordenharam as vacas naquela manhã, antes de se acomodarem em seus cavaletes, e podem ter passado parte da tarde nos campos. Além disso, por mais ricos que fossem seus clientes — quer se tratasse de uma abadia ou de uma família nobre abastada —, os autores e artistas dos bestiários sabiam que sua criação se destinava a um público popular e não erudito. Isso os levava, para benefício dos leitores da época e de agora, a conferir uma prioridade, embora um pouco oculta, ao que era divertido, em detrimento do que era edificante, e ao sensacionalista, em prejuízo do educacional.

Não era uma vida fácil, mas, de acordo com os padrões da Inglaterra (e da França) do século XII, era suportável. E embora sua produção permanecesse anônima, os monges devem ter ficado satisfeitos por estar produzindo um trabalho da ordem mais elevada aos olhos tanto do homem quanto de Deus.

Imaginar esse mundo lança White em um devaneio de impressões:

Sentados a suas escrivaninhas elevadas, como artífices profissionais que eles eram; com penas e facas para desbastá-las; com tinta ferro-gálica sobre peles que eram difíceis de preparar; com os fortes traços descendentes de seus "I"s [...] e, dependendo da disposição de ânimo do momento, com a atenção concentrada ou não no leitor que lhes ditava as palavras; sem pausas que indicassem as pausas do ditado; com as palavras passando de uma linha para a seguinte ou
s e n d o   e s t e n d i d a s

dessa maneira, para preencher um espaço; com suas citações das escrituras, as quais, quando muito conhecidas, eram meramente indicadas pelas letras iniciais das palavras; confinados em alojamentos nada confortáveis, já que a ordem cisterciana era uma ordem abnegada; cercados pelos perigos de uma guerra civil e pelas dificuldades da vida fronteiriça; com a língua entre os dentes e os dedos ásperos, pacientes e santos, cuidadosamente, formando a mágica das letras...[10]

O MELHOR BESTIÁRIO

É provável que o mais notável dos bestiários seja o *Bodley 764*. Provavelmente criado em Salisbury, ele parece ser primo do *Bestiário de Cambridge* que encantou T. H. White.

Não é o mais belo dos bestiários — na realidade, não é nem mesmo o mais bonito que existe em Oxford: os membros do corpo docente às vezes se referiam a ele como "o nosso segundo melhor bestiário", considerando que o primeiro era o mais velho e mais vistoso, que se encontrava no vizinho Ashmolean Museum.[11] Mas, do ponto de vista do conteúdo e da qualidade geral das ilustrações, do equilíbrio entre o texto e as imagens e, o que é mais importante, sua imensurável influência na história literária, o *Bodley 764* é único entre os bestiários. Ele é o livro-fonte de grande parte de nossa fantasia moderna.

O *Bodley 764* encerra uma simetria maravilhosa, quase sobrenatural. Antes de tudo, ele é uma suprema criação do aspecto enciclopédico de sua era, e se abrigou, nos últimos seiscentos anos, dentro da suprema manifestação do aspecto universitário dessa mesma era: a Biblioteca Bodleiana [Bodleian Library], em Oxford.

E se, ao contrário do dragão em MS *Harley 3244*, ele não ostenta uma única ilustração para a qual possamos apontar e dizer ser *essa* a fonte de alguma imagem icônica moderna, o *Bodley 764* é ainda mais importante em sua influência sobre a memória humana. Por residir na "Bodley", ele funcionou como portal para o mundo dos bestiários para gerações de estudantes e acadêmicos — com os professores Charles Dodgson (Lewis Carroll), J. R. R. Tolkien e C. S. Lewis estando entre esses últimos.

Se você quisesse relacionar as principais fontes da fantasia moderna, não teria que procurar muito além de *Alice no País das Maravilhas* e *Alice Através do Espelho*, *O Hobbit* e *A Sociedade do Anel*, *As Crônicas de Nárnia* — e, para incluir o mais famoso descendente de Lewis — os livros de Harry Potter. Em outras palavras, a multiplicidade dos dragões, pássaros fênix e outras criaturas modernas, de aparência quase idêntica, no mundo moderno não é nenhuma coincidência. Tampouco o é o fato de que, novamente com uma perfeita simetria, o *Bodley 764* pode ser encontrado na parte mais antiga da Biblioteca Bodleiana: a Biblioteca Duke Humfrey. Sendo a primeira biblioteca "moderna", ela foi doada pelo irmão do rei Henrique V em 1487 e foi usada na filmagem da saga de Harry Potter.

Se o segurarmos em uma das mãos, constataremos que o *Bodley 764* é um livro encadernado com couro, de tamanho normal e sem graça, e seu peso é surpreendentemente leve, tendo em vista que ele é feito de pergaminho fabricado com pele de animal e reconhecido como o mais completo bestiário das Ilhas Britânicas. Apesar de ser extremamente completo, mesmo assim sua primeira página foi perdida, o que negou a gerações de pesquisadores o nome de seu dono original.

Martin Kauffmann, o bibliotecário que zela pelo *Bodley 764*, descreve-o como estando "quase vivo".[12] Devido a suas páginas de pergaminho, o livro se avoluma levemente e suas páginas amolecem nos dias úmidos; depois, ele se torna rígido e cerdoso quando o tempo fica seco.

Folheá-lo significa reconhecer que o *Bodley 764* é, de fato, a memória que adquiriu vida. As páginas de pergaminho são surpreendentemente flexíveis para a idade que têm, e podemos sentir que uma das faces da folha é crespa e a outra é macia e levemente penugenta. Em um mundo de fotolitografia, às vezes é fácil esquecer que cada uma das requintadas miniaturas contidas no livro é, de fato, uma pintura original, o trabalho da mão de um artista da época das Cruzadas. Somente as cores luminescentes, feitas a partir de pedras preciosas de solo, e os destaques com ouro em folha, mais luminosos do que qualquer reprodução, lembram ao observador que essas páginas foram escritas quase duzentos anos antes de Gutenberg.

As ilustrações por si mesmas, bem como as narrativas que as descrevem, são uma mistura divertida, excêntrica e, às vezes, confusa de observações protocientíficas precisas, pura fantasia postulada como realidade e uma necessidade dominante (e não raro insana para os olhos modernos) de apresentar tudo na natureza como uma lição concebida por Deus para aperfeiçoar a humanidade. E embora possa ser interessante encontrar sereias descritas no livro tão naturalmente quanto gansos, ou ver presas de javali projetando-se da tromba de um elefante, o mais surpreendente é encontrar o comportamento de animais europeus comuns descrito com tanta imprecisão. Assim, o pelicano extrai sangue de seu próprio peito para devolver a vida a seus filhotes mortos; os ursos lambem pedaços de carne nos ursinhos; os porcos-espinhos recolhem com os espinhos frutas que caem nas árvores; e a salamandra rasteja através do fogo sem se queimar. O leitor moderno não pode deixar de perguntar: como eles interpretavam tão mal esses eventos do dia a dia? Eles não os *viam*?

O fato é que viam o que queriam ver — do mesmo jeito que nós. E o mundo que eles queriam ver era um mundo coberto pela glória de um deus amoroso, porém severo. As descrições em que eles escolhiam acreditar, em face das evidências da vida real, eram as dos antigos: grande parte delas derivava da *Etymologiae* de Isidoro. Oitocentos anos antes, Isidoro tinha empreendido uma desesperada tentativa de salvar a memória do mundo, e agora seu sonho — com erros e tudo o mais — havia se realizado.

Os homens e mulheres medievais acreditavam na verdade absoluta, no mundo de Deus e na redenção. Essas crenças conferiam significado a sua vida, proporcionavam socorro em face das provações do mundo, e ofereciam especialmente a esperança de um mundo melhor no além. Nesse mundo, até mesmo a pessoa mais humilde tinha importância: afinal de contas, Deus não tinha povoado a terra, o mar e o céu com criaturas, para levar a Palavra para *todos* os homens, assim como Cristo morrera pela salvação de toda a humanidade? Tudo o que a pessoa tinha que fazer era decifrar as mensagens distribuídas pelo mundo em derredor, como era explicado por um livro como o bestiário, e poderia encontrar a resposta, poderia tomar conhecimento do plano de Deus para ela. Para o leitor medieval, os bestiários eram um caminho para a memória divina da humanidade. Para o homem moderno, os bestiários são um vislumbre excepcional da memória do homem medieval.

Se um único livro parece uma embarcação frágil para navegar para outro mundo, tenha em mente que o *Bodley 764*, assim como seus congêneres, já conseguira sobreviver por quase um milênio. Impérios inteiros surgiram e caíram nesse período, prédios construídos para durar para sempre se desintegraram e se transformaram em ruínas; até mesmo algumas das estrelas que os escribas contemplavam no céu enquanto se reuniam para as vésperas desfaleceram nesse intervalo de tempo. No entanto, o *Bodley 764* ainda parece novo e luminoso com suas cores — provavelmente mais brilhante do que o livro que você comprou na semana passada no shopping. Ele talvez sobreviva tanto quanto nossos sonhos com dragões.

PENSADORES DOS PENSADORES

Os bestiários não eram o único novo fenômeno criado no nexo das enciclopédias, das universidades e da fé. O início do século XIII também testemunhou a ascensão de uma nova forma de aprendizado: a *escolástica*.

A escolástica era um sistema dialético; também descendia dos antigos — nesse caso, da Academia Ateniense. Assim como a escola de Platão, ela vicejava na presença da argumentação, do pensamento racional e da precisão; e, como Aristóteles, ela buscava sistemas lógicos e independentes capazes de conter todo o conhecimento. Essa nova filosofia se propagou de tal maneira pelas universidades europeias que seus ecos ainda são ouvidos hoje nos anfiteatros das faculdades e no "método socrático" de ensino.

A escolástica estivera presente, de forma incipiente, desde o século XI, quando eruditos como Pedro Abelardo e o arcebispo Anselmo de Cantuária foram inspirados pelas primeiras traduções da filosofia grega oriundas da Irlanda (onde os monges foram os últimos a preservar a linguagem nas Ilhas Britânicas).

Mas a escolástica atingiu sua plena florescência no século XIII, quando uma enxurrada de obras gregas traduzidas — mais acentuadamente *Os Elementos*, de Euclides, com sua lógica rígida — chegou às universidades da Europa. Lá essas obras eram lidas pelos escolásticos, entre eles alguns dos mais poderosos pensadores da história: Duns Scotus, Guilherme de Ockham (de onde vem a "navalha de Occam"), são Boaventura e o maior de todos, o dominicano italiano padre Tomás de Aquino. E não foi somente entre os escolásticos cristãos que essas traduções se evidenciaram uma revelação: na Espanha, elas eram lidas por um jovem rabino e médico chamado Moisés ben Maimón: Maimônides.

Para cada um desses eruditos, os filósofos gregos ofereceram uma forma de ver e organizar o mundo de uma nova maneira: lógica, racional e precisa. Livre de todos os fantasmas, demônios e criaturas de pernas longas do mundo medieval. Independente e intelectualmente inexpugnável. E tudo para a glória de Deus. A escolástica era, no final, não um ato de revolução radical, mas de purificação reacionária. Os escolásticos se propuseram provar não apenas que Deus existe, mas que o universo Dele era ao mesmo tempo racional e compreensível para a mente do homem.

Foi um dos mais difíceis desafios intelectuais jamais empreendidos — e os resultados permanecem ao mesmo tempo desconcertantes em sua ambição, e atordoantes em sua realização. O *Mishneh Torah*, de 14 volumes, de Maimônides, sua codificação da lei judaica, ainda possui autoridade canônica na religião judaica. É por esse motivo que ele é chamado de o "haNesher haGadol" (a Grande Águia) do judaísmo.

A influência de Aquino talvez tenha sido ainda maior. Sua *Suma Teológica* foi reconhecida até mesmo por seus contemporâneos como o zênite da escolástica, e permanece o mais notável edifício intelectual da Igreja Católica Romana — na realidade, as doutrinas de são Tomás de Aquino são as da própria Igreja. Em seu incrível trabalho, Aquino pareceu reunir toda a memória humana até aquela data, inseri-la impecavelmente em uma grande matriz lógica e atá-la à vontade de Deus. E por ser o brilhante artífice intelectual que era, Aquino concatenou tudo de uma maneira tão inconsútil que era difícil encontrar até mesmo uma minúscula abertura para atacá-lo. Podemos até mesmo asseverar que toda a filosofia ocidental (e certamente a teologia), desde a publicação da *Suma Teológica*, tem sido um longo argumento contra essa obra.

O FIM DA CERTEZA

Pode ser uma triste experiência especular o que poderia ter acontecido se esse mundo de universidades e enciclopédias tivesse continuado a florescer, e se o mundo medieval tivesse evoluído para o nosso ao longo de um caminho mais linear. Teríamos tido, mesmo assim, uma revolução científica, mas também, de alguma maneira, retido a riqueza e a majestade da Idade Média? Teríamos encontrado uma maneira melhor de integrar a fé e a razão? Ainda teríamos todas as tecnologias que melhoram nossa vida cotidiana, ao mesmo tempo que apreciaríamos a honra, o romance e a cortesia? Ainda olharíamos para a natureza repletos do assombro e do propósito — e do consolo de um céu que está à espera — que foram perdidos?

Nunca saberemos, porque tudo acabou em questão de décadas. O século XIV se revelaria um dos mais horríveis e destrutivos períodos que a humanidade jamais conheceu: o Império Bizantino desmoronou, bem como a dinastia mongol Yuan na China. A Igreja Católica se dividiu em três partes, cada uma com o seu próprio papa. A Inglaterra e a França travaram a devastadora Guerra dos Cem Anos e, graças ao início da Pequena Era do Gelo, a fome matou milhões de pessoas.

E tudo isso foi apenas um espetáculo secundário. O pior aconteceu em 1347: a peste negra, que matou um terço da população da Europa.

A Europa que emergiu depois dessa série de catástrofes era muito diferente daquela que tinha entrado nelas. Ao contrário da queda de Roma, dessa vez a memória da humanidade não fora perdida; ela perdurara não apenas na mente dos sobreviventes, mas também nos livros resistentes que agora enchiam as bibliotecas reais, eclesiásticas e privadas em toda a Europa e a Ásia. Dessa vez, a humanidade voltaria — e rápido.

Mas, quando ela voltou, as coisas tinham mudado. Deus se revelara mais inescrutável, e talvez menos receptivo ao pensamento racional do que os escolásticos haviam imaginado. Dessa vez, quando a Europa retornou, sua filosofia estaria baseada no próprio homem. A nova meta não seria permear o universo com a fé, e sim com a ciência.

6
Teatros de memória
A memória como referência

No dia 17 de fevereiro de 2000, centenas de pessoas se reuniram no Campo de' Fiori ("o campo de flores") — uma grande praça, ou *piazza*, em Roma, debaixo da estátua de um homem trajando vestes de monge, o capuz lançando seu rosto em uma eterna sombra.

A multidão, um conjunto heterogêneo de anarquistas, ateus, livres-pensadores e panteístas, logo montou cabines e palanques, conectados a alto-falantes e cobertos de panfletos, e começou a criticar a Igreja Católica Romana para todos os que passavam por ali.[1]

A multidão, com convicções diferentes, mas unida em seu ódio comum, havia se reunido nesse dia particular para celebrar um evento que tinha ocorrido quatrocentos anos antes: a queima pública de um herege na fogueira. E o homem em questão, em ambas as ocasiões, era a figura sinistra no pedestal próximo: o frade dominicano, teólogo, filósofo e cientista Giordano Bruno.

Os transeuntes poderiam ser perdoados por não reconhecer o objeto de veneração. Quando enfrentou seu auto de fé, Bruno já era quase uma figura esquecida, tendo passado os sete anos anteriores preso no centro da cidade, na torre de Nona, enquanto era submetido a um aparentemente interminável julgamento, conduzido pelo inquisidor de Galileu, o cardeal Belarmino. No final, ele foi considerado culpado de uma série de crimes contra a Igreja, entre os quais o de abrigar opiniões errôneas a respeito de Cristo, da encarnação, da trindade, da transubstanciação e da missa; por não acreditar na virgindade de

Maria; e, mais singularmente, a crença "em uma pluralidade de mundos e na eternidade deles".[2]

Os mesmos transeuntes também poderiam ser perdoados se se perguntassem que estardalhaço era aquele no ano 2000. Não apenas os crimes de Bruno não estavam muito distantes das convicções de muitos teólogos católicos modernos (sendo quase um pré-requisito para se tornar, digamos, arcebispo de Canterbury), como também apenas alguns dias antes da manifestação de protesto o próprio Vaticano havia publicamente se desculpado pelo fato de Bruno ter sido queimado na fogueira.

UMA MULHER INDÔMITA

No decorrer da maior parte desses quatrocentos anos transcorridos desde que as cinzas de Bruno foram despejadas no rio Tibre, ele foi quase esquecido — uma dessas figuras secundárias da Renascença que pagaram o preço supremo por estar à frente de seu tempo (mas não à frente demais, já que Giordano Bruno foi um dos últimos hereges a ser queimado pela Igreja). E ele poderia ter permanecido obscuro não fosse uma leitora da história da Renascença na Universidade de Londres, filha de um engenheiro de estaleiro de classe média de Southsea, em Portsmouth, ter decidido examinar mais a fundo os recém-descobertos trabalhos de Bruno a respeito da memória.

Isso aconteceu em 1951. Onze anos antes, o nome de Bruno havia ressurgido por curto tempo quando o Vaticano anunciou, em um texto acadêmico, que descobrira as transcrições do julgamento de Bruno havia muito desaparecidas. Três anos depois, o autor do artigo, cardeal Giovanni Mercati, anunciou publicamente que, com base naquelas transcrições, ele acreditava que Bruno era, de fato, culpado dos crimes dos quais era acusado. Mas havia uma guerra e, além disso, a Itália era o inimigo, de modo que o interesse pela história foi fraco e logo esquecido.

Exceto por Frances Yates. Em retrospecto, parece natural que essa acadêmica britânica prática (ela afirmava nunca enxergar muito valor prático nas artes místicas praticadas pelas pessoas que ela estudava) possa ter encontrado um denominador comum, através dos séculos, com esse monge radical da Renascença italiana. Ambos eram pessoas de espírito independente, assumindo posições intelectuais em desacordo com a opinião habitual. Ambos também eram internacionalistas. Bruno passou anos vagando pela Europa, aceitando abrigo e refúgio de qualquer príncipe ou universidade que o aceitasse. Yates, que vira o irmão morrer na Primeira Guerra Mundial e sobrevivera aos ataques aéreos alemães contra Londres na Segunda Guerra Mundial, se tornara amarga a respeito dos custos do nacionalismo e da divisão — e começou a dedicar a vida e a carreira a estudos interdisciplinares e à política transnacional.

Acima de tudo, eles eram destemidos. A vida de Bruno foi uma longa batalha contra a ordem estabelecida e suas crenças incontestadas, sendo sua morte horrível a inevitável consequência. Ele poderia ter sobrevivido fazendo logo uma retratação cuidadosamente enunciada. No entanto, em vez disso, ele obrigou a Inquisição a exigir uma completa retratação, e se recusou a fazê-la. Quando, finalmente, sua sentença foi pronunciada, consta que Bruno fez um gesto ameaçador para seus juízes e depois vomitou para eles as seguintes palavras: "Talvez vocês estejam pronunciando esta sentença contra mim com mais medo do que eu sinto ao recebê-la".[3]

A situação não seria de vida ou morte para Frances Yates quando ela começou a investigar, cada vez mais a fundo, a natureza progressivamente estranha dos textos de Bruno. Mas o que ela encontrou lá — e suas implicações para a história oficial da Renascença — era tão perturbador que, se o publicasse, correria o risco de adquirir a reputação de ser excêntrica, o que, para uma mulher acadêmica no início da década de 1950, poderia significar o fim da carreira.

Mas Yates não hesitou. E, em 1964, publicou *Giordano Bruno e a Tradição Hermética*. Ela o complementou dois anos depois, com a obra pela qual é mais conhecida, *A Arte da Memória*.

O primeiro livro atordoou o mundo dos historiadores medievais. O segundo enviou ondas de choque através do mundo acadêmico que chegaram até mesmo a atingir o público de leitura convencional. E o que chocou os leitores foi exatamente o que havia, para início de conversa, abalado Yates: a ideia de uma segunda história, oculta, do pensamento humano, que era secreta, antirracional, edificada sobre o pensamento mágico e uma busca da onisciência divina, e tudo construído ao redor da arte da memória extremamente poderosa que havia aflorado brevemente com Cícero e os oradores do período final da República Romana.

Era uma ideia tão fantástica, que a própria Yates inicialmente se opusera a ela. Mas, quanto mais profundamente ela pesquisava, mais a conclusão se tornava inelutável, especialmente porque explicava uma grande quantidade de mistérios da história intelectual medieval. Yates escreveu o seguinte:

> Eu não conseguia entender o que tinha acontecido com a arte da memória na Idade Média. Por que Alberto Magno e Tomás de Aquino encaravam como um dever moral e religioso o uso na memória dos lugares e imagens de "Tullius" [Cícero]? [...] Por que, quando a invenção da impressão pareceu ter tornado as memórias artificiais do Grande Gótico da Idade Média não mais necessárias, houve essa recrudescência do interesse pela arte da memória nas estranhas formas nas quais a encontramos nos sistemas da Renascença de [Giulio] Camillo, Bruno e [Robert] Fludd?[4]

Para Yates, a principal questão era: como uma ferramenta prática, destinada a ajudar os oradores a aprimorar suas habilidades retóricas, se transformou — fora do alcance do mundo — em um sistema metafísico e ético que levou seus praticantes a serem queimados como hereges?

A busca por respostas conduziu Yates aos becos históricos mais improváveis. E, inacreditavelmente, o mais estranho de todos acabou se revelando o mais importante: o *hermetismo*.

O CONHECIMENTO SECRETO

O hermetismo era uma religião oculta que surgiu aproximadamente no século II d.C. — mas que alegava recuar aos dias do antigo Egito —, como uma espécie de tentativa desesperada de salvar a religião pagã tradicional em face da crescente influência do cristianismo. Muitas coisas como essa estavam acontecendo na ocasião; não é coincidência que esse período também tenha visto a ascensão do igualmente herético (e persistente) gnosticismo.

Em sua representação original, o hermetismo aceitou alguns dos princípios mais importantes da tradição judaico-cristã, com destaque para a bondade e a perfeição de um único Deus e a necessidade da purificação dos pecados, mas, depois disso, tudo ficou realmente muito estranho. Em particular, como o nome sugere, o hermetismo usava rituais pagãos (particularmente a adoração de imagens) para venerar uma figura denominada Hermes Trimegisto — "três vezes grande Hermes" — que parece ter sido um híbrido (um "sincrético") do deus mensageiro grego Hermes e do deus da inteligência egípcio Thot (aquele com a cabeça de um íbis ou babuíno). De acordo com os princípios do hermetismo, Hermes Trimegisto era o caminho para o grande *corpus* de conhecimento "secreto" que tudo incluía, desde a alquimia até os segredos do universo.

Previsivelmente, uma das outras características do hermetismo era sua desconfiança da racionalidade — não é uma má posição para sustentar quando estamos convencidos de que podemos conhecer a mente de Deus. O que é surpreendente para a maioria dos leitores modernos é que quase todos nós encontramos, regularmente, o principal símbolo do hermetismo na vida cotidiana. Trata-se do caduceu, as duas serpentes enroscadas em uma vara alada, que é o símbolo mais comum para as organizações comerciais de cuidados com a saúde no mundo ocidental (sendo, ele próprio, o resultado de uma confusão com outro símbolo, de uma serpente enrolada em uma vara, o bastão de Esculápio; é uma história complicada). Esse mesmo caduceu, com ou sem serpentes, é tradicionalmente visto em esculturas na mão de Hermes.

O hermetismo é um desses sistemas de crenças pseudocientíficos clássicos — dos quais o mais famoso é a astrologia —, que surgiu antes da ciência empírica moderna, e que demonstrou uma incrível capacidade de sobreviver em face dela, não raro ficando adormecido e reaparecendo séculos depois. No caso do hermetismo, durante seu primeiro século, ele conseguiu aparecer em várias versões: síria, cóptica, árabe, armênia e grega bizantina. Até mesmo Agostinho levou tempo para atacá-lo. E mais tarde, depois de desaparecer da Europa no final da Idade Média, reapareceu durante a Renascença. Frances Yates conseguiu atribuir esse ressurgimento com bastante precisão a 1460, e a um representante de um soberano toscano, o lendário patriarca da dinastia Médici, Cosimo.

Cosimo de Médici, como muitos dos soberanos da época, estava procurando antigos manuscritos, e enviara seu representante, conhecido apenas como "Leonardo", para dar uma busca nos velhos mosteiros da Europa para encontrá-los. Um dos troféus que Leonardo levou de volta foi o *Corpus Hermeticum*, o texto básico do hermetismo — um lembrete de que eruditos medievais e da Renascença, ao preservar o passado, salvaram tanto o bom quanto o mau, e erroneamente veneraram ambos.

A partir daí, ele foi traduzido por um membro da corte de Médici, chamado Marsílio Ficino, que o publicou em 1471 como 13 breves tratados. E, depois, ele caiu nas mãos de Giordano Bruno.

As grandes figuras da Renascença parecem sempre posicionadas na confluência de múltiplos fluxos de memórias que brotam de um passado recém-descoberto e como recipientes das últimas descobertas provenientes do emergente mundo da ciência. Pense em Johannes Kepler e Galileu, que herdaram as obras redescobertas de Ptolomeu e também o *Tratado do Céu*, de Aristóteles, bem como as teorias de Copérnico e a pesquisa de Tycho Brahe. Ou em William Harvey, trabalhando a partir de Galeno (e depois questionando-o), ao mesmo tempo que se inspirava no trabalho de anatomistas dos quatro séculos anteriores — de Ibn al-Nafis, no século XIII, a Michael Servetus, algumas décadas antes —, para descobrir a circulação do sangue.

Giordano Bruno não foi uma exceção. Como um determinado tipo de homem ou mulher brilhante ao longo da história, Bruno era atraído pela ideia do conhecimento secreto e do incrível poder supostamente controlado por seus praticantes. E, segundo se acreditava, o hermetismo era a mais profunda e antiga forma de magia, extraída dos mais sombrios corredores da memória, que recuavam às pirâmides e à Esfinge. Mas Bruno também era um clérigo, um monge, responsável por defender a religião católica, a Igreja e seus dogmas. E é desnecessário dizer que a Santa Sé — e seu braço fiscalizador, a Inquisição — não olhava com bons olhos práticas como a alquimia e a magia, e estava disposta a utilizar as ferramentas da tortura e da morte para erradicá-las da população.

Bruno não era nenhum idiota e sabia muito bem que até mesmo ler o *Corpus Hermeticum* era heresia, bem como uma possível sentença de morte. Mas, sendo um pensador independente, ele não conseguia deixar de se sentir atraído cada vez mais profundamente pelo hermetismo e outras áreas de conhecimento proibidas, como a heresia ariana antitrinitária e o protestantismo humanístico de Erasmus. E por mais que Bruno tentasse ocultar esses interesses, nos estreitos limites do mosteiro eles de vez em quando escapavam, e eram notados. Em diferentes ocasiões, ele foi apanhado jogando fora imagens de santos e sugerindo leituras questionáveis aos noviços. O pior de tudo foi a descoberta de seu exemplar, com anotações, de um livro de Erasmus — escondido em uma latrina.[5]

Tendo pela frente um interrogatório da Igreja, Bruno fugiu de Nápoles, e passou os sete anos seguintes viajando — primeiro pela Itália, onde acabou fazendo uma pausa em Veneza e publicou um livro, depois pela França e, finalmente, foi para a cidade-santuário da Genebra calvinista. Lá abandonou as vestes de monge e passou a usar roupas comuns, para não ser reconhecido.

Nessas viagens, Bruno não ousou carregar nenhum livro ou textos que pudessem revelar sua identidade às autoridades locais. Em vez disso, carregava na cabeça uma arma secreta: a arte da memória. Esta foi a segunda corrente antiga que alcançou Bruno ainda jovem e que mudou sua vida para sempre. Até mesmo quando jovem, Bruno fora conhecido por sua poderosa memória. No entanto, foram a *Ad Herennium*, de Quintiliano, e a *De Oratore*, de Cícero, que inflamaram a ambição de Bruno de se tornar um mestre da arte da memória tão notável quanto os oradores romanos.

Mas, enquanto os antigos haviam encarado a memória "sintética" quase que exclusivamente como uma ferramenta de sua profissão, Bruno (como era o seu jeito) enxergou outra coisa, uma coisa mística. Afinal de contas, não era a arte da memória um meio de os meros mortais terem acesso a quantidades sobre-humanas de conhecimento? E, ao terem esse acesso, não poderiam eles estabelecer paralelos, ligações e distinções bem além daqueles estabelecidos na vida cotidiana? E isso não era como a mente de Deus?

Ainda mais do que isso, não passou desapercebido a Giordano Bruno que muitas das disciplinas do hermetismo — particularmente a astrologia — eram uma espécie de "teatros" de memória nos quais significados complexos eram associados, de maneira mnemônica, a um sistema fixo de símbolos. Foi a própria Frances Yates que notou que, em uma famosa descrição da *Ad Herennium*, não eram apenas quaisquer testículos que pendiam da mão fria de uma estátua, e sim os testículos de um *carneiro* — em outras palavras, Áries, o primeiro signo do Zodíaco —, sugerindo uma conexão muito mais antiga do que anteriormente se imaginava entre as artes da memória e a astrologia.[6]

Essa ligação entre a astrologia e a arte da memória parece natural, e sem dúvida Bruno a encarava da mesma maneira. Agora, ele poderia embutir o conhecimento secreto do universo na conhecida roda do zodíaco e armazená-lo inteiramente em seu poderoso cérebro, onde ninguém poderia encontrá-lo. Pelo menos era o que ele achava. Tão poderosa era essa nova arte, que Bruno atribuiu a ela poderes místicos próprios. E como o hermetismo era um sistema de crença sincrético — ou seja, um sistema que facilmente absorvia novas crenças —, ele logo adicionou a arte da memória à sua própria tradição.

Não demorou muito para que a ideia dos teatros de memória mobilizasse a imaginação de pensadores e místicos progressistas em toda a Europa. Alguns dos mais ambiciosos até mesmo decidiram converter essa técnica mental em autênticas estruturas físicas. Em outras palavras, efetivos teatros de memória pessoais e privativos, repletos de todos os tipos de estruturas e objetos incomuns, onde podiam ser pendurados elementos da memória sintética. Havia provavelmente duas razões para fazer isso: primeiro, se o projeto já era inesquecível e estava fixado com "sangue", isso tornaria o processo de memorização mais fácil, indo até a metade do caminho; e como o processo de memorização era proibido, e potencialmente fatal, o conhecimento não era uma coisa que você desejaria exibir em público.

A MEMÓRIA COMO MAGIA

Provavelmente o mais famoso (mesmo que apenas porque Frances Yates dedicou muitas páginas a ele) desses teatros de memória física da Renascença foi construído pelo anteriormente mencionado Giulio Camillo em Pádua, por volta de 1530. Isso o tornou, instantaneamente, uma das figuras mais celebradas do continente. Em uma carta para Erasmus, um certo Viglius Zuichemas, depois de mencionar que todo mundo estava falando a respeito de Camillo e de sua sala apinhada de imagens, disse o seguinte:

> *Dizem que esse homem construiu um certo anfiteatro, uma obra de maravilhosa habilidade, no qual quem quer que seja admitido como espectador será capaz de discursar sobre qualquer tema não menos fluentemente do que Cícero. Achei inicialmente que se tratava apenas de um mito, até que Baptista Egnatio me colocou mais plenamente a par da coisa. Dizem que esse arquiteto colocou, em certos lugares, tudo a respeito de qualquer coisa que é encontrada em Cícero [...] certas ordens ou classes de figuras são dispostas [...] com um estupendo trabalho e habilidade divinos.*[7]

Zuichemas escreve novamente para Erasmus depois de Camillo lhe ter proporcionado uma turnê pelo teatro da memória — e ele mal consegue conter seu entusiasmo com a experiência. É a partir dessa carta que a história obtém sua primeira descrição da estrutura.

O teatro se revela uma pequena estrutura — talvez do tamanho de um pequeno quarto de um apartamento moderno, grande o bastante para conter dois visitantes de cada vez. Organizacionalmente, ele está disposto em uma série de anéis, segmentados em pedaços em forma de fatias de torta. Cada uma dessas fatias corresponde aos planetas conhecidos, e cada anel corresponde a uma imagem simbólica comum da mitologia, como as sandálias de Mercúrio ou as irmãs Gorgones. Em seguida, dentro de cada um dos 49 locais definidos por anel e fatia, podem ser encontradas as imagens memoráveis propriamente ditas. Por exemplo:

> *O trabalho é de madeira, marcado com muitas imagens, e cheio de pequenas caixas; há várias ordens e classes nele. Ele determina um lugar para cada figura e ornamen-*

to individual, e me mostrou um bloco tão grande de papéis que, embora eu sempre tenha ouvido dizer que Cícero era a fonte da mais rica eloquência, dificilmente eu poderia ter pensado que um único autor poderia conter tanta coisa ou que tantos volumes poderiam ser compostos a partir de seus textos [...] Ele gagueja muito e fala latim com dificuldade, desculpando-se com o pretexto de que, por usar continuamente a pena, quase perdeu o uso da palavra...

Ele chama seu teatro de muitos nomes, dizendo ora que ele é mente e alma construídas, e ora que ele tem janelas. Finge que todas as coisas que a mente humana pode conceber e que não podemos ver com o olho corpóreo, depois de serem reunidas por meio de uma diligente meditação, podem ser expressas por meio de certos sinais corpóreos de uma maneira que o contemplador pode, imediatamente, perceber com os olhos tudo o que está normalmente oculto nas profundezas da mente humana. E é por causa dessa observação corpórea que ele o chama de teatro.[8]

O leitor moderno pode imaginar Erasmus — a própria personificação da razão e o grande instigador da insensatez humana — rindo de todo esse absurdo jargão ininteligível. Mas talvez ele não tenha rido. Estamos, na época de Giordano Bruno, ainda décadas antes de Francis Bacon publicar *The Advancement of Learning*, glorificar o método científico e iniciar a revolução que iria definir os 450 anos seguintes. Além disso, a pesquisa empírica levou um tempo muito longo para esclarecer todos os recônditos ocultos da superstição e do misticismo. Ainda no século XVIII, Isaac Newton, talvez a maior de todas as mentes científicas, ainda se entretinha secretamente com a alquimia. Por conseguinte, é compreensível que aqui, no meio da "iluminada" Renascença, até mesmo os melhores pensadores da época talvez ainda tenham casualmente agregado a magia e as artes negras ao restante das ciências naturais.

E antes de nos congratularmos por ter, finalmente, escapado de todo esse contrassenso incoerente, precisamos apenas examinar a influência do descendente intelectual de Bruno, Aleister Crowley; a religião oculta da teosofia; e os textos psicológicos de Carl Jung sobre a arte e a cultura do século XX. O *Aleph*, do autor argentino Jorge Luis Borges, postula que oculto em um porão jaz o supremo teatro da memória: um único ponto que contém todos os outros pontos, de modo que, ao perscrutar o interior, podemos ver o universo a partir de todos os ângulos possíveis.

Nesse ínterim, quase todos nós passamos grande parte da vida em "teatros de memória" modernos, cuja história foi obscurecida pelos séculos. Por exemplo, como assinalou Yates, o famoso teatro do século XVII, o Globe de Londres, lar de muitas estreias de Shakespeare, parece ter sido projetado no estilo do plano de Camillo. Não poderia ser mais perfeito: as mais notáveis peças teatrais de memória do mundo encenadas no mais famoso teatro de memória do mundo! E isso é apenas metade da história. Você se lembra de todos aqueles pequenos "ornamentos e figuras" bizarros, em caixas nas alcovas do teatro da memória? Eles parecem ter sido o modelo das "caixas de curiosidades" nos séculos que se seguiriam e que seria o precursor do museu moderno.

CATEDRAIS DE MEMÓRIA

O teatro de memória de Camillo simplesmente eletrizou a Itália. E de lá o entusiasmo se espalhou para a França, de onde o rei Francisco I convidou Camillo para visitá-lo em Paris — levando com ele seu teatro. Ele aceitou o convite, e aumentou sua celebridade anunciando que o rei era o único ser humano com quem ele iria partilhar a operação do teatro da memória. Ninguém sabe se Francisco I conseguiu entender uma única palavra do que Camillo lhe disse (o fato de ele gaguejar sugere uma razão mais orgânica do motivo pelo qual Camillo tinha uma memória tão prodigiosa); mas o rei certamente não ia admitir que não tinha entendido.

Por que então esse entusiasmo universal por um empreendimento tão enigmático? A resposta é, provavelmente, o fato de o teatro da memória de Camillo se harmonizar com a Renascença de uma maneira fundamental que, em grande medida, passa despercebida aos observadores modernos. O fato de que, mais do que podemos imaginar, as pessoas daquele mundo tinham vivido quase diariamente, durante séculos, com seu próprio tipo de teatro de memória: as catedrais e as igrejas.

Nós nos maravilhamos hoje com o poder *estético* dos quadros, afrescos e janelas com vitrais das grande catedrais góticas medievais, como a de Notre Dame e de Chartres, e das obras-primas da Renascença, como a capela Sistina, mas, para os homens e mulheres da época, o poder delas parece ter residido igualmente em seu poder *educativo*. Em uma época em grande medida iletrada, o ato de decorar e recordar as principais histórias da Bíblia, versos importantes e cenas da liturgia (como a *via crucis*) teria sido uma tarefa difícil por meio apenas de palavras faladas. Mas o fato de a pessoa se sentar nas enormes catedrais durante a missa e olhar para todas aquelas histórias e cenas que pairavam sobre sua cabeça, iluminadas pelo sol e pintadas em cores extremamente vívidas teria tornado o aprendizado e a memorização muito mais fáceis.

E essa tradição mnemônica não era apenas preservada nas grandes catedrais. Na aldeia rural inglesa de South Leigh, situada a poucos quilômetros de onde o *Bodley 764* está guardado, ergue-se a pequena igreja de St. James the Great. Ela é quase tão antiga quanto a conquista normanda. Em 1869, quando a igreja se tornou uma paróquia isolada, seu primeiro vigário decidiu inaugurar a nova era com uma restauração geral. Quando removeu a cal das paredes, ficou perplexo ao descobrir a coleção de murais — vários deles exclusivos (entre eles um Juízo Final) — datados dos séculos XIV e XV.

Uma dessas pinturas, de particular interesse para este livro, se encontra perto da entrada do lado sul: *A Virgem e São Miguel*. Datando do século XV — e encobrindo uma pintura semelhante, menor, de um século antes —, ela mostra o arcanjo, vestindo uma armadura medieval e com as asas abertas, segurando uma enorme espada em uma das mãos e uma balança na outra. Ajoelhada em um dos pratos da balança está uma alma minúscula, recém-falecida, um homem de aparência assustada, que está nu e orando por redenção. No outro, está sentado um demônio. Este último está ansiosamente pedindo a seus congêneres no chão, embaixo, que saltem para cima a fim de se juntar a ele e ajudar a inclinar a balança a favor do inferno. Um desses outros demônios toca uma trompa para pedir mais ajuda.[9]

O que está em jogo nessa pesagem da alma é visível embaixo: a boca aberta de um monstro gigante, que sem dúvida representa a condenação eterna. Os demônios já estão empurrando almas condenadas na boca do monstro; um dos demônios está até mesmo armado com o clássico tridente.

Tudo poderia parecer perdido para nossa alma morta não fosse a presença da Virgem, que se ergue sobre uma lua crescente (assim como a Virgem de Guadalupe do México) perto do lado da alma na balança. Ela rompeu o fio de seu rosário e está deixando cair as contas, uma por uma, no prato da balança da alma morta, para que ele fique mais pesado. No momento, ela está ganhando, mas o destino da alma morta está por um triz.

Para o pecador medieval analfabeto sentado na igreja de St. James the Great, a mensagem desse mural era mais poderosa do que qualquer uma apresentada no púlpito ou nas páginas ilegíveis da Bíblia sobre aquele púlpito: a punição do pecado é a morte, e uma morte eterna de horror inacreditável a não ser que você se volte para Deus, reze pedindo a Nossa Senhora que interceda por você, e reze o rosário em todas as oportunidades que tiver — porque seu destino pode se equilibrar em uma única dessas preces.

É uma imagem mais complexa, matizada e poderosa do que qualquer uma das concebidas por Marco Túlio Cícero ou Giulio Camillo. Ela funciona como outro tipo de tecla de acesso para o mundo do conhecimento oculto — só que, nesse caso, é para os significados mais profundos da fé religiosa dominante no continente.

Isso, talvez mais do que qualquer outra coisa, explique por que o teatro da memória de Camillo foi recebido com tanta aclamação. Assim como as inovações tecnológicas de hoje, ele representou um fascinante avanço revolucionário do ponto de vista do custo, do tamanho e do desempenho — agora você poderia construir uma catedral gótica inteira em uma questão de meses em sua casa ou castelo de campo. Ela era até mesmo (relativamente) portátil. E como sua utilização era, supostamente, para a maior glória de Deus — a igreja estava extraoficialmente satisfeita com ele.

E isso era apenas metade da história. A historiografia moderna, praticamente, apagou (embora não nos livros-texto) o mito da Renascença como sendo um ponto de virada radical na história humana, dos poderes da luz superando os das trevas. Houve, simplesmente, muito trabalho iluminado no final da Idade Média, para que encaremos esse período apenas como um passo baixo antes do salto para a Renascença. A Idade Média presenciou a ascensão das universidades, a escolástica, a redescoberta e a tradução de obras clássicas, a invenção e, até mesmo, nos casos de Ibn al-Haytham, Robert Grosseteste e Roger Bacon, da verdadeira investigação científica. O frade Bacon, mais do que ninguém, ao introduzir a ciência no mundo do empirismo e na era das enciclopédias, preparou o terreno para as primeiras pesquisas científicas da Renascença, como as de Kepler e Galileu.

Mas embora o mito do "renascimento" da Renascença tenha sido, predominantemente, desmascarado (mesmo assim, o período representou uma extraordinária restauração da vitalidade e otimismo na Europa, depois do apavorante século XIV), uma característica nova e poderosa dessa época só foi revelada por essa nova pesquisa. Trata-se da ascensão do *humanismo* — deixar de filtrar todo o conhecimento e memória através dos dogmas da religião e da teologia, e passar a examiná-los a partir da perspectiva do homem e de suas novas ferramentas empíricas. Acadêmicos, cientistas e, até mesmo, teólogos, vinham se irritando havia muito tempo com as restrições que lhes eram impostas pelas instituições que os cercavam, principalmente enquanto traduziam os textos muito mais livres, sofisticados e "naturais" de seus antigos predecessores.

Constatamos essa visão eclesiástica mais antiga em obras tão diversas como os bestiários e as dos grandes escolásticos, como Aquino. A nova visão de mundo antropocêntrica da Renascença é mais bem exemplificada pelo retrato do *Homem Vitruviano* de Leonardo da Vinci, o homem dentro de um círculo perfeito, que é um método mnemônico para a crença, desse gênio universal, de que o homem era a *cosmografia del minor mondo* — a encarnação física do funcionamento do universo. O surgimento da perspectiva na arte foi outro exemplo dessa nova visão: o artista não olhava mais para o mundo através dos olhos da religião, pintando as figuras em tamanhos que representavam sua posição em relação a Deus, buscando, em vez disso, representar o que era, efetivamente, visto pelo olho humano.

Esse novo ponto de vista humanístico também induziu outras pessoas a estudarem a natureza da sociedade sem se preocupar em fazer nada além de elogios insinceros a um poder superior. Surgiram, assim, *Utopia*, de *sir* Thomas More, *Leviatã*, de Thomas Hobbes, *O Cortesão*, de Baldassare Castiglione e, o mais duradouro de todos, *O Príncipe*, de Niccolò Machiavelli.

Mas em nenhum lugar essa nova liberdade intelectual exerceu mais influência do que no mundo da pesquisa científica. É difícil imaginar hoje como deve ter sido libertador — e psicologicamente reconfortante — para os cientistas e acadêmicos da ciência da época finalmente poder conciliar o que viam com o que "deveriam" ver. Centenas de anos de evidências contrafatuais — a respeito da natureza, do cosmo, da história — tinham se acumulado e bloqueado a busca da verdade objetiva. Agora, como a escória no metal, elas podiam ser removidas para permitir que a verdadeira forma da realidade transparecesse.

O resultado celebrado foi um dos períodos mais notáveis de descoberta e inovação científica na história humana, desde a comercialização da prensa tipográfica de Gutenberg à descoberta europeia do Novo Mundo, do microscópio ao telescópio, de Copérnico a Galileu.

Com os "fatos" do passado finalmente questionáveis, os eruditos europeus iniciaram uma segunda rodada de tradução, dessa feita para ver o que os antigos *realmente* tinham dito, sem a censura explícita (e autoimposta) da Igreja. Essa nova visita aos clássicos produziu algumas surpresas, entre elas uma nova valorização dos filósofos gregos e crescentes dúvidas com relação a Cícero ser o autor de *Ad Herennium*.

A primeira teve o efeito de despertar o interesse pela democracia, pela consciência individual e pelo desafio de criar um Estado perfeito. A segunda, em última análise, se revelou um golpe importante à arte da memória: se o grande mestre Túlio não tinha escrito esse segundo livro da memória, então tudo o que restava de seus textos sobre o assunto eram alguns parágrafos obscuros no *De Oratore*. Então, talvez esse negócio de arte da memória não fizesse jus a todos os elogios que lhe eram tecidos; talvez não fosse a chave da recriação da grandeza de Roma. Podemos imaginar que essa notícia representou um considerável alívio para as legiões de eruditos que tinham esgotado o cérebro tentando decorar livros inteiros.

O dobre de finados para a obsessão em massa pelos teatros de memória e pela arte da memória soou com a difundida disponibilidade de livros publicados. Quando as bibliotecas particulares começaram a ficar repletas de volumes, a escolha rapidamente passou a ser entre passar semanas e meses empurrando um livro para dentro do cérebro ou simplesmente tomar posse desse livro, manuseando-o com o polegar quando necessário, e depois passando para outros textos. A resposta era óbvia e se tornou ainda mais inevitável quando a indexação se tornou mais precisa e comum. O desaparecimento da arte da memória, que até recentemente era a celebridade das universidades e palácios europeus, foi tão completo que quatro séculos se passariam antes que Frances Yates a redescobrisse como se fosse uma civilização perdida.

O MONGE PERIGOSO

Mas a história da arte da memória tem mais um ato: o de Giordano Bruno. A ordem dominicana da qual Bruno era monge nunca desistiu da ideia de Cícero ser o autor de *Ad Herennium* (eles poderiam estar certos), e, portanto, ainda fazia sentido que Bruno a abraçasse como uma ferramenta em sua busca mais ampla. E essa busca, que tornou Bruno um dos grandes heróis da Renascença, era ao mesmo tempo libertar seu próprio trabalho em filosofia, ciência, e até mesmo religião, de todos os mitos e falsas crenças da Igreja Católica e, ao mesmo tempo, mergulhar nos profundos mistérios do ocultismo e do conhecimento secreto da Antiguidade.

Se tudo isso parece contraditório para os olhos modernos, é porque Giordano Bruno era um personagem profundamente contraditório – parte gênio e parte fraude, parte homem religioso e parte agressor dessa religião. Ele heroicamente desafiou a Santa Sé e sua ortodoxia, publicando uma série de livros polêmicos, e, no entanto, passou grande parte de seus 52 anos fugindo de anfitriões coléricos e autoridades papais — de Veneza, a Pádua, Lyon e Toulouse, não raro aceitando a posição de professor pelo caminho.

Ao chegar a Paris em 1581, Bruno iniciou uma série de trinta palestras teológicas que o tornaram famoso — não apenas pelo caráter brilhante das palestras em si, mas também pela memória prodigiosa que demonstrou ao proferi-las. Com o tempo, a aclamação alcançou o rei Henrique III que, como fizera antes seu avô, convidou o monarca reinante da memória para ir a sua corte. Eis o que Bruno escreveu a respeito da experiência:

> Minha fama ficou tão grande que o rei Henrique III me convocou um dia para que lhe dissesse se a memória que eu possuía era natural ou adquirida por artes mágicas. Eu o convenci de que ela não era proveniente de feitiçaria e sim do conhecimento organizado; e, depois disso, publiquei um livro sobre a memória intitulado As Sombras das Ideias, que dediquei a Sua Majestade. Em seguida, ele me ofereceu um posto de palestrante extraordinário, com um salário.[10]

Essa citação capta muita coisa a respeito de Bruno — sua genialidade, sua autoconfiança, sua inteligência fundamental e seu desprezo geral pela maioria dos outros seres humanos. Em seguida, munido de uma carta de apresentação do rei francês, Bruno se mudou para a Inglaterra, onde escreveu algumas das suas obras mais importantes, andou na companhia de membros do Círculo Hermético dirigido por John Dee, e novamente conseguiu fazer inimigos com suas atitudes sarcásticas e convicções polêmicas (como a de que a Terra gira em torno do Sol).

Ele voltou para a França, mas, depois de escrever alguns textos polêmicos contra a ciência aristotélica, foi para a Alemanha, onde passou os cinco anos seguintes. Lá, tendo em vista a guerra entre o protestantismo e a Igreja Católica, Bruno ainda assim conseguiu ser excomungado pelos luteranos.

Em 1592, tendo recebido um convite para voltar a Veneza e ser o preceptor de um rico aristocrata, e aparentemente acreditando que a Inquisição italiana tinha perdido a força, ele aceitou. Dois meses depois, quando anunciou que ia embora, Bruno encolerizou de tal maneira seu rico cliente que o homem o denunciou às autoridades papais.

Durante os sete anos seguintes, Bruno ficou preso em Roma. Seu inquisidor, o cardeal Belarmino, ganharia notoriedade por assumir a mesma função vinte anos depois, no caso de Galileu. Foi essa conexão, aliada a alguns dos crimes dos quais Bruno era acusado — entre eles o heliocentrismo copernicano e a anteriormente mencionada crença em "uma pluralidade de mundos e na eternidade deles" —, que levou aquelas multidões a sua estátua no Campo de' Fiori em 2000 e que o tornou um santo patrono dos pensadores independentes.

Mas Giordano Bruno era menos um mártir da ciência e mais um mártir da ortodoxia religiosa — um legado mais comum, mas também muito menos romântico. Por exemplo, embora seja cativante pensar em Bruno como entrando em conflito com a Inquisição devido a seu apoio (como Galileu) a Copérnico, o fato é que, na época do julgamento, a Igreja Católica Romana não tinha estabelecido uma posição oficial com relação a uma cosmologia centrada na Terra. O que a Igreja contestava era a crença de Bruno (que hoje nós desconfiamos que seja exata) em um universo infinito de mundos infinitos de infinitas possibilidades — inclusive, por inferência, infinitas redenções por um número infinito de Cristos.

Na realidade, foram julgamentos muito diferentes, com resultados bem distintos. Galileu, um cientista *e* um fiel, foi julgado por ser "veementemente suspeito de heresia" devido a seus textos astronômicos, e obrigado a abjurar suas publicações e viver em prisão domiciliar. Bruno era um clérigo que prestara juramento à Igreja e era regularmente acusado de vários crimes de heresia, entre eles o de expressar dúvidas, em publicações, a respeito da divindade de Cristo (ele o chamava de "mágico"), da virgindade de Nossa Senhora, da trindade, da missa, da transubstanciação e da encarnação — em outras palavras, as crenças absolutas e fundamentais do próprio cristianismo. Não é nada surpreendente que os luteranos também o tenham excomungado. Isso era verdadeiramente heresia. E a lista de acusações não incluía algumas das crenças mais ofensivas de Bruno, como a de que as diferentes raças humanas tinham origens diferentes, não sendo, portanto, a mesma espécie.

Bruno não se ajudou quando, primeiro, se recusou a fazer uma retratação completa e, depois, ao passar por cima de Belarmino, levando seu caso (apenas com uma retratação parcial) para o papa Clemente VIII. Uma vez mais, Bruno conseguira enfurecer todo mundo com seu desprezo tanto pelas pessoas em funções de autoridade quanto pelo protocolo institucional. E a proposta de retratação parcial foi, como de costume, excessivamente brilhante. Em vez de ficar tocado com o pedido de Bruno, Clemente VIII pediu a pena de morte para ele. Quando sua sentença estava sendo lida, e Bruno compreendeu que dessa vez não conseguiria escapar, ele, segundo consta, investiu contra seus juízes e fez o famoso comentário.

Tudo o que restou foi a estaca e a fogueira.

À medida que as décadas se passaram e seus livros foram recolhidos a bibliotecas empoeiradas, as crenças de Bruno foram suplantadas e refutadas, e suas artes da memória perdidas. Giordano Bruno tornou-se uma figura curiosa, porém secundária, da Renascença. Mas não foi inteiramente esquecido; mais exatamente, foi transformado em um primo místico de Galileu, que sozinho havia morrido em defesa da ciência moderna. A obra de Copérnico só foi publicada depois de sua morte; Galileu se mostrara arrependido diante da Inquisição; mas Bruno não apenas escolhera a morte, como também esfregara sua convicção na face de seus acusadores.

Esse Giordano Bruno foi lembrado e homenageado em 1889 com a estátua evocativa no Campo de' Fiori — resultado de uma comissão internacional que incluiu o autor Victor Hugo, o dramaturgo Henrik Ibsen e o biólogo social Herbert Spencer. Ironicamente, foi esse Bruno mítico que sobreviveu até meados do século XX, para ser redescoberto e restaurado por Frances Yates.

Embora a arte da memória não tenha sobrevivido à execução de Giordano Bruno, exemplos de atos prodigiosos de memória continuaram a aparecer e, até hoje, ser celebrados como realizações sobre-humanas. Sempre haveria prodígios de memória; homens e mulheres que podiam não apenas conter vastas bibliotecas de informações no cérebro, mas aparentemente também podiam buscar à vontade qualquer item em sua memória, e com uma rapidez impressionante. No século XVIII, eles se apresentavam diante de reis e rainhas no século XIX, no palco diante de multidões maravilhadas; e no século XX, nos programas de jogos da televisão. E embora possam realizar essas façanhas por meio de técnicas de memorização sistemáticas e específicas, nunca mais a memória seria vista como uma forma de arte, disponível para todo mundo, e aperfeiçoada pelos membros mais admiráveis e inteligentes da sociedade.

Mais exatamente, a suposição habitual era que a maioria desses prodígios tinha nascido com o cérebro configurado de uma maneira especial — o que seria, com o tempo, medicamente classificado como "memória eidética" —, que parecia se caracterizar por uma interação diferente entre as pequenas quantidades da memória de curto prazo utilizável (o que é hoje chamado de memória "operacional") e a imensa, porém muito menos acessível, memória de longo prazo. Também foi observado que esse talento avançado não raro se dava a um custo considerável — autismo, falta de criatividade, até mesmo dano cerebral. E assim, embora esses prodígios de memória fossem frequentemente admirados por seus poderes, essa admiração raramente era acompanhada por respeito a seu caráter ou a qualquer trabalho árduo para obter seus dons.

Ainda assim, nos séculos que se seguiram à extinção da arte da memória, houve algumas raras ocasiões em que, quase sempre sob pressão, os seres humanos não apenas exibiam uma memória prodigiosa, como também o faziam a serviço de algo ainda maior.

Talvez a mais notável dessas ocasiões tenha tido lugar apenas sessenta anos depois da morte de Bruno. O poeta britânico John Milton, cego e reduzido à pobreza, compôs e ditou para as filhas — dia após dia, deslocando-se mentalmente pelo texto para fazer revisões e edições — três dos mais notáveis poemas da língua inglesa: *Paraíso Perdido*, *Paraíso Reconquistado* e *Sansão Guerreiro*. Ele pode ter escrito esses poemas para, nas suas palavras, "justificar os caminhos de Deus para o homem", mas os leitores não conseguiam deixar de ver o próprio Milton no Sansão cego, "sem visão em Gaza, no moinho com escravos". Este é considerado um dos mais extraordinários feitos de memória e criatividade jamais realizados.

Duzentos e cinquenta anos depois, apenas poucos anos após a estátua de Bruno ser erguida, um jovem parisiense, Marcel Proust, iniciaria um trabalho de memória literária quase igual ao de Milton. Retirando-se para um quarto revestido de cortiça, ele escreveria *Em Busca do Tempo Perdido* (o título foi tirado de um soneto shakespeariano "in remembrance of things past"*), um livro que inicia uma memória de meio século com o sabor de um biscoito *madeleine* — e notoriamente termina, 3 mil páginas depois, no presente, em uma festa na qual os personagens do livro aparecem, envelhecidos e trêmulos, como se sobre pernas de pau construídas a partir de vidas de memórias. O autor/narrador decide, naquele momento, escrever o livro que acabamos de ler. É um ato de restauração, e transformação artística, inigualável.

---

* "em memória de coisas passadas." (N. T.)

A MEMÓRIA PERDIDA

A execução de Giordano Bruno talvez tenha indicado o fim da arte da memória, mas àquela altura a técnica já estava, de qualquer maneira, quase obsoleta. Ela se revelara difícil demais, concentrada nas mãos de estranhos personagens, com crenças místicas e heréticas. E um número excessivo de pessoas desconfiava de que o sucesso de sua implementação dependia tanto das qualidades inatas de seus usuários, quanto de truques especiais ou das artes negras — bem como de muita memorização tradicional por meio da repetição.

Mas o verdadeiro mérito vai para Johannes Gutenberg. E para o papel. Na guerra contra a arte da memória e a favor do futuro da memória "sintética" — o que chamaremos agora de "artificial", o fraseado moderno substituindo uma antiga definição —, o papel só emergiu vitorioso por causa da impressão. Mas a impressão também ganhou por causa do papel.

Já no século XIV, o papel era uma tecnologia de mil anos na China, e sua produção lá era medida em milhões de folhas por ano. As fábricas de papel já estavam em uso na Pérsia havia setecentos anos, e na Europa — pelo menos na Espanha — havia quatro séculos.

A impressão era ainda mais antiga. Os mesopotâmios já pressionavam selos cilíndricos em suas plaquinhas de argila em 3500 a.C. A impressão com blocos de madeira surgiu pela primeira vez na China do século III d.C. e no Egito um século depois. O tipo móvel, o grande avanço revolucionário que possibilitou a criação de diferentes páginas com uma única base de impressão, é atribuído ao tipógrafo Bi Sheng, em 1040 d.C. Seu tipo, originalmente feito de argila, foi aprimorado para madeira entalhada e depois, em 1230 na Coreia, para metal. Nesse ínterim, a impressão de imagens havia evoluído para um padrão bem elevado, com o desenvolvimento da impressão em madeira, da litografia e da gravação em cobre e, nas mãos de mestres como os artistas da dinastia Sung, da China, e Albrecht Dürer, da Alemanha, para algumas das maiores obras de arte da humanidade.

Então, em meados do século XV, o terreno estava preparado, em um momento histórico quase exclusivo, para o que os tecnólogos modernos poderiam chamar de um *ponto de virada duplo, mutuamente benéfico*.

Johannes Gutenberg era, segundo a opinião geral, um homem que trabalhava com metal e que ganhava a vida como ourives e polidor de pedras preciosas. Mas, depois de um empreendimento particularmente arriscado — vender espelhos de metal polido para peregrinos, a fim de captar a luz santa emitida por relíquias religiosas —, Gutenberg se viu não apenas sem dinheiro, como também pressionado por seus investidores. Foi quando, num passo tipicamente desorientado de um empreendedor nato, Gutenberg anunciou a esses credores que tinha uma invenção ainda maior esperando nos bastidores.

Ele levou dez anos, de 1440 a 1450, para, finalmente, lançar uma versão de sua invenção que funcionasse plenamente — a *prensa tipográfica*. Pomposamente, uma das primeiras tiragens dessa prensa foram indulgências papais — os notórios documentos por meio dos quais as pessoas podiam comprar seu ingresso no céu.

Em 1455, enquanto estava imprimindo essas indulgências, Gutenberg começou a trabalhar no projeto que marcou um dos grandes momentos decisivos da história: a publicação da Bíblia de "Gutenberg", com 43 linhas por página. Essa foi a primeira edição realmente impressa de um livro — e hoje os exemplares remanescentes são os livros mais valiosos do mundo.

O que frequentemente passa despercebido a respeito dessas primeiras 180 Bíblias de Gutenberg é que a produção foi dividida entre versões em papel e em velino. Esta mistura de meios sinaliza um momento de transição isolado, mas também importante. Sugere que, com um *timing* e um simbolismo quase perfeitos, as duas curvas de adoção do papel e do pergaminho acabam de se cruzar, com a última tendendo para o esquecimento e a primeira, para a adoção universal.

Em retrospecto, ou talvez até mesmo já na época, essa reviravolta parecia inevitável. O pergaminho tinha muitas qualidades maravilhosas, especialmente a durabilidade. Mas, para toda pequena pilha de folhas de pergaminho, era preciso abater um pequeno rebanho de vacas ou carneiros; e para o velino, de bezerros. Essa seria uma utilização eficaz da carne do animal remanescente do abate. No entanto, essa mesma carne também podia ser transformada em um couro igualmente valioso. Um economista moderno diria que há um alto "custo de oportunidade" na escolha de transformar uma pele de animal em pergaminho, em vez de couro.

Mas, mesmo que o couro nunca tivesse sido inventado, ainda restaria um problema: a produção do pergaminho se torna ineficiente com muita rapidez, caso a demanda pelo produto exceda a demanda de carne. Você teria, então, uma escolha a fazer: aceitar preços do pergaminho que subam astronomicamente ou começar a abater o rebanho de reprodução (e a nova geração, agora bezerros), para obter ganhos a curto prazo, ou criar novos pastos para a recompensa a longo prazo. Qualquer que fosse a escolha, ela seria dispendiosa, porque (usando a terminologia moderna de negócios) não *ganha escala* eficientemente.

Pense agora no papel. Essencialmente feito de ervas, trapos velhos e substâncias químicas simples, ele pode ser fabricado praticamente em qualquer tamanho, inclusive em folhas enroladas, com centenas de metros de extensão, e facilmente cortado da maneira desejada. Como tal, é um dos produtos mais escalonáveis já concebidos. Pode ser mais frágil do que o pergaminho, mas esse problema é facilmente resolvido encadernando-se todo o original em couro (em vez de produzir todo o original em pele).

Em outras palavras, o papel estava destinado a triunfar com o tempo, mas a prensa tipográfica transformou esse "com o tempo" em "agora".

O advento do papel e da impressão também causou um profundo efeito na alfabetização na Europa — embora não exatamente da maneira como é geralmente apregoado. Indiscutivelmente, o surgimento de livros-texto e manuais impressos baratos transformou e expandiu a educação. Mas houve outro efeito, menos reconhecido: ele ensinou pessoas já alfabetizadas, pela primeira vez, a *escrever*.

ESCREVENDO EM VOZ ALTA

Frequentemente, pensamos nas pessoas da Idade Média como sendo quase universalmente analfabetas, tanto os nobres quanto os servos, a exceção de alguns eruditos eclesiásticos. A verdade era muito diferente, afirma o historiador Michael Clanchy. Já em 1170, o rei britânico Henrique II, ao estabelecer uma burocracia governamental, instituiu uma sindicância financeira de seus xerifes e de outros funcionários graduados:

> *Do mesmo modo, deverá ser feita uma investigação a respeito dos arcebispos, bispos, abades, condes, barões, vassalos, cavaleiros, cidadãos, representantes e seus administradores e ministros, com relação a quanto eles receberam em todas as suas terras, de cada um de seus distritos, de cada uma de suas aldeias e de cada um de seus homens – seja por meio de processo judicial ou sem julgamento – e eles deverão registrar individualmente, em forma escrita, todas essas cobranças e suas causas e ocasiões.*[11]

O emprego da frase "registrar em forma escrita" sugere um nível geral de alfabetização bem mais elevado entre as pessoas de autoridade na Inglaterra do que é geralmente considerado (e bem antes). Mas como Clanchy destaca, este não é exatamente o caso.[12] Como a citação acima indica, a capacidade de *leitura* era muito mais comum (e mais procurada) já nessa data do que geralmente admitimos. Mas como vivemos em um mundo no qual a leitura e a escrita são consideradas os dois lados de uma mesma moeda, aceitamos como coisa natural que sempre tenha sido assim. No fim da Idade Média, porém, esse não era o caso — e por uma razão muito interessante:

> Como era mais difícil escrever com uma pena no pergaminho do que é escrever com uma caneta esferográfica no papel, a escrita era considerada uma habilidade especial na Idade Média, que não estava automaticamente acoplada à capacidade de leitura.[13]

Em outras palavras, quando falamos de alfabetização nos três séculos antes de Gutenberg, a frase adequada não é "leitura e escrita" e sim "leitura e *ditado*". Um número incontável de pessoas de autoridade na Europa, no Oriente Médio, na China e no Japão sabia ler, porém mal era capaz de escrever muito mais do que o próprio nome. O resultado foi a criação de uma nova classe de profissionais — os *escribas* —, que preencheu a lacuna entre as palavras do nobre e o rabisco de letras no pergaminho. Um efeito secundário interessante dessa profissionalização da escrita foi o desenvolvimento de um novo tipo de escrita, mais eficiente, o *cursivo*, que domina a caligrafia até nossos dias.

Veio então o papel, com sua superfície lisa e o preço cada vez mais barato. E, com ele, lenta porém inexoravelmente, as pessoas na Europa e em grande parte do resto do mundo finalmente aprenderam a escrever. Uma vez mais, o efeito dessa mudança na memória da humanidade, devido à enxurrada de cartas pessoais, diários e bilhetes, é incalculável.

UMA QUESTÃO DE ESCALA

O papel tornou o meio da memória expansível pela primeira vez; a impressão também fez o mesmo com o *conteúdo* desse meio. A partir de então, um autor podia escrever um único original e este podia ser impresso em cem, mil ou até mesmo um milhão de exemplares — cada um com um custo unitário muito pequeno, em vez de seguir o antigo paradigma do manuscrito, em que cada novo exemplar custava tanto quanto o primeiro.

O resultado foi uma revolução no *negócio* de livros. Os livreiros logo descobriram que poderiam ganhar mais dinheiro em grandes vendas de livros impressos de baixo custo do que com exemplares individuais de livros manuscritos, com um preço elevado. Os tipógrafos, por sua vez, tinham um incentivo financeiro para melhorar seus processos por meio da inovação. E os autores descobriram que sua produção literária poderia lhes conquistar não apenas uma reputação, mas também uma renda. Repetindo, isso não aconteceu da noite para o dia, porém, mais à frente, causaria uma explosão na produção de livros que, finalmente, colocaria os textos até mesmo nas mãos das classes inferiores, encheria um número incontável de bibliotecas particulares, provocaria a criação de bibliotecas públicas e, no final, conduziria ao mundo turbulento, eletrizante e corrupto dos autores e livreiros, como o que existia em Paris no século XIX, imortalizado por Balzac em *Ilusões Perdidas*.

O imediatismo da produção em escala tornada possível pelo papel e pela impressão — e o novo e revolucionário modelo de negócios que ela estabeleceu —, começou, por sua vez, a mudar o po impressão — e o novo e revolucionário modelo de negócios que ela estabeleceu der na Europa e na Ásia, e, com o tempo, no Novo Mundo. Martinho Lutero pode ter escrito à mão as 95 teses originais que pregou na porta da igreja do castelo em 1513, mas foi na forma impressa que esse documento se disseminou pela Alemanha e desencadeou a Reforma Protestante.

Aliás, no início, a Reforma Protestante pode ser vista como a batalha entre o primeiro produto impresso de Gutenberg (as indulgências) e o segundo (pôsteres e livros). As publicações protestantes, produzidas às centenas de milhares, converteram milhões de pessoas em todo o continente mais rapidamente do que a velha e lenta Igreja Católica poderia acompanhar. Não muito tempo depois, essas vitórias protestantes se tornaram permanentes com o surgimento das novas versões da Bíblia na linguagem do dia a dia (*vulgata*), entre elas uma versão alemã de Lutero e, de forma mais notória, a inacabada Bíblia em inglês Tyndale (1525-1530), que foi o improvável antecedente de uma das maiores realizações do final da Renascença, a Bíblia King James (1611). "Improvável" porque Tyndale foi executado por heresia em 1535, por criar aquela Bíblia. Consta que, ao morrer, ele teria gritado: "Senhor, abra os olhos do rei da Inglaterra!".[14]

Sua prece foi atendida. E, quando as bíblias começaram a aparecer não apenas no altar das igrejas, como também nas casas particulares, o monopólio do catolicismo romano sobre a vida cotidiana na Europa e no Novo Mundo foi quebrado para sempre. Mas isso também aconteceu com o controle das novas denominações protestantes sobre seus novos adeptos.

Finalmente, como qualquer empresário sabe, a busca de lucros inevitavelmente conduz à determinação do que o consumidor deseja e de quanto ele pagará por isso. E o que os tipógrafos e livreiros descobriram naquela época, e que permanece verdadeiro hoje, é que existe sempre uma demanda por compilações, coleções e estudos — tanto para entretenimento quanto para autoinstrução.

Essa demanda tinha respaldado a criação de livros como o *Bodley 764* na Idade Média, e agora, na Renascença, a demanda era muitas vezes maior. E a capacidade de atender a ela, graças ao papel e à impressão, também era maior. Além disso, essa demanda também se concatenava, perfeitamente, com duas tendências intelectuais que tinham se desenvolvido nos séculos anteriores: a escolástica e o crescente esforço de organizar com precisão todo o conhecimento humano, tanto passado quanto presente.

Na época de Aquino, essas obras tinham sido escritas à mão e em quantidade bem pequena — e também tinham sido filtradas através da perspectiva da Igreja Católica Romana. Na Renascença, o processo era mecânico e produzido em grande quantidade. Além disso, em um mundo cada vez mais humanístico, quase todas as obras e traduções anteriores se encontravam sob suspeita de inexatidão e parcialidade. Adicione a isso um público cada vez mais rico e esclarecido, desejoso de acesso ao aprendizado e à memória, e todos os ingredientes estavam no lugar certo para um terceiro grande avanço de múltiplas gerações de enciclopédias, livros de história natural, atlas, dicionários, glossários de textos religiosos e manuais de instrução.

Os primeiros desses textos enciclopédicos de nova geração, que variavam de tratados sobre pintura a livros de engenharia, começaram a aparecer nos séculos XVI e XVII. As mais influentes dessas primeiras obras eram dicionários bilíngues concebidos para ajudar viajantes e diplomatas.

Depois, em 1592, Richard Mulcaster, um professor, compilou o *Elementaire*, um léxico de 8 mil termos ingleses destinado a ajudar seus alunos a se lembrarem da grafia de palavras difíceis. Doze anos mais tarde, outro professor, Robert Cawdrey, publicou o que é considerado o primeiro verdadeiro dicionário de inglês, *A Table Alphabeticall*. Na França, o empreendimento levaria mais cem anos, porém o resultado, *Le Dictionnaire de l'Académie Française*, se revelaria definitivamente correto desde o início. Empreendimentos semelhantes tiveram lugar em toda a Europa durante essa era. Até mesmo no distante Japão, missionários jesuítas produziram, em 1603, um dicionário bilíngue holandês-japonês, o *Nippo Jisho*. O Japão já conhecia os dicionários, provenientes dos chineses, havia centenas de anos, mas o *Nippo Jisho* teve o inesperado efeito secundário de formalizar o japonês moderno.

Mas a verdadeira explosão do que atualmente chamamos "livros de consulta" começou no século XVIII, com a produção de uma série de obras que, dezenas de edições depois, estão conosco até hoje. Entre os dicionários, a criação mais famosa foi A *Dictionary of the English Language* (1755), um trabalho tão brilhante e excêntrico quanto seu único autor, Samuel Johnson. Começando no final do século XVIII e trabalhando por mais de um quarto de século, Noah Webster criou o *An American Dictionary of the English Language*, que estabeleceu, permanentemente, as diferenças entre os dois dialetos. Todo esse trabalho culminou nas décadas finais do século XIX, com a publicação de dois grandes dicionários, com múltiplos volumes, ambos arquivando as memórias de seus respectivos idiomas. Eles continuam a ser o padrão até hoje: *The Oxford English Dictionary* e o *Larousse Grand Dictionnaire Universel*.

As enciclopédias seguiram uma trajetória semelhante. Como já foi assinalado, as enciclopédias, tanto genéricas quanto voltadas para um assunto específico, tinham sido criadas durante a Idade Média no mundo inteiro, com destaque para a gigantesca *Yongle Dadian* [Enciclopédia de Yongle], no século XV, da dinastia Ming, da China. Durante a Renascença, alimentando um público ansioso e com dinheiro suficiente para comprar um único livro superabrangente, as enciclopédias estavam em toda a parte. No entanto, assim como os dicionários, as enciclopédias assumiram sua forma moderna durante o iluminismo — o último período da história (segundo dizem) no qual uma pessoa poderia pressupor que sabia tudo.

As três grandes enciclopédias que marcaram essa era foram produto de criadores que poderiam ser descritos como neoescolásticos. A primeira foi a *Cyclopedia* britânica de Ephraim Chamber, publicada em 1728 e considerada a primeira enciclopédia moderna. A terceira foi a enciclopédia alemã de 1796-1808, *Meyers Konversations-Lexikon* — com um interesse especial pelos tempos modernos, conhecida hoje como a *Brockhaus Enzyklopadie*.

Mas a enciclopédia intermediária, a segunda, é hoje a mais celebrada, a *Encyclopédie* francesa, editada por Jean le Rond d'Alembert e (o célebre) Denis Diderot, em 17 volumes, de 1751 a 1765. A *Encyclopédie* é merecidamente celebrada por sua qualidade e influência na cultura francesa antes da Revolução. Ela também é celebrada porque Diderot e seus colegas "enciclopedistas" representavam não apenas uma equipe editorial, mas também uma nova e objetiva visão do conhecimento humano — nas palavras de Diderot, "coletar todo o conhecimento que hoje jaz espalhado pela face da Terra, dar a conhecer sua estrutura geral aos homens entre [os quais] vivemos, e transmiti-lo para aqueles que virão depois de nós".[15]

Essa nova perspectiva, de tornar as pessoas não apenas mais competentes, como também *melhores*, atingiria o seu zênite no despertar do século XIX, com o trabalho que dominaria as bibliotecas de consulta durante os dois séculos seguintes: a *Encyclopaedia Britannica*.

FORA DA MENTE

O zelo pela classificação durante a Alta Idade Média e o início da Renascença não influenciou apenas os eruditos, ocultistas e eclesiásticos, mas também os primeiros cientistas modernos. Falando através dos tempos, o redescoberto Aristóteles havia instado com os cientistas para que olhassem além do que deveria ser verdade para o que realmente era verdade — ou seja, para que observassem o mundo natural.

Os protocientistas da Idade Média, como Roger Bacon e al-Haythem, levaram esse processo um pouco mais adiante, indo da pura dedução da ciência aristotélica para a muito ambiciosa *indução* do método científico — um processo codificado por Francis Bacon e reverenciado em instituições como a Royal Society de Londres, a Académie Française, a Accademia Italiana e a Deutsch-Akademie — todas fundadas no século XVII e dedicadas à sistematização e ao aprimoramento da pesquisa científica.

O resultado foi não apenas uma estimulante nova era de descobertas científicas, mas, por trás delas, de montanhas de dados empíricos e uma grande quantidade de descobertas menos importantes. À medida que esses depósitos de informações cresciam, apresentavam seus próprios problemas, retardando novas pesquisas e impossibilitando sua disseminação. É desnecessário dizer que o terreno estava pronto para a organização — em particular, para esquemas de classificação que não apenas colocavam todo esse conhecimento no devido lugar, livre da superstição e do preconceito, mas também contribuíam para o entendimento global.

Os nomes dos cientistas que foram os primeiros a enfrentar o desafio de compilar, organizar e classificar o conhecimento acumulado em suas disciplinas são frequentemente respeitados hoje como os "pioneiros" em suas áreas. Entre os primeiros estavam o médico Andreas Vesalius, com o seu trabalho inovador (1543) sobre a anatomia humana, e o médico William Gilbert, em eletricidade e magnetismo (1600). Entre os classificados posteriormente estão Carl Linnaeus, o pai da taxonomia moderna (1735) e o homem cujo *Systema Naturae* conferiu uma designação latina a todas as espécies, vivas e extintas; Boyle e Lavoisier, em química; Dalton, na teoria atômica; Mendeleev, com a tabela periódica dos elementos; Newton, na mecânica clássica; Chrle Lyell, em geologia; e Alexander von Humboldt, em geografia. Até mesmo os trabalhos pictóricos de John James Audubon fazem parte dessa tradição.

Já no final do século XVIII, quase todas as disciplinas científicas tinham sido estruturadas, supervisionadas e haviam passado por um sistema de classificação. E esses trabalhos científicos seminais — ao lado das enciclopédias, as ciências naturais e os livros de etnologia ilustrados; os atlas, dicionários e biografias; os discursos compilados e as histórias nacionais e militares — tinham, de forma inesperada, conseguido realizar o que Bruno, Camillo e até mesmo Cícero não tinham conseguido: haviam colocado toda a memória humana ao alcance da pessoa comum, independentemente da aptidão natural de cada um.

A arte da memória tinha se esforçado para encontrar uma solução biológica para o desafio de reter maciças quantidades de memória dentro do cérebro humano. Sua solução foi definir um novo tipo de retenção da informação, e inventar ferramentas extremamente complicadas para energizar essa retenção.

A alta Idade Média e a Renascença, reverenciando os antigos, primeiro tentaram reviver artes perdidas da memória. Mas no final, e vendo-se diante de um desafio de memória bem maior, encontraram uma solução tecnológica: os livros impressos. Esse novo tipo de memória, encontrado fora do corpo humano, não era tão portátil, mas era muito mais escalonável e mais universalmente útil. E o que é igualmente importante, era *transferível*.

E embora no mundo da memória artificial não houvesse estátuas ensanguentadas em teatros de memória elegantemente montados, havia sumários e índices, notas de rodapé e bibliografias.

Tinham sido necessários 1800 anos, desde que Marco Túlio Cícero caminhara pela primeira vez de lá para cá em um templo, para decorar seu primeiro discurso, para que a humanidade preservasse a memória de tudo o que conhecera e aprendera. Mas este dia finalmente chegara.

Entretanto, nos séculos intermediários, a humanidade, em consequência desse novo conhecimento, também começara a povoar o mundo com máquinas.

Essas máquinas, desde simples utensílios domésticos a megaconstruções, cada vez mais ocuparam cada canto da sociedade. E apesar de todos os benefícios e bem-estar que elas ofereciam, sua operação e sua manutenção consumiam partes cada vez maiores da vida cotidiana.

Se a memória humana pudesse ser removida do cérebro humano e colocada em livros, quadros e tabelas seria possível colocar também essa mesma memória artificial em máquinas?

7
Padronagens no carpete
A memória como instrução

A nova invenção, recebida em êxtase em meados do século XVIII na França, o iPod do reinado de Luís XV, foi uma máquina que, magicamente, produzia cocô de pato.

Ela se chamava *Canard digérateur*, ou Pato Digestor, e era composta de penas folheadas a cobre, papel machê, tubo de borracha, rodas, engrenagens e armações — 400 partes móveis, todas engenhosamente montadas para parecer um pato de verdade. As penas eram até mesmo perfuradas, para tornar o pato "transparente", de maneira que os observadores pudessem olhar dentro do corpo para confirmar a presença de órgãos internos mecânicos congruentes com aqueles encontrados em um congênere vivo.

Graças a um sistema de comandos e quase 30 alavancas, o Pato Digestor podia mergulhar o bico na água, fazer sons gorgolejantes realistas como se estivesse bebendo, ficar em pé, deitar, esticar e curvar o pescoço, e até mesmo mover as asas fortemente articuladas, a cauda e as penas maiores.[1]

O que tornava o Pato Digestor uma sensação era outra capacidade singular: se você o alimentasse com pedaços de milho ou grãos, e esperasse alguns momentos — aparentemente pelo tempo que uma digestão mecânica leva para acontecer —, ele defecava (pelo orifício certo) uma elegante e pequenina bosta de pato. Não os excrementos sujos dos patos de verdade, mas real o bastante — e mais apropriada para aterrissar no tampo de uma mesa de Versalhes.

Mas o que tornou o Pato Digestor mais do que apenas uma breve sensação e uma coisa de importância épica foi o fato de ele ter aberto a porta para — e colocado o gênio por trás de sua invenção no caminho de — duas das maiores transformações tecnológicas e sociais da história humana.

Isso é muita coisa vinda de um pequeno cocô de pato.

MECANICAMENTE IRREFLETIDAS

Como vimos no Capítulo 6, a explosão de conhecimento e informação acumulados provocada pela Renascença havia inspirado uma necessidade desesperada de organizar essas montanhas de dados de uma forma intuitiva e acessível. Mas os novos dicionários, enciclopédias, manuais e bibliotecas especializadas só deram mais destaque a outro problema: toda essa competência recém-catalogada e codificada, embora fizesse maravilhas para o treinamento e a educação dos seres humanos, nada fazia pelas máquinas e dispositivos a cuja operação estes últimos cada vez mais dedicavam seus dias.

Isso não era, realmente, uma preocupação no século XVI e início do século XVII. A aplicação das novas ferramentas de indexação e conhecimento armazenado em apoio a uma educação mais universal havia realizado milagres no desenvolvimento da produtividade, nas ferramentas da exploração global e na ascensão das profissões liberais.

Mas, apesar de todas essas melhorias, as máquinas desse novo mundo "iluminado" ainda eram essencialmente extensões do trabalho manual. As ferramentas podiam estar mais precisas e poderosas, mas, no final, cada uma de suas ações tinha que ser gerenciada por um operador humano. Como tal, embora pudessem liberar seus operadores de um efetivo perigo físico, elas eram mecanismos que não proporcionavam economia de mão de obra; pelo contrário, a maior demanda de produtos manufaturados por parte da crescente classe média significava um número maior de horas de trabalho de pessoas qualificadas, as quais operavam máquinas que não podiam ser deixadas a cargo de um aprendiz e que não podiam funcionar sozinhas.

O que era necessário era uma maneira de aumentar a escala de produção das máquinas, sem arrastar junto com elas seus pobres operadores especializados. Uma solução assim — que exigiria que as máquinas se tornassem mais *autônomas* — não apenas teria a vantagem de redução do custo de liberar (um pouco) seus operadores, mas também liberaria as próprias máquinas, para que alcançassem níveis de velocidade, precisão e uniformidade impossíveis com a falível interferência humana.

Mas como fazer isso? As máquinas antigas, puramente mecânicas, como os teares e as forjas, simplesmente paravam de funcionar quando o operador se afastava delas. As novas máquinas acionadas por água e molas, de moinhos a relógios, eram impressionantes, porém monomaníacas: faziam uma única coisa muito bem, mas, a não ser que um operador humano interferisse, continuavam a fazer o que faziam até começarem a trabalhar cada vez mais devagar e atingir a inércia de exaustão, ou paralisarem, devido à contínua fricção.

Mas como fazer essas máquinas se lembrarem de como trabalhar? Como fazer com que elas dessem múltiplos passos em uma tarefa sem que uma pessoa precisasse estar presente para intervir e controlar as transições? E, acima de tudo, como transferir todo o conhecimento, que acabara de ser reunido, indexado e publicado, *para* a "mente" dessas máquinas, a fim de que pudessem não apenas utilizá-lo, mas aprimorá-lo com o tempo?

A resposta veio, como frequentemente acontece, do lugar mais improvável. Neste caso, dos brinquedos dispendiosos das pessoas ricas.

ESTÁTUAS VIVAS

O Pato Digestor era, em uma palavra que adquiriu um significado um tanto diferente nos anos mais recentes, um *autômato*. Mesmo na época em que foi construído pelo filho de um relojoeiro, Jacques de Vaucanson, em 1739, os autômatos já tinham uma história que recuava cerca de dois mil anos.

Sabemos, por exemplo, graças a descobertas como a recuperação, em 1900, do mecanismo de Antikythera — um incrível computador mecânico para calcular posições astronômicas —, que até mesmo os gregos clássicos podiam construir máquinas sofisticadas.[2] Aparentemente, eles não levaram muito tempo para usar esses "motores" com engrenagens para fazer com que esculturas se movessem e imitassem a natureza. Já no século IV a.C., o grande poeta lírico Píndaro escreveu a respeito dos fabricantes de autômatos na ilha de Rhodes, dizendo que:

> *As figuras animadas se erguem*
> *Adornando cada rua pública*
> *E parecem respirar em pedra, ou*
> *mover seus pés de mármore.*[3]

Como vimos no Capítulo 4, a Antiguidade pode ter sido um lugar mais estranho do que imaginávamos — e a imagem de ruas repletas de autômatos certamente se encaixa nessa ideia (e a representação de uma figura formidável, nesse local vibrante, obviamente traça paralelos com o Colosso).

E Rhodes não estava sozinha: do outro lado do Adriático, na colônia coríntia de Siracusa, mecanismos semelhantes também podem ter sido inventados pelo mais celebrado engenheiro da Antiguidade, Arquimedes. Temos um registro que indica que ele havia construído uma espécie de planetário que usava engrenagens para mostrar as órbitas dos planetas e das estrelas. Daí teria sido um breve salto para as criaturas mecânicas.

Na verdade, no século II a.C., era comum as crianças ricas da Grécia helenística brincarem com brinquedos mecânicos. Heron de Alexandria, não raro considerado o maior cientista experimental do mundo antigo — o homem que inventou tudo, desde a seringa ao moinho de vento, desde a máquina a vapor à máquina de vender automática —, exibiu uma peça teatral de dez minutos, que ficou famosa, inteiramente representada por aparelhos mecânicos.[4]

Realmente, quando examinamos a Antiguidade, os autômatos parecem ser mais a norma do que a exceção. Alguns dos exemplos são perturbadores, como o notório touro de bronze da Sicília, aparecendo em várias versões durante centenas de anos, que usava os gritos das vítimas que estavam morrendo assadas dentro de um touro de bronze para criar sua "voz". Outros exemplos também são extraordinários — especialmente o relato chinês, supostamente de um engenheiro chamado Yan Shi, apresentando ao rei Mu de Chou um autômato humano de tamanho natural:

O rei olhou assombrado para a figura masculina. Esta caminhava com passos rápidos, movendo a cabeça para cima e para baixo, de modo que ninguém a teria tomado por um ser humano vivo. O artífice tocou o queixo dele, e ele começou a cantar, perfeitamente afinado. Tocou a mão dele, e ele começou a posar, mantendo um compasso perfeito [...] Quando o espetáculo estava chegando ao fim, o robô piscou o olho e fez algumas investidas em direção às damas presentes, ao que o rei ficou enraivecido e quis que Yen Shih [Yan Shi] fosse executado ali mesmo, o que teria acontecido se este último, morrendo de medo, não tivesse instantaneamente desmontado o robô, para que o rei visse o que a figura realmente era. E, de fato, ela se revelou apenas uma estrutura de couro, madeira, cola e laca, colorida alternadamente de branco, preto, vermelho e azul.[5]

Sendo um rei, Mu decidiu estripar o autômato. Enfiou a mão na cavidade do corpo da criatura e começou a arrancar um órgão interno após o outro. Por incrível que pareça:

> O rei experimentou o efeito de arrancar o coração, e descobriu que a boca não conseguiu mais falar; arrancou o fígado, e os olhos não conseguiram mais enxergar; arrancou os rins, e as pernas perderam o poder de locomoção. O rei ficou encantado.[6]

Estou falando sério. A história chinesa antiga também registra um autômato que era um pássaro que voava, inventado por um certo Kungshu Phan, o qual, ao que consta, voou durante três dias consecutivos.[7] Ao mesmo tempo, a tradição judaica afirma que o próprio Salomão projetou um trono que, quando ele ascendia (em outras palavras, quando se sentava nele), animais mecânicos ao redor da estrutura o aclamavam como rei, uma águia mecânica depositava uma coroa em sua cabeça, e um pombo lhe ofertava um rolo de pergaminho da Torá.

Religião, violência, entretenimento, brinquedos — basicamente qualquer coisa que inspirasse assombro na audiência — parecem ter sido uma ocasião para autômatos na Antiguidade. Este é um assunto que continua no presente, com as últimas gerações de robôs humanoides vindos do Japão. Os autômatos também parecem ter desfrutado períodos de grande popularidade, como no século IX, na Pérsia, e na Renascença, na Europa, e durante outros períodos, no mundo medieval, por exemplo, para depois serem quase esquecidos.

UM ENCONTRO ESPECTRAL

A França do século XVII foi exatamente um desses períodos de obsessão por autômatos, muitos deles protótipos de mecanismos que ainda vemos hoje: pássaros que surgem de repente e cantam, bonecas animadas e caixas de música. Não foi por coincidência que, ao mesmo tempo, na vizinha Baváría, os relojoeiros estivessem inventando o mais reconhecível e popular autômato de todos: o relógio cuco. O jovem rei Sol, Luís XIV, ficou arrebatado por uma espetacular carruagem mecânica, com cavalos, cocheiro, lacaio, pajem e uma elegante passageira.

Mas alguma coisa mudara. E isso era devido ao grande filósofo e matemático René Descartes. Certo dia, em 1641, ao separar a mente do corpo durante o banho — a obra *Meditações sobre Filosofia*, o momento de transição entre a filosofia antiga e a moderna —, Descartes não apenas lançou a filosofia em uma busca secular para reconectá-los, mas também levantou duas questões que, em grande medida, definiram a investigação filosófica moderna:

1. Como a mente funciona?
2. O que constitui a "vida"?[8]

Foi esta última que, inicialmente, recebeu mais atenção. Se os seres humanos (e talvez outras coisas vivas) eram, de fato, "espíritos em máquinas", como funcionavam essas máquinas? Como era de se esperar, todo mundo imediatamente traçou paralelos com as máquinas que mais se comportavam como se estivessem vivas: os autômatos.

Descartes enfatizou isso com algumas ideias próprias — em particular, sua bem conhecida convicção de que os animais eram apenas máquinas nas quais os tecidos, os músculos e os nervos eram simplesmente versões mais perfeitas (embora mais confusas) de Deus para roldanas, fios e engrenagens. Seguindo ainda mais esse raciocínio, Descartes argumentou que, como os animais (ao contrário dos seres humanos) careciam da centelha divina da consciência — o "*cogito*" no seu *cogito ergo sum* —, eles não eram realmente capazes de pensar. Em outras palavras, os animais eram apenas autômatos maravilhosamente complicados. E isso, por sua vez, convenceu Descartes de que os animais não podiam, realmente, sentir dor, uma ideia que persiste até hoje, contra todas as evidências, em algumas populações.

A imagem dos animais como máquinas desprovidas de espírito produziu duas sequências de ideias, uma horrível e uma que é o tema deste livro. Do lado desagradável, a crença de que os animais eram incapazes de sentir dor levou à popularização (que ainda sobrevive em algumas aulas de biologia do ensino médio) da *vivissecção* — a ciência de dissecar animais vivos —, com gerações de cientistas e médicos conseguindo não dar atenção aos guinchos e à agitação dos animais que eles estavam cortando.

O segundo caminho e, felizmente, o mais influente, que derivou da ideia de Descartes do corpo como máquina, conduziu não apenas a autômatos, mas também a uma maneira fundamentalmente nova de pensar a respeito desses mecanismos. Eis como a professora de história de Stanford, Jessica Riskin, o descreve: "Os *designers* se esforçavam, então, não apenas para imitar as manifestações externas da vida, mas também para seguir o mais perto possível os mecanismos que produziram essas manifestações".[9]

Em outras palavras, não bastava mais que os fabricantes de autômatos construíssem mecanismos inteligentes que exibissem um comportamento semelhante à vida; agora, os autômatos tinham que *ser* como a vida. Nas palavras da professora Riskin, "o *design* dos autômatos tornou-se cada vez mais uma questão não apenas de representação, mas de simulação".[10]

Depois de um quarto de milênio de pesquisa de células, membranas, ácidos nucleicos, oxidação-redução, hormônios e glândulas, reprodução, digestão e milhares de outras características e processos dos organismos vivos, hoje sabemos que simular organismos vivos é infinitamente mais complicado do que qualquer cientista ou relojoeiro do século XVIII jamais imaginou. Com efeito, os fabricantes de autômatos se depararam com esse problema quase desde o início, motivo pelo qual frequentemente trapaceavam.

Pense novamente naquela história a respeito do rei Mu. É bastante óbvio que o autômato humano operava por meio dos componentes habituais, mas que estavam disfarçados para se parecer com os órgãos humanos verdadeiros. Foi por isso que o autômato perdeu a voz quando seu "coração" foi removido.

Já no século XVIII, e em meio à crescente pressão por construir mecanismos que reproduzissem coisas vivas, os fabricantes de autômatos praticamente não tinham outra escolha além de trapacear. Tomemos Jacques de Vaucanson, que podemos considerar talvez ser o maior de todos os fabricantes de autômatos. Em 1737, ele dedicou à corte real francesa "O Flautista", geralmente considerado o primeiro verdadeiro autômato biomecânico do mundo. Mas, quando chegou a hora de superar essa maravilha com um mecanismo ainda mais notável — sua obra-prima —, Vaucanson descobriu que ele tinha atingido um muro tecnológico.

E foi por esse motivo que o Pato Digestor, a grande maravilha da sua época, se revelou uma fraude.

CONFIT DE PATO

De fato, o pato executava a maioria das ações que lhe eram atribuídas. Ele apenas não executava aquela pela qual ficara mais famoso: fazer cocô. A fraude levou trinta anos para ser descoberta. Na verdade, a comida que era inserida no bico do pato caía através de sua garganta oca em uma bandeja, onde permanecia. Entretanto, o traseiro do pato era enchido previamente com bosta de pato falsa (migalhas amassadas e tingidas de verde) e um mecanismo a empurrava através de um "intestino" (uma das primeiras utilizações identificadas de um tubo de borracha) para fora, pelo ânus do pato.

O leitor poderá estar se perguntando neste ponto por que observadores mais perceptivos não detectaram a fraude meramente pelo fato de que, nos poucos segundos que transcorriam entre o momento em que a comida entrava por uma das extremidades do pato e as fezes saíam pelo outro, simplesmente não havia tempo suficiente para que a digestão tivesse lugar. Afinal de contas, até mesmo a nobreza provavelmente passara um pouco de sua vida relativamente perto de animais de fazenda.

A resposta exata é incognoscível tanto tempo depois, mas provavelmente ela tinha a ver com uma combinação de contexto, credulidade e complexidade. Até mesmo hoje, experimentar um importante avanço tecnológico pela primeira vez é sempre um evento cercado por um tipo de admiração mágica, em que a aparente impossibilidade do que você está vendo o autoriza a deixar de examinar o que mais tarde parecem falhas óbvias. Olhando para esses velhos autômatos e suas réplicas hoje em dia, é difícil imaginar como qualquer pessoa poderia ter sido enganada a ponto de acreditar que essas máquinas decrépitas e espasmódicas estivessem vivas. E, no entanto, consigo me lembrar de quando eu era menino no início da década de 1960 e compartilhei o assombro audível de uma multidão na Disneylândia, enquanto observávamos pela primeira vez o "animatrônico" Abraham Lincoln.

Para um exemplo ainda mais contemporâneo, pense em como, enquanto ficávamos deslumbrados com nossa nova capacidade de fazer o *download* de milhares de músicas em MP3 em um minúsculo dispositivo portátil, mal reparando que a qualidade do som desses arquivos era imensamente inferior à dos *long-plays* e fitas cassete que eles logo iriam substituir.

Em outras palavras, uma vez que o cocô caía no tampo da mesa — ou, mais precisamente, em uma bandeja de prata —, ninguém no meio da multidão eufórica perguntou a seus botões por que aquilo tinha acontecido, e tão rápido.

O Pato Digestor, com sua combinação vencedora de excepcional construção, brilhante astúcia e comportamento mundano, elevou o padrão para todos os relojoeiros e construtores de autômatos do mundo. Seu efeito foi tão grande que sua imagem tem regularmente aflorado ao longo dos anos, chegando até o presente — mais notoriamente em um conto de Nathaniel Hawthorne ("The Artist of the Beautiful") e no romance *Mason & Dixon*, de Thomas Pynchon.

Como Vaucanson havia levado a tecnologia a seu limite naquela era (e, ao que parecia, ainda mais longe), a única maneira de superá-lo na corrida armamentista do autômato era expandir o repertório — ou seja, fabricar novos mecanismos que executassem atividades cada vez mais complexas e mais poderosas. Afinal de contas, como qualquer dono de um autômato sabia, até mesmo o mecanismo mais elaborado, imitador da vida, só podia executar repetidamente um punhado de ações predeterminadas, enquanto as coisas efetivamente vivas estavam em um processo de interação contínua e em constante adaptação com o mundo exterior.

Mas se as simulações físicas eram difíceis, imitar a mente e o pensamento estava simplesmente fora do mapa. Alguns dos fabricantes simplesmente desistiram e tomaram o caminho fácil e direto da fraude. O Turco, de Wolfgang von Kempelen, um suposto autômato jogador de xadrez que, na verdade, era operado por um anão que ficava dentro dele, é uma dessas trapaças famosas, que ainda são lembradas (e ocasionalmente imitadas) hoje em dia.

Outros fabricantes, no entanto, ainda sob o domínio do paradigma cartesiano, optaram por continuar tentando encontrar um equivalente mecânico do cérebro animal, ou até mesmo humano. Para fazer isso, eles se voltaram para outro componente autômato, mais antigo: o tambor com pinos. Na época do Pato Digestor, o tambor com pinos (ou cilindro dentado) já era uma tecnologia centenária.

Provavelmente, todos que leem este livro estão familiarizado com esse componente, já que ele sobrevive hoje nas caixas de música, nos relógios de bolso com reguladores e, principalmente, nas caixas de surpresas [jack-in-the-boxes]. Ele é, essencialmente, um cilindro de metal do qual se projetam, em vários locais predeterminados, pequenos pinos. Usando uma manivela que está presa a uma engrenagem de redução, você gira lentamente o cilindro, e com uma relativa quantidade de torque (daí a alavancagem), em estreita proximidade com um conjunto de alavancas ou, mais comumente, um pente de metal fino. No caso deste último, como em uma caixa de música, os pinos atingem os dentes sintonizados do pente na ordem certa para criar uma melodia. No primeiro caso, como no de um autômato, os pinos acionam as alavancas para produzir os efeitos semelhantes à vida.

UMA COISA DE CADA VEZ

O tambor com pinos só parece prosaico hoje porque vivemos no mundo que ele criou. No contexto de sua época, ele era uma invenção extraordinária. Por quê? Porque, pela primeira vez, introduziu o tempo — ou, mais precisamente, o *timing* e a *sequência* — nas máquinas autônomas. Sem a presença de um tambor com pinos, as ações de um autômato aconteceriam todas de uma vez e continuariam até que a fonte de alimentação se esgotasse. Mas a velocidade de rotação do tambor definia o ritmo de várias ações, e os pinos determinavam a ordem — bem como os momentos de começar e parar — dessas ações.

E havia mais. A crescente necessidade dos fabricantes de brinquedos de expandir o repertório de seus autômatos já foi mencionada, e aqui estava uma maneira de fazer isso. Uma vez que eles descobriram como tornar os tambores removíveis e intercambiáveis, tinham apenas de trocar tambores com diferentes disposições de pinos (em vez de reconstruir o mecanismo inteiro a cada vez) para criar um desempenho diferente.

O leitor de hoje também pode achar que isso é uma questão menos importante, mas na verdade essa pequena mudança representa um dos maiores progressos intelectuais. Pela primeira vez, a memória mecânica, na forma de *instrução*, foi separada da máquina em si. Em termos mais modernos, foi nesse momento que os caminhos do *hardware* e do *software* se bifurcaram.

Não pode ser inteiramente uma coincidência que, quase exatamente nesse momento, o maior filósofo do mundo, Immanuel Kant, o herdeiro do manto de Descartes, estivesse andando de um lado para o outro nas sete pontes de sua cidade natal de Konigsberg, na Prússia, refletindo sobre a natureza do conhecimento humano. Tampouco que ele fosse organizar esse conhecimento separando-o entre aquele com o qual nós nascemos (*a priori*) e aquele que adquirimos (*a posteriori*). Descartes pode ter separado a mente do corpo, o espírito da máquina, mas Kant estava determinado a colocar algumas das operações dessa máquina — o que chamaríamos de *firmware* — de volta nas funções da mente.

Mas isso é apenas metade da história. Implícita na operação do tambor com pinos está a possibilidade de *inverter* sua operação. Em outras palavras, tomar uma sequência de eventos existente e usá-la para determinar o local adequado dos pinos no tambor — tornando assim possível repetir infinitamente até mesmo uma atividade complexa ou capturar um evento para futuro estudo. Essa tecnologia chegaria a todos os salões americanos decentes (e a todas as tavernas americanas indecentes) no final do século XIX, na figura da pianola, o piano mecânico.

Mas o efeito supremo desse processo de inversão foi bem maior do que isso. Se iniciar a ação com o tambor com pinos foi o nascimento do *software* de instrução, capturar informações com esse mesmo tambor foi o início do armazenamento da memória. Duzentos anos depois, na era dos computadores, essa diferença iria definir a *read-only memory* [memória somente para leitura] (ROM) e a *random-access memory* [memória de acesso aleatório] (RAM).

AS REGRAS REVELADAS

Extraordinariamente, ainda temos mais uma revolução, maior ainda. Existe um simples ato que, embora em grande medida desconhecido, parece sistematicamente mudar a história de uma maneira profunda. Por mais simples que possa parecer, é o processo de pegar uma nova invenção bem-sucedida e *achatá-la*. Em outras palavras, convertê-la de uma forma tridimensional em uma forma bidimensional (ou o mais próximo que for possível no mundo real). Já vimos isso com o livro impresso, e acontece de novo com o circuito integrado.

O ato isolado de achatar o tambor com pinos pode ter tido uma influência histórica pelo menos tão grande quanto os outros dois. Para entender como isso aconteceu, precisamos retornar àquele *designer* genial, Jacques de Vaucanson. A partir da perspectiva do século XXI, Vaucanson parece a própria personificação do iluminismo: sofisticado, multidisciplinar e infinitamente curioso. No entanto, ao mesmo tempo, ele também parece mais uma figura do futuro: um empreendedor nato, perpetuamente motivado para buscar a oportunidade seguinte e deixar a concorrência para trás.

Talvez o que o tenha motivado tenha sido a combinação familiar de um enorme talento e um começo difícil. Ele nascera na família de um mestre fabricante de luvas em Grenoble, na França, onde estudou em uma escola jesuíta. Infelizmente, o pai de Vaucanson faleceu quando ele contava apenas sete anos de idade, e a família ficou empobrecida. Dizem que, mesmo quando menino, ele planejava se tornar um relojoeiro e certa vez, enquanto esperava em uma antessala para fazer uma confissão, ele descobrira o mecanismo de um relógio na parede.

Com o tempo, Vaucanson se ordenou na ultrarrigorosa ordem dos Mínimos, uma obscura ordem de monges católicos que alcançou uma breve popularidade.¹¹ Tendo em vista sua pobreza, ele considerou que ingressar nesse grupo seria a única maneira de ter condições para continuar sua pesquisa. Os Mínimos se revelariam importantes para ele por uma razão improvável: eles tinham sido profundamente influenciados sessenta anos antes por um de seus membros, o padre Mersenne, que era um dedicado cientista e amigo de Descartes — donde a interiorização por Vaucanson do dualismo cartesiano.¹²

Para sorte do futuro, Vaucanson não permaneceu monge por muito tempo. Aos 18 anos, a ordem o tinha instalado em sua própria loja em Lyon, com um respeitável contrato com um nobre do local para construir máquinas. Ao tomar conhecimento de que em breve receberia a visita, para o jantar, de um dos dirigentes da ordem, decidiu tornar a refeição uma demonstração do que ele era capaz de realizar.

Assim sendo, construiu um conjunto de autômatos humanoides (ou, mais adequadamente, androides) para servir o jantar e mais tarde tirar a mesa. O dignitário visitante mostrou-se cortesmente impressionado durante a refeição mas, pouco depois, declarou as atividades de Vaucanson "profanas" e ordenou que a oficina fosse destruída. Não seria a última vez que ele seria atacado por violar o *status quo*.

Vaucanson foi esperto o bastante para ver aonde isso estava indo. Assim sendo, voltou para casa em Grenoble, implorou ao bispo que o liberasse de seus votos, por causa de uma "doença não mencionável", e, assim que conseguiu a aprovação que buscava, correu para Paris. Lá, como um bom empreendedor, construiu protótipos, conseguiu ajuda de alguns investidores e subcontratou gente para fazer sua fabricação. Logo, também como um bom empreendedor, conheceu um capitalista de risco para financiar uma turnê com seus maquinismos, e começou a ganhar muito dinheiro.¹³ Nesse ponto, Vaucanson poderia ter desfrutado uma carreira muito lucrativa fabricando relógios e autômatos novos e exclusivos.

Mas foi quando tudo mudou. Ele ficou muito doente e permaneceu acamado durante quatro meses. Em seu delírio, teve a visão de um autômato humano de tamanho natural, na forma de uma estátua de mármore famosa na época, de autoria de Antoine Coysevox, que sabia tocar flauta. Como reza a lenda, no momento em que se recuperou, Vaucanson traçou as linhas gerais de todos os componentes do que seria chamado "O Flautista", a partir dos *designs* completos em sua mente. Equipes de artífices se espalharam para começar a construção, e quando as partes acabadas foram finalmente montadas, o Flautista funcionou perfeitamente.

Com uma exceção: como a flauta era um instrumento incrivelmente delicado para ser tocado, Vaucanson descobriu que teria que cobrir os dedos articulados do autômato com pele de verdade – o que levou um observador posterior a comentar, apenas meio zombeteiramente: "Que pena que o mecânico especializado tenha parado tão rápido, quando ele poderia ter seguido em frente e dado uma alma a sua máquina".[14]

CONTO DE PATO

O Flautista, feito de madeira, mas pintado de branco para ficar parecido com mármore, estreou em uma galeria particular no dia 11 de fevereiro de 1738. O autômato tinha mais ou menos 1,70 metro de altura, quase duplicada por conta de um grande pedestal para fazê-la parecer ainda maior. Somente era permitida a entrada de cerca de 12 pessoas de cada vez, e Vaucanson cobrava 3 libras – quase 100 dólares na moeda atual. Ninguém parece ter reclamado de ter sido explorado; pelo contrário, a maioria se mostrou completamente deslumbrada pelo Flautista, cujo repertório incluía 12 diferentes melodias. O mecanismo também chamou a atenção da aristocracia, em particular, da corte de Luís XV.

Tal foi a sensação do Flautista que Vaucanson provavelmente poderia ter se aposentado como um homem muito jovem e muito rico. Mas, quando o público da exposição começou a ficar rarefeito, o motivado inventor já estava preparado para um complemento: um autômato igualmente grande, tocador de pandeiro, na forma de um pastor. Ele também se revelou um sucesso. O que é mais importante, preparou o terreno para a obra-prima definitiva de Vaucanson: o Pato Digestor.

Não apenas o Pato Digestor representou um enorme salto na história dos mecanismos (as suas fraudes à parte), mas, como já foi assinalado, ele captou a imaginação dos líderes da França e de grande parte da Europa. Frederico II da Prússia convidou Vaucanson para se juntar à sua corte – uma oferta que o francês patriota recusou. Como Voltaire notoriamente gracejou: "Existe uma imagem melhor da glória da França do que um pato que faz cocô?".[15]

Tendo estimulado a imaginação dos membros da monarquia, Vaucanson foi então recompensado da maneira típica deles. Em 1741, o cardeal Fleury, o principal ministro de Luís XV, designou Vaucanson, o filho do fabricante de luvas, para o posto de inspetor da fabricação da seda na França. Como era de se esperar, embora tenha sido concedida pelo notoriamente pragmático cardeal, esse deveria ser um benefício eclesiástico apenas para constar. Mas Vaucanson, de 32 anos de idade, não o entendeu assim. Ele vendeu barato seus grandes autômatos e se pôs a trabalhar para revitalizar a conturbada indústria da seda da França. Ele tinha concluído seu trabalho com os autômatos; agora, ele automatizaria o mundo.

SOLUÇÃO SEDOSA

Em meados do século XVIII, a fabricação da seda francesa, que um dia fora uma das mais poderosas indústrias do país, tinha se deparado com tempos difíceis. Assim como as indústrias bem-sucedidas de hoje, ela fora vítima de seu próprio sucesso e ficara desconfiada da mudança, resistindo a modernizar seus dispendiosos bens de capital, e satisfeita em retirar lucros elevados dessa traça de dinheiro. Como resultado, estava cedendo fatia de mercado, década após década, para concorrentes novos, mais famintos e menos avessos ao risco, na Inglaterra e na Escócia.

Vaucanson pareceu entender instantaneamente que o que a indústria da seda francesa precisava para entrar novamente no jogo era ultrapassar tecnologicamente seus rivais. Com esse objetivo em mente, nas décadas que se seguiram, ele inventaria uma série de importantes máquinas-ferramenta* — mais notoriamente o torno de metal *slide-rest*, uma invenção considerada tão importante na época que Diderot e sua equipe a incluíram na *Encyclopédie*.

Mas a maior invenção de Vaucanson — tanto para a história da seda francesa quanto para a prosperidade humana — foi sua primeira: o tear automático.

Já em 1725, uma dupla de inventivos tecelões franceses, Basile Bouchon e Jean Falcon, tinha tentado, de forma independente, tornar o processo da tecelagem mais sistemático. Bouchon, em particular, concebera um dispositivo que usava uma fita de papel perfurado para controlar o subir e descer das agulhas, que regulava o peso das linhas da urdidura enquanto eram tecidas através da

---

* Também chamadas de máquinas operatrizes. (N. T.)

superfície da trama do tecido — um processo que era feito tradicionalmente por meio de uma série de cordões. A invenção se revelara apenas parcialmente bem-sucedida: deixando de lado os problemas da confiabilidade, ela também requeria que outro trabalhador estivesse a postos para alimentar a fita.

Vinte anos depois, procurando uma tecnologia revolucionária, Vaucanson pegou a ideia do papel-fita — e a aplicou à genialidade do maior fabricante de autômatos do mundo.

A maioria dos inventores é celebrada por criar uma única grande inovação de *design*. Mas, apenas com esse tear, Vaucanson criou *três*. Primeiro, ele não apenas reconheceu o poder potencial da invenção de Bouchon já quase esquecida, como também enxergou sua principal fraqueza. Segundo, percebendo que havia uma analogia entre a fita de papel e os tambores com pinos de suas próprias invenções, Vaucanson simplesmente pegou um tambor, cortou-o em um dos lados e achatou-o, formando um "cartão" de madeira durável, mais ou menos do tamanho de uma placa de automóvel moderna. Em seguida, tomando a dica de Bouchon, substituiu os pinos por orifícios perfurados. Terceiro, e o mais importante, ele enfileirou os cartões lado a lado e — como a engrenagem de redução em seus autômatos — criou um mecanismo de acionamento controlado para eles no tear, energizado pelo próprio tear e sincronizado com a tecedura.

Quando em operação, com cada linha da tecedura, as agulhas da urdidura faziam pressão contra esses cartões, penetravam onde quer que houvesse um orifício perfurado e içavam o fio da urdidura para a superfície. O resultado, reconhecemos hoje, foi um evento binário: ligado ou desligado, fechado ou aberto, acionar ou parar. Para mudar o padrão do tecido acabado, bastava trocar os cartões.

O que Vaucanson tinha inventado era a primeira máquina de produção programável pelo usuário, totalmente automatizada.

O PONTO DE INFLEXÃO

São poucos os homens ou mulheres de quem se pode dizer que influenciaram materialmente uma época histórica. No caso de Vaucanson, ele influenciou duas épocas. O seu tear se ergue, junto com a máquina a vapor e o processo Bessemer para a fabricação de aço, como uma das invenções que tornaram a Revolução Industrial possível. No entanto, a invenção de Vaucanson também é reconhecida como uma fonte fundamental da subsequente Revolução da Informação, porque, uma vez que substituímos as agulhas que passavam por aqueles orifícios por eletricidade, pudemos construir computadores e escrever complexos códigos de comando de computador: o *software*. Se usarmos essa mesma seleção ligado-desligado com luz e com a emulsão sensível à luz, que seria inventada um século depois, teremos a fotografia, a fotolitografia e, finalmente, os *chips* semicondutores que preencheriam esses computadores.

Além disso, embora Vaucanson não tenha reconhecido isso na ocasião, seu tear automático tinha ainda oculta dentro dele mais uma descoberta. Se ele em algum momento tivesse tentado reverter a operação do tear — ou seja, usar as agulhas para deduzir o local exato de cada linha de fio e depois alimentar isso de trás para diante, em um dispositivo que *perfurasse* os orifícios nos cartões — não apenas teria inventado a memória de instrução, como também a "gravação" na memória.

Infelizmente para o sr. Vaucanson, embora seus brilhantes autômatos tivessem proporcionado um emocionante entretenimento pós-jantar para os ricos membros da realeza, seu tear automático, muito mais importante, só conseguiu provocar a ira das classes trabalhadoras, que encararam a nova invenção como uma ameaça a seu meio de vida. Como um presságio do *luddismo*, os trabalhadores da seda franceses atacaram não apenas os teares, mas também o próprio Vaucanson, atirando pedras no inventor quando ele visitou as fábricas.

Cinquenta e cinco anos se passariam antes que outro intrépido inventor, Joseph Marie Jacquard, reexaminasse o invento de Vaucanson e aperfeiçoasse o tear, que leva para sempre o nome de Jacquard. Além disso, não com pouca ironia, o tear de Jacquard se veria extremamente valorizado na Inglaterra, onde invenções recentes na fabricação da linha de costura, como a máquina de fiar Spinning Jenny, haviam criado a necessidade de um tear rápido, configurável e automático. No final, o tear de Vaucanson não apenas deixou de restaurar a indústria da seda francesa, como também entregou aos concorrentes ingleses a peça que estava faltando, necessária para conquistar todo o mundo industrial.

A Revolução Industrial, que o tear de Jacquard ajudou a alimentar, é — como toda criança aprende na escola — um dos dois ou três mais importantes pontos de inflexão na história humana, ficando lá no alto, com o nascimento da agricultura. No entanto, vivendo como vivemos na outra extremidade dessa revolução, e conhecendo apenas um mundo irrevogavelmente modificado por ela, pode ser difícil avaliar completamente a medida exata dessa transformação.

Mas, se você examinar os gráficos históricos dos dados demográficos e do comportamento humano, quase todos são essencialmente uma linha reta (com algumas breves anomalias) durante cinco mil anos, começando com o nascimento da agricultura. A expectativa de vida não mudou muito, a mortalidade infantil permaneceu elevada e os níveis educacionais continuaram baixos. A renda *per capita*? Mais ou menos a mesma coisa. A velocidade média do movimento? A da caminhada, com surtos de até 30 e poucos quilômetros por hora com cavalos e veleiros. Epidemias periódicas? Verifique. Fome? Verifique.

Em outras palavras, mesmo que você incluísse a genialidade da Grécia de Péricles e a Renascença italiana, o poder da Roma Imperial e do Império Persa, ou a resistência do Egito dinástico ou da China Imperial, a humanidade como um todo mudou pouco ao longo dos milênios. A ideia de progresso, que define cada minuto de cada dia da vida moderna, era praticamente inexistente antes da Revolução Industrial e, geralmente, reservada apenas para criar o nosso lugar no céu.

E então, de repente, de uma maneira chocante, por volta de 1800, todas essas linhas horizontais se curvam para cima. A humanidade começa a viver mais tempo, fica mais saudável e cresce. Mais crianças sobrevivem — e vão para a escola. As epidemias se tornam menos frequentes e (com uma grande exceção) menos mortíferas. A renda *per capita* dispara à medida que um número cada vez maior de pessoas deixa a profissão que um dia foi dominante (a agropecuária) e aflui para as cidades, que crescem rapidamente, para trabalhar em empregos mais confiáveis e que pagam melhor, com as exigências desses empregos, por sua vez, levando os níveis de alfabetização para praticamente 100 por cento. Isso, por sua vez, acelera o maior salto na produtividade da história humana, aumentando tanto a riqueza quanto a propriedade pessoais.

Com as pessoas mais saudáveis, vivendo mais tempo e tendo mais filhos que sobrevivem, a população também aumenta rapidamente. E essas novas populações deslocadas também começam a se mover de um lado para o outro mais rápido: a locomotiva apresentou o primeiro verdadeiro aprimoramento na velocidade humana desde a domesticação do cavalo, vinte mil anos antes.

No entanto, apesar de tudo isso, a maior mudança acarretada pela Revolução Industrial talvez tenha sido o nosso relacionamento com o tempo. O *timing* e a sequência que definiam o autômato de Vaucanson estavam agora delineados em toda a civilização, e a cada década o tempo caminhava mais rápido e as sequências se tornavam cada vez mais sofisticadas. Os sistemas ingleses de produção fabril, o aço e a melhora do transporte rapidamente tornaram a Grã-Bretanha o país mais rico e poderoso do mundo — e deflagraram dois séculos de espionagem industrial, enquanto outros países competiam, por todos os meios necessários, para reproduzir esse sucesso.

Nenhum deles foi mais competente nisso do que os Estados Unidos — e o esquema americano de sistematização de processos e componentes intercambiáveis iria, por sua vez, desencadear o que seria chamado de Segunda Revolução Industrial, de produção em massa em grande escala, que levaria os frutos da produção para praticamente todas as pessoas no planeta. Os autômatos agora tinham se tornado *automatização*, e os seres humanos eram não apenas os observadores e consumidores desse mundo recém-automatizado, como agora também eram componentes *dentro* do próprio autômato. Não é uma coincidência que, no início desse processo, Mary Shelley tenha criado o mais influente de todos os mitos modernos, *Frankenstein* — a horripilante história de um homem assediado por um monstro que ele mesmo fabricou.

Na realidade, o papel das pessoas nessa sociedade recém-industrializada se tornou problemático. A tarefa de um grupo — investidores, banqueiros, dirigentes, cientistas, especialistas e, com o tempo, profissionais de marketing — passou a ser de tornar as máquinas mais poderosas, produtivas e eficientes quanto ao custo. Para outro grupo — o dos trabalhadores —, a função era se tornar um componente dentro da máquina, atuando no processo em pontos críticos, nos quais não seria possível confiar na automatização para realizar o trabalho.

Como todos sabemos, no caso do último grupo, todos os avanços na riqueza e na qualidade de vida acarretados pela industrialização não compensaram a insipidez e o anonimato do trabalho da linha de montagem. E essa frustração chegou a um ponto de ruptura quando, a fim de acompanhar o ritmo das máquinas cada vez mais rápidas, o aprimoramento do *timing* e da sequência evoluiu para uma ciência: o "gerenciamento científico" de Frederick Taylor, com seus estudos de tempo-movimento e obsessão pela eficiência. A resultante explosão da produtividade conduziu à gestão profissional moderna, com seu foco na tomada de decisões empírica e uma memória coletiva compartilhada de "melhores práticas".

Mas, antes disso, a revolta contra a automatização nos deu o movimento trabalhista, com sua reafirmação dos direitos, da dignidade e, acima de tudo, da *condição humana* dos trabalhadores aprisionados dentro do autômato. Os espíritos finalmente tinham contra-atacado. E, assim, não deve causar surpresa o fato de que talvez a imagem ressonante dessa revolta tenha sido o pequeno vagabundo de Charlie Chaplin como um operário de fábrica no filme *Tempos Modernos*, sendo processado através de uma série de engrenagens gigantes — a forma mais simples do tambor com pinos — como, bem, cocô por dentro de um pato.

Em algum lugar, Voltaire estava rindo.

Jacques de Vaucanson passou o resto da vida criando invenções e ganhando prêmios, entre eles a condição de membro da Academia Francesa de Ciência. Mas a história logo se esqueceu dele e de sua extraordinária contribuição. Há uma gravura de Vaucanson, feita pouco antes da sua morte, que mostra um homem velho, de peruca com a face de um cão de caça alerta.

Vaucanson faleceu em 1792. Ele não viveu tempo suficiente para ver nem a revolta de seus operários de fábrica contra suas antigas audiências reais (e a destruição de muitos de seus autômatos) e nem a outra grande revolução social que suas invenções ajudaram a criar. E se, no final, ele não conseguira dar vida a suas máquinas, fizera a segunda melhor coisa: dera a elas vidas independentes delas próprias.

8
Grandes invenções, grandes inventores
A memória como registro

No século entre 1870 e 1970, o mundo da memória foi dominado por um novo tipo de figura: o empresário/inventor.

O trabalho da memória tinha sido até então da alçada de acadêmicos, eclesiásticos e cientistas. Mas, à medida que o foco da memória se deslocou do cérebro humano para sistemas mecânicos, e as economias dirigidas se transformaram no capitalismo de livre mercado, a natureza dos protagonistas também mudou. A meta agora não era apenas desenvolver novas tecnologias de memória e sim transformá-las em empreendimentos bem-sucedidos e lucrativos. Se com essa transformação perdeu-se a pesquisa pela pesquisa, ganhou-se a rápida inovação, o contínuo aprimoramento forçado pela concorrência e, por meio da interação com usuários, resultados práticos.

O século depois da Guerra Civil Americana ofereceu uma breve janela de oportunidade para essas pessoas singulares. Mercados inteiros estavam abertos para prospecção, pessoas isoladas ainda podiam criar invenções, e a fabricação era barata. Além disso, as pessoas em geral, cada vez mais treinadas para adotar entusiasticamente novas invenções, não apenas proporcionavam um mercado perpetuamente guloso, como também se mostravam satisfeitas em tratar esses inventores como celebridades e heróis da época.

E eles *eram* heróis. Mas também eram gênios, excêntricos, megalomaníacos e, com muita frequência, condenados pelas mesmas características que os tinham originalmente tornado bem-sucedidos (obstinação, fixação em um único propósito e desprezo pelo trabalho dos outros) a, em última análise, destruir suas criações. Mas, antes de fazer isso, eles modificaram para sempre a natureza da memória, tanto humana quanto artificial.

EMPREENDEDOR E DINÂMICO

John Shaw Billings era um tipo confiante dos Estados Unidos do pós-guerra civil, um desses homens que transformaram o país, que era uma nação fronteiriça exaurida pela guerra, em um império internacional no intervalo de uma única geração.

Com o seu bigode de pontas caídas e bolsas embaixo dos olhos, Billings dá a impressão de estar levemente constrangido, nos retratos e fotografias, com toda a atenção de que é alvo, talvez se sentindo um pouco perdido. Mas ele era tudo menos isso: Billings era, na verdade, brilhante, pragmático, um líder e administrador veterano, e não tinha o menor medo de assumir as maiores e mais ingratas tarefas.

Como muitos de seus contemporâneos bem-sucedidos, Billings era de origem humilde, de uma pequena cidade dos Estados Unidos pré-guerra civil e alcançara seu sucesso por meio da inteligência, coragem e trabalho árduo. Nasceu em 1838 em Allensville, em Switzerland County, no estado de Ohio. Ele se formou pela Miami (Ohio) University em 1857 e obteve seu diploma de medicina três anos depois, no que é hoje a Escola de Medicina da Universidade de Cincinnati. Assim sendo, ele estava exercendo a profissão havia apenas poucos meses quando o Forte Sumter foi atacado e a nação, Norte e Sul, se mobilizou para a guerra.

Depois do recrutamento, Billings foi para Washington, D. C. O exército da União enfrentava enormes problemas para manter as condições sanitárias (as doenças matavam mais soldados do que as batalhas na guerra civil) e fornecer equipamentos e pessoal para as cirurgias no campo e nos hospitais militares. Foi um desses momentos em que o mérito é efetivamente reconhecido e recompensado: aos 24 anos de idade, Billings foi nomeado inspetor médico do exército de 200 mil homens do Potomac. Pelo que todos disseram, ele serviu de maneira brilhante.

Depois da guerra, Billings foi designado bibliotecário do gabinete do chefe da Saúde Pública — uma função com mais título do que substância. Billings mudou isso: a coleção que ele compilou se tornou a essência da National Library of Medicine [Biblioteca Nacional de Medicina].

Embora mantivesse o título de bibliotecário durante trinta anos, isso não impediu que Billings assumisse outras tarefas "impossíveis" sempre que lhe eram oferecidas. Por exemplo, ele também foi professor de higiene na Universidade da Pensilvânia e, enquanto esteve lá, desempenhou um papel fundamental ao projetar todos os prédios originais para a Universidade Johns Hopkins (a famosa cúpula desta última leva o seu nome como homenagem). Mais tarde na carreira, Billings foi convidado para ir a Nova York e reunir as bibliotecas locais dos distritos e formar o sistema de Biblioteca Pública de Nova York, que ainda é um dos maiores do mundo.

Algo que sinaliza a reputação de Billings e o fato de ele se sentir à vontade com o poder é o fato de ter sido ele quem inicialmente abordou e depois convenceu o magnata Andrew Carnegie a construir 64 novas bibliotecas sucursais em Nova York, e depois — no que talvez tenha sido o maior ato individual de filantropia dos tempos modernos — a construir 3 mil bibliotecas públicas em cidades grandes e pequenas, em todos os Estados Unidos e no Império Britânico. A maioria desses prédios de bibliotecas de "Carnegie" ainda está de pé, como templos seculares, em pequenas cidades dos Estados Unidos, Canadá, Reino Unido, Austrália, Nova Zelândia, Fiji e nas Índias Ocidentais — e desempenhou um importante papel no aumento dos índices de alfabetização em muitas dessas nações.

Mas foi em meados da década de 1870 que Billings recebeu, e aceitou, o que ele acreditava seria o maior desafio da sua carreira: o convite para dirigir o Censo de 1880 dos Estados Unidos.

QUE TUDO SEJA CONTADO

O censo estava longe de ser uma ideia nova. A contagem de populações já vinha sendo feita havia cinco mil anos, começando pelo Egito, onde se acredita que o primeiro censo tenha acontecido em 3340 a.C., no início do período faraônico. Mil anos depois disso, os chineses estavam conduzindo um censo regular, e alguns de seus registros sobrevivem até hoje. Os judeus, em Israel, também conduziam um censo regular para fins de imposto (como ordenado por Deus no Êxodo), um processo tão entranhado na cultura que deu nome ao livro Números, do Antigo Testamento.

Consta que Roma começou a realizar censos regulares já na época de seus reis pré-republicanos, em particular Sérvio Túlio, no século VI a.C. Na época do império, a realização do censo tornara-se um gigantesco empreendimento, que se estendia pela Europa e pelo Oriente Médio — um evento reverenciado na abertura do Evangelho de Lucas, em que José de Nazaré e sua esposa grávida, Maria, precisam viajar para Belém a fim de serem registrados e tributados. Apesar do imenso desafio, Roma considerava seu censo tão importante que o império o conduziu como um programa contínuo durante séculos, agregando os resultados a cada cinco anos. *Census*, na verdade, é a palavra latina para "avaliação", a quantidade de todos os cidadãos do sexo masculino.

O censo foi em grande medida abandonado na Europa durante o caos da Idade das Trevas, mas continuou no Oriente Médio durante o califado, começando no reinado do califa Umar no início do século VII, logo depois de sua conversão ao islamismo. Mas tão logo a ordem foi restabelecida na Europa Ocidental, a contagem da população foi resolutamente reiniciada.

O mais famoso censo da Idade Média foi o *Domesday Book*, ordenado por Guilherme, o Conquistador, em 1086 para determinar que impostos e tributos eram devidos a seu predecessor, Eduardo, o Confessor, e que agora pertenciam a ele.

De acordo com as *Anglo-Saxon Chronicles*, Guilherme teve essa ideia no ano anterior:

> *Enquanto passava o Natal de 1085 em Gloucester, Guilherme conversou longamente com seus conselheiros e enviou homens a cada condado da Inglaterra para descobrir o que ou quanto cada proprietário de terras tinha em terras e gado, e quanto isso valia.*[1]

Geralmente se supõe que o *Domesday Book* seja simplesmente o registro desse censo. Mas a coisa não é tão simples. No mundo antes da impressão, do velino e com escassez de escribas, o censo era o livro — e o livro era a *lei*. Daí o nome. Para os cidadãos anglo-saxões da Inglaterra, sob o domínio de seus novos senhores normandos, esse grosso volume realmente era o livro do "Doomsday" — o livro do Juízo Final. Contra seus registros, não cabia recurso.

Já no século XVI, como parte do zelo de catalogar e enumerar que caracterizava a Renascença, os censos estavam acontecendo em quase todos os reinos e principados da Europa. Eles também estavam sendo realizados no Oriente Médio, na China e até mesmo na América do Sul, no Império Inca. Em 1183, os Cruzados conduziram um censo em Jerusalém para determinar se poderiam organizar um exército grande o suficiente para se defender do ataque de Saladin.

Em 1577, o rei Filipe da Espanha ordenou que fosse realizado um censo de todo o império espanhol no Hemisfério Ocidental, para determinar a riqueza total da Espanha e a população dos povos capturados (a própria Espanha já realizava censos desde o século XIII). Em 1666, a França fez o mesmo com sua colônia no Canadá; e o *raj* britânico finalmente fez o mesmo na Índia em 1872.

Como esses exemplos sugerem, a atratividade do censo para os governantes e legislaturas assumiu muitas formas. Para os faraós, foi uma maneira de avaliar seu poder sobre pessoas, estruturas e escravos. Para os césares e os imperadores da China, era tudo isso, além de uma maneira de determinar o número potencial de soldados para prover os exércitos. E, é claro, já na Idade Média, era a principal ferramenta para extrair impostos da coletividade de cidadãos.

Mas os censos também eram outra coisa que passou em grande medida desapercebida pelas pessoas de sua época, mas que hoje é seu principal valor: eles eram os supremos (e não raro os únicos) registros de memória das *pessoas comuns*.

Não sabemos nada a respeito dos donos de lojas, trabalhadores braçais e soldados da Antiguidade, e nem mesmo na Renascença — e muito menos sobre as mulheres e os escravos —, a não ser que eles tenham feito alguma coisa extraordinária, o que, por definição, os tornava mais do que pessoas comuns. Não havia fotografia, e o analfabetismo era generalizado nas classes inferiores, de modo que era quase impossível para qualquer pessoa fora das classes dominantes deixar até mesmo o mais leve registro de sua existência para as gerações futuras.

Em decorrência disso, praticamente não temos nenhum registro de como era ser um trabalhador nas pirâmides ou um legionário romano de baixa patente, um agricultor chinês durante a dinastia Tan, ou um hoplita grego. Essas memórias nunca serão recuperadas porque nunca foram registradas. As memórias de um bilhão de pessoas ao longo de um milhão de gerações estão perdidas para nós, para sempre.

Os censos mudaram isso. Não de imediato, é claro. Os governantes se importavam muito pouco com os detalhes biográficos de seus súditos plebeus, e nem um pouco com os dos proletários e escravos. Mas tudo isso mudou quando as classes médias começaram a surgir em todo o continente e os governos, de repente, ficaram interessados nas pessoas, em sua família estendida e, acima de tudo, na propriedade de seu patrimônio.

NOVO MUNDO, NOVA MEDIDA

Para uma república democrática que surgira recentemente como os Estados Unidos — e uma nação que não teria um imposto de renda federal durante seu primeiro século de existência —, o censo atendia a um conjunto totalmente novo de propósitos: estabelecer o registro de eleitores e repartir distritos; criar listas de homens adultos para um possível recrutamento militar; localizar os números cada vez maiores de novos imigrantes; e contar o número de escravos e de servos por contrato (embora os primeiros só fossem oficialmente registrados como três quintos de seu total). Mas talvez a tarefa mais importante em uma nação que estava rapidamente expandindo suas fronteiras para oeste era localizar e contar as centenas de milhares de cidadãos espalhados pela vasta fronteira — alguns deles tão isolados que continuavam a votar para Andrew Jackson para presidente, muito tempo depois de ele ter cumprido seus mandatos e morrido.

As diferentes colônias americanas realizavam seus próprios censos desde o século XVII, o primeiro tendo lugar na Virgínia no início daquele século. O primeiro censo oficial dos Estados Unidos teve início no dia 2 de agosto de 1790, quando a nação só tinha oficialmente um ano de idade. Para enfatizar quanto o governo federal levava a sério a tarefa — e para dar o exemplo clássico da determinação do presidente George Washington de estabelecer precedentes executivos —, delegados federais, sob o comando do secretário de Estado Thomas Jefferson, foram enviados para bater em todas as portas, anotar o nome de cada chefe de família, e depois contar o número das outras pessoas que moravam na residência.

Curiosamente, embora os escravos tenham sido contados nesse primeiro censo (e, como assinalado, apenas como cidadãos fracionários para o aquinhoamento), os índios não o foram — não apenas porque não eram considerados "verdadeiros" cidadãos como também devido ao risco potencialmente mortal para os recenseadores.

A contagem final desse primeiro censo dos Estados Unidos foi de 3,9 milhões de americanos — um lembrete de como era minúscula a nação que tinha acabado de lutar por sua independência do maior império da história.

O segundo censo dos Estados Unidos teve lugar em 1800, estabelecendo assim um padrão de dez anos entre as contagens — um intervalo muito breve, tendo em vista o crescente esforço exigido, mas quase longo demais para uma nação que estava crescendo tão rápido. Nesse ínterim, cada censo adicionava algumas novas perguntas à medida que o jovem governo se esforçava para entender como seus cidadãos viviam, onde trabalhavam e as forças que sustentavam a economia nacional.

Assim, já no terceiro censo, de 1810, estavam sendo feitas questões a respeito de produtos manufaturados. O censo de 1840 acrescentou questões sobre as áreas de pesca da nação, talvez refletindo as disputas marítimas da época.

Mas foi somente no censo de 1850 — talvez refletindo as crescentes dissidências de uma nação que se encaminhava para a guerra civil — que o governo dos Estados Unidos realmente se aprofundou. Foram feitas perguntas a respeito de impostos pagos, antecedentes criminais, afiliação religiosa e até mesmo se a pessoas eram desprovidas de recursos. Além disso, pela primeira vez (e para a eterna gratidão dos futuros genealogistas), os recenseadores também pediram o nome completo e a idade de *todos* os membros da unidade familiar. E, em outra reviravolta sem precedente, foi solicitado o nome até mesmo dos escravos da família.

Agora, pela primeira vez na história, a pessoa comum tinha um nome, uma família, um estilo de vida, e uma memória que viveria muito além dela, para ser lida por seus descendentes séculos no futuro. O que é ainda mais extraordinário, os escravos, as supremas figuras esquecidas da história, finalmente ingressaram na memória humana — um prenúncio da Proclamação da Emancipação que ainda estava doze anos à frente.

SOMANDO UMA NAÇÃO DIVIDIDA

Enquanto o censo de 1850 havia prognosticado um futuro mais brilhante, seu sucessor de 1860 afastou essa esperança. Ele foi, como Adam Goodheart o apelidou 150 anos depois no *New York Times*, "The Census of Doom".*[2]

Àquela altura, o ato de pegar um censo dos Estados Unidos, compilar os detalhes e depois publicá-los levava quase cinco anos. É desnecessário dizer que, com a nação se desintegrando — e apenas poucos meses antes da deflagração do conflito —, não havia nem tempo nem recursos financeiros para um relatório completamente elaborado como o de uma década antes. Quando

---

* Tradução literal: "O Censo Fatídico". (N. T.)

os resultados foram finalmente tabelados, a luta já começara, de modo que o superintendente do censo, Joseph Kennedy, trabalhando com uma equipe de apenas 184 auxiliares para contar os milhões de registros, acabou apresentando apenas um relatório condensado que carecia das representações cartográficas esperadas a respeito de onde as populações dos Estados Unidos estavam localizadas.

Ainda assim, uma quantidade de informações suficiente foi processada e tornada pública entre a data inicial do censo, em junho de 1860, e a eleição presidencial de novembro de 1861, para causar um profundo efeito nos fatores que conduziriam à guerra — e, portanto, no futuro dos Estados Unidos. Goodheart escreveu o seguinte:

> *Resultados preliminares que começaram a aparecer na imprensa já em setembro de 1860 confirmaram o que muitos americanos já suspeitavam: a imigração e a expansão para oeste estavam alterando o equilíbrio da população e do poder no país. Desde a contagem anterior, em 1850, a população do Norte tinha crescido assombrosos 41 por cento, enquanto o Sul tinha crescido apenas 27 por cento. (Entre 2000 e 2010, em comparação, a população da nação inteira cresceu apenas 9,7 por cento.) De forma reveladora, o centro estatístico da população nacional se deslocara pela primeira vez não apenas para oeste dos 13 estados originais, mas também do território com escravos para o território livre: de Virgínia para Ohio.*[3]

Esses percentuais chocaram os estados sulistas que tinham escravos. A sobrevivência da escravatura havia muito dependia de um equilíbrio eleitoral entre o Norte e o Sul, por meio do qual os estados ao sul da linha Mason-Dixon podiam manter os abolicionistas acima dela. Agora, estava óbvio que esse frágil equilíbrio havia sido abalado — e o Sul nunca mais teria controle sobre o seu próprio destino. Não apenas essas populações florescentes praticamente decidiriam quem seriam os futuros presidentes, mas a redistribuição logo estaria adicionando novos distritos congressionais ao Norte, ao mesmo tempo que os retiraria do Sul.

Além disso, pelo menos para os brancos do Sul, as coisas só ficaram piores. Não apenas as populações dos estados nortistas estavam crescendo rapidamente, mas o mesmo estava acontecendo com aquelas das regiões fronteiriças do antigo Território do Noroeste, as Grandes Planícies, o Sudoeste e a área do Extremo Oeste [Far West] – territórios que, graças a seus pioneiros do "solo livre", tinham uma extrema probabilidade de votar contra um estado escravagista.

De todos esses territórios, Wisconsin e Minnesota representavam o pior pesadelo sulista:

> Em 1836, [Wisconsin] tinha declarado menos de 12 mil habitantes. Agora, em 1860, ele alardeava 778 mil – um aumento de quase 6.400 por cento em menos de um quarto de século... E este foi o caso mais extraordinário. A população do estado vizinho, Minnesota, aumentara de 6 mil para 172 mil só na década anterior.[4]

Para piorar as coisas, aos olhos sulistas, os habitantes desses dois estados eram em grande medida imigrantes, norte-europeus que não tinham nenhuma história de escravidão e que sentiam um ódio particular pela instituição obsoleta. Até mesmo o consagrado argumento de que a escravatura era uma instituição econômica importante demais para ser desmantelada estava agora começando a perder credibilidade: as informações do censo mostraram (e *The Philadelphia Inquirer* ficou feliz em assinalar) que os escravos agora, com apenas 12,5 por cento, representavam a menor percentagem da população dos Estados Unidos desde que a quantificação começara.[5]

Nada disso passava despercebido no Sul. A mensagem era clara: a escravatura, a maior indústria isolada dos Estados Unidos, estava condenada. E como ela era a base de toda a cultura agrária sulista, era também o núcleo da economia sulista. Ao mesmo tempo, os sulistas brancos, que haviam conduzido a nação ao longo da Revolução e dos primeiros anos da República, estavam agora destinados a se tornar uma minoria, lentamente despojados de seus representantes no governo, tendo seu papel na vida americana suplantado por imigrantes no Norte.

Mesmo que o censo de 1860 não tenha causado a guerra civil – essas raízes recuavam ao tratamento dos escravos na Constituição –, as informações dele com toda a certeza aceleraram sua chegada. Os sulistas, vendo esses resultados, agora contemplavam com mais apreensão do que nunca a eleição presidencial vindoura e o candidato republicano, nortista e antiescravista, Abraham Lincoln. Um indicador do quanto o Sul estava com medo dessas mudanças nos ventos demográficos é o fato de Lincoln ter sido eleito presidente, mas não ter recebido um único voto eleitoral dos estados sulistas. O terreno estava preparado; não havia como retornar ao *status quo*. Usando as mesmas informações do censo, os sulistas convenceram-se de que, como eles eram agora uma população maior do que as colônias americanas na época da Revolução, também poderiam desprezar um poderoso império continental.[6]

Uma vez que a guerra civil irrompeu, o Departamento do Censo rapidamente se tornou um braço do Ministério da Guerra — em particular, Kennedy e sua equipe, agora munidos das melhores informações populacionais do país, começaram a criar um novo conjunto de mapas populacionais para comandantes de campo e governadores militares. Esses mapas incluíam informações não apenas sobre populações brancas, mas também sobre escravos (e até mesmo índios, ou pelo menos aqueles 40 mil índios americanos que haviam "renunciado às regras tribais"), junto com produtos agrícolas locais e, crucialmente, o itinerário e o horário dos trens.

A população total dos Estados Unidos, de acordo com o censo de 1860, era de 31.443.321 habitantes. No intervalo de cinco anos, mais de 620 mil desses cidadãos estariam mortos.

O censo seguinte, em 1870, teve lugar exatamente no meio da reconstrução no Sul, da era de ouro no Norte e de uma maciça emigração de pioneiros para as Grandes Planícies e além delas. A população oficial do país era de quase 40 milhões de habitantes.

A LONGA CONTAGEM

Em 1880, foi a vez de John Shaw Billings contar todos os americanos. Pelo que todos disseram, ele executou brilhantemente a tarefa, apesar de estar lidando com uma população muito maior (50 milhões, tendo aumentado 30 por cento em uma única década) e geograficamente mais diversa, e com um conjunto de perguntas sem precedente. Na realidade, o censo de 1880 tinha cinco seções separadas, com apenas a primeira sendo parecida com a tradicional contagem de pessoas que podia ser preenchida pelos cidadãos. As outras quatro seções — mortalidade, agricultura, fabricação e estatísticas sociais — faziam dezenas de perguntas a respeito do estado civil, local de nascimento e causa da morte dos pais, culturas agrícolas e sua rotação, compras de fertilizantes, número de empregados de fazenda contratados sazonalmente, o salário médio diário, bens de capital, dívidas, educação e uma série de outras questões, todas tendo que ser feitas pelos "enumeradores" de campo do censo, ou recenseadores. Funcionários da alfândega especiais também iam ao campo para recolher dados estatísticos sobre todas as principais indústrias de manufatura do país.

Foi uma iniciativa gigantesca — e, no final, uma realização extraordinária. Pela primeira vez, uma grande nação compreendia completamente sua própria natureza [...] e preparou a mais completa memória de si mesma para futuras gerações já realizada até então. Mas não tinha sido fácil, apesar do fato de Billings ter quebrado o precedente e, pela primeira vez, contratado mulheres para se juntar a seu exército de recenseadores. No final, foram necessários sete anos para concluir o censo de 1880 dos Estados Unidos.

O censo de 1890 assomava logo à frente. E John Shaw Billings sabia que tinha um sério problema nas mãos. Naquela altura, poderia haver mais de 70 milhões de americanos, muitos deles morando em um número ainda maior de cantos de difícil acesso da nação. E as questões das seções planejadas do censo eram ainda mais complicadas. O censo de 1880 levara sete anos; Billings precisava apenas fazer uma extrapolação para compreender, para seu horror, que o censo de 1890 levaria *13 anos* para ser concluído da maneira como estava configurado naquela ocasião. Até então, todo o governo dos Estados Unidos — e provavelmente a própria economia — estaria trabalhando cegamente, baseado em informações tremendamente obsoletas. Os resultados poderiam ser catastróficos.

De modo nenhum poderia ser permitido que um censo se sobrepusesse ao seguinte. Depois de uma ilustre carreira baseada em uma reputação inigualável de competência, Billings compreendeu que estava se defrontando com o suicídio da carreira e a humilhação pública.

Mas John Shaw Billings não era o tipo de homem que se encolhia diante de desafios. Como demonstrara ao contratar mulheres, ele via apenas a tarefa a ser cumprida, e estava preparado para derrubar quaisquer barreiras técnicas ou culturais que encontrasse no caminho para chegar aonde queria.

Ele estivera observando um de seus funcionários — um jovem excêntrico, ex-engenheiro de minas, chamado Herman Hollerith — que parecia ter um dom para resolver problemas mecânicos. E foi durante um jantar com salada de galinha em 1879, não muito tempo depois de Hollerith ter ingressado no Departamento do Censo, que Billings apresentou pela primeira vez o desafio de acelerar o censo de 1880 e o espectro avultante do censo de 1890, que assomava mais além. Hollerith deixou aquele jantar motivado a encontrar uma solução.

Ele não conseguiu encontrá-la a tempo para o censo de 1880, mas Herman Hollerith não era homem de recuar diante de um desafio.[7] Nascido em Buffalo, no estado de Nova York, em 1880, ele se mudara com seus pais, imigrantes alemães, para a cidade de Nova York. Lá, o jovem Herman se revelou um aluno difícil — brilhante nas matérias das quais gostava, porém indiferente, até mesmo agressivo, naquelas que não lhe interessavam. Reza a lenda que ele certa vez até mesmo saltou da janela de uma sala de aula para fugir de um teste de ortografia.

Com o tempo, seus pais, desesperados, tiraram Herman da escola e o colocaram nas mãos de um professor particular. Hollerith vicejou com o programa personalizado e conseguiu ingressar no Columbia College com apenas 16 anos de idade. Três anos depois, ele se formou em engenharia de minas. Ironicamente, tendo em vista seu futuro, suas duas piores matérias eram maquinaria e escrituração mercantil. Por ter ido trabalhar no Departamento do Censo, ele se mudou para Washington D. C., e algumas semanas depois teve seu jantar decisivo com John Shaw Billings.

Como acontece com muitos gênios, o talento de Hollerith não residia em criar uma coisa completamente nova, e sim em visualizar em um contexto inteiramente diferente uma coisa que já existia. Ao fazer uma viagem de ida e volta de trem para Nova York, Hollerith não conseguiu deixar de reparar no condutor, que ia de assento em assento, usando um perfurador manual para fazer orifícios nas passagens dos passageiros, em pontos específicos para designar o gênero, a idade aproximada e outras características, a fim de evitar a fraude. Essas passagens perfuradas eram descendentes grosseiros dos cartões perfurados usados nos teares de Jacquard, devendo, portanto, sua existência ao Pato Digestor de Vaucanson.

Nos 150 anos intermediários, a ideia de usar fragmentos de memória para fins de controlar sistemas se espalhara da indústria para a vida diária — e dos autômatos e teares para passagens de trem, relógios de ponto, pianolas e caixas de música. Quando em operação, a maioria desses objetos era muito simples em comparação com os teares sofisticados e "programáveis" hoje utilizados em todo o mundo. Por exemplo, a "máquina", no aplicativo que perfura a passagem, era o próprio condutor, cuja função era comparar as características registradas na passagem com o passageiro sentado diante dele. Mesmo assim, esses vários aplicativos em conjunto tinham começado a criar um crescente regime de controle de mecanismos por meio da inserção de informações.

Milhões de pessoas agora interagiam quase diariamente com um ou mais desses dispositivos de controle. Mas apenas Herman Hollerith tinha a combinação de genialidade com o conhecimento de uma premente necessidade, para enxergar como esses sistemas poderiam ser *revertidos*; em outras palavras, em vez de codificar comandos, eles poderiam compilar resultados.

Ao longo da década de 1880, Hollerith, com o apoio de Billings, começou a reunir várias tecnologias existentes em um novo projeto de sua autoria, que ele chamou de *tabulador*. É preciso dizer que Billings, embora um convicto defensor do trabalho de seu subordinado, era pragmático demais para depositar todas as suas esperanças no excêntrico rapaz de 25 anos. Assim sendo, enquanto Hollerith trabalhava arduamente, Billings também abriu concorrência pública para uma nova máquina que compilasse o censo, cujo prazo final de apresentação era 1887.

No final, houve três inscrições. Além do projeto de Hollerith, que acabara de construir o seu tabulador bem a tempo de participar da concorrência, havia também modelos de dois outros inventores, Charles F. Pidgin e William C. Hunt. Um conjunto de dados representativos do censo de 1880 foi passado por cada uma das máquinas, tarefa que envolvia basicamente converter informações do censo escritas à mão em codificação de máquina e depois decompor e distribuir os dados inseridos em várias categorias de resultados.

Quando os resultados foram escrutinizados, foi constatado que o tabulador de Hollerith não apenas derrotara seus concorrentes, como também os deixara para trás. A máquina de Hollerith se revelou duas vezes mais rápida do que a de Pidgin, e três vezes mais rápida do que a de Hunt. Isso também significou que o tabulador era, provavelmente, pelo menos dez vezes mais eficiente do que o tradicional trabalho manual.

O projeto do tabulador triunfara porque Herman Hollerith não tinha se concentrado apenas em um único grande avanço revolucionário — como era seu projeto, no *design* e na utilização de "cartões" de papel perfurados baratos —, mas também em reunir diversas tecnologias, para tirar o máximo proveito dessa inovação básica. Portanto, o tabulador tinha uma maneira de carregar mecanicamente novos cartões na máquina, onde poderiam ser perfurados por meio da nova tecnologia da máquina de escrever. Em seguida, depois que os novos orifícios na face de 12 fileiras por 24 colunas eram "lidos" eletricamente por fios de cobre acionados por mola, arrastados ao longo de sua superfície para fazer contato com um condutor de metal colocado embaixo, eles podiam ser mecanicamente classificados, por seus dados comuns, em pilhas e despejados em uma série de caixas, enquanto um sino na parte superior tocava para indicar o sucesso da operação. Este processo podia então ser revertido, por meio de um contador, para totalizar os resultados, os quais apareciam em mostradores, um para cada casa decimal, no painel. E embora muitas dessas etapas ainda fossem executadas manualmente, o processo mesmo assim era mais rápido do que qualquer armazenamento de dados — ou seja, memória artificial — já tentado anteriormente.

CONTANDO VITÓRIAS

John Shaw Billings, destemido como sempre, imediatamente confiou todo o Departamento do Censo dos Estados Unidos ao tabulador de Hollerith e, a partir de junho de 1890, essas máquinas, que não tinham sido conclusivamente testadas, continham a memória coletiva dos Estados Unidos em suas engrenagens, chaves e cabos.

Depois de apenas *seis semanas* de processamento — em vez dos dois longos anos do censo anterior — o Departamento do Censo anunciou seus resultados preliminares: os Estados Unidos tinham agora uma população de 62.947.714 habitantes.

A notícia chocou muitos americanos, especialmente os que ocupavam posições de poder, por várias razões. Em primeiro lugar, os resultados, graças ao tabulador de Hollerith, tinham sido anunciados tão rápido — parecia impossivelmente rápido — que, seguramente, surgiriam perguntas a respeito da qualidade do trabalho. O Departamento do Censo tomara atalhos? Tornara-se relaxado? Ou será que tinha *inventado as informações*? Esta foi uma manchete do *New York Herald*:

TRABALHO RELAXADO ESTRAGOU O CENSO
A MÁ GESTÃO É A REGRA
Acelerar Tudo. Exatidão zero![8]

Apenas para aumentar essas suspeitas havia o fato de que o total da população parecia inesperadamente baixo. Os Estados Unidos cresciam, de acordo com os censos anteriores, 25 por cento por década durante a maior parte do século XIX. Isso indicava uma população provável em 1890 de 65 milhões e, tendo em vista o enorme influxo de imigrantes nos anos recentes, alguns analistas tinham prognosticado que esse número poderia até mesmo chegar a 75 milhões. Essa aparente defasagem, aliada à incrível velocidade com a qual o total tinha sido calculado, levou os céticos, especialmente aqueles com interesse político nos resultados, a sugerir motivos mais nefandos.

No entanto, um confiante John Shaw Billings não deu atenção aos refutadores e foi em frente. O censo de 1890 fez perguntas em 25 categorias, incluindo quase todas as do censo de 1880, acrescentando outras a respeito da cidadania e da naturalização, doenças crônicas, defeitos físicos permanentes, meses de desemprego no ano anterior, posse de propriedades agrícolas, *status* de veterano da guerra civil e perguntas extremamente detalhadas a respeito da raça (especificando categorias como mulato, mestiço, pardo, e assim por diante).

O governo federal realmente esperava que o processamento de todas essas informações fosse levar, embora não tanto quanto os treze anos do primeiro pesadelo de Billings, mas pelo menos a década inteira. Por conseguinte, é possível imaginar o choque que ocorreu quando o Departamento do Censo disponibilizou todos os resultados, junto com mapas e outros documentos corroborantes, em apenas *um ano*. Dessa vez, as reclamações foram atenuadas: os detalhes do relatório do censo estavam agora completos demais para ser rejeitados. Parecia que Billings e sua equipe tinham realizado um milagre.

Um dos efeitos dessa realização extraordinária foi tornar tanto o tabulador de Hollerith quanto o próprio Herman Hollerith objetos de uma considerável demanda ao redor do mundo. Hollerith, como muitos "intraempreendedores" que se seguiriam no século seguinte, deixou o Departamento do Censo e fundou sua própria empresa, para construir novos tabuladores modernizados. Ele recebeu o seu primeiro pedido internacional da Rússia, para o censo de 1897. Pedidos de outras nações europeias logo vieram atrás. O Departamento do Censo dos Estados Unidos também encomendou novos modelos de Hollerith – o tabulador integrado, que não apenas era capaz de contar, como também de somar números representados por orifícios perfurados nos cartões; e, a tempo do censo de 1900 dos Estados Unidos, um tabulador com alimentação automática, para automatizar ainda mais o processo.

Então com 40 anos, Herman Hollerith estava se tornando um homem muito rico. Embora tenha começado a ceder a uma crescente apreciação por charutos e bons vinhos, ele não perdeu nem um pouco de sua excentricidade. Quando lhe perguntaram, nos primeiros dias da sua empresa, por que ele ainda não aplicara seus tabuladores à lucrativa área da contabilidade ferroviária, ele respondeu (como mais tarde contou para outras pessoas): "Por uma boa razão, que era o fato de eu não saber absolutamente nada a respeito da contabilidade ferroviária".[9]

No entanto, em poucos meses, Hollerith estava entregando suas máquinas para seu primeiro cliente particular: a New York Central Railroad. E, nos anos que se seguiram, ele adicionou novos clientes, outras ferrovias, empresas de utilidade pública e até mesmo uma loja de departamentos. Mas sem um John Shaw Billings para conduzi-lo e orientá-lo, Herman Hollerith mostrou ser muito melhor inventor do que empresário. Billings deixara o Departamento do Censo e assumira um novo cargo como investigador/contato do governo federal com o Movimento de Temperança das mulheres. Como Billings faleceu em 1913, não viveu para ver os resultados agridoces de seu último projeto bem-sucedido: a Lei Seca.

Hollerith teve um último triunfo em 1906, com um novo tabulador Tipo 1. Este ostentava um painel com fios adicionais, que possibilitava que sua operação fosse modificada para diferentes tarefas, o que o tornou um dos principais marcos no caminho da invenção do computador. Mas àquela altura era tarde demais. No ano anterior, o Departamento do Censo dos Estados Unidos, frustrado, dera a Hollerith um ultimato para que atualizasse o tabulador *e* reduzisse seus honorários. Sendo Herman Hollerith quem era, ele recusou — e depois foi em frente e construiu o Tipo 1. Mas o Departamento estava farto; desconsiderou o contrato com Hollerith e começou a construir computadores. A ação judicial subsequente durou sete anos e terminou com a vitória do governo.

Àquela altura, isso não tinha realmente importância. Hollerith tinha vendido sua empresa para um conglomerado recém-formado, a Computing Tabulating Recording Corporation (CTR), no qual ele manteve uma importante posição acionária e o título de principal engenheiro consultor. Era uma função adequada a ele, que estava cansado dos negócios e cada vez mais atraído por uma vida mais simples de agricultura e criação de gado.

Em 1914, entrou na vida de Herman Hollerith um homem que era tão essencialmente um empresário americano do século XX quanto John Shaw Billings fora um burocrata do governo do século XIX. Thomas Watson Sr. era um profissional de vendas talentoso, a caminho de se tornar um magnata industrial, e se Hollerith tivesse seguido seus conselhos da maneira como seguira os de seu antigo chefe, seu perfil na história teria sido bem superior.

Watson sabia o que seus clientes queriam: um *output* permanente de memória. Nesse caso, na forma de uma impressora de fita de papel. Teria sido fácil para Hollerith modificar sua máquina Tipo 1, mas, em vez disso, ele se recusou a ter qualquer coisa a ver com o trabalho — especialmente porque desprezava Watson e tudo o que ele representava no crescente papel das vendas e do marketing corporativo. Em vez disso, retirou-se para sua fazenda e para uma vida simples e tranquila.

Nesse meio-tempo, Watson pegou sua máquina de fita de papel — e logo adicionou impressoras e painéis removíveis. E, em 1924, ele mudou o nome da CTR para International Business Machines... IBM.

O FEITICEIRO

Enquanto Herman Hollerith se esforçava para construir seu primeiro tabulador, o maior inventor do mundo esforçava para consolidar seu sucesso das duas décadas anteriores.

Thomas Alva Edison, cujas invenções tinham transformado o mundo, se deparava com uma situação difícil em sua vida. Mary Edison, com quem ele se casara em 1871, quando estava com 24 anos de idade, e ela era uma funcionária de 16 anos da sua oficina, morrera de um tumor no cérebro em 1884, deixando-o com três filhos para criar. E o próprio Edison tinha passado grande parte da década de 1880 lutando contra um concorrente após o outro nos tribunais e no mercado.

Ele fora processado por Emile Berliner por causa da patente do microfone de carvão — o núcleo do telefone no século seguinte —, e acabou ganhando. Ele disputara com George Westinghouse o controle de toda a distribuição de energia elétrica nos Estados Unidos, defendendo sua corrente contínua (DC) contra a promoção de Westinghouse do projeto da corrente alternada (AC) de Nikola Tesla. (Com o tempo, Edison contratou Tesla e depois conseguiu transformar o misterioso cientista em um inimigo vitalício.) Essa briga, com tanta coisa em jogo, logo se tornara feia, com os funcionários de Edison eletrocutando animais publicamente — mais notoriamente um elefante de circo — e filmando os resultados para provar os perigos da AC.

Nesse ínterim, em sua pressa de desenvolver um fluoroscópio como ferramenta de diagnóstico eficiente para o emprego dos recém-descobertos raios X, Edison aplicara, acidentalmente, uma dose mortal de radiação em um de seus funcionários prediletos (que prontamente se oferecera como voluntário).

E o mais deprimente de tudo foi o fato de Edison ter sido processado por causa de sua mais famosa invenção, a lâmpada incandescente. Depois de suas patentes na telegrafia, a lâmpada tinha sido a maior fonte da riqueza de Edison — e até mesmo essa receita estivera sob ataque desde 1882, quando George Westinghouse comprara a patente da rival luz "de indução", reduzira drasticamente as taxas de licenciamento e, com isso, obrigara Edison a reduzir suas próprias taxas de patente. Em seguida, um ano depois, o Departamento de Registro de Patentes dos Estados Unidos surpreendeu o mundo ao conceder a patente da luz incandescente a William Sawyer, tornando a patente de Edison inválida. Foram necessários seis anos de litígio antes que um juiz reconhecesse oficialmente a superioridade da reivindicação de Edison.

Edison percorrera um longo percurso desde o obstinado jovem inventor da década de 1870, que tinha transformado para sempre o mundo com uma fascinante sequência de novas criações, entre elas a máquina automática teleimpressora, o contador de votos mecânico, o fonógrafo e, naturalmente, a primeira lâmpada elétrica comercial. Enquanto fazia tudo isso, também havia criado o primeiro laboratório de pesquisa industrial, usando técnicas de produção em massa que a maioria das empresas industriais levaria mais de uma década para reproduzir.

O mundo nunca vira nada parecido com o jovem Tom Edison, e na realidade também não veria a partir de então. Não há necessidade de recapitular detalhadamente aqui a história dos primeiros anos de Edison — afastado da escola por déficit de atenção, conseguindo um emprego como operador de telégrafo depois de salvar a vida do filho do chefe da estação, perdendo a audição ou por ter contraído escarlatina ou por ter recebido socos no ouvido de um condutor zangado, depois que o laboratório secreto de Edison incendiou um vagão ferroviário, aprendendo a respeito da eletricidade com fios de telégrafo, sendo demitido, e vivendo e fazendo experiências no porão de um colega inventor — da forma como a maioria dos colegiais, ainda hoje, encontra o conto em algum ponto.

Se a reputação de Edison hoje não é tão brilhante quanto foi há um século, é sem dúvida porque seu brilho foi, pelo menos em parte, eclipsado pela crescente exposição de suas práticas comerciais astutas e às vezes questionáveis. Hoje em dia, é difícil superar as histórias de ele ter enganado Tesla, recebido o mérito pelas ideias de outras pessoas, levado à falência o cineasta pioneiro

Georges Méliès, ao escolher O *Nascimento de uma Nação** como seu filme favorito, e assim por diante, para lhe atribuir mais do que um mérito condicional por suas realizações.

Mas preteri-lo, mesmo que parcialmente, seria um erro, porque, se é a memória que nos torna humanos e é, de fato, a guardiã de todas as coisas, a preservadora da cultura e da sabedoria, então nenhuma pessoa na história deu contribuição maior para o poder, a amplitude e a democracia da memória do que Thomas Alva Edison.

Tudo começou em 1869, quando Edison desenvolveu o *stock ticker*** moderno. As máquinas *stock ticker tape* (seu nome veio do som que elas faziam e da fita de papel na qual elas imprimiam as informações) já existiam havia mais de uma década nessa ocasião, e a capacidade delas de enviar informações financeiras de última hora através de longas distâncias foi instantaneamente aclamada como um grande melhoramento em relação aos mensageiros humanos. Mas as primeiras máquinas eram grandes, desajeitadas e falíveis. E o que era pior, imprimiam suas contínuas informações na forma de um código semelhante ao Morse, que tinha que ser traduzido. Já o Universal Stock Ticker, de Edison, em comparação, era uma revelação. O aparelho era pequeno o bastante para quase se encaixar na mão de uma pessoa (ele era típica e memoravelmente coberto por uma redoma de vidro). Era capaz de imprimir letras e números genuínos em sua fita de papel. Ele era, sob muitos aspectos, a primeira captação em tempo real da memória de eventos físicos distantes, no instante em que ocorriam.

Mas isso foi apenas o começo. Ao gritar "Mary had a little lamb!"*** do megafone de seu primeiro fonógrafo em 1878, Edison captou não apenas a primeira voz humana mas também o primeiro som de *qualquer coisa* na Terra. O efeito subsequente do fonógrafo na memória humana é quase incalculável, e somos perseguidos pela perda da oportunidade de ouvir as vozes e os sons lendários que por pouco não conseguimos ouvir: o violino de Paganini, uma palestra de Dickens, Shakespeare representado por Edmund Kean, o Discurso de Gettysburg de Lincoln. Do mesmo modo, valorizamos as breves gravações sonoras de Enrico Caruso, da rainha Vitória, do lorde Alfred Tennyson e de Florence

---

* Filme de D. W. Griffith. (N. T.)
** Teleimpressor de cotações da Bolsa. (N. T.)
*** "Maria tinha um carneirinho!" é um verso infantil norte-americano. (N. T.)

Nightingale, especialmente porque sabemos que nunca ouviremos as vozes de quase nenhuma das outras grandes figuras da história.

O fonógrafo original de Edison era um aparelho frágil: o meio de gravação — uma folha de estanho enrolada em um tubo de papelão — só suportava algumas repetições, mas isso foi suficiente para armar o cenário. De uma forma que nós — depois de mais de um século de contínua inovação tecnológica — mal podemos imaginar, o surgimento do fonógrafo de Edison foi como uma espécie de truque de mágica, ou coisa de outro planeta. A maioria das pessoas nunca imaginara que o som pudesse ser um fenômeno físico, uma onda de energia que não apenas podia ser transmitida — o telefone só fora inventado dois anos antes —, mas que até mesmo podia, de alguma maneira, ser capturado e armazenado para sempre.

A genialidade de Edison — ecoada uma década depois por Hollerith — foi compreender que este poderia ser um processo reversível de gravação e reprodução, e de reunir diferentes tecnologias (megafones, mecanismo de redução, microfone de telefone de Bell) para alcançar sua meta. A memória artificial, que fora um processo exclusivamente visual desde a invenção da escrita, agora, depois de cinco mil anos, ganhava um segundo sentido.

No intervalo de poucos anos, outros inventores, entre eles o próprio Bell, tinham aprimorado o *design* de Edison, particularmente ao melhorar a tecnologia de gravação e promover um cilindro de cera licenciado pelo próprio Edison. No final do século XIX, o inventor germano-americano Emile Berliner desenvolveu ainda mais a tecnologia criando o "gramofone" — o mecanismo da agulha do braço de vitrola/disco-plano-giratório que dominaria a gravação sonora durante a maior parte do século XX.

Edison permaneceu envolvido com a gravação sonora nos primeiros anos de nosso século, aperfeiçoando novos e mais duráveis meios de gravação (entre eles o Amberol, um dos primeiros plásticos), mas, como era de se esperar, foi ficando cada vez mais irritadiço e resistente à mudança. A Edison Records, que um dia dominara o mundo da gravação em áudio, finalmente fez a transição para os discos gravados em 1912 — com uma tecnologia superior, porém patenteada, que, além de mais cara, só tocava nos gramofones de Edison. Some-se a isso a relutância de Edison em pagar talentos de primeira classe para fazer as gravações para ele (como faziam seus concorrentes, entre eles a Columbia Records) e, às vésperas da Grande Depressão, a Edison Records fechou as portas.

APOSTANDO NA VÁLVULA

Nos primeiros anos do século XX, a gravação do som e sua reprodução tinham se dividido em duas indústrias cada vez mais independentes. De um lado estava o mundo novo em folha do entretenimento — milhões de gramofones produzidos por um grande número de fabricantes, respaldados por crescentes catálogos de discos vendidos aos milhões, por meio de uma infraestrutura de distribuidores e cadeias varejistas, de lojas de discos a lojas de departamentos. Do outro lado estava a nova indústria do entretenimento, que fornecia talento e conteúdo para esses discos; ela abrangia companhias de discos, estúdios de gravação e fabricantes.

Foi neste último lado, do conteúdo, que continuaram a surgir importantes inovações. As primeiras sessões de gravação literalmente exigiam que os intérpretes gritassem ou cantassem em versões gigantes de cornetas de gramofones, a fim de produzir uma vibração de som suficiente para gravar na superfície de um disco mestre de metal, que podia então ser copiado, em quantidade, em discos para o consumidor (nos dias iniciais do cilindro, quando apenas uma dúzia podia ser produzida de cada vez, os intérpretes tinham que repetir suas apresentações muitas vezes ao longo de várias horas). Como o processo — nas duas extremidades do relacionamento criador-consumidor — era mecânico, o volume e, às vezes, a fidelidade também eram limitados.

Isso mudou com o trabalho de um tipo completamente novo de inventor. A ostentação e o estilo voltado para correr riscos de um deles pressagiaram as gerações futuras de empreendedores. Seu nome era Lee De Forest, e ele era outra pessoa do Meio-Oeste (Iowa) que fora para o Leste para adquirir renome — no caso de De Forest, via Alabama, onde o seu pai fora o polêmico diretor de uma faculdade para negros. Depois de obter seu Ph.D. em Yale, De Forest aceitou um cargo docente no futuro Illinois Institute of Technology, para dar aulas de tecnologia de rádio.

Mas a personalidade de De Forest não lhe permitia ter uma carreira tranquila apenas como professor. E, já em 1905, ele iniciou sua própria pesquisa privada. Começou com um dispositivo derivado da lâmpada elétrica de Edison, mas, em vez de instalar um par de eletrodos com um filamento de carbono estendido entre eles, De Forest mudou a localização desses eletrodos, tornando uma das extremidades um filamento e a outra uma placa receptora, o que possibilitava que os elétrons se lançassem sobre a abertura através do vácuo. Ele deu entrada no pedido de patente desse "diodo", que detectava ondas eletromagnéticas, em 1906.

Um ano depois, na maior inovação de suas quase 200 patentes, De Forest adicionou um terceiro eletrodo a esse *design* — uma grade, colocada entre os outros dois. O "triodo" resultante é considerado a primeira verdadeira válvula eletrônica e, no início, nem mesmo De Forest entendia para que ele servia.

Nesse ínterim, De Forest construiu uma empresa para explorar o que ele acreditava que seria um enorme mercado para o seu "Audion" de dois eletrodos, como ele o chamava, na indústria do telégrafo — onde ele se revelou útil para detectar sinais do telégrafo sem fio. Mas De Forest era inconstante demais para ser um bom empresário, e assim, entre sua fraca habilidade para negócios e alguns sócios desonestos, já em 1911 a empresa tinha ido à falência. De Forest se mudou para Palo Alto, na Califórnia, e foi trabalhar na Federal Electric, umas das primeiras empresas de tecnologia do que um dia seria o vale do Silício. Mas não deixou seu passado para trás, e, em março de 1912, foi preso por agentes federais por fraudar ações. Os diretores da Federal Electric precisaram reunir rapidamente 10 mil dólares para manter De Forest fora da prisão.

Enquanto aguardava o julgamento, De Forest iniciou um dos mais febris períodos de criação de sua vida. E foi durante uma dessas sessões, quando trabalhava com dois assistentes tentando aperfeiçoar um novo *design* do Audion, que tentou reconfigurar a localização dos três eletrodos. Para verificar se o aparelho estava funcionando bem, De Forest inseriu a válvula em um transmissor de telefone, colocou um par de fones de ouvido, balançou seu "confiável relógio de bolso Ingersoll" na frente do transmissor [...] e quase estourou os tímpanos.[10]

Lee De Forest acabara de inventar o amplificador. E, nos anos seguintes, ele e seus sucessores continuariam a fazer experiências com a localização dos componentes, a forma do bulbo, as "armas" do transmissor que atiravam os elétrons, e os revestimentos na extremidade do bulbo que brilhariam quando atingidos por esses elétrons. Entre as invenções construídas a partir desses novos *designs* ao longo dos quarenta anos seguintes estariam o rádio, o tubo de clístron, o radar, os transmissores de micro-ondas e a televisão.

Mas um dos primeiros lugares onde o amplificador de válvula encontrou um lar foi no estúdio de gravação — em particular, nos microfones. O Audion levou eletricidade para o estúdio de gravação. Agora, o som poderia ser aumentado enquanto era gravado, e isso — combinado com novas tecnologias de registro mestre — significava que uma única gravação de alto nível poderia ser reproduzida milhões de vezes, com a matriz original ficando permanentemente armazenada. Os intérpretes também podiam ouvir a si mesmos na reprodução nos alto-falantes do estúdio. E, quando o preço das válvulas caiu, essa mesma combinação de eletricidade e amplificação pôde ser aplicada ao gramofone, agora também chamado de "toca-discos".

IMAGEM DURADOURA

A última contribuição de Edison para a memória humana levou um pouco mais de tempo para ser criada.

Como já foi assinalado, ele passou grande parte da década de 1880 lidando com processos judiciais, tanto comerciais quanto pessoais. Mas, já em 1888, ele tinha uma boa ideia do que queria fazer depois. Ele voltara a se casar (com Mina Miller, a filha de 20 anos de outro inventor) e se mudou de Menlo Park para duas casas, uma em West Orange, em Nova Jersey, e outra em Fort Myers, na Flórida. Quase não participava mais ativamente de invenções, atuando mais como um empresário de novas ideias.

A mais famosa citação de Edison fora que "o gênio é um por cento inspiração e 99 por cento de transpiração", mas a maior parte dessa transpiração era agora feita por um exército de assistentes, muitos dos quais eram melhores cientistas e engenheiros do que Edison jamais fora. Eram mais eficientes, também: enquanto no desenvolvimento da lâmpada elétrica Edison tinha, na verdade, experimentado milhares de diferentes materiais antes de tropeçar no filamento de carbono, esses novos pesquisadores tinham as habilidades necessárias para lidar com as tecnologias cada vez mais difíceis, de uma maneira mais teórica e menos laboriosa, de tentativa e erro, que fora o ponto forte de Edison. Como o amargo Nikola Tesla notoriamente diria no único "tributo" negativo no obituário de Edison:

> O método dele era ineficiente ao extremo, porque um imenso território tinha que ser percorrido para conseguir alguma coisa, a não ser que o mero acaso interferisse e, no início, quase fui uma triste testemunha das ações dele, sabendo que apenas um pouco de teoria e cálculos teriam lhe economizado 90 por cento do trabalho. Mas ele tinha um verdadeiro desprezo pelo aprendizado em livros e pelo conhecimento matemático, confiando inteiramente em seu instinto de inventor e senso prático americano.[11]

É claro que isso não impediu que Tesla orgulhosamente aceitasse a Medalha Edison alguns anos depois.

Mas o que essa observação, sem dúvida exata, deixou escapar foi que Edison não precisava ser ao mesmo tempo o visionário e o construtor, para ser um grande inventor. Este foi um mito criado por inventores de meados do período vitoriano, como Bell, Morse e o próprio jovem Edison, em uma era em que um visionário também podia ser um talentoso construtor de protótipos. Isso não foi verdade por muito tempo, mas esse mito particular vem se prolongando: até mesmo agora, no início do século XXI, a maioria do público em geral reconhece Steve Jobs como o inventor da extraordinária sequência de produtos de consumo da Apple, o que de fato não é verdade, mas, no sentido mais amplo, bastante exato.

Também é verdade que, em 1890 e nos anos que se seguiram, a Edison Company foi se tornando *mais* eficiente quanto menos o fundador se envolvia nas atividades específicas — da pesquisa e desenvolvimento até o marketing e as vendas — da empresa. Um exemplo disso foi a grande terceira invenção de memória de Edison: os filmes cinematográficos.

Nessa ocasião, a fotografia fixa — outro grande marco na história da memória — já existia havia meio século, chegando a tempo de nos proporcionar imagens indeléveis da Guerra da Crimeia, dos marajás indianos, dos agricultores chineses, dos membros de tribos africanas, e imagens da Batalha de Antietam e de Abraham Lincoln. A fotografia fora inventada na década de 1820, mas suas tecnologias básicas (substâncias químicas sensíveis à luz, lentes e a câmara escura, os obturadores mecânicos) já estavam consagradas, com algumas delas, como a câmera simples sem lente, recuavam à época dos antigos gregos e dos chineses.

No entanto, no final, foi Joseph Nicéphore Niépce, um inventor francês, que, em 1826, revestiu um prato de peltre com betume, deixou-o exposto à luz por várias horas para endurecer o revestimento, e depois removeu as partes não endurecidas com um solvente, criando a *Vista da Janela em Le Gras* — um amontoado de cumeeiras e torres que é a primeira fotografia da história. Com isso, ele registrou a primeira imagem da natureza que não tinha sido criada pela intervenção estética do homem. O tempo mostraria que até mesmo as fotografias não estavam livres de parcialidade, mas elas permanecem, na vida cotidiana, a coisa mais próxima de uma imagem objetiva da realidade que temos a possibilidade de encontrar. A memória artificial acrescentou então sua mais importante dimensão visual.

Niépce, um extraordinário inventor (ele também construiu o primeiro motor de combustão interna), faleceu em 1833, mas antes de morrer, entregou todas as suas anotações sobre fotografia para seu sócio comercial, mais jovem, Louis-Jacques-Mandé Daguerre, um habilidoso *designer* de teatro, que já havia inventado o diorama. Daguerre era um raro caso de inventor habilidoso que também era um bom homem de negócios, de modo que, em 1839, depois de passar anos aprimorando o processo, ele deu entrada em um pedido de patente e vendeu a tecnologia para o governo francês. O resultante "Daguerreótipo" foi a primeira tecnologia fotográfica amplamente utilizada; e o nome foi casualmente associado a todos os tipos de primeiras fotografias desde então.

No entanto, as grandes invenções quase nunca ocorrem sozinhas, e nem continuam a ser um monopólio por muito tempo. Do outro lado do canal da Mancha, William Tox Talbot estava fazendo experiências semelhantes com seu processo "calótipo". Sua maior contribuição para a história da fotografia foi o desenvolvimento do negativo, que possibilitou que múltiplas cópias fossem feitas a partir da fotografia original — o que era impossível com outras tecnologias fotográficas da época. Nesse ínterim, ao longo das duas décadas seguintes, uma série de novas tecnologias concorrentes (preço, qualidade, durabilidade) foi desenvolvida, entre elas a do "colódio" — usado por Lewis Carroll em suas fotografias de Alice — e a ferrotipia, que ficou famosa por ter sido usada em milhares de retratos da guerra civil, que eram de qualidade inferior, mas ofereciam a vantagem, para a classe média, de ser muito baratos.

As limitações dessas tecnologias fotográficas são bastante óbvias hoje, quando examinamos as que sobraram: são escuras, muito frágeis (a placa de cristal se parte, as imagens ficam turvas) e, como requeriam que as pessoas ficassem sem se mover por longos períodos de tempo, quase sempre rígidas. Esta é a principal razão pela qual existem poucas fotografias "de ação" da Guerra da Crimeia e da guerra civil, e muitas imagens dos mortos no campo de batalha.

A maior inovação na fotografia do século XIX coincidiu quase exatamente com o momento em que Herman Hollerith projetava o seu tabulador e Edison trabalhava em seus cilindros de gramofone de segunda geração. O inventor-empresário desta feita foi George Eastman, um nova-iorquino autodidata que era um dos mais lúcidos de sua espécie.

Ao longo da década de 1880, Eastman transformou sistematicamente quase todas as partes da indústria da fotografia — conferindo-lhe a forma que ela ainda exibe hoje. Ele começou em 1884, dando entrada no pedido de uma série de patentes para filme fotográfico à base de papel. Eastman havia descoberto uma maneira de revestir o papel com um gel seco e sensível à luz, e, depois, teve a genialidade de se afastar do paradigma existente da placa e, em vez disso, cortou essas folhas em longas tiras, que depois podiam ser enroladas. Em seguida, desenvolveu uma câmera que aceitava esses rolos, que ele apresentou ao mundo quatro anos depois. Ele deu sequência a isso em 1892, com a fundação da Eastman Kodak Company ("Kodak" foi um dos primeiros nomes de marca inventados), e começou a produzir em massa a primeira câmera popular do mundo.

Essa câmera "caixa" da Kodak foi um grande sucesso, colocando a fotografia nas mãos da pessoa comum pela primeira vez. Mas foi meramente um prelúdio do maior sucesso de Eastman, a câmera "Brownie", introduzida no mercado em 1901.

A Brownie, pouco mais do que uma caixa de papelão com uma lente na frente, um botão em cima e um rolo de filme dentro, é uma boa candidata para o modelo de produto popular mais influente da história. Impulsionadas pela mensagem de seu anúncio, "Você aperta o botão, nós fazemos o resto", foram vendidas dezenas de milhões de máquinas, e seus descendentes — feitos de baquelita e munidos de *flash* e filme colorido — continuaram a ser as câmeras mais populares do mundo quase até o final da década de 1960.

FUTURO CINTILANTE

Assim como no caso do fonógrafo, a influência da fotografia em papel e das câmeras de baixo custo na história da memória humana é quase incalculável. Os americanos comuns, e logo populações no mundo inteiro, tornaram o ato de tirar "instantâneos" uma parte regular de seu cotidiano. E como eles não tinham que lidar com a revelação das imagens, mas apenas enviavam a Brownie para a Eastman Kodak pelo correio e recebiam de volta as fotos impressas, e uma câmera recarregada, tiravam centenas de fotografias: retratos em família, férias, trabalho, fotos de novidades, eventos públicos, terras distantes, figuras famosas. Juntas, todas essas fotografias constituíam o maior registro de memória visual de uma cultura jamais acumulado até então. Graças a esses arquivos gigantes de fotografias Brownie, nós sabemos mais a respeito da vida cotidiana do trabalhador comum na virada do século XX do que a respeito dos monarcas mais reservados que viviam naquela mesma época.

Não é preciso dizer que tudo isso tornou George Eastman um homem muito rico, o que ele imediatamente converteu em proezas de filantropia igualmente impressionantes. Ele era o exemplo perfeito do magnata esclarecido. Em 1932, aos 77 anos de idade, depois de passar dois anos em grande agonia por causa de uma doença degenerativa na coluna vertebral, Eastman cometeu suicídio. Seu último bilhete captou não só seu espírito inquieto como o de seus colegas empreendedores: "Meu trabalho está concluído. Por que esperar?".[12]

A importância — e as implicações — da nova tecnologia do filme de Eastman foi reconhecida quase desde o momento em que foi introduzida e, mais ainda, em 1889, quando ele aperfeiçoou o processo em filme de celuloide transparente. Uma pessoa que valorizou imensamente o processo foi Thomas Edison. Um ano antes, Edison tinha comparecido a uma palestra proferida por Eadweard Muybridge, mestre de fotografia *stop-motion*, e depois ficara enlevado com o "zoopraxiscópio" de Muybridge, um disco com imagens de *stop-motion* consecutivas ao redor de seu perímetro e que, quando girado, criava a sensação de movimento. Dois dias depois, Edison se encontrou com Muybridge para discutir a tecnologia, e este lhe propôs um projeto conjunto que combinaria o zoopraxiscópio com o fonógrafo de Edison. Edison recusou a proposta.

Porém, seis meses depois, Edison, de volta a seu eu competitivo, notificou o Departamento de Patentes de seus planos de construir um dispositivo para fazer "para o olho o que o fonógrafo faz para o ouvido". Em sua notificação seguinte ao Departamento de Patentes, Edison deu um nome a esse dispositivo: *cinetoscópio*. Ele depois se dirigiu a um de seus mais talentosos assistentes (e fotógrafo oficial da companhia), William Dickson, e deu a ele a incumbência de começar a construir o projeto de um cinetoscópio que usasse minúsculas fotografias (1/32 polegadas de largura) desenvolvidas diretamente sobre a superfície de um tambor giratório e, depois, sincronizasse a rotação desse tambor com a de um fonógrafo *on-board*. Nesse meio-tempo, Edison viajou para a França, pretensamente para visitar a Exposition Universelle de 1889 em Paris, onde a empresa estava exibindo alguns produtos, mas também para investigar a tecnologia de última geração na Europa.

Durante sua estada de dois meses, Edison visitou o naturalista-inventor Étienne-Jules Marey, que inventara a primeira câmera de filme cinematográfico — um dispositivo que lembrava uma metralhadora com um pente de tambor —, em que com o qual Marey expunha múltiplas imagens do mesmo animal em uma única tira de filme flexível. Edison também viu outras novas tecnologias evocativas, entre elas o "taquiscópio elétrico" de Ottomar Anschutz, que usava luzes cintilantes para enganar a persistência de visão do olho para criar o efeito de movimento; e o "Théâtre Optique", de Charles-Émile Reynaud, que usava perfurações e uma roda dentada para puxar, através de um projetor, células de filme pintadas à mão.

Nesse meio-tempo, no Edison Labs, Dickson e seus assistentes tinham abandonado o modelo do tambor por considerar as imagens grosseiras demais, substituindo-o por tiras de filme flexível contendo imagens consecutivas, que eram enroladas no tambor. Nesse processo, criaram o primeiro filme cinematográfico conhecido, produzido nos Estados Unidos: *Monkeyshines Nº 1* (1889). Ele durava apenas alguns segundos e exibia uma tola demonstração de destreza manual de um colega de trabalho, mas a porta agora estava aberta.

Quando Edison voltou da Europa, rapidamente fez outra notificação ao Departamento de Patentes e depois deu a Dickson um novo conjunto de instruções. Agora, o cinetoscópio iria abandonar o tambor e criar, em vez disso, um circuito fechado de filme, que seria estendido de um lado para o outro em cilindros, para comprimir o comprimento máximo dentro do projetor, e se desenrolava em um ritmo constante diante do projetor, na velocidade certa entre os quadros, para criar no olho e no cérebro a sensação de um movimento contínuo e suave.

O projeto era confiável, mas Dickson e sua equipe ainda estavam tendo dificuldades com o meio do filme em si. Eles se viam obrigados a cortar à mão folhas de celuloide rígidas e quebradiças, e colá-las, extremidade com extremidade. Não era uma solução completamente satisfatória. Foi então que, em agosto de 1889, quando Edison ainda estava na Europa, Dickson por acaso compareceu a uma apresentação de George Eastman a respeito de seu novo filme fotográfico flexível enrolado – e soube que tinha a resposta de que precisava.

Em seguida, extraordinariamente, todo o projeto foi colocado em compasso de espera, enquanto Edison se dedicava a um projeto de mineração. Foi somente em 1891 que Edison e a equipe, agora liderada por William Heise, se puseram em campo para terminar a tarefa. O resultado, construído dentro de um grande armário, foi o circuito do filme, estendido entre os múltiplos cilindros e depois passado no topo através de uma lente de observação. O filme em si era iluminado por trás por um projetor e por uma roda fendida, que funcionava como um obturador para fazer a luz piscar por uma fração de segundo através da película, para enganar o olho. O grande avanço crucial se revelou um mecanismo de escapo, derivado da relojoaria, que clicava o filme para a frente, em um movimento único de parar e seguir adiante, a cada 1/46 segundo (em outras palavras, 46 quadros por segundo), e iria dominar o *design* da câmera de cinema durante gerações.

A primeira demonstração pública do cinetoscópio foi feita no dia 20 de maio de 1891, no laboratório de Edison, para um grupo de 150 membros da National Federation of Women's Clubs. Eis o que o jornal *New York Sun* escreveu:

> No alto da caixa havia um buraco com talvez 2,5 centímetros de diâmetro. Quando eles olharam através do buraco, viram a imagem de um homem. Era uma imagem maravilhosa. Ele fazia uma mesura, sorria, acenava e tirava o chapéu com extrema naturalidade e graça. Cada movimento era perfeito...[13]

Edison passou os cinco anos seguintes exibindo o cinetoscópio em galerias em todos os Estados Unidos, melhorando o *design*, ajustando a velocidade do filme para melhorar o total do tempo de exibição para cerca de 30 segundos, criando o estúdio de cinema Black Maria para produzir mais conteúdo (com destaque para *Fred Ott's Sneeze*, o primeiro filme cinematográfico protegido por *copyright*, e *The Great Train Robbery*, o primeiro clássico do cinema), e até mesmo fazendo experiências com o som. A maior inauguração aconteceu na Feira Mundial de Chicago, onde o inesperado novo milagre do Feiticeiro de Menlo Park tomou conta da multidão (o que também aconteceu com a dança do ventre filmada em Little Egypt). Logo havia salas de cinetoscópio de costa a costa do país — e várias empresas piratas criando e vendendo seus próprios filmes para as máquinas.

Enquanto tudo isso acontecia, Edison voltou à sua ideia original de adicionar som a seus cinetoscópios, chamando-os de cinetofones. No entanto, o interesse por sua solução de colocar um fonógrafo na parte inferior do armário, tocando um som não sincronizado, foi limitado, de modo que o projeto foi abandonado.

O ÚLTIMO SUSPIRO

Em 1904, o negócio do cinetoscópio explodiu nos Estados Unidos, graças ao número de unidades instaladas, que atingiu uma massa crítica; à criação de um novo gênero de filmes, lutas com prêmios; e ao escândalo (e prisões) em torno de outro filme — este de uma dança sexy executada pela artista de teatro de variedades Carmencita.

Naquele mesmo ano, Edison abriu salas de cinetoscópio em Paris e Londres. Em uma decisão que até hoje é discutida, optou por *não* dar entrada antecipadamente no pedido de patentes na Europa.[14] Uma das teorias é que o notoriamente mesquinho Edison teria se recusado a pagar a taxa de registro de 150 dólares. Outra é que ele havia violado tantas patentes europeias ao projetar o cinetoscópio, que não tinha a menor esperança de algum dia conseguir essa patente. Seja como for, foi uma decisão perigosa e, com o tempo, Edison pagaria caro por ela. Não apenas vários empresários em toda a Europa rapidamente roubaram o *design* dele (e as receitas), mas, o que talvez tenha sido pior, os inventores espertos fizeram "engenharia reversa" no cinetoscópio, detectaram seus pontos fracos e se apressaram a fazer melhoras competitivas.

Entre esses últimos, os mais importantes foram os irmãos Lumière, Auguste e Louis. Antes de criar seu lugar na história ao filmar o (e permanentemente guardar a memória do) cotidiano na França na virada do século, eles transformaram definitivamente a experiência do filme cinematográfico, ao criar cinetoscópios *projetores*, que exibiam seus filmes em telas diante de audiências.

Já em 1910, a Edison Company era uma perdedora no setor do cinema. Ela continuava a produzir inovações, como um cinetofone realmente sincronizado, no qual o cinetoscópio (agora projetor) estava ligado ao fonógrafo por meio de uma correia. Mas sua manutenção era difícil nos cinemas do interior, e ele não vendeu bem. Outra tentativa interessante — um cinetoscópio em casa — também fracassou, principalmente porque estava à frente demais de sua época. Finalmente, um incêndio na Edison Company, em dezembro de 1914, retirou para sempre a empresa do setor do cinema.

Mas, àquela altura, Thomas Edison tinha feito sua última grande contribuição para a memória humana. Seus primeiros filmes representaram a primeira vez que o mundo, como realmente era vivido, em pleno movimento, era captado e preservado para sempre. Um século depois, quando olhamos para esses primeiros filmes, bem como para os dos irmãos Lumière e outros, não raro nos vemos olhando além da *performance* em primeiro plano, para obter um vislumbre de um mundo maior, agora perdido para sempre, e para ver a nós mesmos em pessoas que já partiram há muito tempo.

Thomas Edison morreu no dia 18 de outubro de 1931. O mundo pranteou. Henry Ford pediu ao filho de Edison, Charles, para captar e selar um tubo de ensaio contendo os últimos suspiros de Edison. Dois anos antes, no quinquagésimo aniversário da lâmpada incandescente, o mundo apagou as luzes para se lembrar de como a vida fora um dia. Mas, quando as luzes voltaram a ser ligadas e as populações se voltaram para seus toca-discos, ou foram assistir a um filme, elas homenagearam igualmente Edison, porque ele dera a elas – e a nós – as memórias do nosso presente no eterno futuro.

SOM E FÚRIA

Thomas Edison pode não ter conseguido sincronizar eficientemente o som com o filme, mas havia outro inventor-gênio esperando nos bastidores: o eternamente inconstante Lee De Forest.

Tendo transformado a gravação musical, a reprodução do som e, finalmente, o rádio e a telegrafia com válvulas de áudio, De Forest se propôs então a levar o som aos filmes mudos. Ele estava convencido de que tinha que haver um jeito de colocar o áudio diretamente no filme, em vez da técnica primitiva de colocar uma agulha em um disco ajustado para começar junto com o filme.

Isso acontecia em 1918, e as audiências ainda estavam se acostumando com a empolgação de assistir no cinema a produções artísticas espetaculares, com múltiplos carretéis, como O *Nascimento de uma Nação* e *Intolerância*, em que todo um vocabulário de atuação e filmagem tinha sido adaptado à ausência de uma trilha sonora. Essas audiências não tinham demonstrado muito interesse pelos filmes sonoros. Mas De Forest não se deixou desanimar. E, em 1919, trabalhando a partir de uma pesquisa básica do inventor finlandês Eric Tigerstedt, De Forest patenteou a primeira tecnologia de som no filme, que ele chamou de "fonofilme".

O fonofilme em ação era a própria simplicidade, e um testemunho à genialidade de De Forest. Em vez de tentar combinar o fonógrafo com o filme, De Forest decidira "filmar" o som – ou seja, ele usou uma tira estreita, ao lado do rolo de filme, para registrar a imagem das ondas sonoras captadas pelos microfones no processo de filmagem. As ondas sonoras foram apresentadas e salvas como linhas estreitas, de diferentes gradações de cinza. Em seguida, enquanto o filme passava através do projetor, esses milhões de linhas paralelas eram convertidos de volta em seus sons correspondentes e projetados por alto-falantes.

De Forest estreou o fonofilme em 1922, com um conjunto de curtas-metragens, de discursos, apresentações no palco e programas musicais, e ficou aguardando que a indústria cinematográfica derramasse dinheiro sobre ele. Em vez disso, os estúdios de cinema simplesmente não fizeram caso dele. O já paranoico De Forest pressupôs — dessa feita talvez corretamente — que havia uma conspiração contra ele. Uma explicação mais provável era que os estúdios já tinham trabalho suficiente apenas produzindo filmes com a tecnologia silenciosa vigente e compreendia mais do que De Forest o caos que o som provocaria (e provocou) em todo o setor. E, além disso, eles provavelmente não queriam pagar as taxas de licenciamento de De Forest e planejavam mantê-lo a distância, até que conseguissem inventar sozinhos uma tecnologia semelhante.

De Forest recusou-se a desistir, e começou a produzir sozinho curtas-metragens sonoros. Ele até mesmo convenceu os irmãos Fleischer a criar uma série de desenhos animados tipo "siga a bolinha e cante junto", que ainda passavam na televisão até a década de 1960. Mas o irritável De Forest, que tentava ficar com o mérito de tudo, com o tempo afastou seus parceiros comerciais, os quais deram meia-volta e venderam suas patentes para a Fox Films.

O ano de 1927 presenciou o nascimento dos filmes sonoros, muitos dos quais usavam a tecnologia de áudio fonofilme. Mas De Forest não estava presente para comemorar. Tendo se casado e se divorciado três vezes (uma delas com uma famosa sufragista), De Forest se casou e se acomodou com uma atriz do Hal Roach Studios, que interpretava papéis de jovem ingênua, Marie Mosquini, e começou a censurar publicamente as utilizações degradantes de sua invenção — mais notoriamente em uma carta aberta na qual declarou o seguinte: "O que vocês fizeram com o meu filho, a transmissão radiofônica? Vocês degradaram essa criança, vestiram-na com trapos de *ragtime*, farrapos de *jive* e de *boogie-woogie*".

Ele viveu o bastante para receber um Oscar por seu trabalho e uma estrela na Calçada da Fama, em Hollywood.

A HISTÓRIA DA FITA

Alexander Poniatoff sempre pensou grande, mesmo quando estava pensando pequeno.

Nascido na Rússia czarista mais ou menos no momento em que Thomas Edison exibia o cinetoscópio nos Estados Unidos, Poniatoff sonhava em projetar e construir grandes locomotivas quando crescesse. Seu pai era um abastado madeireiro em Kazan, de modo que, quando o jovem Alexi atingiu a maioridade, foi enviado para uma academia técnica em Karlsruhe, na Alemanha, para estudar engenharia.[15] Naquela época, seu sonho era voltar para a Mãe Rússia e construir uma grande fábrica de turbinas.

Mas as coisas não eram para ser assim. Alexi voltou para uma Rússia que se mobilizava para a guerra. Depois veio a revolução, e então a guerra civil. Sendo um Branco*, Poniatoff ingressou no exército e fez treinamento para se tornar piloto. Mas, à medida que as derrotas aumentavam e os Vermelhos bolcheviques consolidavam o controle, Alexi compreendeu que sua causa estava condenada. Assim sendo, ele desertou e foi para a China, onde conseguiu trabalho na Shanghai Power Company.

É desnecessário dizer que a China não era o melhor lugar para se estar na década de 1920, já que o país se encaminhava para sua própria revolução. Assim sendo, em 1927, Poniatoff emigrou mais uma vez, dessa feita para os Estados Unidos. Sendo nessa altura um dos poucos engenheiros elétricos com experiência no país, foi logo recrutado por uma série de companhias, entre elas a Pacific Gas & Electric, da Dalmo-Victor, e a antiga empresa de Edison, a agora gigante General Electric.

As qualificações de Poniatoff se tornaram ainda mais requisitadas quando foi deflagrada a Segunda Guerra Mundial, e ele passou a maior parte dos anos do conflito projetando motores e geradores para sistemas de radar aerotransportados. Esse trabalho sigiloso, combinado com o conhecimento altamente respeitado de Poniatoff, possibilitaram que ele fosse um dos primeiros cientistas a ter um vislumbre dos despojos tecnológicos secretos que estavam emergindo do decaído Terceiro Reich. O que Alexander Poniatoff viu fez com que rapidamente abandonasse seus próprios sonhos para seguir um novo.

A gravação magnética, embora parecesse revolucionária quando apareceu pela primeira vez, já existia havia muito tempo. Em 1888, Oberlin Smith, um fabricante de máquinas, concebera um sistema para fixar pó de aço em um cordão. Depois, ele puxou o cordão por um ímã, que estava, por sua vez, ligado a um microfone. Esse processo magnetizou pontos no fio relacionados com o sinal sonoro transmitido. Mas Smith deixou a coisa assim, publicou seus resultados, e voltou a fabricar máquinas-ferramenta.

Uma década depois, o engenheiro dinamarquês Valdemar Poulsen retomou as teorias de Smith e levou-as adiante. Dessa vez, ele usou um fio (o que Smith achava que não poderia ser feito), enrolando-o em um tambor, e melhorou o

---

* Na guerra civil russa, os Brancos agregavam os czaristas e os liberais. (N. R.)

ímã de gravação/reprodução ("cabeça"). Ele denominou o projeto resultante de "telegrafone". Como não havia amplificação, as gravações eram fracas, mas se a pessoa usasse fones de ouvido, eram audíveis. Poulsen exibiu o seu telegrafone na Feira Mundial de 1900, em Paris, e a gravação que ele fez lá, do imperador Francisco José, da Áustria, permanece como a mais antiga gravação sonora magnética.[16]

Amplificar o sinal de um aparelho de gravação em fio magnetizado se revelou muito mais difícil do que parecia. A mera elevação do sinal resultou em uma considerável perda das frequências mais baixas e muita distorção nas mais altas. Além disso, adicionar essa energia, especialmente com corrente contínua, também magnetizava em excesso a cabeça de gravação, criando ainda mais problemas. Finalmente, o fio como meio, reduzido à espessura de um fio de cabelo humano, para fazer com que o comprimento de mais de 1.600 quilômetros no rolo criasse uma gravação com uma hora de duração, tinha a tendência de ficar torcido e emaranhado durante a rebobinagem e a montagem. Ainda assim, era melhor do que a alternativa de ter que trabalhar com discos-mestres gravados; para fazer uma junção no fio, o editor simplesmente colocava o cigarro aceso sobre as duas extremidades e as soldava.

O problema da amplificação foi finalmente resolvido por meio de um processo chamado "bias", pelo qual um sinal de corrente alternada controlado era adicionado, em um padrão específico, ao sinal antes e depois da cabeça de leitura-gravação, removendo assim qualquer magnetismo existente, ao mesmo tempo que deslocava o som gravado para uma amplitude melhor e depois aumentava o sinal resultante.[17]

Já no final da década de 1920, a gravação do som em fio magnetizado fora aprimorada a ponto de poder ser usada para ditados no escritório e gravações telefônicas, e surgiram várias empresas que buscaram essas oportunidades. No entanto, esse tipo de gravação permaneceu de um modo geral desconhecido do público em geral, que talvez tivesse ficado surpreso se tivesse tomado conhecimento de que vários programas de rádio populares, sendo o primeiro deles *See It Now*, de Edward R. Murrow, na estação CBS, eram gravados e montados em fio magnetizado.[18]

Na Segunda Guerra Mundial, os dois lados utilizaram intensamente a tecnologia da gravação em fio magnetizado. Uma das aplicações mais interessantes foi a do "Ghost Army"*, na qual o Corpo de Comunicações do Exército dos Estados Unidos levou gravações em fio magnético para as linhas de frente, para tocar sons militares, a fim de confundir o inimigo. Logo depois da guerra, o professor de psicologia David Boder foi às pressas para a Europa com um gravador desse tipo e realizou numerosas entrevistas com sobreviventes do Holocausto, as quais estão entre as mais importantes memórias registradas historicamente do século XX.

À medida que a guerra se aproximava do fim, começaram a circular rumores de que os alemães tinham realizado um importante aprimoramento na gravação em fio magnetizado. E isso, de fato, era verdade. A partir do final da década de 1920, pesquisadores tinham começado a procurar maneiras de melhorar o fio como meio, a fim de capturar uma quantidade maior de dados analógicos que emergiam da fonte. A solução óbvia era tornar o fio "mais largo" — ou seja, transformá-lo em uma fita de metal. Esse tipo de gravador em fita de aço foi usado pela primeira vez pela BBC em 1932. Mas a tecnologia se revelou não apenas de difícil manejo — uma hora de gravação requeria 3 quilômetros de fita correndo em alta velocidade pela cabeça de leitura-gravação, a 1,5 metro por segundo —, como também imensamente perigosa: se a fita de aço-mola, extremamente afiada, se rompesse, ela se deslocaria violentamente pelo estúdio, cortando tudo o que encontrasse pela frente.

Mas, à medida que as nuvens da guerra se fechavam, um grupo de cientistas da BASF, subsidiária da indústria química IG Farben, trabalhando com a cadeia de radiofusão de propaganda oficial do Terceiro Reich, voltou a examinar a gravação em fita magnética e criou a primeira solução prática: uma fita de plástico, revestida com óxido de ferro, que passava através de uma cabeça em forma de anel (menos destrutiva do que a tradicional cabeça de agulha) e amplificada por meio do *bias* de corrente alternada. Os resultados foram assombrosos — e não passaram despercebidos aos Aliados, que se apressaram em tentar descobrir como os nazistas eram capazes de repetir transmissões de rádio em diferentes fusos horários.

Quando os cientistas aliados, entre eles Poniatoff, finalmente tiveram a chance de dar uma olhada nos gravadores alemães, eles souberam que estavam vendo o futuro, e não demorou muito para que empresas nos Estados Unidos e na Europa Ocidental iniciassem seus próprios programas de desenvolvimento

---

* "Exército Fantasma.". (N. T.)

do gravador de fita magnética. Um desses concorrentes era uma empresa recém-fundada por Alexander Poniatoff. Ele a chamou de *Ampex*, cujas três primeiras letras eram suas iniciais, seguidas de "ex" de excelência.

O que Poniatoff, com sua incomparável experiência em engenharia elétrica, percebeu a respeito desses gravadores, e que muitos de seus concorrentes deixaram escapar, foi que o mais importante não era fazer com que a tecnologia funcionasse melhor, e sim tornar o tempo de gravação *mais longo*. Isso parecia impossível: a fita já estava voando através da cabeça de gravação, e não poderia ficar muito mais fina, de modo que a única solução parecia envolver rolos cada vez maiores.

Mas Poniatoff teve uma ideia melhor: em vez de fazer a fita ir mais rápido, por que não torná-la mais lenta, para adicionar tempo de gravação e compensar a diferença girando, em vez disso, a cabeça de gravação?

Poniatoff não era o único empresário que tinha ideias pouco convencionais quando se tratava da tecnologia de gravação. O major Jack Mullin estava no Corpo de Comunicações do Exército dos Estados Unidos, e sua missão na Alemanha era descobrir tudo o que fosse possível a respeito da eletrônica e da tecnologia de rádio alemãs. Por acaso, em 1945, quando estava voltando para a Califórnia, parou para inspecionar uma recém-capturada estação de rádio em Bad Nauheim, perto de Frankfurt. Lá, ele encontrou dois gravadores "magnetofone" do tamanho de uma valise, e 50 rolos de fita Farben. Ele enviou tudo para os Estados Unidos para passar algum tempo trabalhando com o material.

Em 1946, depois de uma demonstração de seus magnetofones aprimorados, para engenheiros em São Francisco, que tiveram uma recepção entusiástica, Mullin decidiu que estava na hora de tentar vender sua tecnologia de gravação em Hollywood. O seu *timing* foi impecável.

O maior intérprete musical do mundo naqueles dias era Bing Crosby. Ele, que preferia a intimidade casual do estúdio de gravação ao mundo cronometrado dos programas de rádio ao vivo, estivera brigando com a MGM pelo direito de gravar seu programa. Mencionando a má qualidade do som gravado, a MGM tinha recusado, e uma pequena guerra de nervos tivera lugar, a ponto de Crosby ter até mesmo deixado o rádio por um breve período em 1946. Assim sendo, quando Mullin demonstrou certa tarde seu magnetofone na MGM, o diretor técnico de Crosby, Murdo Mackenzie, soube que estava diante da resposta. Ele rapidamente organizou um encontro entre Mullin e seu chefe.

Crosby também ficou impressionado com Mullin e seu aparelho — e logo assinou um cheque de 50 mil dólares para cobrir a compra do aparelho e fazer um investimento em sua produção. No entanto, Mullin não tinha uma empresa, mas sabia quem tinha: Alexander Poniatoff e sua Ampex, com seis homens, onde Mullin trabalhava como consultor. Poniatoff, que tinha acabado de concluir seu projeto de um gravador com cabeça giratória, o modelo 200, executou o pedido. Crosby e sua equipe passaram a usar os recursos de montagem do Ampex 200, bem como a nova fita magnética de acetato da 3M Company, revolucionando a radiotransmissão (o que incluiu a notória trilha sonora de risadas). Mullin ficou muito rico e a Ampex se tornou a empresa que crescia mais rápido na história da comercialização — um ritmo que só seria igualado no *boom* das ".com" da década de 1990.

Em pouco mais de uma década, a Ampex passou a ter 13 mil funcionários e o domínio completo da indústria da gravação em áudio. O guitarrista Les Paul usou um dos primeiros gravadores da Ampex para fazer uma montagem de várias gravações, transformando-as em uma só — o início da gravação *multitrack*. Elvis Presley teria feito suas primeiras gravações no Sun Studios em um Ampex rolo a rolo. O marido de Elizabeth Taylor, Mike Todd, trabalhou com a Ampex para colocar uma fita magnética na película, a fim de transmitir um nível de qualidade de áudio muito mais elevado para os filmes. E, tendo conquistado quase todo o mundo da gravação profissional, a Ampex começou a fabricar gravadores para o público no final da década de 1950, conquistando também esse mercado.

Em meados da década de 1950, Bing Crosby experimentava maneiras de gravar também sinais de vídeo em fita. Uma vez mais, Poniatoff pegou essa ideia e a levou adiante, escalando uma equipe que incluía o futuro gênio do som Ray Dolby, então com 19 anos, para desenvolvê-la. A equipe criou um *design* que passava uma fita com 2 polegadas de largura a 15 polegadas por segundo através de quatro cabeças que giravam a quase 15 mil rpm. O primeiro programa gravado de uma rede de televisão, o *CBS Evening News*, foi transmitido no dia 30 de novembro de 1956. No intervalo de trinta anos, 100 milhões de videocassetes estariam em uso ao redor do mundo, exibindo bilhões de filmes profissionais e vídeos gravados em casa, criados em uma nova geração de câmeras de vídeo portáteis. O assassinato de Kennedy seria captado em videoteipe. E o mesmo aconteceria com a primeira vez que o homem pisou na

Lua. A memória de vídeo, o meio de memória artificial característico de nossa época, tinha nascido.

OBLITERAÇÃO

Restava um último grande mercado para a fita magnética. Os computadores, os descendentes do tabulador de Herman Hollerith, tinham evoluído lentamente durante os primeiros anos do século XX, funcionando como pouco mais do que calculadoras sofisticadas. Mas, na década de 1930, uma vez mais movidos pela guerra que se aproximava e pela necessidade de ferramentas poderosas de criptografia/decriptografia de códigos para a computação de trajetórias de artilharia, a tecnologia de computadores se desenvolveu em ritmo acelerado em todo o mundo.

No Reino Unido, o grande matemático Alan Turing construiu uma série de computadores que usava os valores um e zero da álgebra booleana para criar máquinas de computação cada vez mais poderosas (e, com o tempo, acionadas por válvulas) para a criptoanálise. Na Alemanha, Conrad Zuse usou relés eletromecânicos na sua série Z — tornando-os os primeiros computadores eletrônicos — para computar tabelas de artilharia a uma velocidade recorde. Mas foi um americano, Claude Shannon, que reuniu as duas tecnologias — a lógica booleana e os relés elétricos — para conceber a arquitetura do computador moderno. Isso se concretizaria no Mark 1 de Harvard e, logo depois da guerra, no ENIAC.

A movimentada era do pós-guerra, de crescimento rápido e movida pela informação, era simplesmente feita para o computador, que por sua vez tornou esse mundo possível. Muitas companhias competiram pelo computador militar e, depois, pelo comercial, mas uma delas surgiu no topo: a IBM, a empresa que Thomas Watson Sr. tinha construído a partir da esforçada empresa de Hollerith.

Esses primeiros computadores de grande porte [*mainframe*] eram do tamanho de um pequeno prédio e glacialmente lentos para os padrões modernos, mas mesmo assim eram rápidos o bastante para superar os dispositivos projetados para inserir dados neles e depois retirar as informações processadas que produziam. Na realidade, os primeiros computadores de grande porte do pós--guerra dependiam quase inteiramente de duas tecnologias do século XIX: os cartões perfurados de Hollerith (e fitas) e a impressora alfanumérica de Edison.

Era o início da corrida que ainda perdura até hoje, da memória artificial tentando acompanhar as demandas cada vez mais rápidas do mundo digital. Dessa feita, a resposta veio da empresa de máquinas de escrever Remington Rand, com sua linha de computadores UNIVAC. Em 1951, ela licenciou a tecnologia de gravação em fita magnética existente, adaptou-a para sinais digitais e introduziu o UNISERVO — o primeiro sistema de memória de fita magnética para computador. Um ano depois, a IBM introduziu uma memória de fita com 7 faixas e rapidamente abasteceu o mercado com uma série de toca-fitas inovadores ao longo da década seguinte (e alavancando o poder de sua liderança nos computadores de grande porte). Já na década de 1960, a sala cheia de máquinas com memória em fita, cada uma com seus rolos giratórios, se tornara sinônimo do próprio computador.

Com o tempo, a memória em fita magnética foi suplantada por tecnologias digitais mais poderosas. No entanto, embora raramente notado, a tecnologia da fita magnética continua a ser o meio de memória mais comumente usado no mundo — na forma das tarjas magnéticas no verso dos cartões de crédito. Esse formato foi inventado em 1960 pelo engenheiro da IBM Forrest Parry e se revelou um sucesso imediato. Estima-se que, em 2010, 80 por cento da população mundial tenha usado de alguma forma a tecnologia da tarja magnética — e que esses cartões foram passados em leitoras 50 bilhões de vezes por ano.[19]

Quanto à Ampex, a empresa pareceu envelhecer rapidamente, como se sua saúde estivesse associada ao idoso Alexander Poniatoff. Ele era um homem de meia-idade quando fundou a Ampex, e em 1955, quando se tornou presidente do conselho de administração, estava com 63 anos. Quase como se estivesse entediado com seu sucesso, começou a envolver a empresa em novos empreendimentos cada vez mais arriscados — com destaque para uma completa operação de produção de conteúdo, na qual a empresa perdeu uma fortuna. Ele era indiferente aos ativos da empresa: por desprezar a fabricação barata local, ele despreocupadamente licenciou a tecnologia de gravação da Ampex para empresas eletrônicas japonesas e depois ficou observando enquanto essas firmas conquistavam toda a indústria eletrônica de consumo e tornavam o país deles rico.

Quando a Ampex tentou contra-atacar, descobriu que sua consagrada filosofia, nas palavras de um ex-executivo, de que "só sabia como fazer as coisas bem e de uma maneira dispendiosa", não funcionava mais. Seu novo videocassete era o melhor do mundo, mas também era grande demais e caro demais — e estava condenado.

E a Ampex também estava. Mas Alexander Poniatoff mal parecia notar. Ele estava mais velho do que o século, o último czarista — "um verdadeiro homem do século XVIII", afirmou um funcionário —, e o demonstrava com crescente excentricidade:

> Na década de 1970, ele se tornou maníaco por coisas naturais. Só comia alimentos não processados, bebia suco de cenoura e teve um dos primeiros sistemas de ionização do ar instalado em seu escritório. Começou a apoiar grupos médicos que estudavam a longevidade e o efeito da cor no comportamento. Só dirigia carros brancos e passou a usar um boné de beisebol. A sra. Poniatoff realizava suas reuniões da Horticultural Society no refeitório da Ampex.[20]

Houve até rumores de sessões espíritas. Se foi este o caso, elas devem ter prognosticado um futuro sombrio. Depois que Poniatoff morreu em 1980, com 88 anos de idade, a Ampex prudentemente se livrou desses empreendimentos estranhos e retomou sua atividade básica de vender equipamento de gravação profissional. Mas era tarde demais.

Hoje, a não ser por uma equipe residual que administra os ativos intelectuais da empresa que um dia foram importantes, tudo o que resta da Ampex, a empresa que fez mais do que qualquer outra para captar a memória do som e da aparência deste mundo (e de outros) é o enorme e velho letreiro da companhia, hoje um ponto de referência histórico, que se destaca sobre a Bayshore Freeway no vale do Silício. Ele se ergue em memória não apenas de uma das mais extraordinárias empresas que já existiram, mas também da era de ouro dos inventores-empresários.

9
Diamantes e ferrugem
A memória gratuita

Qualquer um que pertença à turma decrescente de pessoas que se lembram da vida cotidiana com a fita de áudio (rolo para rolo, cartucho de 8 pistas, cassete), videoteipe (videocassete) ou fita magnética de computador, conhece muito bem as limitações compartilhadas por essas tecnologias.

Os cartuchos de 8 pistas tinham uma reprodução de som excelente — melhor do que os arquivos MP3 de hoje. Os videocassetes também tinham, e suas operações avanço rápido e rebobinar eram mais precisas — e frequentemente mais fáceis — do que as dos DVDs atuais. E os rolos de fita magnética do computador continham enormes quantidades de dados — mais do que os sucessores conseguiram igualar durante anos.

Mas a fita, em qualquer forma, tinha uma limitação gigantesca, enervante e, em última análise, fatal: *ela era linear*. Em outras palavras, toda a memória armazenada na fita magnética era sequencial; o item seguinte a ser armazenado era codificado logo depois do último. E isso significava, na prática, que o tempo médio para encontrar qualquer coisa em uma determinada fita era a metade do comprimento dessa fita. Ou seja, se você tivesse sorte, o segmento de memória que você estava procurando estaria pertinho do ponto onde você estava na fita. Na pior das hipóteses — geralmente quando você estivesse procurando uma música enquanto tentava criar um clima em um encontro romântico —, ele estava na outra extremidade da fita. E azar o seu se você começasse sua busca na direção errada...

O que tornava tudo isso particularmente frustrante era o fato de o mundo ainda estar feliz da vida usando uma tecnologia quase centenária — o fonógrafo —, no qual localizar uma memória era simples, bastando pegar a agulha e deixá-la cair em outro lugar na superfície do disco — um processo que poderia levar minutos se você estivesse percorrendo uma fita. Era a repetição da história dos rolos de papiro.

Os fabricantes das fitas tentaram superar essa inerente dificuldade colocando múltiplas faixas em paralelo na fita, de modo que o operador poderia economizar tempo saltando de uma faixa para a outra, mas isso também significava que o conteúdo de informação (ou seja, a largura) de cada uma dessas faixas estava agora reduzido.

Ainda assim, com algumas modificações na densidade do óxido de ferro, uma maior velocidade na cabeça e faixas mais densas, a indústria da fita magnética poderia ter conseguido acompanhar o mundo mais amplo do entretenimento de áudio, da televisão e dos computadores — se tudo o mais tivesse permanecido intacto. Mas não foi o que aconteceu. Pelo contrário, essas foram algumas das indústrias que cresceram mais rápido na história empresarial.

A situação se tornou especialmente crítica no caso dos computadores (na realidade, não fosse isso, a fita de áudio e de vídeo poderia ter continuado a ser o meio predileto dos consumidores por mais uma geração). Como a evolução dos computadores estava acontecendo extremamente rápido, e a quantidade de informações que precisavam ser armazenadas na memória crescia exponencialmente, o armazenamento da memória parecia prestes a ser esmagado.

Para entender por que esse era o caso, precisamos dar uma rápida olhada na história dos computadores neste ponto.

REUNINDO *BITS*

Os primeiros computadores, como o ENIAC, não precisavam de muita memória. Eles executavam basicamente operações discretas, como a computação em grande escala. Seus operadores basicamente inseriam os dados brutos por meio de botões — ou, quando um tempo de processamento maior era necessário, usavam as tecnologias do século XIX da fita perfurada, dos cartões perfurados ou máquinas de escrever reprogramadas para enviar sinais. A produção era em grande medida a mesma coisa, com as máquinas de escrever agora convertidas em impressoras.

No final da década de 1940, à medida que os computadores se tornaram mais sofisticados e começaram a assumir mais tarefas em estatística, finanças, testagem e medições — ou seja, à medida que a quantidade de dados entrando e saindo dos computadores aumentou —, a arquitetura dessas máquinas também começou a mudar.

A arquitetura do computador tem três componentes básicos: *input/output* (estímulo/resposta), que insere dados no computador e extrai resultados; a lógica, que é a parte central, computacional, do computador; e a memória. Nos primeiros dias da computação, com o *input* e o *output* relativamente simples, e a memória predominantemente assumindo a forma tradicional de "listagens" em papel ou fita, a indústria estava em grande medida concentrada na lógica e no processador central. Como essa operação era projetada para ser muito rápida, ela era, em grande medida, feita com grandes bancos de válvulas eletrônicas. As válvulas, basicamente variações do triodo de De Forest, eram muito quentes e de vida curta (os técnicos do ENIAC andavam em trajes de banho *dentro* do grande computador, trocando válvulas queimadas a cada poucos segundos), mas não havia nada igual para obter velocidade. Uma das primeiras atribuições do ENIAC, por exemplo, foi resolver um problema relacionado com a física nuclear. O problema, que, segundo a estimativa, requereria cem cientistas trabalhando durante um ano para resolver, foi solucionado pelo ENIAC em *duas horas*.[1]

Nesse ínterim, a memória do computador era secundária, e quando a memória de válvula se revelou dispendiosa demais e não confiável, as empresas de computador simplesmente se agarraram às listagens de papel para lidar com o que estavam se tornando enormes operações "agrupadas". Foi por esse motivo que a invenção da memória em fita magnética foi muito bem recebida pela indústria. Com a fita, o *output* (a saída) desses gigantescos novos eventos de processamento — como uma folha de pagamentos — podia ser colocado em grandes rolos e salvo para ser impresso posteriormente, de acordo com a necessidade.

No entanto, a memória do computador estava não apenas ficando mais importante como também mais abrangente. Já na década de 1960, a indústria havia se consolidado no que era conhecido nos Estados Unidos como "A IBM e os Sete Anões" (Burroughs, Univac, Control Data, NCR, Honeywell, General Electric e RCA), devido a seu tamanho comparativo, assim como a Olivetti e a Siemens na Europa, e a Hitachi, a Fujitsu e a NEC no Japão, entre outras. Essa foi a era do "Big Iron", como é exemplificado pela Série IBM 360, que dominou o mundo. Àquela altura, havia — se examinássemos todo o percurso de dados do mundo do processamento de dados — *seis* diferentes tipos de memória relacionados com a computação.

Em primeiro lugar, havia toda a memória, na forma de dados brutos provenientes de instrumentos de teste e medição nos laboratórios; registros de folha de pagamentos, financeiros, de impostos e de pessoal sendo criados em todas as organizações; e estatísticas, como as do último censo, que tinham que ser armazenadas em formulários, documentos e notas de campo, antes de ser inseridas no computador.

Segundo, havia a memória interna — chamada "de acesso aleatório" [*random access memory*] ou RAM, porque era mantida em uma área não diferenciada dentro do computador, à qual era atribuído um endereço onde poderia ser localizada.

Terceiro, havia a memória "*cache*". O processador central dos computadores funcionava em um ritmo muito rápido, definido pela frequência de seu sinal interno — chamado sua "frequência do relógio" ["*clock speed*"]. Como não havia nenhuma maneira de a memória poder acompanhar esse ritmo, o computador olhava adiante para operações ainda por vir e importava os dados necessários para o *cache* — uma espécie de sala de espera dos dados —, para que eles estivessem presentes quando necessário.

Em quarto lugar, havia a memória "somente para leitura" ["*read only*"], ou ROM. Os usuários dos computadores descobriram desde cedo que havia certas operações que eram constantemente usadas, e que recarregá-las no computador era um desperdício de tempo. O resultado foi a criação de uma região de memória concebida para manter, permanentemente, esses programas em um lugar seguro, onde poderiam ser facilmente acessados porém não facilmente substituídos ou modificados. Os primeiros programadores de computador também tinham aprendido muito rápido que, em vez de escrever todos os passos de um programa na linguagem *assembler* mais fundamental do computador [*computer assembly code*], eles podiam desenvolver "linguagens" (entre as mais famosas estava a COBOL, criada pela futura contra-almirante Grace Hooper, da Marinha dos Estados Unidos), e ferramentas para simplificar seu trabalho e para criar uma espécie de biblioteca de memória de programas nos quais se basear.

Em quinto lugar, havia a memória de arquivo. Em uma operação típica, os resultados do processo da computação voltavam para a RAM e ficavam esperando para que fosse feito o seu *download* como *output* (saída). No entanto, nos primeiros dias da computação, não havia memória suficiente para circular — daí o atrativo da memória em fita como um lugar para armazenar as informações perifericamente à operação do próprio computador. Hoje em dia, a última utilização regular da fita magnética com computadores é como um *backup* e arquivo de informações a longo prazo, para a segurança da memória do computador pessoal.

Sexto — e frequentemente não incluído no processo —, havia a memória de *output* (saída). Era o que acontecia com todo aquele material processado quando era, finalmente, colocado em uso nos escritórios, laboratórios e salas de aula. Apesar de toda a conversa a respeito do iminente "escritório sem papel", o verdadeiro resultado dessa explosão no *output* do computador foram montanhas de listagens de papel que eram difíceis de manipular e utilizar.

UMA NOVA MANEIRA DE VER A MEMÓRIA

Havia muita memória — e não existiam muitas soluções satisfatórias para gerenciá-la. Já na década de 1950, a necessidade de uma memória confiável, rápida e eletrônica se tornara desesperadora. Existiam várias candidatas, e todas foram utilizadas.

Uma delas era a memória de *núcleo* [*core*] magnético. Essa tecnologia, inventada separadamente por Frederick Viehe, da IBM, e Way Dong-woo e An Wang (este último se tornou mais tarde um magnata da indústria de computadores), consistia de minúsculos anéis de metal magnético — o "núcleo" —, entrelaçados em uma grade de fios de metal. Cada um desses anéis, endereçados por meio dos fios da urdidura e da trama da grade, podiam então ser ligados e desligados (1 ou 0) como um único *bit* de memória.

Não era fácil fabricar a memória de núcleo, mas o processo ficou mais barato depois que as empresas de computador encontraram trabalhadores mal remunerados ao redor do mundo para encarar o trabalhão tedioso de esticar os fios — mais notoriamente, costureiras escandinavas que tinham ficado desempregadas devido à automatização da indústria têxtil local.

A memória de núcleo era rápida e tinha a vantagem especial de reter suas informações, mesmo depois que a energia era desligada. Mas era muito difícil testá-la para verificar falhas e, o que era mais importante — uma fraqueza que acabou causando seu fim —, ela não ganhava escala satisfatoriamente. Cada *bit* acrescentado significava um anel adicional — um modelo insustentável quando a memória chegou a milhões de *bits*.

A segunda solução teve um começo pouco promissor, mas se revelou ao mesmo tempo durável e extraordinariamente adaptável. A memória de tambor, originalmente projetada para a gravação sonora, foi inventada em 1932 pelo austríaco Gustav Tauschek, fabricante de cartões perfurados. Ele provavelmente a encarou, inicialmente, como um dispositivo de gravação sonora, e astutamente retornou ao icônico formato do cilindro de tambor dos primeiros fonógrafos e cinetoscópios. Quando a IBM comprou sua empresa, as patentes foram junto e se tornaram projetos de longo prazo nos laboratórios da Gigante Azul [Big Blue].

Já na década de 1950, o projeto da memória de tambor que emergiu envolvia "pintar" a parede externa de um tambor giratório com um material ferromagnético — tipicamente óxido de ferro (ferrugem) — e depois empilhar um conjunto de cabeças de leitura-gravação contra essa parede. O tambor era então girado rapidamente e as cabeças criavam múltiplas faixas. Isso, é claro, era muito semelhante à fita magnética; ainda tínhamos que esperar pela rotação da superfície para chegar ao lugar certo, mas o mero número de cabeças e faixas reduziu consideravelmente o processo de busca.

Mas o máximo que a memória de tambor conseguia mal se equiparava à capacidade da fita magnética, e seus tempos de acesso eram muito mais lentos do que os da memória de núcleo. Ainda assim, ela apontou o caminho para uma solução bem melhor. Esse projeto também começou na IBM, mas o trabalho estava sendo desenvolvido em San Jose, na Califórnia. O local se revelou importante porque a criação dessa nova tecnologia — a *memória de disco* — iria precisar de toda a criatividade, improvisação e desprezo por regras que já estavam definindo o vale do Silício.

Rey Johnson não tinha planejado ser uma das pessoas que muito iriam contribuir para a memória artificial no século XX. Na realidade, ele começara como professor de ciências no ensino médio em Michigan. Mas ele era um solucionador de problemas nato, e, quando projetou um dispositivo eletromecânico que era capaz de "ler" automaticamente marcas de lápis em formulários de testes de múltipla escolha padronizados, achou que o fabricante desses formulários, a IBM, talvez estivesse interessada. Mas a IBM não estava interessada. Johnson deu de ombros e voltou a dar aulas.

Isso aconteceu em 1932. Dois anos depois, quando os testes padronizados decolaram e começaram a sobrecarregar o pequeno exército de avaliadores humanos, a Gigante Azul resolveu dar uma segunda olhada. Dessa vez, a IBM ofereceu a Johnson um emprego de engenheiro na Universidade de Columbia e em seus laboratórios em Endicott, no estado de Nova York. Lá, Johnson passou vinte anos, tornando-se um reconhecido especialista em impressoras e classificadoras com memória de cartões perfurados.[2]

O ano de 1952 foi um ano histórico na história dos computadores. Segundo a lenda, um levantamento tinha estimado que o mercado americano inteiro para computadores de grande porte era de 17 máquinas. O novo CEO da IBM, Tom Watson Jr., filho do fundador da empresa, correu um enorme risco e determinou que a companhia construísse 19 — com a primeira devendo ser entregue em 1952. Àquela altura, a IBM já sabia que tomara uma das decisões mais inteligentes da história dos negócios.

Mas, agora, a companhia tinha um conjunto completamente novo de problemas. A IBM sozinha produzia 16 bilhões de cartões perfurados por ano — e os clientes reclamavam não apenas dos problemas de armazenamento para todo aquele denso estoque de papel, mas também de que muitas daquelas pilhas de cartões tinham que ser carregadas diariamente com a mesma finalidade, quando, teoricamente, os mesmos programas-padrão poderiam de alguma maneira ser carregados no computador e baixados automaticamente quando necessário. Preocupada com essa lentidão no desenvolvimento da memória do computador, a IBM enviou Rey Johnson para San Jose para inaugurar um novo laboratório de pesquisas da companhia. Johnson recordou o seguinte:

> *Fui informado de que o meu talento para a engenharia inovadora fora um importante motivo em minha seleção para gerenciar o novo laboratório. Durante dezoito anos com o laboratório de Endicott da IBM, eu fora responsável por numerosos produtos da empresa — pontuação de testes, leitura de marcas, produtos de relógio de ponto, perfuradoras de cartões, impressoras matriciais e de não impacto e arquivos de acesso aleatório. Já em 1952, eu detinha mais de 50 patentes, algumas delas relativamente boas. Ter a liberdade de escolher nossos projetos e nossa equipe tornou o laboratório de San Jose uma oportunidade estimulante, especialmente porque os recursos financeiros estavam garantidos — pelo menos durante alguns anos.*[3]

O vale de Santa Clara era formado principalmente por pomares naqueles dias, e San Jose era uma cidade agrícola, mas a companhia foi astuta o bastante para reconhecer que algo importante estava tendo lugar logo abaixo da superfície bucólica da área. A Universidade Stanford estava lá. E a Hewlett-Packard também estava. E viam-se os primórdios de instalações da NASA na Base Aérea Naval de Moffett. Ex-soldados, que tinham passado por ali quando a caminho do Pacífico, estavam agora se dirigindo para oeste, munidos dos benefícios da GI Bill.* E, especialmente, os irmãos Lockheed, tendo feito sua fortuna em Burbank com aviões, planejavam agora voltar a seu lar da infância para construir foguetes e mísseis. O novo laboratório da IBM em San Jose, situado bem próximo do centro da cidade, em um depósito perto de uma churrascaria, era apenas uma das numerosas novas empresas que estavam se instalando ao longo da nova Bayshore Freeway, ao sul de Palo Alto.

A atribuição de Johnson era formar uma equipe e depois pesquisar todas as novas formas possíveis de memória de computador com elevada capacidade de armazenamento e alta velocidade.

Foi natural que ele e sua equipe começassem com a memória de tambor, buscando um *design* alternativo de um tambor giratório revestido *internamente*, no qual uma única cabeça de leitura-gravação colocada sobre uma armação deslocava-se rapidamente de um lado para o outro, ao longo das faixas. Mas os resultados foram insatisfatórios. Assim sendo, a equipe passou a estudar fitas magnéticas, pratos magnéticos, cassetes de fita magnética, bastões magnéticos, voltando até mesmo a analisar o fio magnético. No final, a equipe se fixou nos discos magnéticos, devido a sua grande área de superfície, fácil rotação e múltiplos pontos de acesso.

Por acaso, praticamente naquele exato momento, chegou o pedido de uma concorrência do Depósito de Suprimentos da Força Aérea dos Estados Unidos em Ohio. O depósito vinha usando um computador de grande porte para gerenciar seu gigantesco estoque, e, apesar das óbvias vantagens de usar uma máquina tão poderosa para controlar centenas de milhares de itens, os operadores tinham ficado cada vez mais desapontados com a experiência. O problema, uma vez mais, era o tempo de espera. Devido à natureza de "agrupamento" da computação da época, enormes listas de itens que entravam e saíam se amontoavam antes que os registros do computador pudessem ser atualizados. Na prática, isso significava que, em qualquer momento considerado, os registros do depósito eram agora mais *e* menos precisos do que antes. O que o Depósito de Supri-

---

* Lei que proporcionava uma série de benefícios para veteranos da Segunda Guerra Mundial. (N. T.)

mentos queria era uma maneira de somar e subtrair itens do estoque em seu computador em "tempo real".

Johnson e sua equipe, que examinavam aplicações semelhantes em supermercados da Bay Area em São Francisco, acreditavam que tinham a resposta — e se puseram em campo para tentar construir um protótipo dessa memória de "disco". O pioneiro jornalista técnico George Rostky escreveu o seguinte: "Quando a direção executiva na Costa Leste tomou conhecimento do projeto, enviou duras advertências de que [o projeto do disco] deveria ser abandonado devido a dificuldades de orçamento. Mas os manda-chuvas nunca realmente alcançaram os caubóis em San Jose".[4]

*DUCK AND COVER**

Embora a teoria fosse boa, a engenharia física de uma tecnologia desse tipo era extremamente complicada. Os discos, que eram de alumínio e tinham 60 centímetros de diâmetro, eram pesados e tinham que estar perfeitamente centralizados em um minúsculo eixo. No teste inicial, os projetistas estavam preparados para se esquivar se o eixo se desprendesse e lançasse um *frisbee* homicida de metal através do laboratório. Mas ele permaneceu firme. Melhor ainda, todo o constructo do teste de 120 discos em uma única haste, separados por 0,64 centímetro, permaneceu intacto mesmo quando os discos giravam a 3.600 rpm.

Depois houve a questão de fazer com que a tinta de óxido de ferro — a mesma usada na Golden Gate Bridge em São Francisco — cobrisse de maneira suave e uniforme a superfície dos discos. Uma das soluções — derramar a tinta no centro de cada disco e deixar que a força centrífuga a espalhasse pela superfície do disco, como nas rodas de tinta dos parques de diversões — foi experimentada e abandonada. No final, outro engenheiro da equipe encontrou a solução. Ele apareceu no laboratório certa manhã com uma das meias de seda da mulher. Enchendo um copo de papel com a quantidade exata de tinta, ele a borrifou uniformemente através da meia e conseguiu a espessura certa. Uma variação dessa técnica se tornou o padrão da indústria nos anos seguintes.

O desafio final era descobrir uma maneira de fazer com que as cabeças de leitura-gravação "flutuassem" sobre a superfície dos discos a uma distância sufi-

---

* *Duck and cover*, que metaforicamente significa "se esquivar e procurar proteção", era um método de proteção pessoal contra os efeitos de uma arma nuclear, que o governo americano ensinou nas escolas a gerações de crianças, desde o início da década de 1950 até a década de 1980. (N. T.)

ciente para ler o registro magnético abaixo, sem efetivamente se arrastar sobre ele e danificar o revestimento de óxido de ferro. Foi Al Hoagland, um jovem aluno de pós-graduação da Universidade da Califórnia, Berkeley, que propôs a solução de bombear ar com pulverizadores na cabeça de leitura-gravação, para criar uma bolsa de ar entre as duas superfícies.

No dia 10 de fevereiro de 1954, Rey Johnson e sua equipe engataram uma perfuradora de cartões ao protótipo e inseriram dados na unidade de disco; em seguida, reverteram o processo e imprimiram os mesmos dados em cartões para perfuração. Com o seu jeito direto habitual de se expressar, Johnson escreveu o seguinte em suas anotações de laboratório: "Este foi um dia de grande realização".

No início de 1955, a IBM encomendou 14 máquinas.

O produto comercial resultante, o IBM 305 RAMAC, introduzido em setembro de 1956, foi um marco na história da computação, ajudando a tornar possível a criação dos primeiros computadores de grande porte em tempo real. Estes, por sua vez, nas décadas seguintes, dariam origem primeiro aos minicomputadores e estações de trabalho, depois aos computadores pessoais e, na forma de servidores, à Internet.

Em comparação com a moderna unidade de disco rígido, que pode conter um trilhão de *bits* em um fragmento de disco com um diâmetro de menos de 30 mm em um gabinete do tamanho de uma caixa de fósforos e que pesa menos de 30 gramas, o RAMAC não apenas era primitivo, como também decididamente colossal. Do tamanho de um pequeno *closet*, ele continha 50 discos com 24 polegadas de diâmetro e pesava literalmente uma tonelada, tinha que ser transportado por meio de uma empilhadeira, e era entregue por meio de aviões de carga. Tinha uma capacidade total de 40 milhões de *bits*. E era insignificante em comparação com a unidade de disco do computador Bryant de 1961, que continha 20 discos de 39 polegadas, que produziam uma força centrífuga tão grande que o sistema teve que ser aparafusado no chão de cimento para que não saísse "andando" pela sala.

Ele também custou 150 mil dólares em 1956. Mas, para os clientes — desde o primeiro (a divisão MOPAR da Chrysler) até quase o último (as Olimpíadas de Inverno de 1960) —, o RAMAC valia cada centavo da economia de custo resultante do tempo de processamento do serviço, que fora melhorado por uma ordem de magnitude.

Johnson continuou a conduzir sua equipe em direção a outros aprimoramentos no *design* do RAMAC. No final da década de 1960, ele entrou uma vez mais para a história da memória: na qualidade de consultor para a Sony Corporation, pediram a ele que descobrisse uma maneira de tornar o vídeo mais acessível para as escolas e as crianças. Chegando à conclusão de que o problema era o fato de a fita de videoteipe de uma polegada da Sony ser muito pesada e de difícil manejo para pequenas mãos, ele pegou um rolo da fita, cortou-o pela metade no sentido no comprimento, deixando-o com uma largura de meia polegada, e depois encerrou a fita em um suporte de plástico que a tornou acessível. Desse modo, Rey Johnson, o inventor da unidade de disco, também se tornou o inventor do videocassete.

O DISCO MISTERIOSO

Já no início da década de 1960, a IBM e alguns concorrentes, como a NCR, estavam apostando corrida para criar sistemas de disco cada vez menores, mais rápidos e mais densos. A essa altura, eles eram do tamanho de lava-louças e tinham até mesmo *disk packs** removíveis. E a influência desses novos sistemas foi profunda. As últimas gerações da IBM dessas unidades de disco foram cruciais para a operação de sua nova Série 360 de computadores de grande porte. Podemos argumentar que esta última, junto com sua sucessora, a Série 370, foi a mais influente e dominante linha de computadores da história.

No entanto, no início da década de 1950, a IBM também sabia que estava caminhando em direção a uma nova barreira no desenvolvimento, se não conseguisse descobrir como dar outro salto quântico no *design* da memória. Uma vez mais, a resposta veio do laboratório de San Jose, agora sob a direção de Ken Haughton. O plano para essa nova unidade de disco, no final chamada de Modelo 3340, era criar uma configuração de dois módulos removíveis de 30 *megabytes*. Diz a história que a IBM deu ao desenvolvimento dessa unidade de disco o codinome de "Winchester" por causa da mansão misteriosa de Winchester, situada no Winchester Boulevard em San Jose. Mas, na realidade, foi Haughton que olhou para a configuração planejada e disse, referindo-se ao famoso rifle: "Se é 30-30, então tem que ser um Winchester".[5] Quando o 3340 se revelou

---

* Unidade removível, de acesso direto, que contém discos magnéticos, nos quais há dados armazenados. (N. T.)

um avanço tecnológico revolucionário de importância histórica, o codinome permaneceu, e até mesmo hoje é usado para descrever unidades de disco rígido com uma tecnologia semelhante.

O segredo da tecnologia do Winchester era o emprego de uma cabeça de leitura-gravação muito leve, que podia ser deslocada através das faixas de um disco, de um lado para o outro, quase mais rápido do que o olho era capaz de enxergar. E o segredo para fazer isso era a compreensão da equipe de que, se a cabeça fosse suficientemente leve e tenuamente curva como uma asa, não haveria necessidade de injetar ar; em vez disso, ela produziria uma elevação suficiente para "voar" 18 milionésimos de polegada acima da superfície do disco (e pousaria em zonas de aterrissagem no disco especialmente designadas). Com a tecnologia Winchester, o Modelo 3340, introduzido em março de 1973 na Série 370, o usuário poderia encontrar qualquer registro na superfície do disco em um intervalo de tempo máximo de 25 milésimos de segundo.[6]

Dois anos depois, a IBM desenvolveu ainda mais essa tecnologia, introduzindo cabeças de película magnética para essas unidades de disco. Essa técnica fotolitográfica colocou toda a fiação da leitura-gravação em uma minúscula folha de película, o que possibilitava que a cabeça "voadora" ficasse ainda mais leve e menor. A combinação da tecnologia Winchester com as cabeças de película magnética foi introduzida pela primeira vez no IBM 3380 de 1980.

Àquela altura, toda uma tecnologia de disco havia surgido, a maior parte dela liderada pelos "doze patifes" (como eram chamados pelos que trabalhavam na IBM) especialistas em memória que abandonaram a burocrática e conformista Gigante Azul para fundar suas próprias empresas.

O mais importante desses empresários foi Alan Shugart Jr. Ele tivera uma longa e bem-sucedida carreira na IBM e depois, durante alguns anos, de 1969 a 1973, fora para uma das maiores concorrentes da Ampex, a Memorex. Então, depois de reunir uma equipe e conseguir capital de risco, Shugart inaugurou sua própria empresa, que chamou de Shugart Associates — e começou a competir com a IBM. Isso poderia ter sido considerado uma suprema insanidade profissional dez anos antes, mas a IBM, agora enterrada em processos antitruste, estava intencionalmente permanecendo fora de novas indústrias e deixando em paz novos concorrentes, que ela antes poderia ter esmagado. O arquiteto do IBM 360, Gene Amdahl, mostrara em 1970 que isso poderia ser feito, quando inaugurou sua epônima companhia de computadores de grande porte.

Três anos depois, Shugart queria seguir o mesmo caminho — ou seja, construir um completo sistema de computador, incluindo um processador central, memória e impressora — mas, ao contrário de Amdahl, ele visava o mercado das pequenas empresas, com uma máquina de baixo custo. O *timing* era perfeito: a IBM, a HP, a Wang, a DEC e a Data General estavam todas buscando "mini" computadores e estações de trabalho semelhantes tanto para aplicações comerciais quanto científicas. Shugart teve algumas ideias engenhosas sobre como competir nesse mercado, mas, como logo descobriu, ele não tinha nem de longe capital suficiente para competir com esses gigantes. E, já em 1977, ele estava sem dinheiro, sem um produto acabado para levar para o mercado. Mais tarde, ele diria que a Lei Número Um dos Negócios de Al era a seguinte: "O dinheiro vivo é mais importante do que sua mãe".[7]

Não é preciso dizer que essa situação resultou em uma confrontação entre o fundador da empresa e seus investidores. Shugart queria seguir em frente; os capitalistas de risco queriam sair. Como é sempre o caso nessas brigas, o dinheiro ganhou. Shugart sempre afirmou que foi embora frustrado; os investidores sempre afirmaram que ele foi demitido. Mais tarde, ele diria: "Na realidade, não sei se fui demitido ou se eu pedi demissão. Um amigo me disse mais tarde que, para uma pessoa na minha posição, a diferença entre ser demitido e pedir demissão é mais ou menos de cinco microssegundos".[8]

O resultado foi o mesmo, e Al Shugart sempre disse que a experiência mais dolorosa de sua vida foi ter que passar de carro todos os dias pela sede da empresa que tinha seu nome, sabendo que nunca mais poderia entrar lá.

Sem mais delongas, os investidores venderam a empresa para a Xerox, que mudou o nome da subsidiária para Shugart Corporation. A Xerox era notória naqueles dias por nunca perder uma boa oportunidade; um pouco depois, estrada acima em Palo Alto, em seu centro de pesquisa, a Xerox estava prestes a inventar não apenas o computador pessoal, como também o *mouse* e o sistema operacional do tipo Windows mas não daria seguimento a nenhum deles. Mas, no caso da Shugart Corporation, ela efetivamente avistou uma oportunidade e a perseguiu.

UMA SOLUÇÃO FLEXÍVEL

Mais ou menos na ocasião em que a Shugart Associates estava sendo fundada, a IBM iniciou um novo programa para criar uma versão mais barata e removível das agora enormemente bem-sucedidas unidades de disco Winchester. A empresa astutamente se voltou para o outro importante meio de memória — a fita magnética — como inspiração. Com o paradigma da unidade de disco diante deles, a solução para o problema da sequência com fita agora parecia óbvia: simplesmente cortar a película revestida (agora Mylar) em formato de disco, em vez de em tira. Agora, se esse disco fosse colocado em um suporte mais rígido, para impedir que se vergasse, e o girássemos como um disco de vinil de 45 rpm, teríamos um meio de memória de baixo custo, que poderia ser lido com uma cabeça do tipo Winchester; ele seria leve e removível e custaria apenas alguns dólares.

A IBM introduziu a primeira versão de 8 polegadas desse disco flexível — ele logo seria apelidado de *"floppy"** por razões óbvias — e a unidade concomitante em 1970, e foi um sucesso imediato. Os discos podiam ser preenchidos com informações, removidos e arquivados como pastas — com um custo que era apenas uma fração do custo de uma unidade de disco rígido. Com o tempo, muitos clientes de pequenas empresas acabaram aderindo aos disquetes e desistiram completamente dos discos rígidos.

Quando Al Shugart e sua equipe estavam projetando o computador Shugart, os disquetes de 8 polegadas eram onipresentes no mundo da computação. Mas eles também estavam mostrando suas limitações. Estavam começando a surgir os primeiros microcomputadores — os precursores imediatos dos computadores pessoais — para aplicações de *design* científico e eletrônico. E era difícil ser "micro" quando a unidade de disquete periférica era do tamanho de uma grande lista telefônica.

Foi para atender a essa demanda de um disquete menor que, em 1976, o presidente da Shugart, Don Massaro, e o diretor de vendas, Jim Adkinsson, se encontraram com um importante cliente para verificar o que ele queria na geração seguinte de disquetes. Em particular, perguntaram eles, de que tamanho você quer que o disco seja? Como essa era uma reunião de vendas, e os três estavam em um bar, o cliente apontou para um pequeno guardanapo de papel e disse: "Deste tamanho". Massaro e Adkinsson pegaram o guardanapo, mediram suas dimensões e, com um par de tesouras, recortaram um quadrado de cartolina com as mesmas dimensões na volta para o escritório. Eles o testaram principalmente para conferir que era levemente maior do que o bolso de uma

---

* É um termo coloquial que quer dizer "bambo, mole, flexível". O *floppy disk* é o disco flexível, ou disquete. (N. T.)

camisa — estavam, aparentemente, preocupados com a possibilidade de o disco se vergar se fosse transportado daquela maneira — e depois apresentaram esse novo tamanho de 5,25 polegadas a Al Shugart, que o aprovou imediatamente.

Um ano depois, Al Shugart tinha ido embora, mas a nova despojada Shugart, de propriedade da Xerox, seguiu em frente como a primeira empresa a fabricar as unidades de disco flexíveis de 5,25 polegadas com capacidade de 360 KB — e ganhou uma fortuna. Os usuários de computador adoraram o tamanho menor porque ele facilitou carregar programas de uma máquina para outra ou fazer rapidamente o *download* de trabalhos da memória para o arquivo. Mas, o que era ainda mais importante, a revolução do computador pessoal estava agora em andamento. A Apple introduziu o memorável Apple II em 1977 — e, meses depois, tinha um grande número de concorrentes. As unidades de disco rígido estavam fora de questão para essa primeira onda de computadores pessoais. Elas eram não apenas tão grandes quanto os próprios computadores, sem os monitores, mas também custavam tanto quanto o resto do computador — tudo por cerca de 10 *megabytes* de armazenamento de dados na memória. Os fabricantes de PC encontraram o meio perfeito de armazenamento nos novos disquetes de 5,25 polegadas.

Já em 1978, a Shugart Corporation tinha mais de dez concorrentes, todos construindo unidades de disco semelhantes. A corrida era agora para ver a quantidade de informações que poderiam ser inseridas em cada disquete; e isso dependia da densidade da superfície do disquete individual e da velocidade da cabeça de leitura-gravação.

UM ESTRANHO NO NINHO

Mas a figura mais influente da indústria das unidades de disco estava fora do jogo. Desempregado, a não ser por alguns trabalhos de consultoria, Al Shugart se mudou para Santa Cruz, do outro lado do morro, e para a vida de um rato de praia: "Comprei uma casa em um penhasco, com vista para o oceano — um lugar maravilhoso, com piscina e tudo o mais".[9]

Shugart comprou um bar em Santa Cruz com alguns sócios e acabou passando parte de seu tempo servindo bebidas ou fazendo a limpeza na hora de fechar o bar.

"Eu me divertia bastante. Comprei um barco de pesca e saía para pescar salmão e albacora, e depois vendia os peixes... Começava o dia olhando para o mar, ouvindo a água e assim por diante. Eu não precisava estar no trabalho às 8 horas da manhã, de modo que podia escapar do trânsito. Ia às 10 horas ou também podia ir às 5..."[10]

Al pescava comercialmente em Santa Cruz e, com o tempo, se mudou para San Francisco Bay, onde costumava entregar sua pesca diária à Fisherman's Wharf. Os turistas, ao verem o homem atarracado, com a massa de cabelo grisalho, carregando um fardo de peixes sobre o ombro, não tinham a menor ideia de que estavam olhando para o homem que já tinha modificado o trabalho deles e que, em breve, iria transformar a vida deles.

"Eu sempre achei que apreciava mais a vida do que todo mundo. Por conseguinte, o fato de alguém passar por mim em uma Mercedes e eu estar em um velho barco de pesca não me incomodava nem um pouco. Tenho certeza de que estava aproveitando mais a vida em meu velho barco de pesca... Nunca senti pena de mim mesmo. Às vezes eu penso no bar e no barco de pesca."[11]

Tudo parecia ótimo, e o nascer do sol na Bay Bridge era uma beleza, mas, para um empreendedor como Al Shugart, era intimamente insuportável não estar de volta ao jogo, especialmente quando começou a elaborar uma visão de aonde a memória do computador precisava ir em seguida. Finalmente, em 1979, ele se associou a um grupo de veteranos da indústria, entre eles seu antigo sócio na Shugart Associates, Finis Conner, e fundou uma nova empresa de unidades de disco. Eles a chamaram de Shugart Technology, mas foram informados pela Xerox, que a nova empresa não poderia ter o nome de seu fundador. Assim sendo, mudaram o nome para Seagate Technology e se estabeleceram nas montanhas de Santa Cruz, a meio caminho entre a amada Santa Cruz de Al e o seu desprezado vale do Silício.

Shugart e Conner compartilhavam uma visão comum a respeito de aonde eles achavam que a memória do computador precisava ir, na era do computador pessoal — o que era a volta para as unidades de disco rígido, com sua capacidade de armazenamento imensamente maior. Eles compreenderam que o macete era descobrir como colocar uma unidade de disco rígido Winchester no agora consagrado fator de forma rasa do disquete de 5,25 polegadas vigente na época.

Em 1980, a Seagate introduziu o ST-506, o primeiro disco rígido a se encaixar no compartimento padrão da unidade de disco do PC. A capacidade dele era de 5 *megabytes* — dez vezes a do disquete padrão da época — e foi acompanhado por uma versão de 10 *megabytes*. Quando a IBM escolheu a unidade de disco da Seagate para o seu IBM PC XT, o primeiro computador pessoal da empresa a usar um disco rígido, o destino da Seagate estava garantido. Já em 1993, a companhia alcançou 50 *milhões* de unidades de disco produzidas; até 2008, foram 1 *bilhão* de unidades — e a empresa com 56 mil funcionários tinha uma receita superior a 10 bilhões de dólares.

Mas a Seagate não era o único concorrente que desejava a garantia de fornecimento da memória em disco rígido para o produto eletrônico de consumo que estava mais em alta na época. Quando essa nova corrida da memória de disco estava desenfreada, o vale do Silício — e muito mais importante, a indústria do capital de risco do vale do Silício — havia amadurecido e se tornado a mais eficiente incubadora de novas empresas empreendedoras que o mundo já vira. Uma pequena equipe, com uma boa ideia para um produto, quase sempre conseguia encontrar não apenas o capital de que precisava, mas também o pessoal, a fabricação e o *marketing* necessários para se desenvolver rapidamente.

Tudo veio junto no início da década de 1980, desencadeando a maior disputa de território de alta tecnologia que o mundo já vira. Vinte e quatro meses depois do surgimento da Seagate, calcula-se que 250 novas empresas de unidades de disco rígido de 5,25 polegadas tenham sido fundadas — todas disputando uma fatia do mercado. É claro que isso era impossível, de modo que, já em 1997, calcula-se que 210 dessas empresas já tinham saído do segmento, e a maioria delas tinha fechado as portas para sempre.[12] No novo século, o número de concorrentes tinha caído para menos de 12, com a Seagate ainda se posicionando como a maior companhia independente de discos rígidos.

DATO

A essa altura, contudo, Al Shugart já tinha ido embora novamente. Em julho de 1998, ele renunciou oficialmente a todos os seus cargos na Seagate — "Fui demitido", declarou ele alguns anos depois. "O conselho me disse que estava na hora de uma mudança. Esta foi a única razão que me deram."[13]

Único homem que já foi demitido de empresas de 2 bilhões de dólares que, em algum momento, tiveram seu nome, ele fundou então a Al Shugart International, uma firma especializada em investimento-anjo/consultoria-executiva com menos de uma dúzia de funcionários, que era em grande medida uma plataforma para Shugart se dedicar a qualquer coisa que o interessasse. Em um vale de personalidades, ele era uma das mais famosas, e essa última fase de sua carreira possibilitou que ele se entregasse a suas opiniões e excentricidades sem se preocupar com conselhos censores e acionistas insatisfeitos.

"Sempre fui um cara independente e esquisito. Isso faz parte de um ser empreendedor. As duas únicas empresas das quais, um dia, fui demitido foram, exatamente, as duas que eu fundei."[14]

Shugart passou a usar camisas havaianas, e sua equipe, formada principalmente por mulheres bonitas, também. Ele se deleitava em ser chamado de *dato*, um título honorífico da Malásia, e o respeito que isso lhe conferia naquele país. Anarquista por natureza ("De um modo geral, eu me oponho à política"), ele inscreveu o seu cachorro, Ernest, nas eleições para o Congresso na área de Monterey em 1996, a fim de sacudir os eleitores locais, que ele achava que se encontravam em uma ampla apatia. Isso chamou a atenção de todo o país. E o mesmo aconteceu com a iniciativa mais séria de Shugart, de acrescentar oficialmente "Nenhuma das Opções Acima" a todas as cédulas eleitorais do estado da Califórnia. Ele também foi um defensor pioneiro dos formulários simplificados de impostos e da reforma financeira das campanhas, tudo na tentativa, disse ele, "de fazer com que mais pessoas se tornassem mais ativas na política".

"Acho que estou fazendo uma coisa boa. Se não achasse que estou fazendo algum bem, não ficaria satisfeito. Se os políticos não gostam do que estou fazendo, então eu sei que estou no caminho certo."[15]

Em 2001, olhando para trás, ele refletiu: "Realmente gostava do sucesso, e não apenas de meu sucesso. Gosto que as coisas corram bem. Fazer as coisas correrem bem no setor das unidades de disco foi muito desafiante, mas elas correram bem. Mas eu também gosto do sucesso das outras pessoas, de modo que, quando vejo essa garotada abrindo empresas e ficando milionária, fico feliz por eles. Isso é sucesso".[16]

Al Shugart, a mais indelével figura da indústria da memória em disco do computador, faleceu em dezembro de 2006, de complicações após uma cirurgia cardíaca. Uma de suas últimas imagens públicas foi um cartão de Natal que mostrava o próprio *dato*, sorrindo e cercado por sua equipe, todos vestindo camisas havaianas.

A indústria de unidades de disco seguiria em frente, é claro, para uma glória ainda maior, mas daí em diante, privada de sua única celebridade, ela se tornaria praticamente anônima.

As unidades de disco se tornaram ainda mais rápidas, com maior capacidade e mais baratas. Na corrida para acompanhar a incansável demanda da indústria do computador pessoal por um melhor desempenho, algumas empresas (como a Maxtor) tentaram o velho truque, que recuava aos tempos do RAMAC, de empilhar múltiplos discos dentro de um único aparelho de reprodução. Em apenas onze anos, de 1980 a 1991, a tecnologia da memória de disco avançou em um ritmo atordoante: o Seagate ST-506 de Al Shugart, com seus discos de 5,25 polegadas e 5 *megabytes* de memória, custava 1.500 dólares; menos de doze anos depois, várias empresas estavam construindo unidades de disco com 2,5 polegadas, contendo 100 *megabytes* de memória, pela metade desse preço. Um ano depois disso, a Hewlett-Packard deu um salto, com uma unidade de disco de 1,3 polegada – do tamanho de uma moeda de 25 centavos – em um compartimento não muito maior do que um grande selo do correio.

Essas mudanças revolucionárias tiveram dois efeitos importantes. Primeiro, elas eliminaram efetivamente o disquete como um formato padrão de memória. Os disquetes, que lutaram para se manter ao longo da década de 1980, introduziram uma versão de 3,5 polegadas em um invólucro que, no final, chegou a uma capacidade de 1,44 *megabytes*. Mas, embora tenham sido feitas tentativas posteriores de criar uma versão com capacidade mais elevada, o jogo acabou em meados da década de 1990, quando a Apple Computer, que tinha sido o último baluarte contra a unidade de disco rígido interna, finalmente fez a mudança. O segundo efeito mais importante dos discos rígidos mais novos, menores e com mais capacidade foi que eles (junto com os monitores de tela plana) tornaram possível a revolução dos computadores *laptop*, dos *smartphones* e outros produtos de consumo.

A LIBERDADE VEM DE GRAÇA

A memória, que durante a era dos computadores de grande porte e do núcleo magnético fora uma das maiores e mais caras partes do computador, agora se tornara uma das mais baratas e menores. A memória do RAMAC custava aos usuários 150 dólares *de aluguel* por mês, por *megabyte*; em 2000, isso fora reduzido a um preço *de compra* de apenas 2 centavos de dólar. Uma década depois, o preço de uma unidade de disco com cinco discos rígidos, de 3,5 polegadas, com capacidade para 2 *terabytes*, caíra para menos de *um milésimo* de centavo de dólar por *megabyte*. Em 2011, era possível comprar uma unidade interna de disco rígido Seagate de 2,5 polegadas, e capacidade de 750 *gigabytes*, por menos de 100 dólares — um dispositivo tão pequeno que poderia facilmente caber em um *game player* portátil.

Nesse meio-tempo, as grandes empresas de serviços de Internet, como o Google, estavam lentamente começando a se dar conta de que suas gigantescas instalações de servidores ao redor do mundo continham trilhões de *bytes* de armazenamento de memória de disco que, basicamente, não eram usadas na maior parte do tempo. Assim sendo, elas começaram a imaginar novos serviços para essa *nuvem* amorfa de armazenamento não utilizado, que seus usuários pudessem acessar essencialmente sem custo. A primeira, e mais famosa, dessas aplicações "na nuvem" foi o GoogleMail — o Gmail — em 2004, e o GoogleMaps um ano depois. Logo, novos serviços na nuvem estavam disponíveis em numerosas empresas, variando entre versões de baixo custo e outras mais seguras e dispendiosas.

Essa atordoante queda nos preços, que se tornou possível pelo armazenamento em disco, viu a memória artificial se tornar, essencialmente, gratuita pela primeira vez desde os artistas da memória da Renascença — e, dessa vez, todo mundo pôde tirar proveito da oportunidade. Por outro lado, isso gerou uma mudança de paradigma, no relacionamento entre os seres humanos e o conhecimento armazenado, que está apenas no começo.

Antes de tudo, a memória "gratuita" só acelerou a complexa guerra armamentista no *software* e nos aplicativos, que já estava sendo travada quase desde o surgimento dos primeiros computadores comerciais. Ao mesmo tempo que os computadores ficaram menores e mais pessoais, seu crescente poder de processamento e tamanho da memória possibilitaram que eles executassem ainda mais tarefas — computação, escrituração mercantil, processamento de texto, planilhas, editoração eletrônica, jogos, comunicação pessoal, jogos *multiplayer*, comunicação, *streaming* (fluxo contínuo) vídeo, gráficos 3-D e assim por diante — o que aguçou o desejo dos consumidores de ter ainda mais coisas.

Os donos de PCs na década de 1980 sonhavam em ter um disco rígido de 5 *megabytes*, mas se perguntavam se um dia iriam precisar de tanto espaço de armazenamento; os filhos deles pegaram os discos *terabyte* — capazes de conter todas as palavras escritas no mundo da Roma Imperial — que vinha com seus *laptops* e se preocupavam porque poderiam ficar sem memória para todos seus jogos, vídeos e fotos. A memória gratuita significou rédea larga para a nossa imaginação criar experiências com o computador.

No outro extremo da escala, toda essa memória gratuita, combinada com velocidades de processamento cada vez mais rápidas, deixou os cientistas e pesquisadores livres para imaginar e atacar tarefas que antes estavam quase além da imaginação humana, como simular cada molécula de ar em uma tempestade ou os nêutrons em uma explosão atômica, criar realidades virtuais que, para o olho humano, eram indistinguíveis da natureza, praticar a medicina em pacientes "virtuais" completamente funcionais, mapear todo o genoma humano — ou simular a operação da memória no cérebro humano.

ELOS PERDIDOS

Mas foi entre esses dois extremos, da grande ciência e os pequenos consumidores dentro da operação cotidiana das companhias, órgãos do governo e universidades, que o maior e mais importante efeito da memória gratuita ocorreu.

Praticamente desde o momento em que houve dois computadores no mundo, seus operadores tiveram vontade de falar um com o outro. Afinal de contas, existe uma série de razões para ter uma "rede" de computadores: ela reduz os intermediários dispendiosos e desperdiçadores de tempo das impressoras e leitoras de cartão e papel; ela permite que os computadores "falem" na velocidade astronômica em que operam; e possibilita o compartilhamento de tarefas para reduzir o tempo de operação total. Todas essas vantagens foram mais bem captadas por Robert Metcalfe — o lendário coinventor (na Xerox, em 1973) do memorável protocolo de *networking* Ethernet — quando notou que o valor de uma rede de computador parece aumentar ao quadrado o número de conexões nessa rede. Em outras palavras, quanto maior a rede, muito maior é sua utilidade.

Foi o entendimento implícito desse princípio que levou pesquisadores, já no final da década de 1930, a fazer experiências com o acesso remoto dos computadores. O pioneiro dessa área foi George Stibitz, um pesquisador do Bell Labs, que já tinha desempenhado um papel importante na aplicação da álgebra booleana aos circuitos dos computadores. No dia 11 de setembro de 1940, em uma reunião da American Mathematical Society, no Dartmouth College, Stibitz usou um teletipo para encaminhar um trabalho computacional feito em seu computador Calculador de Números Complexos, de sua própria fabricação, para o seu escritório em Nova York.

Já no final de década de 1950, as Forças Armadas dos Estados Unidos estavam usando um tipo primitivo de *networking* para compartilhar informações de seus numerosos sistemas de controle de radar, enquanto um par de computadores de grande porte, de propriedade da American Airlines, foi interligado para criar o SABRE, o precursor do sistema moderno de reservas das companhias aéreas.

Isso foi acompanhado, em meados da década de 1960, por uma série de inovações que, finalmente, tornariam possível a rede global. A primeira delas, em 1964, veio de Dartmouth, onde uma equipe de pesquisadores criou o *time--sharing* [tempo compartilhado] — a capacidade de múltiplos usuários remotos (em geral munidos de um *modem* acoplador acústico para seu telefone e um teletipo) se revezarem no acesso a um computador remoto. O tempo compartilhado se revelaria a primeira experiência inspiradora que muitos dos pioneiros da indústria do computador pessoal — com destaque para Steve Wozniak — teriam com o computador "doméstico". Foi na tentativa de reproduzir essa experiência da infância que muitos fabricaram seus primeiros computadores.

Mais ou menos na mesma época, Joseph Carl Robnett "Lick" Licklider, um brilhante cientista multidisciplinar, apresentou um trabalho, que ele intitulou "A rede de computador intergaláctica", para os funcionários da ARPA — Advanced Research Projects Agency [Agência de Projetos de Pesquisa Avançada], do Departamento de Defesa dos Estados Unidos, na qual ele pouco depois ingressaria como diretor. O título do trabalho tinha a intenção de ser uma brincadeira, mas sua mensagem básica não era. E, entre os jovens cientistas que esse trabalho inspirou, estava o diretor de programa Lawrence Roberts, que deu a sua equipe a tarefa de criar essa rede global. Nesse meio-tempo, trabalhando paralelamente em uma maneira de agrupar dados em "pacotes", transmiti-los através dos mais curtos trajetos de rede disponíveis e reagrupá-los na localização--alvo, estavam Paul Baran, da RAND Corporation, e Donald Davies, do National Physical Laboratory, do Reino Unido.

Foi Davies que inventou o termo *"packet switching"* ["comutação de pacotes"]. E quando, em 1969, o *annum mirabilis* (ano maravilho) da era digital —, a ARPA (hoje DARPA) se pôs em campo para interligar os computadores das agências do governo, dos laboratórios de pesquisas e das universidades em uma rede comum chamada Arpanet, foram a visão de Licklider, a arquitetura do *networking* de Robert e o *packet switching* de Baran e Davies que fizeram tudo aquilo funcionar. Suas invenções possibilitariam que essa rede crescesse na década de 1980 com a ajuda da última invenção decisiva, de Robert Kahn e Vinton Cerf, a Internet Protocol Suite — TC/IP — e se transformasse na *Internet*.

Também seria a comutação de pacotes, de Baran e Davies, que tornaria possível a indústria global da telefonia celular. Baran se tornaria uma lenda no vale do Silício, fundando quatro companhias, cada uma avaliada em mais de 1 bilhão de dólares. Ele estava trabalhando em sua mais recente empresa quando morreu de câncer, aos 84 anos, em 2011.*

DISCO PARA DISCO

Para os bilhões de pessoas que hoje utilizam diariamente a Internet, a Net pareceu surgir completamente formatada em seus computadores, em meados da década de 1990. Mas a década esquecida que precedeu esse lançamento global foi imensamente importante. E ela dependeu, decisivamente, da corrida permanente para construir unidades de disco cada vez mais poderosas.

Quando em operação, a Internet requer uma hierarquia de computadores — tanto grandes quanto pequenos — para funcionar. Os pequenos computadores, predominantemente PCs e pequenos dispositivos, atuam como pontos de acesso para a Net; os grandes computadores estão situados na encruzilhada das informações que circulam pela rede e administram o tráfego. Essa é a versão simples. Uma descrição mais precisa é que a memória de disco dos nodos individuais (gerenciados por um *software* especial nos PCs) se comunica com grandes unidades de disco (unidades de disco empresariais), gerenciadas por computadores especializados (servidores), organizados em grande quantidade em grandes depósitos (parques de servidores), e se comunica com outros computadores projetados para gerenciar o fluxo de dados, e não processá-lo (roteadores).

Assim sendo, outra maneira de considerar a ascensão da Internet na década de 1980 é que ela é a história de levar uma capacidade de processamento e de memória suficiente para os computadores domésticos e dos escritórios, por meio de unidades de disco pequenas e baratas; de construir unidades de disco, de tamanho normal, poderosas o bastante (com alta capacidade, velocidades de acesso muito rápidas e confiabilidade 24/7)** para gerenciar enormes fluxos de dados; de inventar os novos roteadores e outros *hardwares* — cujo fabricante mais conhecido é a Cisco — necessários para gerenciar essa infraestrutura; e

---

* O autor foi cofundador com Baran dessa última empresa.
** 24/7 é uma abreviação que significa "24 horas por dia, 7 dias por semana", geralmente se referindo a um negócio ou serviço disponível o tempo todo, sem interrupção. (N. R.)

de desenvolver os padrões, os *softwares* e os aplicativos necessários para fazer com que tudo isso funcionasse harmoniosamente e, para os usuários finais, intuitivamente.

Para a experiência do usuário final, houve vários importantes protagonistas que deram seguimento ao trabalho de seus predecessores. O primeiro foi Tim Berners-Lee, cientista do centro de pesquisa nuclear europeu, CERN, em Genebra, Suíça, que, em 1991, propôs pela primeira vez a arquitetura de endereços da Internet que se tornou a World Wide Web — e tornou a Internet finalmente acessível às pessoas físicas. Um ano depois, uma equipe do National Center for Supercomputing Applications, da Universidade de Illinois, em Urbana-Champaign, iniciou um projeto para criar um "navegador" gráfico para simplificar o acesso ao crescente número de *websites* na Internet. O resultado, o Mosaic, foi introduzido em 1993. Quase que imediatamente, os membros de uma equipe de criadores de códigos do projeto Mosaic, liderados por Marc Andreessen, juntaram forças com o magnata da estação de trabalho Jim Clark, para iniciar o Netscape.

O navegador Navigator do Netscape se revelou tão popular que a empresa se tornou uma celebridade dos negócios como a Apple, a Intel e a Ampex antes dela — o que foi o bastante para chamar a atenção da maior companhia de *softwares* do mundo dos computadores pessoais: a Microsoft. Bill Gates e sua equipe em Everett, no estado de Washington, que a essa altura dominavam completamente os sistemas operacionais de PC, haviam sido pegos desprevenidos pela Web e pelo Netscape Navigator. Assim sendo, eles se puseram em campo, usando todos os meios necessários (inclusive embutindo o seu novo navegador no sistema operacional do Microsoft Windows) para esmagar o Netscape.

A Microsoft foi bem-sucedida, à custa de uma investigação federal. Mas ela não conseguiria fazer o mesmo com a grande aplicação seguinte da Web. Estou me referindo ao "mecanismo de busca", que apareceu em muitas formas na década de 1990, em resposta à necessidade de gerenciar a crescente lista de milhares de novos websites que surgiam a cada mês.

No entanto, quase todos esses primeiros mecanismos de busca tinham um defeito fatal. Muitos priorizavam suas buscas influenciados por seus anunciantes. Outros, como o, sob outros aspectos, muito bem-sucedido Yahoo!, davam prioridade a sua própria lista de sites.

No final, foram dois alunos de Stanford, Sergey Brin e Larry Page, que inventaram um mecanismo de busca organizado apenas pela congruência de sites com a pergunta da busca, e pelo número de visitantes. Essa se revelou a receita mágica da busca, e a empresa de Brin e Page, Google, foi fundada em 1998. Sua decisão executiva mais importante foi contratar Eric Schmidt, um dos mais brilhantes tecnólogos do vale do Silício, para dirigir a companhia. Schmidt, que fora derrotado duas vezes no mercado pela Microsoft (na Sun Microsystems e na Novell), propôs uma estratégia para refrear Gates e companhia – e conseguiu seu objetivo. Uma década depois de sua fundação, o Google ainda era dono de uma parcela equivalente a mais de 90 por cento das buscas na Internet. O Google se tornou a empresa que definiu a era, uma das mais valiosas da indústria dos Estados Unidos, e o modelo para o *boom* "com" que começou no final da década de 1990 e estabeleceu firmemente a Web como algo inseparável da maioria das pessoas no planeta.

O ÚLTIMO RASTRO

Joe Rubinstein, o chefe de engenharia de *hardware* da Apple Computer, estava diante do que parecia um desafio impossível. O cofundador da Apple, o brilhante e inconstante Steve Jobs, tinha voltado para a empresa, apenas alguns anos antes, depois de um hiato de 12 anos, e tinha rapidamente revitalizado a Apple com uma série de novos e surpreendentes *designs* de computador. Mas agora, em 1996, Jobs queria voltar a atenção da companhia para outras oportunidades emergentes no setor de *hardware* de consumo.

O público frequentemente pensa em Steve Jobs como um gênio da inventividade como o jovem Thomas Edison – uma imagem que nem Jobs nem a Apple tomou medidas para corrigir. Ele nunca foi algo assim, geralmente dependendo de outros com maior capacidade técnica – como Steve Wozniak, Jef Raskin e outros – para as criações. Mais exatamente, Jobs era mais como o Edison mais velho: um empresário da invenção – talvez o maior que já tenha existido –, que expunha uma vaga ideia de como um novo produto deveria ser; criava um ambiente que favorecia assumir riscos, atenção ao estilo, e a experiência do usuário; e depois usava sua reputação e carisma para conferir à Apple um poder de *marketing* inigualável.

Um dos efeitos secundários da corrida da memória de disco e da ascensão da Internet na década de 1990 foi que ela tornou possível, pela primeira vez, aos usuários permutarem grandes blocos de memória — jogos, imagens e, o que é extremamente importante para estudantes universitários, arquivos de música. Permutar arquivos de música violava as leis de direitos autorais, mas os estudantes, movidos pelo imperativo técnico de que "qualquer nova tecnologia vantajosa encontrará seus usuários", desprezaram a lei aos milhões, especialmente quando surgiram novos *websites* — com destaque para o Napster — para simplificar o processo.

Logo, a indústria da música estava processando o Napster, enquanto o FBI estava prendendo alguns dos mais clamorosos piratas de arquivos de música. No entanto, exatamente como acontecera com a Lei Seca setenta anos antes, a moda foi para a clandestinidade e cresceu. Steve Jobs observou essa tendência e, enquanto outras grandes empresas se mantinham a distância, ele enxergou uma gigantesca oportunidade. Jobs não era estranho às atividades ilegais — ele e Steve Wozniak tinham começado a carreira como vendedores de equipamento de gravação de ligações telefônicas — de modo que ele tinha uma visão pessoal a respeito de como a confusão da pirataria iria se resolver, e pretendia colocar a Apple bem no meio dessa solução.

Jobs sabia que, para fazer isso, ele precisaria de uma ação estratégica de duas partes. Por um lado, ele tinha que cooptar a cada vez mais paranoica e litigiosa indústria da música, que estava vendo seu negócio, que um dia fora imensamente lucrativo, ser enfraquecido por um novo paradigma tecnológico, o arquivo de música MP3, e toda uma geração de jovens fabricantes clandestinos, contornando as regras de direitos autorais e do mercado. Sua solução seria usar sua alavancagem como presidente do conselho de administração da empresa de filmes Pixar e como figura mais famosa da revolução digital de consumo para propor um acordo: a criação de uma loja on-line de arquivos de música, batizada de "iTunes", que cobraria uma taxa para as músicas que, embora baixa de acordo com os padrões da indústria da música, seria barata o bastante para convencer milhões de jovens a abandonar a criminalidade e se voltar para uma fonte que estava dentro da legalidade.

Mas essa era apenas metade da estratégia. Ao mesmo tempo que a Apple se posicionava como a principal fornecedora de conteúdo para os arquivos digitais de música, ela também desejava a linha de negócios do *hardware* — uma indústria nova em folha, cujos produtos deselegantes e de tamanho exagerado eram alvos perfeitos para o estilo da Apple.

E foi aqui que Jon Rubinstein entrou na história. Como Jobs explicou, ele queria um aparelho pequeno o bastante para caber no bolso de uma camisa ou jeans, com um elegante controle de toque e uma tela pequena, porém nítida, uma entrada para fones de ouvido, uma bateria não removível que poderia ser recarregada em um minúsculo carregador, e uma interface padrão Apple FireWire, para possibilitar que o aparelho pudesse fazer *downloads* de um computador Apple (e também se recarregar a partir dele). Tudo isso seria difícil, porém exequível, pensou Rubinstein. Mas aí veio o comentário final: Jobs queria que esse aparelho custasse apenas uns 200 dólares, embora fosse capaz de colocar — como Jobs diria com o tempo — "mil músicas no seu bolso".[17]

Rubinstein engoliu em seco ao ouvir esta última exigência. Ele acompanhara a indústria da memória por tempo suficiente para saber que não havia uma única unidade de disco rígido no mundo capaz de caber em um invólucro daquele tamanho, tendo ao mesmo tempo os *gigabytes* de memória necessários para conter tanta informação. A única boa notícia era que Jobs, que fora notório no passado por respaldar o tipo errado de memória (por exemplo, a unidade de memória "magneto-óptica", baseada em *laser*, no computador NeXT), dessa vez deixara a escolha a cargo de Rubinstein.

Assim sendo, quando iniciou o programa, uma das primeiras tarefas que Rubinstein determinou para si mesmo foi encontrar um fabricante que estivesse disposto a construir uma unidade com essas especificações singulares: um disco com menos de 2 polegadas de diâmetro, em uma unidade com não mais de 2 polegadas de largura, com conectores patenteados, capaz de conter um *gigabyte* de memória. Rubinstein sabia que estava pedindo quase o impossível, mas partiu do princípio de que o nome Apple pelo menos despertaria algum interesse entre as duas dúzias de companhias de unidades de disco no mundo.

Mas ele estava redondamente enganado. Ele foi descartado — riram dele — recebido com um silêncio aturdido e, em certa ocasião, um importante fabricante desligou o telefone na cara dele, achando que se tratava de um trote. Depois de não ter sorte com os fabricantes de primeira linha, Rubinstein, desesperado, começou a telefonar para os de segunda linha. No final, a única companhia que demonstrou interesse foi a grande e diversificada Toshiba do Japão. Mesmo sendo grande, a Toshiba era o fornecedor menos provável: ela estava no ramo das unidades de disco (predominantemente por intermédio de um relacionamento com a Fujitsu) apenas como respaldo a seus computadores pessoais e servidores, e não tinha nenhuma reputação em unidades de memória de disco para inovação.

Entretanto, Rubinstein compreendeu que a Toshiba era sua única alternativa disponível, e a gigante japonesa conseguiu o contrato. Para a sorte de Rubinstein, a Toshiba entregou os pequenos minidiscos no prazo.

O produto resultante, consequência da visão de Steve Jobs e do pragmatismo de Jon Rubinstein, foi, é claro, o iPod da Apple — o primeiro grande produto da nova era da eletrônica de consumo, preparando o terreno para o iPhone e o iPad que se seguiriam. Este talvez tenha sido o começo da maior sequência de novos produtos de consumo memoráveis desde o próprio Edison. Introduzido no final de outubro de 2001, o iPod partiu de um começo quase invisível, devvido à lenta entrega para os distribuidores, a uma recessão econômica e à perturbação causada pelos ataques terroristas de 11 de Setembro em Nova York. Mas já no final da década, o iPod era um fenômeno de proporções históricas: até outubro de 2011, 320 *milhões* de iPods, em vários modelos e configurações, tinham sido vendidos pela Apple Computer.

Mas o que fora considerado o supremo triunfo, o zênite, da unidade de disco rígido se revelaria, mais à frente, o início do fim de sua era. As primeiras gerações do "clássico" *design* do iPod continuariam a usar a unidade Toshiba de 1,8 polegada. E quando a Apple decidiu reduzir o tamanho, lançando o iPod "mini", este também conteria um disco rígido — dessa vez com apenas uma polegada de diâmetro — da Hitachi e da Seagate.

Mas isso foi tudo. Em setembro de 2005, a Apple introduziu o iPod Nano — um minúsculo aparelho de MP3 que tinha a metade do tamanho do original, mas que ainda assim continha até 4 *gigabytes* de memória. Mas nunca mais haveria uma unidade de disco no iPod, ou em nenhum de seus sucessores. Agora a memória preferida seriam os *chips* de memória "*flash*". Depois de perseguir durante cinquenta anos a memória magnética, a memória de semicondutores (no caso da maioria das aplicações) finalmente tinha deixado o passado para trás.

NOS *CHIPS*

A história da indústria de semicondutores é a mais conhecida na tecnologia, provavelmente porque é a mais vulnerável, porque a tecnologia é fundamental para tudo o mais na eletrônica e, acima de tudo, porque ela contém as personalidades mais extraordinárias.

Mas, dentro dessa história mais ampla, reside uma série de outras narrativas menos conhecidas, especialmente a da memória de semicondutores.

Uma rápida aula de história: a revolução dos semicondutores, a tecnologia que definiu e impulsionou o século XX e além, começou com uma palestra apresentada no Bell Laboratories, em Nova Jersey, em 1940. Naquela ocasião, o orador, o pesquisador Russell S. Ohl, começou mostrando uma pequena placa de silício com um fio preso em cada extremidade. Ohl projetou, então, a luz de uma lanterna de mão no meio do silício e, para assombro dos cientistas reunidos, uma corrente elétrica de repente passou através do vidro, normalmente um isolante natural. Um circuito tinha se aberto, explicou Ohl, porque o silício não era puro, e sim "dopado" com impurezas como o boro e o fósforo da terceira e da quinta colunas da tabela periódica.

Ohl prosseguiu explicando que, quando a energia do feixe luminoso da lanterna atingiu o centro da placa, esses dopantes tinham emitido elétrons de uma maneira tal que o silício se tornara um condutor — uma espécie de "cancela" que se fechava novamente quando a luz era desligada. Por causa desses atributos, Ohl chamou esse silício dopado de "semicondutor".

Depois da demonstração de Ohl, dois dos cientistas na audiência, John Bardeen e Walter Brattain, ficaram convencidos de que tinham encontrado uma possível resposta para o maior desafio prático da eletrônica daquela época: criar um substituto para a válvula eletrônica, que estava se tornando delicada, lenta e quente demais, além de consumir uma energia excessiva devido ao crescente número de tarefas e ambientes nos quais estava sendo usada. Bardeen e Brattain concordaram em que, se conseguissem criar um interruptor liga-desliga de estado-sólido usando essa nova tecnologia de semicondutores, iriam revolucionar a eletrônica.

Mas, antes que pudessem começar, irrompeu a Segunda Guerra Mundial e ambos foram designados para outras atividades mais imediatas. Ironicamente, a guerra demonstrou mais do que nunca — no campo de batalha, nos navios de guerra, nos aviões, nas selvas, nos desertos e na neve — que o mundo precisava, desesperadamente, de um substituto para a válvula eletrônica.

Com o final da guerra, Bardeen e Brattain finalmente retomaram seu projeto, e, ao longo dos dois anos seguintes, trabalharam para criar um circuito semicondutor exequível. Finalmente, vendo-se diante de alguns problemas recalcitrantes com as propriedades físicas do dispositivo, eles se voltaram para um de seus compatriotas para pedir ajuda. Esse cientista, William Shockley, era considerado não apenas a mais brilhante mente científica do Bell Labs, mas visto por algumas pessoas como uma das mentes mais magníficas depois de Newton. Foi com a ajuda de Shockley que Bardeen e Brattain, finalmente, construíram um circuito que funcionou no dia 23 de dezembro de 1947. Ele parecia uma minúscula ponta de flecha de quartzo incrustada em um pedaço levemente maior de germânio, com ambos os componentes arrastando fios. A eletricidade que entrava na ponta de flecha de quartzo atuava com uma válvula na eletricidade que passava através do pedaço de germânio, ligando-o e desligando-o nos uns e zeros da álgebra booleana da computação.[18]

Estava ali o transistor, frequentemente aclamado como a mais importante invenção do século XX, e, quando ele começou a aparecer em aplicações comerciais no início da década de 1950, a pequena junção de germânio ficava escondida debaixo de uma capa de metal ("lata"), em cima de um tripé de "condutores" que eram extensões daqueles três fios controladores. Bardeen, Brattain e Shockley, justificadamente, receberam o Prêmio Nobel.

Na história da memória, a invenção do transistor pode ser comparada à do livro, ou até mesmo à da impressão, do ponto de vista de sua influência. E o que a tornou espantosa foi o fato de ela ser tão simples. Como Gordon Moore, uma das mais famosas figuras na história da eletrônica, iria ressaltar, parte do milagre do dispositivo semicondutor foi o fato de ele ser, literalmente, tão elementar. Fabricado com uma das substâncias mais comuns do planeta, a areia de silício, era forjado a partir do fogo, enferrujado com oxigênio e purificado com água — remontando aos filósofos pré-socráticos e sua crença de que o universo era composto de fogo, terra, água e ar.[19]

Em outras palavras, o núcleo do transistor era tão resistente e duradouro quanto a rocha da qual ele era feito, o que significava que, ao contrário do tubo de De Forest, ele era capaz de suportar um grande calor e frio, a pressão no fundo do oceano e o vácuo do espaço cósmico — até mesmo, às vezes, a radiação de uma bomba atômica. Se deixado sozinho, era quase imortal, vulnerável apenas depois de séculos ao efeito dos raios cósmicos. O que era quase igualmente importante, ele requeria pouca energia para operar e desprendia relativamente pouco calor.

O transistor — substituindo as válvulas em tudo, desde os computadores de grande porte aos instrumentos de teste e medição para rádios portáteis — transformou o mundo da eletrônica, tornando possível a criação de aparelhos e dispositivos menores, mais duráveis e mais eficientes do que nunca. Ele também desencadeou a "corrida do ouro" de novas e velhas empresas atrás da riqueza potencialmente ilimitada a ser auferida como fabricante de transistor.

Uma dessas novas empresas de transistores foi fundada em 1956 pelo próprio Bill Shockley. Ele tinha deixado o Bell Labs e ido para Palo Alto, para ficar perto da mãe doente e para fundar sua própria companhia, a Shockley Semiconductor Laboratory. Lá, Shockley planejava aprimorar a recém-descoberta utilização da Motorola Company do silício como um substituto do germânio, que era mais dispendioso.

A reputação de Shockley era tão imensa que, quando ele anunciou que estava procurando pessoas altamente talentosas para sua nova empresa, recebeu uma avalanche de currículos. No final, escolheu os oito mais talentosos físicos, químicos e engenheiros eletrônicos dos Estados Unidos, para se juntarem a ele e construírem os melhores transistores do mundo.

No entanto, embora Shockley possa ter sido um grande cientista, ele era um chefe horrível, e foi ficando cada vez mais maluco (com suas teorias racistas de QI e do "banco de esperma de gênios") com o passar dos anos. Não demorou muito para que seus oito jovens cientistas ficassem fartos da paranoia e da depreciação dele, e conspirassem para se demitir em conjunto e fundar sua própria empresa.

Com o tempo, em um processo de busca que iria criar a moderna indústria de capital de risco, os "Oito Traidores" (como Shockley os chamava) encontrariam um investidor no fornecedor militar Fairchild Camera and Instrument, depois que o líder dos Oito, Robert Noyce, fez um discurso impressionante e ardente para Sherman Fairchild a respeito do potencial dos *chips* de silício. Seria Noyce que iria não apenas liderar a nova Fairchild Semiconductor, como também idealizar a tecnologia que logo transformaria a pequena empresa de Mountain View, na Califórnia, na mais importante companhia do mundo do pós-guerra.[20]

A VERDADE DO PLANAR

Àquela altura, 1957, a mudança estava no ar no mundo dos semicondutores. Cinco anos antes, o cientista britânico G. W. A. Dummar havia prognosticado o seguinte:

Agora parece possível imaginar o equipamento eletrônico em um bloco sólido sem fios de ligação. O bloco pode consistir de camadas de materiais isolantes, condutores, retificadores e amplificadores, as junções elétricas conectadas diretamente por meio do recorte de áreas das diversas camadas.[21]

Praticamente desde o dia da fundação da Fairchild, os Oito Traidores — especialmente Bob Noyce — já estavam pensando em como tornar a visão de Dummar real. Mas a Fairchild Semiconductor não era a única empresa a buscar a tecnologia avançada do transistor. Uma outra era a Texas Instruments. Lá, no sufocante verão de 1958, quando os funcionários mais antigos tinham permissão para deixar o escritório no calor, um novo funcionário, chamado Jack Kilby, era obrigado a ficar. Entediado, ele decidiu escrever em seu diário algumas anotações a respeito de sua solução para as ideias de Dummar. No final daquele verão, construiu um protótipo para seu circuito de germânio e obteve uma patente pelo seu projeto.[22]

Praticamente na mesma ocasião, Noyce e sua equipe na Fairchild estavam seguindo sua própria ideia desse circuito, desta feita em silício e baseado em um projeto de Noyce muito diferente. Assim como Kilby, Noyce compreendia que, se esse circuito pudesse ser feito como um "sanduíche" plano de silício, ou germânio, e condutores de metal, em última análise poderia ser possível colocar mais de um desses transistores em um único *chip*, e ligá-los — em outras palavras, em um *circuito integrado*. Noyce dividiu sua pequena equipe em duas, uma sob a direção de Jean Hoerni, a outra sob o comando de Gordon Moore, e determinou que trabalhassem para descobrir uma maneira viável de fabricar esse projeto.

Foi Hoerni quem encontrou a solução, que ele chamou de "processo planar", e ela iria definir a fabricação dos semicondutores nos cinquenta anos seguintes. O grande avanço do processo planar não foi apenas o fato de ele ter alcançado a estrutura plana necessária para o circuito integrado, mas também de fazê-lo por um processo de fabricação que era muito semelhante à impressão. Uma placa fina de silício era revestida com um material fotorreativo bem semelhante ao usado por Talbot na fotografia, mais de um século antes, e depois exposto pela luz ultravioleta que passa através de uma máscara semelhante a um estêncil, contendo a imagem de uma camada de um conjunto de circuitos. O fotorresistor não exposto era então lavado com ácido, e a imagem remanescente era cozinhada no lugar em um forno. Esse processo era então repetido com a camada seguinte de conjunto de circuitos, e assim por diante, até 20 ou mais dessas camadas, passando através de orifícios para as camadas inferiores, para criar o equivalente de fios interligados.[23]

O que tornou o processo planar tão importante foi que essa mesma técnica de fotolitografia podia ser usada para colocar não apenas um, mas múltiplos circuitos interligados na superfície de uma placa fina de silício.

O primeiro transistor planar Fairchild — chamado de "mesa transistor" — parecia um minúsculo olho-de-boi. A IBM comprou 150 deles, mais para estudar do que para outra coisa. Mas, no período de dois anos, a Fairchild conseguira colocar quatro transistores na superfície de um *chip* e o número logo estava duplicando em ritmo acelerado.

A história reconheceria Noyce e Kilby (tendo este último recebido um Prêmio Nobel depois da morte prematura de Noyce) como os coinventores do circuito integrado — o descendente do transistor e rival do título de Invenção do Século. Mas foi o avanço revolucionário de Hoerni com o processo planar que tornou possível a revolução subsequente do "*chip* de computador".

Já no início da década de 1960, a Fairchild, munida da sua tecnologia de circuito integrado, era a mais incrível jovem empresa de tecnologia depois da Ampex de uma década antes. Ela talvez também reunisse a maior coleção de jovens talentos empreendedores jamais vista. Eles eram brilhantes, talentosos, jovens e extravagantes — e a Fairchild, com sua equipe que bebia demais, corria atrás das saias e quebrava as regras, logo ganhou a reputação, que permanece até hoje, de ser a mais frenética empresa da história do vale do Silício. Um eterno "suponhamos que" no meio da alta tecnologia é perguntar o que teria acontecido se aquela equipe original da Fairchild tivesse conseguido permanecer unida, tendo em vista que seus membros seguiriam adiante e criariam uma indústria de semicondutores de um trilhão de dólares, e também desempenhariam funções primordiais em outras indústrias, praticamente do mesmo tamanho, entre elas as dos jogos de computador, telefones celulares, monitores e computadores pessoais.

Mas a Fairchild era simplesmente volátil demais para permanecer intacta por muito tempo, e quando, em 1967, a empresa controladora recusou-se a conceder a opção de compra de ações e permitir que seus funcionários da Califórnia compartilhassem das riquezas que haviam criado — e desperdiçou grande parte dos lucros daquela divisão em empreendimentos fracassados —, a Fairchild Semidonductor se despedaçou, espalhando o talento por todo o vale, talento esse que, finalmente, fundiu-se, segundo se estima, em cem novas empresas de *chips*, entre elas a Intel, a National Semiconductor, a Advanced Micro Devices (AMD) e a Zilog. Com essa explosão de novas companhias de *chips*, nasceu o moderno vale do Silício. O repórter visitante Don Hoeffler, ao reparar em todas aquelas novas empresas de *chips*, deu o nome ao lugar.

A MUDANÇA COMO LEI

Na ocasião da grande hemorragia de talento da Fairchild, a indústria de semicondutores já tinha começado a se dividir em setores de mercado separados, em grande medida congruentes com a separação de operações dentro da arquitetura do computador. Desse modo, uma parte da indústria de semicondutores seguiu o caminho dos *chips lógicos* usados nos processadores dos computadores (essa era a especialidade da Fairchild); dos *chips* de *memória*, utilizados para oferecer armazenamento integrado [*on-board*] para informações usadas regularmente, que não vão para a unidade de disco; *chips* de estímulo-resposta [*input-output*] (I/O), não raro contendo circuitos tanto digitais quanto analógicos para gerenciar o fluxo de dados dos terminais e de outras fontes e de saída para as impressoras e outros computadores interligados em rede; e *chips lineares* ou analógicos (como diodos e resistores), que lidavam com o fluxo de eletricidade ao redor daqueles outros *chips*.

Desses quatro tipos, somente os *chips* de memória pareciam progredir em um ritmo constante. Eram mais monolíticos em seu *design*, prestando-se a uma maior miniaturização, e não requeriam a complexa fabricação dos *chips* I/O ou a explosão da genialidade do *design* individual tipicamente encontrada no mundo linear. E sua aplicação era mais universal do que a dos *chips* lógicos, cujo principal mercado na época eram os computadores de grande porte e os minicomputadores.

Tão sistemática era a marcha para a frente dos *chips* de memória que isso chamou a atenção de Gordon Moore, da Fairchild. Em 1965, tendo sido convidado para escrever um artigo para a revista *Electronics*, Moore sentou-se com um pedaço de papel milimetrado e começou a traçar o desempenho dos *chips versus* a data da sua introdução. Ele escolheu os *chips* de memória por causa de seu sucesso, e logo trocou para o papel logarítmico quando percebeu quanto o progresso tinha sido rápido. Moore possuía apenas algumas unidades de informação — o circuito integrado tinha apenas 7 anos de existência nessa ocasião, e os mais poderosos *chips* de memória só continham cerca de 64 transistores —, mas uma tendência já estava clara. Mesmo naquela época, Moore ficou estupefato ao constatar que os pontos no seu gráfico estavam dispostos em uma linha reta. Ao que parecia, o desempenho dos circuitos integrados estava duplicando (capacidade, miniaturização, preço) a cada dezoito meses. Se essa tendência continuasse — e não havia motivo para que não continuasse, escreveu Moore —, essa duplicação interminável (como os grãos de arroz no tabuleiro de xadrez no conto chinês do homem esperto que foi pedir um pagamento ao imperador — 2, 4, 8 grãos, e assim por diante) resultaria em ganhos inacreditáveis nos anos seguintes. Moore prognosticou que, em 1975, um único *chip* de memória poderia conter 64 mil transistores.[24]

A história provou que a previsão de Moore fora impressionantemente precisa. Àquela altura, essa duplicação do desempenho dos *chips* a cada 18 meses (mais tarde, ela reduziria o ritmo para 24 meses) estava sendo chamada de "Lei de Moore". Na realidade, não se tratava realmente de uma lei científica — como, digamos, a descrição de Metcalfe do poder das redes crescentes —, porém, mais exatamente, uma espécie de contrato social entre os fabricantes de *chips* e seus clientes e, com o tempo, com a humanidade para manter essa duplicação o maior tempo possível, com cada fragmento de investimento, foco de gerenciamento e criatividade que ela pudesse reunir e aplicar. O mundo, por sua vez, concordou tacitamente em comprar cada uma dessas gerações sucessivas de *chips* por um preço elevado e usá-los para impulsionar gerações mais novas e poderosas de produtos industriais, militares e de consumo.

Esse relacionamento improvável, entre a indústria de *chips* e todas as outras pessoas, se revelou — do ponto de vista de promover a riqueza, a saúde e a inovação humanas — um dos mais proveitosos da história. Gordon Moore tinha esperado que sua lei pudesse durar uma década. Hoje, meio século depois, com as empresas de semicondutores ainda se esforçando para manter o seu *momentum*, podemos dizer que a economia global se tornou agora a própria personificação da Lei de Moore:

> *Hoje [...] está cada vez mais evidente que a Lei de Moore é a medida que define o mundo moderno. Todas as outras ferramentas preditivas para o entendimento da vida no mundo desenvolvido depois da Segunda Guerra Mundial — a demografia, as tabelas de produtividade, os índices de alfabetização, a econometria, os ciclos da história, a análise marxista e assim por diante — deixaram de predizer a trajetória da sociedade ao longo de décadas [...] exceto a Lei de Moore.*

> Esta afirmação estranhamente limitada e técnica – de que a velocidade de processamento, a miniaturização, o tamanho e a economia de dinheiro dos chips dos circuitos integrados irão, juntos, duplicar a cada dois anos – foi mais eficaz do que qualquer outra para determinar o ritmo da vida cotidiana, os altos e baixos da economia, o ritmo da inovação e de novas empresas, das modas passageiras e dos estilos de vida. Já foi dito muitas vezes que, na base de tudo, a Lei de Moore está batendo como o metrônomo, a pulsação, do mundo moderno.[25]

A Lei de Moore fez para a indústria dos semicondutores algo que nunca tinha acontecido antes – ela determinou o ritmo da mudança para uma geração à frente. E isso, por sua vez, possibilitou que os empreendedores desenvolvessem novos produtos e começassem novas empresas com o conhecimento seguro de que a tecnologia subjacente e o mercado ainda não existente estariam esperando por eles quando eles chegassem. Isso se revelou verdadeiro no caso da calculadora e do relógio digital, do computador pessoal, dos jogos de computador, da telefonia celular, da Internet, do áudio e vídeo digitais, dos aparelhos e instrumentos médicos, do controle inteligente das máquinas, da realidade virtual e assim por diante. Neste exato momento, milhares de equipes de empreendedores ao redor do mundo estão concebendo planos de negócios baseados na continuidade da supremacia da Lei de Moore.

A INVENÇÃO DAS INVENÇÕES

A explosão da Fairchild, e a resultante diáspora dos talentos dos semicondutores (os "Fairchildren"*) pela região, não apenas criou o moderno vale do Silício, mas também estabeleceu uma esfera de ação de empresas ferozes, cuja competitividade garantiu que a Lei de Moore tivesse um começo clamoroso. A mais famosa dessas companhias de *chips* foi a Intel Corporation, fundada por Noyce e Moore em 1968. Essa dupla logo se transformou em um trio, com a adição do célebre executivo e cientista Andrew Grove.

A Intel começou a usar a nova tecnologia dos semicondutores (MOS) para se tornar a líder mundial na fabricação de *chips* de memória – e rapidamente atingiu esse objetivo. No entanto, no intervalo de um ano, surgiu uma importante nova oportunidade que a empresa, apesar de todos os seus esforços, não

---

* Um trocadilho que faz alusão aos filhos (*children*) da empresa Fairchild. (N. T.)

pôde desprezar. O *boom* da calculadora eletrônica tinha acabado de atingir o auge e estava prestes a aniquilar quase todos os concorrentes, exceto os mais bem administrados. Uma dessas empresas não tão bem-sucedidas, a japonesa Busicom, tinha medo de que seria uma das perdedoras e decidiu se arriscar em um novo e radical projeto. Ela procurou a Intel em outubro de 1969, com a ideia de colocar múltiplos tipos de circuitos semicondutores — lógico, I/O e de memória — em um único *chip*. Isso nunca tinha sido tentado, mas, assim como o próprio circuito integrado uma década antes, a ideia estava no ar.

A Intel aceitou a tarefa, usando seu próprio cientista, Ted Hoff — para inventar a arquitetura global do *chip* (acabariam sendo 4 *chips*), que ele baseou no minicomputador DEC VAX —, e seu especialista em *software*, Stan Mazor. A Intel juntou a essa equipe Masatoshi Shima, o principal cientista da Busicom, e o mais respeitado *designer* de MOS, Federico Faggin, da Fairchild.[26]

Foi a chegada de Faggin, em abril de 1970, como líder de desenvolvimento da equipe, que fez com que o projeto entrasse em uma fase de grande atividade, e, no final daquele ano, a Intel tinha criado um conjunto de quatro *chips* capaz de lidar com todas as operações da calculadora, reduzindo em três vezes o número de *chips* tradicionais. A Intel chamou esse conjunto de Modelo 4004. Era o primeiro *microprocessador* em funcionamento do mundo. Hoje, com mais de 20 bilhões sendo utilizados ao redor do mundo, proporcionando inteligência a tudo, desde telefones e computadores a foguetes e robôs, o microprocessador é o terceiro candidato, depois de seus antecessores, o transistor e o circuito integrado, à invenção do século.

Mas as coisas não começaram dessa maneira. A abordagem do computador com um único *chip* era tão radical que o 4004, e o posterior 8008, enfrentaram inicialmente o ceticismo do consumidor. As empresas do mundo inteiro tinham feito a conversão de válvulas para transistores e para circuitos integrados com facilidade, porque todos faziam a mesma coisa e todos eram dispositivos "discretos" (ou seja, de uma única função, independentes). Mas o microprocessador era uma maneira inteiramente diferente de encarar a inteligência digital, e as empresas estavam com receio de correr o risco. A própria Intel chegou a pensar em abandonar a tecnologia — não apenas porque ela não estava decolando como planejado, mas porque, desde o início, ela representara um desvio da principal atividade da empresa, o *chip* de memória.

Mas foi então que Faggin e sua equipe criaram o Modelo 8008, um microprocessador com um único *chip*, e de repente o valor do microprocessador ficou claro para as empresas estabelecidas e as novas *start-ups* que buscavam ultrapassar o concorrente. O modelo 8008 foi seguido pelo Modelo 8080 — o dispositivo seminal para todos os futuros microprocessadores (os modernos *chips* Intel e AMD são seus descendentes diretos) — e quando a IBM escolheu uma versão econômica do subsequente 8086, o 8088, para colocar em seu primeiro IBM PC, a era do microprocessador teve início.

Logo, a Intel se viu diante de outro dilema. No início de 1980, ela se tornara o principal fabricante de microprocessadores do mundo. Mas ela também ainda era a principal empresa de *chips* de memória — uma linha de negócios imensamente lucrativa. A empresa estava ficando esquizofrênica, com os segmentos do processador e da memória competindo pela dominância. Nesse ínterim, outras empresas de microprocessadores, desde nova, como a Zilog, a gigante consagrada, como a Motorola, tinham entrado no jogo, e a concorrência estava acirrada. Ao mesmo tempo, os gigantes japoneses da eletrônica tinham arriscado tudo na construção de *chips* de memória e estavam agora produzindo dispositivos com uma qualidade tão alta e a um preço tão baixo que estavam atrapalhando a indústria americana de semicondutores.

Estava ficando cada vez mais óbvio que a Intel teria que escolher um dos segmentos. Também estava óbvio que, embora quase toda a empresa desejasse se dedicar aos microprocessadores (liderança de tecnologia, melhores margens de lucro, mercado sustentável), os dois homens da cúpula, Moore e Groove, queriam permanecer no mercado mais garantido da memória. No final, eles se curvaram à vontade dos outros (e ficaram para sempre constrangidos por terem sido tão cabeçudos), e a Intel passou a se dedicar apenas ao setor de microprocessador, e, no final da década de 1990, ela era, com base no preço de suas ações, a empresa mais valiosa do mundo.

A MEMÓRIA SE MUDA PARA O ORIENTE

O afastamento da Intel do setor da memória basicamente entregou essa indústria para os japoneses e para aqueles que logo seriam seus concorrentes na Coreia do Sul e em Taiwan, e as empresas de *chips* nesses países lutaram para conquistar seu espaço nos numerosos mercados secundários desse mundo, cada vez mais fracionado, do *chip* de memória.

Os *chips* de memória estavam agora disponíveis em dois tipos básicos: *voláteis*, o que significava terem que ser continuamente energizados, mesmo que apenas em um nível mínimo, para reter seu conteúdo; e os *não voláteis*, em geral com menor capacidade, mas que retinham o conteúdo quando desligados. Dentro dessas duas categorias, também havia numerosos tipos de memória, como a SRAM e DRAM, a PROM e a EPROM. Havia também experiências com outras tecnologias mais exóticas, como a memória da "bolha" magnética, mas que se revelaram pouco práticas.

Os *chips* de memória voláteis, inventados primeiro, dominavam o mundo da tecnologia. A memória de acesso aleatório dinâmico (DRAM – Dynamic Random Access Memory), inventada em 1966 na IBM, foi por um longo tempo a principal referência, à qual a Lei de Moore estava atrelada, e durante os períodos de escassez, como no final da década de 1970, efetivamente criou um mercado negro clandestino para empresas que precisavam desesperadamente desses *chips* para seus produtos. E foi uma acusação de fixação de preço das DRAMs pelos fabricantes de semicondutores japoneses no início da década de 1980 que causou uma guerra comercial entre o Japão e os Estados Unidos.

A principal falha da memória dinâmica era que ela precisava de algum tipo de fonte elétrica – tipicamente uma bateria nos dispositivos e aparelhos de consumo – para evitar que os *chips* apagassem o conteúdo quando eram desligados. Como acontece com a maior parte da alta tecnologia, essa acomodação razoável logo se tornou inaceitável com o uso difundido. Começou então a corrida para o desenvolvimento de *chips* de memória que fossem capazes de reter o conteúdo quando desligados.

A solução veio do outro lado da utilização do *chip* de memória – a memória somente de leitura, aquela pequena parte da arquitetura do computador que guardava permanentemente programas gravados para operar o sistema, e que nunca seriam apagados. Os *chips* de memória programável somente para leitura (PROM – Programmable Read-Only Memory) tinham sido inventados em 1956 por Wen Tsing Chow, da American Bosch-ARMA Corporation, para a Força Aérea dos Estados Unidos. Os *chips* PROMs funcionavam graças à adaptação de um "fusível" digital em cada transistor, fixando sua posição – aberta ou fechada – quando o dispositivo era desligado. Os *chips* PROMs eram dispendiosos e difíceis de usar por causa de sua permanência, de modo que sua aplicação era limitada a um nicho muito preciso no mundo da computação.[27]

Mas isso começou a mudar em 1971, quando Dov Frohman, um cientista israelense (e mais tarde vice-presidente) da Intel, inventou a PROM apagável [*erasable*]. A EPROM era ao mesmo tempo não volátil *e* fácil de programar, apagar e reprogramar. Em outras palavras, ela começou a preencher a lacuna entre os dois mundos de *chips* de memória. Gordon Moore viria a afirmar que a EPROM foi tão importante para o desenvolvimento do computador pessoal quanto o microprocessador. Seu sucesso foi uma das razões pelas quais Moore e Andy Groove resistiram tanto a retirar a Intel do negócio da memória.

Houve mais um passo: a PROM eletricamente apagável, ou EEPROM. A EEPROM também foi inventada na Intel, em 1978, por George Perlegos, mas foi aperfeiçoada em outro lugar quando Perlegos e outros cientistas deixaram a Intel para criar a Seeq Inc. A vantagem decisiva da EEPROM era que, ao contrário da EPROM, que tinha que ser removida do dispositivo para ser reprogramada, a EEPROM podia ser apagada e recodificada no lugar, ou seja, enquanto continuava no dispositivo, por meio de sinais elétricos.[28]

NO PISCAR DE UM *FLASH*

O passo seguinte a partir da EEPROM foi curto, porém enormemente influente. Tecnologicamente, a EEPROM era a solução definitiva para o desafio dos *chips* de memória utilizáveis, mas na prática ela tinha alguns sérios obstáculos, especialmente na eletrônica de consumo: era cara e lenta. Em 1980, Fujio Masuoka, da Toshiba, atendendo à crescente necessidade de sua empresa de um novo tipo de EEPROM, para ser usada em seus dispositivos e aparelhos de consumo, refez o projeto, sacrificando parte de seu desempenho em prol de uma maior velocidade para apagar e reprogramar. Em particular, em vez de trabalhar com *bytes* de memória individuais no *chip* (necessários para as empresas de computador), Masuoka projetou esse novo dispositivo para apagar e programar em grandes blocos de dados — o que resultou em tempos de resposta acentuadamente melhores. Um de seus colegas, ao ver essa nova EEPROM em ação, a apelidou de "memória *flash*", porque sua velocidade o fazia lembrar do *flash* de uma câmera.[29]

Em 2006, a memória *flash* — hoje utilizada, em vez das unidades de disco mais lentas e frágeis, nas câmeras digitais, *smartphones*, *tablets* eletrônicos e no onipresente *pen drive* — tinha se transformado em uma indústria de 20 bilhões de dólares, ou um terço de todo o setor de *chips* de memória do mundo inteiro. Ela também tornara as empresas japonesas e sul-coreanas que construíam *flash chips*, como a Toshiba e a Samsung, uma vez mais, grandes concorrentes no cenário mundial dos semicondutores.

Em 2005, a Toshiba, trabalhando com a fabricante de cartões de memória americana SanDisk, anunciou o primeiro *flash chip* de 1 *gigabyte*. Mais tarde, nesse mesmo ano, a Samsung anunciou seu próprio *chip*, com duas vezes essa capacidade, provando que o *flash* estava exibindo as características da Lei de Moore. Um ano depois, a Samsung introduziu um *flash chip* de 4 *gigabytes*, cuja capacidade era equivalente à unidade de disco padrão do pequeno *laptop*.

A notícia deixou o mundo da eletrônica aturdido: a memória de *chip* sempre fora o menor e mais dispendioso complemento da memória de disco. Mas, agora, um importante limiar tecnológico e cultural fora transposto. Muito poucas aplicações de tecnologia de consumo requeriam mais do que algumas vintenas de *megabytes* de armazenamento. Com os *flash chips* agora oferecendo milhares de vezes esse armazenamento de memória, quem iria precisar ainda da memória de disco? Sem dúvida, um disco poderia conter 1 trilhão de bits de dados, mas ele também era mais lento do que um *chip*, e, como era um dispositivo eletromecânico cheio de partes que giravam e se mexiam, ele também estava mais propenso a apresentar defeitos com o tempo.

A essa altura, a Apple já tinha abandonado havia muito tempo a memória de disco em seus iPods e iPhones em prol da memória *flash*, sem qualquer perda visível de desempenho aos olhos dos consumidores. Outras empresas estavam seguindo seu exemplo. E então teve lugar o ponto de virada: em junho de 2006, a Samsung anunciou a primeira linha de PCs que tinham substituído a unidade de disco rígido pela memória *flash*. A Dell Computers anunciou uma linha semelhante um ano depois. E embora alguns fabricantes de computador tenham "ficado em cima do muro", oferecendo sistemas híbridos que combinavam uma unidade de disco com um *cache* de memória *flash*, estava claro que a era da memória magnética estava chegando ao fim.

Tivera início a era da memória artificial de estado sólido.

10
A persistência da memória
A memória como existência

Em um discurso de 2005, o CEO do Google, Eric Schmidt, apresentou pela primeira vez uma estimativa do tamanho da Internet em *bytes* totais de memória.[1]

Ele pôs o total em 5 milhões de trilhões de *bytes* — ou, com base no tamanho médio de um *byte* de computador — cerca de 50.000.000.000.000.000.000.000 (50 sextilhões) de *bits*. Toda essa memória, representando uma porção considerável de *todo* o conhecimento e a memória humanos, estava armazenada virtualmente em mais de 150 milhões de *websites*, e, fisicamente, em estimados 75 milhões de serviços localizados ao redor do mundo. Nenhum desses números era exato, acrescentaram outros pesquisadores, e alguns poderiam estar incorretos, em ambas as direções, por um multiplicador de cinco.

Desse tamanho total da Internet, Schmidt estimou que o Google, de longe a empresa líder mundial de mecanismo de busca, tinha conseguido, depois de sete anos, classificar 200 trilhões de *bytes* (*terabytes*), ou apenas 0,004 por cento da Net. Ele admitiu que a maior parte do restante era essencialmente *terra incognita* — uma vasta região de informações inexploradas, que talvez nunca viessem a ser completamente conhecidas. No ritmo atual, o Google precisaria de *trezentos anos* para classificar toda a Internet — e isso, acrescentou Schmidt, era apenas pressupondo o impossível: que ela não cresceria um único *byte* nesses três séculos. Na realidade, a Net provavelmente cresceu vários trilhões de *bytes* durante o discurso de Schmidt.

Já em 2010, esses conteúdos inimagináveis da Net foram acessados por pouco menos de 1 bilhão de computadores pessoais, quase 700 milhões de *smartphones* (o total para 2011) e várias centenas de milhões de outros dispositivos e aparelhos, grandes e pequenos, nas mãos de estimados 2 bilhões de usuários no mundo inteiro. Alguns desses usuários, predominantemente do mundo desenvolvido, chegaram ao ciberespaço usando poderosos computadores e dispositivos e aparelhos portáteis, ligados via redes *wireless* ou cabo banda larga, e armazenaram centenas de *gigabytes* de memória deles próprios.

Outros, mais novos na Web e frequentemente de nações em desenvolvimento, tinham chegado à Internet da maneira que conseguiram: *modems* discados, telefones celulares alugados na banca de jornal da esquina, computadores *desktop* de salas de aula e bibliotecas da localidade, cybercafés do tipo que há muito tempo desapareceu do Ocidente. Mas eles finalmente conseguiram, e quer estivessem vendendo mercadorias no eBay, seguindo blogueiros que cobriam eventos que sua mídia nacional censurada não abordava, ou fazendo cursos em universidades distantes que eles nunca conheceriam pessoalmente, foram a primeira geração a ter acesso à memória acumulada do mundo. E, por causa disso, eles habitavam uma nova e exclusiva realidade que nenhum de seus ancestrais jamais experimentara. Pela primeira vez, esses bilhões (e espera-se que mais 2 bilhões entrem nessa conversa global na próxima década) tiveram acesso a quase tudo o que todos os seres humanos já souberam. E que estava prontamente disponível. E praticamente de graça.

A MUDANÇA

A memória é a guardiã de todas as coisas. Foi o que escreveu o autor de *Rhetorica Ad Herennium*. Esse autor, mesmo sendo um mestre das relações humanas como Cícero, jamais poderia ter imaginado um mundo no qual as massas, até mesmo as pessoas que ele considerava escravos, poderiam ter acesso a algo quase indistinguível da onisciência. Tampouco poderia Isidoro de Sevilha imaginar isso, apesar de todo o seu conhecimento da alma humana. Nem Aristóteles, apesar de toda a sua visão a respeito de como o mundo funciona. Nem Giordano Bruno, cujo teatro da memória, no final, foi uma tentativa de alcançar esse tipo de conhecimento universal. Nem mesmo Gordon Moore, enquanto estava sentado diante de seu papel milimetrado e extrapolou o futuro da tecnologia e observou a curva se tornar vertical, poderia ter adivinhado a mudança revolucionária no relacionamento da humanidade com sua própria memória, que iria acontecer durante a vida dele — e na qual ele desempenharia um papel fundamental.

Os antigos alquimistas — Bruno, Paracelso, Roger Bacon e até mesmo Isaac Newton — notoriamente procuraram a "Pedra Filosofal" (lapis philosophorum) que, nas histórias mais conhecidas, era uma substância que poderia converter os metais comuns em prata e ouro. Mas, como ocorre com quase tudo o mais na tradição hermética, a história é muito mais complicada do que isso. Assim como a lenda do Graal, no caso da Pedra Filosofal pode ser difícil separar o literal do alegórico. Desse modo, também se acreditava que a pedra fosse o "elixir da vida", capaz de adiar a morte durante séculos. Ela também era o símbolo da iluminação.

A busca da Pedra Filosofal fazia parte de uma busca maior, chamada "Grande Obra" (a qual, a propósito, também incluía o Graal). Nas palavras do ocultista francês do século XIX, Eliphas Lévi:

> A Grande Obra é, antes de tudo, a criação do homem por si mesmo, em outras palavras, a plena e inteira conquista de suas faculdades e de seu futuro; ela é especificamente a perfeita emancipação de sua vontade.[2]

Embora seus praticantes possam não concordar, além da óbvia atração de obter o conhecimento divino e seu poder concomitante, parte do atrativo da Grande Obra era a absoluta impossibilidade de alcançar seus objetivos. A busca em si tinha seu próprio poder cultural — ela podia até mesmo fazer com que você fosse queimado na fogueira e uma estátua fosse erguida em sua memória.

A ironia dessa busca de 5 mil anos era que, enquanto cada geração de ocultistas passava a vida em uma procura infrutífera, o caminho para esse conhecimento infinito estava sendo forjado, centímetro por centímetro, pelos menos prováveis (e menos místicos) dos exploradores: escribas e tipógrafos, curiosos e engenheiros. A diferença entre esses dois grupos não poderia ter sido mais extrema, e nunca tinha sido tão evidente como em 1969.

De acordo com a cobertura da mídia, aquele ano foi um ponto crucial na história humana. Em Woodstock, a contracultura teve sua festa de debutante, celebrando o novo poder da juventude e (segundo se dizia) prenunciando uma nova era de amor e iluminação. E quando a *Apollo 11* aterrissou na Lua, o mundo exultou diante do primeiro salto gigantesco do homem no espaço.

No entanto, com a visão retrospectiva de décadas, à medida que a geração *baby boomer* envelhecia e a NASA, tendo parado de visitar outros mundos em

1972, com o tempo abandonou até mesmo o programa do ônibus espacial, ficou claro que essa nova era terminara praticamente assim que começara.

Nesse ínterim, homens com o cabelo à escovinha em vez de na altura dos ombros, camisa branca e gravatas finas em vez de *tie-dye*, e jalecos em vez de trajes espaciais estavam enterrados em laboratórios e escritórios, criando um verdadeiro ponto de inflexão na história da raça humana. Podemos ver agora que foram a invenção do microprocessador e a criação da Internet que fizeram, de 1969, um verdadeiro ano de milagres.

Após milênios de uma contínua melhora e inovação na coleta, preservação, organização e apresentação da memória, esses dois avanços revolucionários, e todas as inúmeras invenções da era digital que as respaldaram — a memória magnetica, os computadores, as redes, os monitores e assim por diante —, tinham criado um tipo completamente novo e inesperado de Pedra Filosofal, um vasto Aleph global de memória.

No final da década de 1990, quando as implicações da grande teia mundial se tornaram mais claras, a profecia circulou rapidamente no vale do Silício, na forma de um exercício de raciocínio. Ele perguntava:

E se você tivesse uma pequena caixa — uma Caixa de Respostas — que contivesse todo o conhecimento e memórias do mundo? Não importando a pergunta que você fizesse, ela não apenas daria a resposta, mas a apresentaria da maneira como você quisesse — áudio, vídeo, táctil —, diretamente em seu cérebro. O que você perguntaria?

Por trás dessa pergunta, estava a implicação de que agora que essa Caixa de Respostas, o sonho da humanidade — quase desde que a humanidade *pôde* sonhar —, estava aparentemente a nosso alcance, tínhamos nós nos preparado para ela? E caso não tivéssemos, poderia haver tragédia maior do que ter todas as respostas esperando por nós e não sermos capazes de formular as perguntas certas?

Tinha a humanidade, finalmente, construído uma máquina cuja utilização estava além de sua capacidade?

E a fácil disponibilidade do conhecimento e da memória iria baratear seu valor percebido?

Não era cômodo fazer essas perguntas, e nem fácil respondê-las, e o paradoxo da Caixa de Respostas desapareceu tão rápido quanto surgiu. Mas o problema continuou, e, graças à Lei de Moore, ele foi ficando mais próximo a cada ano. E a busca das respostas para essas perguntas foi apenas adiada. Quando as retomarmos, elas inevitavelmente nos conduzirão de volta aonde começamos: ao cérebro humano e a sua capacidade.

Depois que a antiga arte da memória desfrutou sua revitalização durante a Renascença — e foi de um modo geral considerada um fracasso —, o estudo da memória humana teve sua importância reduzida ao ocasional e incidental (o sábio, o raro indivíduo com uma memória fotográfica, casos de amnésia), enquanto o progresso na memória artificial avançava em ritmo acelerado. Afinal de contas, por que passar anos aperfeiçoando técnicas de memorização quando os livros estavam se tornando suficientemente baratos para preencher a biblioteca de um lar da classe média — e podíamos ter acesso a milhares de volumes no crescente número de bibliotecas públicas gratuitas?

Não é de surpreender que a memorização de textos importantes, que fora um dos pontos centrais da educação não apenas na Antiguidade, mas também na Idade Média e na Renascença, lentamente tenha desaparecido do programa escolar. Já na época do iluminismo, a memorização automática não apenas parecia um indício de rigidez intelectual como também um desperdício de tempo, que poderia ser mais bem despendido na leitura de mais livros. Nossos avós, pais e até mesmo muitos de nós, em nossa juventude, no que hoje frequentemente consideramos ambientes repressivos de salas de aula, éramos obrigados a decorar trechos do texto de alguns documentos históricos (nos Estados Unidos, por exemplo, o preâmbulo da Constituição), discursos (o Discurso Gettysburg, de Lincoln), músicas e poemas ("Paul Revere's Ride", "The Charge of the Light Brigade"). Hoje, na maioria das escolas no mundo desenvolvido, até mesmo esse fragmento de trabalho de memória desapareceu, restando apenas a memorização de algumas equações matemáticas e científicas, e talvez as falas de um personagem em uma peça teatral da escola — e até mesmo isso é considerado árduo.

Em geral, os alunos fazem as provas na escola moderna com livre acesso a suas anotações e livros-texto, ou com uma calculadora. E por que não? A memória agora é gratuita, onipresente e praticamente infinita; o que importa agora não é a propriedade do conhecimento e sim a habilidade da pessoa de acessá-lo e analisá-lo. O último grande argumento para a memorização — ou seja, o que você faria se se visse em uma situação sem uma calculadora ou o manual adequado? — tornou-se quase sem sentido em um mundo onde essas duas coisas estão prontamente disponíveis *on-line* em qualquer lugar do planeta, do Serengeti à Antártica.

O valor que pudesse ter permanecido na memória privada de uma pessoa não era mais proveniente do que poderia ser chamado de conhecimento "comum"; era, geralmente, muito mais preciso pesquisar a Web, do que as próprias recordações, em busca de informações a respeito de episódios de velhos programas da televisão, da letra de músicas de sucesso e da cronologia exata de eventos passados do que consultar as memórias pessoais incompletas e tendenciosas. Na realidade, com frequência parecia que as únicas "memórias do cérebro" que ainda realmente tinham importância eram aquelas intensamente pessoais. Mas, no século XXI, quando a Web, as câmeras de segurança e os sites de *networking* social tornaram, cada vez mais, até mesmo o que era mais intimamente pessoal uma experiência pública compartilhada, começou a parecer que as únicas memórias pessoais e biológicas importantes que tinham valor eram aquelas tão cotidianas, pequenas e inconsequentes que, simplesmente, não interessariam ao resto do mundo. Francis Bacon ainda estava certo: o conhecimento — a memória — ainda era poder, mas não era o nosso conhecimento ou a nossa memória. No mundo dos microprocessadores e servidores, das redes sociais e da World Wide Web, o poder agora era o acesso aos *caches* de memória mais valiosos.

QUESTÕES DA MASSA CINZENTA

Ironicamente, enquanto o valor do cérebro humano individual diminuía, o entendimento do poder e da complexidade desse cérebro estava sendo cada vez mais compreendido, graças ao surgimento da ciência experimental. Médicos e cientistas ao longo de todo o século XIX, trabalhando principalmente com vítimas de derrame cerebral, com doentes mentais e veteranos de guerra com danos cerebrais, haviam lentamente começado a montar um modelo do cérebro humano e um mapa de suas diversas funções. Naquela época, bem como agora, esses pesquisadores ficavam extremamente atormentados com os amnésicos — pessoas sob outros aspectos normais, que tinham (temporária ou permanentemente) perdido todas suas memórias acumuladas e se encontravam no inferno em vida de estar sem um passado e sem uma identidade.

Nas últimas décadas daquele século, o neurologista austríaco Sigmund Freud, trabalhando a partir de uma ideia inicialmente apresentada pelo filósofo alemão Theodor Lipps, começou a estudar a operação funcional do cérebro humano por meio de um processo de profundas conversas e da análise dos sonhos

— a psicoterapia —, com seus pacientes psicologicamente perturbados. O que Freud descobriu, e o que o tornou uma das forças científicas mais influentes do século seguinte, foi que o cérebro em ação, independentemente de sua estrutura fisiológica subjacente, era um organismo incrivelmente complexo, que operava pelo menos tanto abaixo da superfície da consciência quanto acima. E era esse "subconsciente", com frequência contendo memórias extremamente desconcertantes ou traumáticas, reprimidas pelo cérebro nessa localização oculta, que continuava secretamente a causar seu dano ao comportamento da pessoa.

Carl Jung, ex-colega de Freud, olhou para esse mesmo inconsciente e acreditou ver memórias ocultas — "arquétipos" —, que pareciam ser comuns a toda a humanidade passada e presente, e estar conosco desde o nascimento. Jung aventou que esse "inconsciente coletivo" poderia representar uma espécie muito primitiva de mente universal, que talvez tivesse poderes sobre-humanos — uma ideia em grande medida descartada como sendo até então a mais recente erupção de hermetismo. Mas só até o surgimento da Internet.

Na primeira metade do século XX, enquanto o público em geral estava assimilando as teorias de Freud e de Jung, a pesquisa do cérebro se deslocou do sofá do terapeuta para o laboratório. Lá, cientistas como o russo Ivan Pavlov, na década de 1920, e o norte-americano B. F. Skinner, na década de 1930, estudaram como a mente aprende um comportamento acessando repetidamente memórias ocultas no inconsciente.

Em meados do século XX, graças a todo um espectro de novas ferramentas analíticas médicas que se tornaram possíveis pela revolução digital, os cientistas foram cada vez mais capazes não apenas de investigar a estrutura do cérebro por meio do raio X direcionado e da imagem por ressonância magnética, mas também de, efetivamente, ver o cérebro em ação, por meio do monitoramento da estimulação elétrica. O resultado, que começou na década de 1960 e continua até hoje, é um modelo cada vez mais sofisticado e matizado de um cérebro que é tudo menos simples e monolítico. Apresento a seguir um resumo do que hoje nós sabemos:

O cérebro humano médio pesa cerca de 1,5 quilograma e tem um volume de cerca de 1.200 cc. Seu tamanho está relacionado com o tamanho do corpo, de modo que o cérebro do homem é tipicamente 100 cc. maior do que o da mulher; e embora em casos extremos o tamanho do cérebro possa indicar um grave retardamento, nos cérebros normais existe pouca correlação entre o tamanho e a inteligência.

Estruturalmente, o cérebro humano contém pouco mais de 200 bilhões de células nervosas. Metade delas são células *gliais*, que propiciam apoio para um igual número de *neurônios*, os quais fazem o trabalho de pensar. Na maior parte do cérebro, essas células gliais estão emparelhadas, de um para um, com neurônios, atuando como tudo, desde isoladores a gerentes de transmissão; no cérebro superior, a "massa cinzenta" do grande cérebro, essa razão é de um para dois. O grande cérebro também contém 10 bilhões de neurônios *piramidais* de alto desempenho.

Ao contrário dos computadores, nos quais os transistores na memória de *chip* e as localizações magnéticas na memória de disco estão dispostos basicamente de uma maneira linear, os neurônios do cérebro animal têm conectores (*gânglios*) dispostos como as raízes e galhos de uma árvore, que se conectam com os arranjos semelhantes de numerosos outros gânglios próximos — conexões que são fortalecidas com o uso. Essa *multiplexação* possibilita que o cérebro humano típico exiba até mil trilhões — 50 quatrilhões — de conexões. Você perceberá que isso significa que o número de conexões cerebrais em apenas 50 mil pessoas é igual ao total de *bytes* na Internet global.

O cérebro em si consiste de várias grandes regiões. A principal massa do cérebro consiste de dois hemisférios, que são a imagem em espelho um do outro, eles próprios consistindo da massa "branca" (ou cinza claro) do cérebro mamífero básico; o grande cérebro, que se assenta sobre o *tronco cerebral*, que está conectado com a medula espinhal; e, na parte de trás, embaixo, está o *cerebelo*, cuja superfície franzida lembra uma corda torcida. O grande cérebro gerencia as operações mentais básicas; o cerebelo, o descendente direto dos primeiros vertebrados, gerencia as funções motoras; e o tronco cerebral carrega mensagens dos músculos, órgãos e glândulas do corpo para o cérebro, e do cérebro para os músculos, órgãos e glândulas.

O grande cérebro em si é coberto por um *córtex cerebral* relativamente fino, porém fortemente convoluto (para aumentar a área superficial). Em linhas gerais, quanto mais inteligente o animal, mais convoluto o seu córtex, com o homem tendo o cérebro mais "enrugado" de todos. O córtex cerebral, como mencionado antes, é surpreendentemente grande quando desenrugado e aplainado — quase um quadrado de 50 cm de lado. E ele comanda o pensamento superior encontrado primordialmente nos primatas. Nos seres humanos isso inclui a fala, a linguagem, o pensamento lógico, a visão, a coordenação motora fina, a metáfora, a analogia e assim por diante.

Para simplificar as coisas, o córtex cerebral geralmente é dividido em quatro regiões gerais — "lobos" — em cada hemisfério, e que têm o nome dos ossos do crânio que os encerram: *frontal* (ambição, recompensa, atenção, planejamento e tarefas de memória de curto prazo); *parietal*, no alto da parte de trás (interliga informações sensoriais relacionadas com a noção espacial e o movimento); *occipital*, bem atrás (visão); e *temporal*, na parte de baixo das laterais (audição e fala).[3]

A GEOGRAFIA DA MEMÓRIA

Tendo em vista a narrativa deste livro, a pergunta óbvia a fazer neste ponto é a seguinte: onde a memória se encaixa em tudo isso?

A resposta, como pesquisadores descobriram, é que ela se encaixa em toda a parte. As memórias parecem estar armazenadas em todo o cérebro de uma maneira e de acordo com regras que ainda não foram completamente explicadas. Além disso, como é do conhecimento de qualquer pessoa que já tentou discar um número de telefone logo depois de ouvi-lo, ou estudou intensivamente para um exame, ou de repente se lembrou de algum detalhe trivial de um passado distante, a memória humana não é um processo monolítico.

Na verdade, os neurologistas identificaram três atividades básicas e três tipos básicos de memória. As três atividades são inerentes à natureza da própria memória, e, portanto, podem ser encontradas tanto na memória humana quanto na artificial: a *codificação*, a captura e a preparação de informações para preservação; o *armazenamento*, a gravação e o arquivamento dessas informações; e a *recuperação*, a localização e a retirada dessas informações do armazenamento.

Mas a arquitetura e a forma do cérebro humano orgânico são muito diferentes da memória artificial do computador. Embora exista uma semelhança superficial entre *cache*, ROM e RAM e o que os cientistas chamam de memória *sensorial, de curto prazo* e *de longo prazo* do cérebro, elas têm propósitos e causas radicalmente diferentes. No computador, a memória *cache* é essencialmente uma sala de espera para o processamento, ROM é o lar de ferramentas operacionais que estão protegidas contra modificações, e RAM é um vasto depósito de memória indiferenciada denotada apenas pelo endereço.

Em comparação, a memória sensorial do cérebro — a capacidade de captar e se agarrar a uma enorme quantidade de informações assimiladas pelos sentidos, no que foi determinado como ocorrendo em menos de meio segundo — parece ser uma reação genética à complicada natureza. Em outras palavras, "enxergar" mais do que você efetivamente vê no caso de ela estar ocultando a presa, ou uma ameaça. Testes descobriram que os seres humanos podem captar até 12 itens em um passar de olhos mas esquecer a maioria deles em menos de um segundo. Significativamente, parece que é impossível melhorar a direção de nossa memória sensorial com a prática.

A memória de curto prazo, como já foi assinalado, está normalmente armazenada no lobo frontal. Ela tem suas limitações — como qualquer pessoa que já tentou guardar um nome ou endereço desde o momento em que o ouviu até tentar anotá-lo em seguida —, especialmente quando há uma interrupção, mesmo que leve.

Em 1956, George Miller, um cientista cognitivo que trabalhava no Bell Labs na mesma ocasião que William Shockley, publicou um dos artigos mais citados na história da psicologia. Intitulado "The Magical Number Seven, Plus or Minus Two",* ele defendeu a ideia, com base em estudos com voluntários a quem foi solicitado que se lembrassem de listas de palavras, números, letras e imagens, que o cérebro humano era capaz de recordar brevemente — isto é, até um minuto sem ensaiar — cerca de sete itens de uma lista, dois mais ou dois menos. Mais tarde, as pesquisas colocaram esse número mais perto da extremidade inferior dessa faixa.[4]

Existem alguns truques para aumentar tanto o tamanho da memória de curto prazo quanto a duração de seu armazenamento. O primeiro, como foi assinalado anteriormente neste livro, é o "agrupamento" (*chunking*), que tira proveito da capacidade do cérebro de tratar pequenos agregados de informação (geralmente de não mais de três itens) como um único bloco de memória, motivo pelo qual os seres humanos não raro conseguem se lembrar melhor de um número de telefone desmembrando-o (nos Estados Unidos) no código de área e prefixo local — cada um com três algarismos — e depois os quatro últimos dígitos em dois pares de dois algarismos.

Quanto à duração, a solução, como todo estudante sabe, é a repetição. A memória de curto prazo parece ser um processo em grande medida químico, que desaparece rapidamente. Assim sendo, se essa memória puder ser prontamente estimulada de novo, na carga máxima, antes de desaparecer — e esse pro-

---

* Tradução literal: "O Mágico Número Sete, Mais ou Menos Dois". (N. T.)

cesso é repetido continuamente —, a informação pode ser retida na memória de curto prazo por um período prolongado. Melhor ainda, o constante reforço da memória de curto prazo parece ser o principal critério do cérebro para transferir essa informação para a memória de longo prazo.

Quanto à memória de longo prazo, ela é, de fato, uma criatura inteiramente diferente. O que a torna surpreendente é que, pelo menos com base em uma escala humana, ela parece ao mesmo tempo infinita e imortal. Por exemplo, parece não haver, praticamente, nenhum limite para o número de memórias que o cérebro humano pode guardar — lembre-se daquele gigantesco número de conexões. É possível que cada experiência que você tenha tido, e que avançou para sua memória de longo prazo, ainda esteja enterrada em algum lugar de sua cabeça, e são apenas as ferramentas de catálogo e busca insuficientemente poderosas em seu cérebro que o impedem de encontrar isso. Todos já tivemos a experiência de nos concentrarmos em recordar alguma coisa e em seguida desistir, apenas para ver a resposta surgir de repente em nossa mente horas, até mesmo dias depois, sugerindo que a busca levou mais tempo do que esperávamos. Similarmente, todos já tivemos a experiência de pensar a respeito de alguma coisa, apenas para ver alguma experiência completamente diferente, havia muito esquecida, aparecer em nossa mente, indicando que ela foi acidentalmente captada junto com um registro adjacente visado.

Analogamente, uma vez que um item é armazenado na memória de longo prazo, ele parece durar para sempre a não ser que seja de alguma maneira destruído por uma lesão, pela doença ou pela morte. Uma memória do berço, se forte o bastante para persistir, pode ser lembrada um século depois, por um idoso centenário, tão vividamente quanto no dia em que foi criada. Se, de repente, passássemos a viver 500 anos, não existe nenhum motivo para que essa mesma memória de meio milênio antes não estivesse fresca e clara.

OUTRAS MENTES, OUTRAS MEMÓRIAS

O cérebro humano e sua memória formam um órgão extraordinário. Não parece tão absurdo agora que, quando os antigos tentaram levar a memória para um nível superior, tenham escolhido perseguir esse objetivo interna e organicamente, em vez de externa e artificialmente. O fato de terem falhado não deprecia essa tentativa; pelo contrário, imagine como teria sido diferente o desenrolar da história humana se eles tivessem sido bem-sucedidos.

Mas fracassaram. E, durante milhares de anos, trilhamos um caminho diferente; um caminho que está fora de nosso crânio e que, apesar de todo o seu poder, precisa encontrar uma maneira de voltar para dentro, com todas as contemporizações associadas, de acesso e tradução.

Agora, depois de todos os séculos intermediários, os dois caminhos parecem estar novamente convergindo.

Nos últimos anos, máquinas, especialmente aquelas que saltaram a bordo do foguete da Lei de Moore, estão alcançando um nível de inteligência bruta que se aproxima — e, em alguns casos, até mesmo excede — o do cérebro humano. Ao mesmo tempo, essa inteligência artificial está se propagando para longe, deixando seu lar tradicional nos dispositivos, aparelhos e instrumentos de medição e testes, e avançando para todos os cantos da vida cotidiana. E isso inclui sensores, dispositivos de reconhecimento de padrões, sistemas de visão, nanomáquinas e centenas de outras tecnologias que se prestam para respaldar — como o corpo humano faz com o cérebro humano — a interligação da inteligência do computador com a natureza. A maioria desses dispositivos e aparelhos periféricos exibe um desempenho muito superior ao encontrado até mesmo nos mais exímios seres humanos.

Existe também outro fator. Em comparação com o cérebro humano, esses dispositivos digitais são também impressionantemente rápidos. O relógio básico do mundo animal é a pulsação, e é uma regra básica que a maioria dos seres vivos têm dentro de si cerca de 10^9 (1 bilhão) de pulsações. Desse modo, os animais com pulsação rápida (insetos) têm a vida curta; aqueles com pulsação relativamente lenta (primatas, tartarugas, papagaios) têm uma vida longa. Em comparação, enquanto escrevo estas linhas, a velocidade do relógio dos microprocessadores modernos de última geração está se aproximando de 5 *gigahertz* — ou 5 bilhões de ciclos por segundo. Em outras palavras, esses *chips* — e os dispositivos que eles operam — experimentam o equivalente a várias "vidas" humanas a cada segundo.

Finalmente, adicionemos a Internet a essa mistura, por muitas ordens de magnitude, o maior repositório de memória jamais criado — e otimizada para a navegação pela inteligência do computador. Na realidade, ao contrário de uma biblioteca, a World Wide Web é um lugar onde só podemos entrar acompanhados de um computador ou outro mecanismo digital.

Repetindo, memória é poder. E a história da humanidade pode ser vista como a história muito longa da crescente distribuição da propriedade da memória — e, portanto, da liberdade — de poucos para muitos, dos xamãs e reis para todo mundo, inclusive os exemplares mais desprezíveis da humanidade. A memória liberta; assim sendo, os próximos beneficiários dessa liberação serão as nossas máquinas? Afinal de contas, elas agora controlam a maior parte das memórias do mundo.

Nenhuma dessas questões deixou de ser percebida pela humanidade. Pelo contrário, nos dois séculos que transcorreram depois de *Frankenstein*, de Mary Shelley, e especialmente depois do surgimento da ficção científica no século XX, ficamos cada vez mais obcecados pela ideia das máquinas inteligentes — na melhor das hipóteses, como nossos leais compatriotas, e, na pior, como nossos malignos chefes supremos. E se refletirmos um tempo suficiente a respeito daquela história sobre a Caixa de Respostas, torna-se evidente que o verdadeiro problema talvez não seja a pergunta que faríamos a ela, e sim se ela precisa que façamos qualquer pergunta.

Não estou sugerindo que um mundo de seres humanos e máquinas conscientes e independentes interagindo no dia a dia — ou pior, um mundo antiutópico, no qual seres humanos são escravizados por formas de vida bem superiores baseadas em silício — esteja em algum lugar no nosso futuro próximo (ou distante). No entanto, a crescente convergência das duas formas de memória, a natural e a artificial, sugere que algum tipo de ajuste de contas deverá ocorrer daqui a uma ou duas gerações.

SENHOR, PARCEIRO, EU

Como será esse ajuste de contas? Existem três cenários prováveis: máquinas vivas, máquinas auxiliares e máquinas humanas.

Máquinas vivas

Como vimos, os seres humanos vêm tentando fazer com que suas criações se pareçam e ajam como coisas vivas desde os antigos gregos e os chineses. Mas foram Vaucanson e os automatistas que criaram pela primeira vez aparelhos mecânicos efetivamente capazes de imitar uma vasta gama de comportamentos animais e humanos. Mas imitação não é realidade, e, por mais incrivelmente reais que o Flautista e o Pato Digestor possam ter parecido em um ambiente controlado, seu repertório era pequeno; e, por maior que fosse a habilidade do construtor, nenhuma das criações exibiu nenhuma das características que atribuímos ao que é vivo, como a reprodução, a adaptabilidade ao ambiente e o autossustento. Eles executavam repetidamente os mesmos truques até que quebravam, o tempo todo contemplando o mundo com olhos mortos.

Embora tenham fracassado em seu propósito imediato, a imensa influência desses autômatos foi quase imensurável. Não apenas, como assinalado, suas engrenagens foram um marco importante no caminho em direção à computação moderna, como também seus efetivos mecanismos de marcha, eixo e roldanas foram cruciais para o desenvolvimento da cibernética do século XX. Quando, na década de 1920, dramaturgos como Karel Capek (com seus androides parecidos com seres humanos na peça *R.U.R.*, que cunhou a palavra "robô"), cineastas como Fritz Lang (com *Metrópolis* e o seu belo *Maschinenmensch*) e inventores como o biólogo Makoto Nishimura (com seu busto robótico de *Gakutensoku*, que era capaz de rir, chorar e virar a cabeça) começaram a criar a imagem do robô moderno, ela era a de um autômato cujo cérebro era uma máquina tabuladora.

A suposição era, em uma espécie de presságio da Lei de Moore, que era apenas uma questão de tempo até que os sistemas mecânicos que governam o movimento dos robôs se tornassem suficientemente precisos e confiáveis, a ponto de se tornarem, a olho nu, indistinguíveis dos organismos vivos. Analogamente, à medida que as máquinas tabuladoras se tornaram computadores, e estes últimos desenvolveram a complexidade de cérebros humanos, passou-se também a acreditar que os robôs também começariam a "pensar" como coisas vivas e, com o tempo, "despertariam" para uma espécie de consciência servil.

No final, obtivemos a maior parte do primeiro e não muito do segundo. Hoje em dia, os robôs, especialmente aqueles criados nos laboratórios das universidades, são muito competentes em recriar o movimento bípede, pegar cuidadosamente objetos, identificar padrões exclusivos, reconhecer palavras faladas (especialmente por um único falante) e construir frases verbais em uma voz inteligente. Mas, por mais impressionantes que essas estruturas possam ser, elas ainda estão desconcertantemente distantes das criaturas verdadeiramente autônomas. E, o que é pior, quanto mais perto elas chegam de alcançar suas metas, mais profundamente elas parecem mergulhar no que tem sido chamado de "vale misterioso" [*uncanny valley*], no qual quanto mais uma forma de vida artificial se torna semelhante à vida, *menos* viva ela parece. Desse modo, Mickey Mouse ainda parece mais real para nós do que as criaturas sem alma criadas pelos mais recentes programas gráficos de computador para parecerem quase idênticas a seres humanos de verdade na tela.

Essa busca, de recriar a vida em uma forma artificial, assumiu uma posição secundária com relação à verdadeira atividade da robótica moderna: a construção de escravos mecânicos destinados a se incumbir de tarefas que são perigosas ou repetitivas demais para continuar a ser executadas pelos seres humanos – enrolar a fiação elétrica, soldar o painel lateral de caminhões, pegar *chips* de circuito integrado recém-cortados e soldar as interconexões, apanhar objetos no fundo do mar e, cada vez mais, executar tarefas em cirurgias e em odontologia. Esses robôs são, em geral, entidades fracionárias – braços gigantes, dedos precisos, pegadas motorizadas que acompanham fios enterrados. Eles também têm um objetivo único; a maioria é programada por meio de uma rede de área local e tem muito pouco, ou nenhum, contato com a Internet. Se formos esperar que essas máquinas "despertem", talvez tenhamos que esperar para sempre.

Mas, e os grandes supercomputadores de multiprocessamento? Eles certamente igualam ou superam o cérebro humano em muitas áreas de desempenho, entre elas a da velocidade. Eles vão começar a pensar autonomamente em breve, a estabelecer sua própria identidade e alcançar algum tipo de vontade e consciência? Os prognósticos de grandes computadores pensando sozinhos – talvez até mesmo exercendo o controle sobre meros mortais – são tão antigos quanto os próprios computadores de grande porte, e parecem adquirir uma nova vida especulativa com cada nova geração do "Big Iron".

E, no entanto, a não ser por alguns casos curiosos – o mais conhecido sendo o das famosas partidas de 1996 e 1997, entre o campeão mundial de xadrez Garry Kasparov e o supercomputador Deep Blue, da IBM, depois do que Kasparov declarou ter sentido uma mente em funcionamento em seu oponente – não existe nenhuma indicação de que um computador tenha jamais, mesmo que por um segundo, executado um "pensamento" como o concebemos nas coisas vivas, e muito menos alcançado uma consciência de sua existência.

Isso poderia mudar um dia – talvez mais rápido do que imaginamos. O Blue Brain Project, iniciado em 2005 na École Polytechnique na Suíça, está usando um supercomputador IBM para reproduzir o cérebro mamífero efetivo, até a estrutura de seus neurônios. Falando apenas a poucos metros da Biblioteca Bodleiana em Oxford, o diretor do Blue Brain, Henry Markram, declarou o seguinte: "Não é impossível construir um cérebro humano, e podemos fazer isso em dez anos.".[5] Para a BBC, ele acrescentou o seguinte: "Se o construirmos corretamente, ele deverá falar, ter uma inteligência e se comportar de maneira bem semelhante à dos seres humanos".[6]

O tempo dirá. E o que dizer da própria Internet? Com seus *links wireless* e discados misturados com seus troncos de ultra banda larga, ela é mais lenta do que o cérebro humano, porém mil vezes mais poderosa, e ostenta grande parte da multiplexação que é encontrada nos neurônios animais. A Internet pensa? E se pensar, e se tornar, como H. G. Wells prognosticou em 1938, "um cérebro do mundo", terá ela, a seu comando, toda a memória e o conhecimento humanos? Iremos realmente, como afirmou Wells, abraçá-la porque "não queremos ditadores, não queremos partidos oligárquicos ou o domínio de classes, nós queremos uma inteligência mundial difundida consciente de si mesma?".[7]

Talvez sim — e talvez não. Mas é difícil não questionar a presciência do resto da predição de Wells:

> *A totalidade da memória humana pode se tornar, e provavelmente em pouco tempo se tornará, acessível a todas as pessoas [...]. Esse novo cérebro completamente humano não precisa estar concentrado em um único lugar. Não precisa ser vulnerável como a cabeça ou o coração humano é vulnerável. Ele pode ser reproduzido, de uma maneira exata e completa, no Peru, na China, na Islândia, na África Central ou em qualquer outro lugar que pareça oferecer um seguro contra o perigo e a interrupção. Ele pode ter, ao mesmo tempo, a concentração de um animal que possui um crânio e a vitalidade difusa de uma ameba.*[8]

Em 1997, George Dyson, filho do respeitado físico Freeman Dyson, publicou *Darwin Among the Machines*. No livro, ele contemplou positivamente a ideia de compartilhar o mundo com máquinas inteligentes e anteviu calorosamente o que imaginava que seria a chegada iminente delas. Ele cita, em tom de aprovação, o ensaísta Garet Garrett, que escreveu o seguinte em 1926:

> *A tarefa adicional do homem é jupiteriana. É aprender a melhor maneira de conviver com essas poderosas criaturas de sua mente, como conferir uma lei à fecundidade delas e um ritmo a suas funções, como não empregá-las equivocadamente contra si mesmo.*[9]

Dyson, então, perguntou: "A difusão da inteligência entre as máquinas é mais ou menos assustadora? Prefeririamos compartilhar nosso mundo com máquinas estúpidas ou providas de mente?".[10] Para George Dyson, a resposta era clara: a inteligência artificial, até mesmo a consciência, era inevitável, e, pelo direito da evolução bem-sucedida (mesmo que pelo próprio homem), as máquinas tinham que ter permissão para realizar seu próprio destino. Nas palavras de Dyson: "Somos irmãos e irmãs de nossas máquinas [...] no jogo da vida e da evolução há três jogadores na mesa: os seres humanos, a natureza e as máquinas. Estou resolutamente do lado da natureza. Mas desconfio que a natureza está do lado das máquinas".[11]

Mas se a Internet um dia irá despertar, como um grande Leviatã digital (usando uma das analogias prediletas de Dyson), e abraçar esse destino, ela provavelmente deveria ter começado a se agitar agora. E no entanto, nada.

Ou, mais precisamente, nada *ainda*.

ASSUNTO INTERNO
Máquinas auxiliares

Em 2011, o professor Michael Chorost publicou *World Wide Mind: The Coming Integration of Humanity, Machines, and the Internet*. Seu tema estava no título, mas a mensagem implícita do livro era a seguinte: por que esperar que as nossas máquinas despertem e venham até nós? Em vez disso, vamos nos encontrar com elas na metade do caminho.

> *E se construíssemos um corpo caloso eletrônico [a ligação entre os dois hemisférios do cérebro] que nos una? E se eliminássemos o problema da interface – os teclados lentos, os dedos doloridos, as telas minúsculas, a falta de jeito de apontar e clicar –, ligando a Internet diretamente ao cérebro humano? Ela se tornaria inconsutilmente parte de nós, tão natural e simples de usar como nossas próprias mãos.*[12]

Em particular, o que Chorost propôs foi que, usando uma técnica complexa que combinasse vírus para alterar o DNA dos neurônios do cérebro, a optogenética (o emprego da luz para controlar funções celulares) e a implantação da nanofiação, seria possível instalar um *modem* sem fio diretamente no cérebro humano. O processo seria difícil e demorado, admitiu Chorost, e o tempo necessário para efetivamente controlar essa nova parte do cérebro poderia se estender a meses, mas, no final, o dono desse cérebro modificado seria capaz de se comunicar com outros seres humanos com cérebro semelhante de uma maneira não muito diferente da telepatia, ou pelo menos de modo parecido com pessoas que estivessem enviando mensagens instantâneas umas para as outras pelo celular.

Mas Chorost deu um passo adiante. Ele argumentou que, se todos os seres humanos tivessem o cérebro modificado dessa maneira, eles seriam capazes de se unir em uma vasta rede mental — "mente de colmeia" é o termo aplicado aos insetos sociais —, que seria maior do que a soma de suas partes, e resultaria em relacionamentos humanos mais profundos, empreendimentos de grupo mais bem-sucedidos e uma maior compreensão mútua.

Chorost chegou com credenciais exclusivas. Tendo nascido quase surdo, devido a um caso de rubéola, ele continuou a perder o restante da audição, inclusive, na idade adulta. Em 2001, incapaz de levar a vida apenas com aparelhos auditivos, ele se submeteu à cirurgia, ainda experimental, de um implante coclear — um dispositivo que combina um microfone, um processador digital da fala e um transmissor —, para captar e filtrar o som e depois transferi-lo diretamente do ouvido interno para o nervo auditivo e para o cérebro.

Depois dessa experiência que transformou a sua vida, Chorost escreveu *Rebuilt: How Becoming Part Computer Made Me More Human* em 2005. Sua experiência de um ano para aprender a ouvir novamente, e o efeito transformador que esse sentido restaurado causou em sua vida, levaram-no a investigar o que seria necessário para inserir no cérebro humano uma tecnologia ainda mais poderosa.

Até então, cerca de um quarto de milhão de pessoas recebeu implantes cocleares. Milhares de outras receberam implantes profundos no cérebro, para estimulação do cérebro e do nervo vago, para ajudá-las a repelir os efeitos da doença de Parkinson e da depressão. Outras receberam "marca-passos" cerebrais, para lidar com a epilepsia. Outras estão se apresentando como pacientes voluntários para testes com sistemas de implantes cerebrais, com câmeras em miniatura, para restaurar a visão.

Esses implantes no cérebro parecem indicar o caminho para utilizações mais transformadoras — não apenas o sonho de Chorost de uma World Wide Mind, mas algo mais pessoal e individual: a capacidade de adicionar novas memórias, conhecimento, habilidades e talentos diretamente ao cérebro humano, a partir de fontes artificiais.

Os implantes cerebrais já existem há um tempo surpreendentemente longo. Já em 1870, os pesquisadores alemães Eduard Hitzig e Gustav Fritsch haviam implantado um eletrodo em partes do cérebro de um cachorro e o estimulado para repetir certos movimentos — técnica que foi reproduzida no cérebro humano. Na realidade, o que hoje conhecemos como o mapa do cérebro humano foi, em grande medida, descoberto por meio da utilização desses implantes.

Em meados do século XX, essa técnica de implantação com mapeamento se tornara muito sofisticada e capaz de identificar e diagnosticar certas formas de doença mental. Mas a disciplina realmente decolou com a chegada dos computadores, das imagens por ressonância magnética e das imagens tridimensionais; agora a função do cérebro podia não apenas ser estatisticamente mapeada, mas também estudada em tempo real, quando diferentes regiões se iluminavam com elétrons sendo usados. Na realidade, com o tempo foi até mesmo possível fazer conjecturas relativamente exatas a respeito de o que os pacientes estavam pensando, tendo em vista o padrão exclusivo de disparo dos neurônios de seu cérebro.

Num dos estudos mais extraordinários, realizado em 1999 por uma equipe da Universidade da Califórnia, Berkeley, pesquisadores implantaram 177 eletrodos na região do tálamo do cérebro de um gato (a parte do cérebro que traduz dados sensoriais em sinais do cérebro) — principalmente a parte conectada ao nervo óptico. Eles então rastrearam os neurônios que disparavam e processaram os resultados em um computador, usando um processo chamado "decodificação linear". Ficaram impressionados com o que viram. Era o mundo como visto através dos olhos de um gato, inclusive o próprio rosto deles.[13]

A década seguinte presenciou um progresso significativo — e não raro polêmico — no campo emergente da *identificação do pensamento*. Por meio de uma nova tecnologia de escaneamento cerebral chamada "imagens por ressonância magnética funcional" (fMRI) para rastrear as mudanças no fluxo sanguíneo resultante da atividade neural, os pesquisadores foram capazes de fazer o que, até então, era considerado mágica: predizer a ação humana — ou seja, ler o cérebro inconsciente tomando uma decisão (e a decisão que ele tomaria) antes de essa escolha ter chegado à mente consciente.

Essa predição da intenção humana foi bastante polêmica, com as importantes preocupações éticas concomitantes relacionadas com a privacidade e implicações filosóficas a respeito do livre-arbítrio. Mas os pesquisadores tinham apenas começado. A descoberta de que todos os cérebros humanos reagem às mesmas imagens da mesma maneira significou que numerosas imagens poderiam ser mostradas para os voluntários, os padrões de fMRI acompanhados e catalogados em computadores, e uma vasta enciclopédia de imagens cerebrais ser criada e depois acessada em tempo real. E isso, por sua vez, tornou possível "ler" em tempo real os pensamentos e memórias de um paciente.

Em 2007, Barbara Sahakian, professora de neuropsicologia da Universidade de Cambridge, foi capaz de afirmar com uma (arrepiante) segurança: "Muitos dos neurocientistas da área são bastante cautelosos e dizem que não podemos falar a respeito de ler mentes individuais, e neste momento essa afirmação é verdadeira, mas estamos avançando tão rápido, que não vai demorar muito para que sejamos capazes de dizer, com um certo grau de certeza, se alguém está inventando uma história, ou se alguém pretendia praticar um crime".[14]

Isso, portanto, é a *leitura* de pensamentos e memórias no cérebro. E o que dizer a respeito de *escrever* experiências diretamente no cérebro?

A ideia de manipular a memória colocando pensamentos (geralmente falsos) no cérebro dos outros é pelo menos tão antiga quanto Descartes. Um corolário de seu processo de remover todo conhecimento incontestável de seu cérebro, para alcançar a única verdade sobrevivente – a de seu próprio pensamento como prova de sua existência (*cogito ergo sum*) –, era a possibilidade de que todas as suas outras memórias e observações poderiam não apenas não ser verdadeiras, como também *intencionalmente* falsas. Descartes imaginou isso como o seu cérebro em uma caixa preta, com um demônio maligno controlando tudo o que entrava e saía dessa caixa. Isso foi em 1638, mas permanece hoje uma ideia igualmente prevalecente, como a trilogia de filmes *Matrix*.

O "brainwashing," a técnica psicológica de introduzir memórias falsas em outras pessoas, irrompeu publicamente no início da década de 1950, durante a Guerra da Coreia, quando interrogadores norte-coreanos foram acusados de usar a técnica para distorcer a psique de soldados norte-americanos capturados. Este foi um processo tornado vívido pelo filme *Sob o Domínio do Mal*. A técnica voltou novamente à tona durante a história de abuso sexual da década de 1980, quando uma série de administradores de creches (com destaque para a família Amirault, em Malden, Massachusetts) foram acusados – por meio das "memórias recuperadas" de crianças – de incutir bizarros ritos sexuais nas crianças que estavam sob seus cuidados. As denúncias contra esses administradores foram rejeitadas quando foi apontado que os promotores públicos tinham, sistematicamente, convencido essas crianças a acreditar, sem provas, na verdade de tais afirmações.

Mas a ideia de implantar memórias fortalecedoras, em vez de destrutivas, no cérebro humano realmente captou a imaginação do público com a publicação do primeiro romance de ficção científica "cyberpunk", *Neuromancer*, de William Gibson, em 1984. O mundo de *Neuromancer* é repleto de personagens, em sua maioria mercenários, que regularmente aprimoram seu desempenho — memória, força, visão, conjuntos de habilidades — introduzindo implantes no cérebro, para fazer o *download* desse conhecimento da "matriz" universal. A habilidade literária de Gibson, aliada à sua extraordinária capacidade de extrapolar a tecnologia atual para o futuro (por meio de uma visão semelhante à da Lei de Moore da vida moderna), tornou quase que instantaneamente a ideia dos implantes de cérebro não apenas possível, como também algo a ser antevisto em um futuro próximo.

Infelizmente (ou talvez felizmente), as coisas não aconteceram dessa maneira. Teoricamente, inserir uma tecnologia digital no cérebro deveria ser fácil. Na realidade, isso se revelou muito difícil. Repare como a execução do modelo do *modem* cerebral de Michael Chorost era complexa, exigindo vírus criados por engenharia genética (a alternativa sendo a perigosa cirurgia do cérebro, com o crânio aberto e a precisa localização de fios microscópicos e outros dispositivos). O implante coclear de Chorost, assim como outras técnicas de restauração sensorial, é relativamente simples porque está, predominantemente, localizado do *lado de fora* do cérebro, ou mesmo do crânio, e não dentro do cérebro propriamente dito.

É por esse motivo que ler o cérebro é muito mais fácil do que escrever nele. Você pode fatiar o cérebro com a fMRI e observá-lo trabalhar, mas você não pode fazer isso continuamente, dia após dia, sem correr o risco de causar danos. Por outro lado, você pode envolver o crânio com uma touca incrustada com um grande número de eletrodos — e deixá-la permanentemente —, mas assim você só pode ler as operações do cérebro no interior, e não muito precisamente.

Em outras palavras, até mesmo ler o cérebro é difícil, e requer sérias acomodações entre a precisão e a permanência. Escrever no cérebro é muito mais difícil. Os implantes experimentais no cérebro se revelaram muito precisos e poderosos no que diz respeito a ativar e desativar diferentes ações e memórias. No entanto, implantar eletronicamente uma nova memória ainda não é possível, e a magnitude de sua dificuldade é muitas vezes maior — afinal de contas, o cérebro espalha memórias por todos os lados. E, mesmo assim, existem sérias dúvidas a respeito de por quanto tempo o dispositivo irá funcionar. O cérebro é um organismo vivo e compartilha o sistema imunológico do corpo, e experiências anteriores com eletrodos constataram que estes começam a falhar após algumas semanas, quando o cérebro passa a envolvê-los com tecido cicatricial. Mesmo que conseguíssemos seletivamente desligar o sistema imunológico no cérebro, para manter esses implantes funcionais, estaríamos abrindo a porta para infecções e, possivelmente, o câncer.

Por conseguinte, por mais emocionante que possa ser a ideia de ter uma pequena abertura na parte de trás da cabeça onde você possa inserir e retirar o conhecimento do idioma francês, do conserto de automóveis e da história americana com a mesma facilidade que você pode inserir e retirar um cartão de memória em uma câmera digital, ou um *pen drive* em um *laptop*, essa realidade está muito distante. E mesmo que houvesse um avanço revolucionário na interface entre a máquina e o cérebro, não é autoevidente como toda essa nova memória seria usada. Ela seria derramada no cérebro de uma só vez, ou o cérebro conversaria regularmente com o cartão de memória? E que tipo de tradução desses dados e treinamento do cérebro seriam necessários para fazer isso funcionar?

Com base em sua experiência pessoal de ter precisado de meses para usar plenamente seu implante coclear — e ele não era completamente surdo desde o nascimento, tendo tido uma experiência efetiva da audição —, Michael Chorost sugere que o aprendizado necessário para a utilização de seu *modem* cerebral poderia levar um ano ou mais. É muita dor e compromisso para um resultado que poderia logo desaparecer. A solução óbvia, pressupondo que todos os outros obstáculos fossem removidos, seria embutir o "plugue de memória" em um recém-nascido — ou, melhor ainda, em um feto. Mas, em mundo no qual remover o prepúcio de um bebê está sendo criminalizado, qual seria a probabilidade de colocarmos legalmente um plugue no cérebro de um recém-nascido?

No entanto, por mais desagradáveis e dolorosos que os implantes possam parecer, ainda assim podemos pressupor que, se a tecnologia até mesmo se aproximar da implementação prática, haverá um pequeno exército de voluntários dispostos a passar pela aflição e correr o risco de ser um dos pioneiros do implante de memória no cérebro. Desde a virada do milênio, à medida que um número cada vez maior de pessoas vem recebendo não apenas dispositivos voltados para o cérebro, como os implantes cocleares, mas também membros e ossos artificiais, ferramentas para locomoção e assim por diante, surgiu um movimento cultural — o *trans-humanismo* — que se dedica não apenas à promoção da tecnologia da máquina humana, mas também à sua celebração. Os trans-humanistas encaram a utilização das máquinas e computadores não como um derradeiro esforço de restabelecer um sistema biológico deficiente, porém, mais exatamente, como uma forma de aprimorar a existência humana. Na visão deles, na mesa de George Dyson um dia haverá apenas dois jogadores presentes: a natureza e um híbrido do homem com a máquina, e a Mãe Natureza aprenderá a amar seu filho de carne e metal.

UMA OCORRÊNCIA SINGULAR

Máquinas humanas

Nas margens mais distantes desse novo mundo da memória artificial/natural reside a visão mais estranha de todas, uma visão a que muitos trans-humanistas aspiram, e que alguns dos mais brilhantes cientistas de computação do mundo acreditam que seja ao mesmo tempo inevitável e imanente.

Ela é chamada de "singularidade".

O termo "singularidade" tem muitas definições diferentes, em matemática, cosmologia e física quântica, mas todas compartilham o atributo comum de caracterizar um momento, localização ou evento, no qual tudo passa por uma mudança gigantesca tão completa que comparar o antes com o depois é quase um exercício sem sentido. O mesmo é verdade para o que foi prognosticado como sendo uma singularidade na tecnologia: ela transformará tão completamente o significado do que é ser humano ou uma máquina, da memória natural e artificial, da vida e da morte, e da ignorância e do conhecimento, que deste lado do evento é literalmente impossível predizer o que terá lugar no outro lado.

Em comparação com os outros dois cenários, a singularidade é um conceito relativamente novo. Pressagiada na década de 1960 por uma série de filmes, séries de televisão e histórias de ficção científica em que computadores e robôs, de repente, rompem uma barreira invisível e se tornam autoconscientes e se autoaperfeiçoam a uma velocidade incrível, a ideia da singularidade foi proposta pela primeira vez em 1965, pelo estatístico britânico (e um dos velhos compatriotas de Alan Turing) Irving Good:

> *Vamos definir uma máquina ultrainteligente como uma máquina capaz de superar em alto grau todas as atividades intelectuais de qualquer homem, por mais inteligente que ele seja. Como o design das máquinas é uma dessas atividades intelectuais, uma máquina ultrainteligente seria capaz de projetar máquinas ainda melhores; haveria então, inquestionavelmente, uma "explosão de inteligência", e a inteligência do homem seria deixada bem para trás. Por conseguinte, a primeira máquina ultrainteligente será a última invenção que o homem precisará criar.*[15]

A singularidade propriamente dita recebeu sua primeira definição formal em um ensaio de 1995 intitulado "The Coming Technological Singularity: How to Survive in the Post-Human Era"*, de autoria do professor de matemática e autor de ficção científica Vernor Vinge.[16]

O título diz tudo. Para Vinge, a singularidade seria uma explosão de inteligência artificial que, em última análise, resultaria em uma "superinteligência" cuja transformação do futuro seria tão completa e inexplicável quanto o horizonte de eventos na borda de um buraco negro cósmico. Desse modo, a primeira dessas máquinas superinteligentes será a última e mais importante invenção da humanidade. Depois disso, a humanidade será, em grande medida, supérflua.

A citação mais famosa de Vinge a respeito dessa singularidade é a seguinte: "Em trinta anos, teremos os recursos tecnológicos para criar a inteligência super-humana. Pouco depois disso, a era humana terá terminado".[17]

No cenário de Vinge, da singularidade, um ou mais de nossos computadores (ou, com o devido respeito a Dyson, a própria Internet) se torna tão inteligente e competente que começa a se recriar e atualizar a si mesmo, ou começa a construir outros computadores ainda mais capazes do que ele próprio e, em um piscar de olhos, a humanidade é deixada para trás. Ou, no caso mais distópico, nós nos tornamos escravos de nossos novos senhores digitais. Na realidade, quando você começa com a singularidade de Vinge, as coisas podem ficar realmente feias muito rápido. Considere, por exemplo, este sórdido pequeno exemplo da Lei das Consequências Acidentais na Singularidade, cortesia de Nick Bostrom, filósofo e diretor do Future of Humanity Institute, que, por acaso, fica do outro lado da rua da Biblioteca Bodleiana:

> *Quando criarmos a primeira entidade superinteligente, poderemos cometer um erro e dar a ela metas que a levem a aniquilar a humanidade, supondo que sua enorme vantagem intelectual lhe confira o poder de fazer isso. Por exemplo, poderíamos erroneamente elevar uma submeta ao status de uma supermeta. Dizemos a ela para resolver um problema matemático, e ela acede, transformando toda matéria no sistema solar em um gigantesco dispositivo de cálculo, matando com isso a pessoa que fez a pergunta.*[18]

---

* Tradução literal: "A Próxima Singularidade Tecnológica: Como Sobreviver na Era Pós-Humana". (N. T.)

Só um minuto, diz Ray Kurzweil, o famoso inventor e, atualmente, a figura, mais associada à singularidade. Por que a humanidade precisa ser deixada para trás neste lado da singularidade? Por que não podemos avançar como parte das nossas máquinas?

Kurzweil, que foi criado no distrito de Queens, em Nova York, tomou conhecimento dos computadores por intermédio de seu tio, que era engenheiro do Bell Labs. Em 1963, com apenas 15 anos de idade, Kurzweil escreveu seu primeiro programa de computador e, rapidamente, estava ganhando prêmios nas feiras de ciência nacionais e internacionais com suas invenções. Ao longo dos trinta anos seguintes, Kurzweil constituiu sua reputação com uma invenção depois da outra, desenvolvendo instrumentos que possibilitavam que os cegos lessem, sintetizadores que finalmente reproduziam o som de instrumentos tradicionais, computadores que reconheciam vozes e dispositivos de treinamento da realidade virtual para profissionais da área médica.

Mais tarde, começando em 1990, Kurzweil iniciou uma série de três livros de previsões a respeito do futuro tecnológico. Esses livros, e as teorias que eles apresentam, vêm dominando desde então sua carreira — e têm conferido a ele a reputação de ser um dos principais futuristas do mundo. No âmago de todos esses trabalhos, está a crença de Kurzweil na Lei de Moore não apenas como a força que define nossa época, mas também como a ferramenta mais poderosa disponível para prenunciar o novo mundo — em outras palavras, a singularidade —, que Kurzweil acredita (e convenceu milhões de outras pessoas a acreditar) que provavelmente chegará durante a vida da maioria de nós.

Os títulos dos três livros — *The Age of Intelligent Machines* (1990), *A Era das Máquinas Espirituais* (1999) e *The Singularity is Near* (2005) — mostram tanto o desenvolvimento quanto o crescente otimismo do pensamento de Kurzweil. *Intelligent Machines* foi essencialmente uma extrapolação, usando a Lei de Moore, da existente tecnologia pré-Internet do final da década de 1980 para uma ou duas décadas à frente. Embora algumas de suas posteriores alegações a respeito de suas previsões sejam um pouco forçadas (como tendo previsto em 1986, quando começou o livro, a iminente queda da União Soviética), ele se revelou bastante presciente ao antever a explosão não apenas da Web, mas também das telecomunicações sem fio. Ele também previu a futura derrota de um campeão de xadrez humano por um programa de computador (o que aconteceu em 1997, quando Kasparov foi derrotado pelo Deep Blue).

No caso de *A Era das Máquinas Espirituais*, Kurzweil se mostra muito mais ambicioso em suas previsões e em seus horizontes de tempo. O livro é, na maior parte, apresentado em forma de uma conversa entre Kurzweil e "Molly", um contraste ficcional. A ação começa em 1999, com Molly sendo uma jovem comum, em grande medida desinformada a respeito da revolução da informação e um pouco leviana. O livro termina 400 páginas e um século depois, com Molly agora tendo evoluído para um eu consciente e não corpóreo, embutido em um poderoso computador. Ela agora é brilhante, curiosa e está pronta para experimentar o mundo inteiro.

FAZENDO AS APOSTAS

Parte da diversão (e da coragem) de *A Era das Máquinas Espirituais* acontece no final, em que Kurzweil faz previsões, década por década, para o século seguinte. Com o primeiro conjunto, para 2009, ele ofereceu 108 diferentes previsões — o aumento da computação portátil; o declínio das unidades de disco; os filmes, os livros e as músicas cada vez mais sendo entregues digitalmente; a telemedicina; e assim por diante. O tempo demonstrou que ele foi impressionantemente correto, embora mais nas previsões tecnológicas do que nas culturais e econômicas.

Olhando mais ainda no futuro, as previsões de Kurzweil para o final do século XXI são bastante radicais: computadores de mil dólares tão poderosos quanto o cérebro humano em 2019; a comida naturalmente agregada por nanomáquinas em 2049. Em 2099, Kurzweil vê um mundo no qual a inteligência artificial não apenas é superior à inteligência humana, mas no qual a IA domina o cenário, com os seres humanos embutindo implantes no cérebro apenas para ter a chance de fazer parte do mundo de IA, e os seres humanos "tradicionais" remanescentes, protegidos por máquinas como uma fauna selvagem exótica. Nesse ínterim, os seres humanos que se tornaram formas de vida artificiais regularmente fazem cópias de segurança de si mesmos para obter uma espécie de imortalidade.

Kurzweil encerra suas previsões avançando milênios, escrevendo como sua mais distante predição: "Os seres inteligentes examinam o destino do Universo". As nossas máquinas agora são deuses.

Seis anos depois de *A Era das Máquinas Espirituais*, no que Kurzweil considerou uma "atualização" dos dois primeiros livros, ele publicou o best-seller *The Singularity Is Near*. Ele adota, então, o conceito da singularidade e o torna seu — ou, mais precisamente, o torna de todo mundo. Kurzweil ainda está convencido de que a Lei de Moore nos fará chegar a essa Terra Prometida, embora a data tenha sido deslocada para algumas décadas à frente. Agora, em vez de dar aos seres humanos a escolha de implorar pela chance de se juntar à grande inteligência global, ou acabar como animais de zoológico protegidos, Kurzweil está pronto para deixar que eles liderem o desfile. Na singularidade, não serão necessariamente os computadores que se tornarão conscientes; mais exatamente, nós, humanos, nos tornaremos as máquinas.

Por que a mudança? Pode ser que Kurzweil tenha notado, como todas as outras pessoas, que nem mesmo os mais poderosos supercomputadores do mundo ainda não tinham dado o menor sinal de estar despertando para a autoconsciência. O que ele propôs agora foi uma nova definição da singularidade, uma definição que pareceu consciente das promessas (e limitações) do Blue Brain Project e sua recriação virtual no cérebro humano.

Kurzweil começou com um conjunto de premissas: que a singularidade poderia ser alcançada pelos seres humanos; que devido à Lei de Moore ela estava se acelerando em nossa direção a partir do futuro; que podemos compreender, até o nível dos neurônios e elétrons, como o cérebro funciona; e que, graças aos avanços da medicina, a geração de Kurzweil de *baby boomers* viveria o bastante para alcançar a singularidade, e então ter uma boa chance de alcançar a imortalidade.

Como isso ocorreria? Usando dispositivos cada vez mais sofisticados para mapear a localização de cada neurônio no cérebro humano, e seus conteúdos, e depois carregá-los em um computador, no qual possa operar como um cérebro virtual duplicado já carregado com todas as nossas memórias. Dessa maneira, quando a singularidade chegar, já estaremos a bordo, o fantasma de Descartes na máquina, enquanto essas máquinas se aceleram em direção a seu próprio destino para controlar o universo. Desse modo, a corrida dos *baby boomers* para permanecer vivos até meados do século XXI não é apenas para adicionar alguns anos ao final de uma longa vida, mas sim uma chance de se tornar imortais, oniscientes e cada vez mais onipotentes.

Seria o fim mais impressionante imaginável para o relacionamento de um milhão de anos da humanidade com as próprias memórias: *tornar-se a própria memória*. Reverter a equação — de nossa identidade ser definida pela memória, para a memória (em algum computador anônimo) ser nossa identidade. Mais do que nunca, a memória seria, verdadeiramente, a guardiã de todas as coisas.

PEDAÇOS DA MINHA VIDA

Já existem pessoas correndo para abraçar essa visão irresistível. Ninguém menos do que outro gênio do computador, Gordon Bell, o homem cujo *design* do minicomputador Digital Equipment VAX serviu como modelo para a arquitetura do Intel 4004, o primeiro microprocessador.

Começando em 1999, relativamente pouco tempo depois de se tornar um pesquisador na Microsoft e atingir a idade usual da aposentadoria, Bell reinventou a si mesmo e iniciou um célebre projeto — MylifeBits —, com a mais recente câmera digital miniaturizada utilizável, gravador de áudio, computador e tecnologia das comunicações, para documentar cada pedaço de sua vida como ele a vivia. Por ser Gordon Bell, ele também desenvolveu o *software* para interligar todas essas memórias e arquivá-las — uma tarefa que logo se transformou em mil fotografias, vários vídeos, horas de áudio, uma grande quantidade de e-mails e telefonemas gravados por *dia*. E, enquanto forçava a capacidade da unidade de disco de seu computador no escritório, Bell também iniciou a tarefa de capturar e catalogar cada registro remanescente de seu passado — desde os boletins escolares de sua infância em Kirksville, Missouri, à fundação do Computer History Museum [Museu da História do Computador], em 1979, e ao momento em que recebeu a National Medal of Technology [Medalha Nacional de Tecnologia], em 1991.

Como disse Bell: "É um montão de coisas".[19]

Gordon Bell é, agora, o ser humano mais documentado da história. Bell declara em seu livro, *O Futuro da Memória — Total Recall*, que o rastro de memória que ele deixará é o maior que já existiu.[20] E no entanto, se contemplarmos Bell em pessoa — ele é hoje septuagenário —, perceberemos que não parece nem um pouco mais sobrecarregado por seus aparelhos eletrônicos do que os outros homens e mulheres do vale do Silício sentados ao redor dele na cafeteria da Universidade Stanford.

Em um mundo no qual quase 700 milhões de pessoas constantemente registram os detalhes mais sutis de sua vida no Facebook, é fácil ver Gordon Bell como pioneiro de uma nova maneira de viver, na qual todas nossas experiências vivem eternamente como uma faixa de memória artificial. Já afirmaram que ele é uma espécie de batedor de Kurzweil, abrindo o caminho para o restante de nós em direção à singularidade.

O eu como memória e em breve, a memória como eu, é um final perfeito para a nossa história da memória humana.

Talvez perfeito demais.

Pode ser que o destino de Gordon Bell não seja viver a visão de Ray Kurzweil, e sim a dele próprio. Por mais sedutora que possa ser a visão de Kurzweil — e ele tem milhões de crentes ardentes e até mesmo fundou uma Singularity University no local da antiga Moffett Naval Air Station, em Mountain View, na Califórnia (quase ao lado do Computer Museum, de Bell) —, ela não escapou de consideráveis críticas, como sendo uma mistura de um pensamento fantasioso com um imperativo tecnológico. Pode ser que Kurzweil seja o nosso Gilgamesh — um homem orgulhoso e talentoso, que sonha com a imortalidade porque (como bilhões de pessoas antes dele) não acha que mereça morrer.

Quanto à imortalidade oferecida por Kurzweil e sua ideia de uma singularidade, você pode ter certeza de que, caso ela de repente pareça iminente, não haverá nenhuma escassez de voluntários: trans-humanistas, dos que sofrem de uma doença fatal e dos intrépidos. Por causa disso, é difícil não ser obcecado pelo heroico dentista Barney Cark, de Seattle, o homem que, em 1982, se ofereceu como voluntário para receber o implante do primeiro coração artificial (Jarvik) e que, após 112 dias de confusão, aflição e do inexorável tique-taque das válvulas do coração no peito e na cabeça, implorou para que o deixassem morrer. E se a primeira pessoa que acordar na memória de um computador implorar para ser apagada?

Nesse ínterim, como Gordon Bell sempre afirmou com relação a MylifeBits e seu relacionamento com a memória, não se trata de uma revolução e sim de uma evolução; não se trata de uma sensacional transformação no relacionamento entre a humanidade e suas máquinas, e sim daquele relacionamento mais pessoal entre um ser humano individual e suas memórias, ou a dádiva (ou a maldição) de nunca esquecer *nada*.

Bell disse o seguinte a respeito da experiência: "Ela confere uma espécie de sensação de limpeza. Posso me livrar de minha memória. Eu me sinto muito mais livre com relação a me lembrar de alguma coisa agora. Tenho esta máquina, este escravo, que faz isso".[21]

A visão pequena e moderada de Bell, de uma vida recordada, pode não ser tão arrebatadora e apocalíptica quanto a singularidade de Kurzweil, mas ela não é desprovida de seus problemas. O menor destes é que, ao contrário de Bell, quase todos nós vivemos uma vida sem ocorrências especiais — de modo que uma enorme quantidade de *terabytes* das memórias de nossa vida seria, provavelmente, para os outros, o pior inferno tipo "slides de nossas férias de verão". Será que, até mesmo nossos descendentes, desejarão examinar todos esses detritos de uma vida enfadonha? Haverá mecanismos de busca capazes de desenterrar os poucos momentos de coisas boas?

A visão de Bell também se baseia na suposição de que nós queremos nos lembrar de tudo. No entanto, muitas pessoas só vivem vidas felizes e realizadas porque conseguiram *esquecer* certos eventos de seu passado. Até mesmo uma busca para encontrar e apagar essas memórias no nosso MylifeBits pessoal poderá ser devastadoramente traumática.

Entretanto, como Gordon Bell sabe melhor do que ninguém, existe um certo fenômeno na indústria dos computadores chamado o *problema do legado*. Diz respeito ao fato que, à medida que os anos passam, as linhas de computador tendem a se tornar menos inovadoras, porque precisam arrastar o fardo de velhos programas e seus leais clientes. Foi exatamente isso que aconteceu com a IBM, no caso de seus computadores de grande porte 360/370 – o motivo pelo qual o minicomputador VAX do próprio Bell alcançou tanto êxito. Nós, realmente, queremos arrastar atrás de nós *todas* as correntes do passado como Jacob Marley?* Ou a sensação de "limpeza" que sentimos quando nos livramos desse passado será suficiente?

Ainda assim, a visão de Bell encerra alguma coisa, um fio que recua na história da humanidade a um sonho ainda mais antigo do que o da imortalidade. É que o breve período que passamos nesta Terra tenha significado, que ele ecoe ao longo da história, mesmo que apenas como uma débil memória. É a mais antiga voz humana na terra sussurrando: *Não se esqueçam de mim*.

A PERDA DA MEMÓRIA

O Rosicrucian Egyptian Museum [Museu Egípcio Rosacruciano], construído para se parecer com o antigo templo de Amon, em Karnak, existe em San Jose, na Califórnia, há 75 anos. Ele está situado a menos de dois quilômetros do gal-

---

* O sócio do avarento Ebenezer Scrooge (falecido sete anos antes de a história começar; ele era muito mau e foi condenado a passar a eternidade como um espírito decrépito, arrastando uma massa de correntes; ele é o fantasma que aparece para Scrooge na noite de Natal e o avisa que será visitado por três espíritos) na famosa história de Charles Dickens, *A Christmas Carol*, publicada no Brasil com o título *Um Conto de Natal*. (N. T.)

pão onde Rey Johnson e sua equipe construíram a primeira unidade de disco, a cinco quilômetros, em diferentes direções, de onde Al Shugart liderou a criação da unidade de minidisco, e Steve Jobs e a Apple fizeram o protótipo do iPod. Outros três quilômetros e pouco, você chega ao laboratório (hoje uma loja comercial) onde Bob Noyce e os Oito Traidores inventaram o circuito integrado. Se você sair daí e seguir alguns quilômetros em direção à Baía de São Francisco, você chegará à Fairchild, onde Gordon Moore concebeu sua lei, e um pulo rápido através da autoestrada e você chega à Singularity University de Ray Kurzweil. Como a própria memória, a maioria desses lugares e eventos já desapareceu há muito tempo, mas, ao nos lembrarmos deles, eles ainda estão no presente.

O museu é administrado pela Ancient and Mystical Order Rosae Crucis — a Rosa e a Cruz —, os rosacrucianos. A AMORC, embora fundada em 1915, afirma ter raízes que recuam ao antigo Egito. Alegando contar, entre seus antigos membros, Francis Bacon, René Descartes e outras figuras que apareceram nesta história da memória, os rosacrucianos são outro braço sobrevivente do sistema de crença oculto/secreto de conhecimento sincrético que temos visto aparecer e desaparecer ao longo dos milênios.

Hoje em dia, além de contribuir para algumas teorias de conspiração de entretenimento, os rosacrucianos, assim como outros grupos místicos, recuaram para minúsculas comunidades fechadas em si mesmas, aguardando que o mundo se transforme de novo. Eles são um lembrete de que ser lembrado é perdurar.

Em uma das vitrines expostas no museu, entre múmias, jarros canópicos e joias exóticas de lápis-lazúli, encontra-se um pequeno esquife contendo a face de olhos grandes e maçãs do rosto proeminentes de uma jovem. Calcula-se que esse esquife tenha quase 2.600 anos, e, a partir de seus hieróglifos, um nome pode ser decifrado: Ta'awa.

Que ela vem de uma família abastada, e seu nome — na verdade, apenas seu apelido, Ta'awa — é tudo o que sabemos. Mas isso é o bastante. Ela ainda é lembrada 2.500 anos depois, em um mundo que ela não poderia ter imaginado. E seu nome sobreviveu porque foi escrito em uma placa, no interior de um esquife enterrado, o qual, embora levemente acastanhado, provavelmente parece tão viçoso quanto no dia em que foi construído. O mesmo também é verdade com relação aos nomes nos fragmentos de papiro nas vitrines próximas.

Desse modo, Ta'awa, apesar de sua breve vida, encontrou sua forma pessoal de imortalidade. O mesmo podemos dizer do rei Gilgamesh, que vive em

12 plaquinhas de argila, cozidas até virar pedra, que repousam no British Museum. A oitenta quilômetros de distância, em Oxford, na velha e escura sala do duque Humfrey, na Biblioteca Bodleiana, o grande bestiário, o *Bodley 764*, sopra lentamente seu caminho ao longo dos séculos, suas páginas de velino ainda flexíveis, as cores e a douração de suas pinturas vivas e novas.

Arik Paran, nascido em Israel, que mora próximo, em Sunnyvale, conhece bem o Egyptian Museum. Quando seus três filhos eram pequenos, visitar o Rosicrucian Museum era sempre um passeio de pesquisa científica anual da escola primária. E, como qualquer outro visitante, embora ele tivesse visto antiguidades comparáveis em seu próprio país, Paran ficava impressionado com a idade dos objetos expostos.

Hoje em dia, ele valoriza mais do que nunca a durabilidade deles. Sendo engenheiro por formação, há alguns anos Paran foi contagiado pelo empreendedorismo, pediu demissão do emprego e fundou sua empresa em São Francisco, a Digital Pickle, especializada na restauração de velhas gravações de áudio e vídeo, bem como de arquivos de computador; ele convertia a mídia de memória obsoleta em novas formas de última geração. Era um interessante pequeno negócio. Pessoas físicas e clientes corporativos levavam para ele velhos videocassetes, disquetes, filmes de 8 mm, videoteipes profissionais, microcassetes e todos os tipos de mídia de armazenamento de memória que um dia tinham sido populares. Paran possuía o equipamento necessário para capturar os dados armazenados, "suavizá-los" ajustando o contraste, intensificando a cor, livrando as vozes do chiado da fita, mesclando uma grande quantidade de pequenos arquivos em múltiplos disquetes e depois fazendo o *download* dos resultados para um único DVD.

Não demorou muito para que Paran se desse conta de como a qualidade dessas gravações era *ruim*. Videocassetes criados e vendidos uma década antes já tinham começado a descolorir; as vozes e as músicas nas fitas cassete tinham começado a desaparecer, e o plástico Mylar dos disquetes tinha começado a rachar ou perder fragmentos de memória. Mas o mais aflitivo era trabalhar com os grandes videoteipes, de uma e duas polegadas, do tipo usado nos estúdios, para gravar vídeos importantes de qualidade profissional. Às vezes, Paran ou alguém de sua equipe tentava assistir à fita, mas só aparecia estática na tela. Eles corriam para desligar o aparelho, mas inevitavelmente algumas das imagens eram perdidas para sempre. E, quando abria o aparelho, Arik verificava a cabeça de leitura/gravação e descobria que a velha camada magnética da superfície da fita tinha, literalmente, se descamado, como quando usamos um raspador em tinta velha. Às vezes, o resto da superfície podia ser fixado na fita, mas era muito comum ser impossível salvar a fita. Ele tentava não pensar no que tinha sido perdido.

ALMAS PERDIDAS

Durante 2 mil anos, depois que o pergaminho e/ou o papel feito com restos de pano se tornaram a memória artificial da China, do Oriente Médio, da Europa e depois do resto do mundo, a escassez, não a preservação, tem sido o maior desafio. Uma vez que um livro era escrito ou impresso e colocado na prateleira de uma biblioteca, sua expectativa de vida era medida em séculos.

Mas tudo isso terminou mais ou menos na época de Herman Hollerith e seus cartões perfurados. A fita de papel, que se tornava uma renda frágil com milhares de buracos perfurados, não foi projetada para durar mais do que algumas semanas — apenas o tempo suficiente para que suas informações fossem transferidas. O filme de celulose, como todos sabemos, era extremamente volátil, até mesmo explosivo. Estima-se que metade de todos os filmes mudos estejam perdidos para sempre, motivo pelo qual a descoberta na América do Sul de rolos desaparecidos de *Metrópolis* ou rumores da redescoberta de *London After Midnight* reverberam ao redor do mundo. Os poucos filmes pioneiros de Edison sobrevivem, predominantemente, porque a companhia fez cópias de teste dos fotogramas em papel.

Nesse ínterim, até mesmo os primeiros filmes da era sonora começaram a desbotar, especialmente aqueles que usaram técnicas experimentais de cor. A solução mais popular — a de criar uma "cópia original" que possa ser cuidadosamente preservada — apenas muda o problema, que passa a ser o perigo de ter apenas um único exemplar — como demonstra o famoso incêndio de 1967 no cofre-forte de filmes da MGM, que causou a perda centenas de filmes.

A impressão, tradicionalmente a forma mais confiável e durável de memória artificial em bloco, também passou por sua própria transformação. Com o número de ávidos leitores crescendo e chegando aos milhões, os livros, assim como os jornais antes deles, mudaram para um meio de produção de custo mais baixo: o papel de polpa de madeira. Barato e abundante, esse papel alimentou o *boom* das bibliotecas nos lares de classe média, na primeira metade do século XX, e o das brochuras, na segunda metade do século. Mas o papel de polpa de madeira é extremamente vulnerável ao calor e à luz, como sabe qualquer dono de uma velha brochura ou jornal cujo papel amarelado esteja se desintegrando.

A memória magnética, quando surgiu, foi aclamada não apenas por sua extraordinária capacidade, mas também por sua durabilidade. Afinal de contas, a fita de áudio e de vídeo era feita com o mais recente material da era espacial, que parecia infinitamente mais resistente do que tudo o que havia antes. Quanto às unidades de disco rígido, elas eram feitas de metal sólido e cobertas de ferrugem — o que poderia ser mais elementar? Bem, na realidade, os semicondutores de silício.

Esses dispositivos de memória foram considerados quase imortais, os primeiros realmente dignos de substituir o livro. Algumas décadas depois, já não pensamos assim. O que é facilmente apagável geralmente pode ser apagado para sempre. As cabeças de leitura/gravação deslizando a uma enorme velocidade, sobre a superfície de um disco, podem perder a direção e perfurar essa superfície, arrancando o óxido como um arado. Acidentalmente (ou deliberadamente), podem criar um poderoso campo magnético e todas aquelas pequenas moléculas se alinharão de uma maneira diferente e esquecerão tudo o que sabiam. Os *chips* de silício são mais resistentes, mas as *lead frames* nas quais eles são implantados não são. E se você deixar uma placa mãe cheia de *chips* de memória trabalhando por tempo demais, com refrigeração insuficiente, esses *chips* se extinguirão, um por um. Por acaso eu mencionei as oscilações da rede elétrica?

E há também, é claro, o potencial da perda catastrófica. E se o Sol ficar irritado e a Terra sofrer uma tempestade solar como a de 1859 — o que é chamado de "evento Carrington"? Naquele mundo em grande medida pré-elétrico, o Sol emitiu partículas carregadas em número suficiente para cobrir o planeta com uma aurora boreal, luminosa o bastante para possibilitar a leitura e fazer com que o equipamento telegráfico se incendiasse.[22]

Se a Terra fosse bombardeada agora da mesma maneira, isso poderia apagar grande parte da memória que existe atualmente em armazenamento magnético — sem mencionar as baterias e a rede elétrica, os motores elétricos e os circuitos integrados que os alimentam. Assim sendo, mesmo que seu disco sobreviva, você poderá levar um longo tempo para encontrar alguma coisa com a qual possa acessá-lo. E imagine apenas — pós-singularidade — se você estivesse vivendo dentro de um desses computadores...

Nesse ínterim, à medida que toda a sua memória magnética se apaga sob esse ataque violento, os livros do mundo, que repousam tranquilamente nas prateleiras dos gabinetes particulares e nas bibliotecas públicas (pelo menos aqueles que sobreviveram à "descatalogação" e à transformação em polpa, para dar lugar aos computadores), prosseguirão imperturbados, a não ser pelas luzes tremeluzentes e pelos gritos raivosos dos vagabundos que estão jogando on-line.

É claro que sempre há os *lasers*. Os CDs e DVDs foram inicialmente promovidos como sendo quase eternos. Todos sabemos, por experiência própria, que isso não é verdade; na realidade, um arranhão no lugar errado em um CD é frequentemente mais catastrófico do que no disco LP que ele veio substituir. Ainda assim, o CD e o DVD são mais resistentes aos ímãs, porque operam a partir de uma espiral de até uns 2 bilhões de concavidades logo abaixo da superfície polida. Um *laser* de pequena potência lê essas depressões e as converte em som ou vídeo. Mas o calor, a luz e várias formas de radiação ainda afetam essas várias versões do disco óptico, e embora os fabricantes afirmem que esses discos — somente de leitura e de leitura e gravação, de baixa densidade ou Blu-ray — devem durar cinquenta anos, testadores mais objetivos colocam a expectativa de vida deles na metade disso, e alguns CD-Rs se degradaram com menos de dois anos.

Pergunta Christopher Mims da *Technology Review*:

É tentador acreditar que vivemos em uma época especial – esta é a raiz de todo pensamento apocalíptico –, mas é difícil comparar as ameaças de hoje com a ascensão do Terceiro Reich, a queda do Império Romano ou a Peste Negra. Pelo menos não ainda.

Mas supondo que alguma coisa acontecesse, como acontece todos os dias em partes da África subsaariana devastada pela guerra – uma sucessão de desastres ambientais e políticos que conduzissem ao conflito armado ou à escassez de recursos. O que acontece quando todos aqueles centros de dados, que abrigam todo aquele conhecimento que digitalizamos sem pensar duas vezes, se apagam?[23]

Se a história da memória nos ensina alguma coisa, é que, se esperarmos tempo suficiente, o pior *acontecerá*. Esses piores cenários possíveis para a humanidade que Mims apresenta aconteceram apenas nos últimos dois mil anos da história de 200 mil anos da humanidade. E somente um imbecil acredita que eles não acontecerão de novo; apenas um idiota não se prepara para sua chegada.

Dizem, com frequência, que a civilização depende de que cada geração assuma as responsabilidades e depois as passe para a seguinte. Quer o percebamos, quer não, a memória, pelo menos na era digital, parece requerer o mesmo compromisso. Somos como os romanos, desfrutando a nova revolução da comunicação acarretada pelo papiro — mas também reconhecendo que precisamos, constantemente, copiar e atualizar nossos frágeis rolos, para que eles não se percam para sempre. Alguns dos primeiros meses da World Wide Web já estão perdidos para sempre, porque ninguém fez a captura de tela [*screen grab*] e cópias.

Por mais emocionante ou aterrorizante que possa ser a ideia dos implantes de memória, do registro da vida e da singularidade, nenhuma dessas coisas jamais acontecerá se este quarto cenário — *o esquecimento* — chegar primeiro. E, se isso acontecer, poderemos ter um vislumbre mais próximo do século VIII do que gostaríamos.

Talvez nunca desejemos o tipo de imortalidade que exige que nos tornemos um com nossos computadores. Mas, pela primeira vez na história, temos a chance de que as memórias de toda a nossa vida continuem a viver indefinidamente depois de nós, de deixar rastros no tempo tão grandes quanto aqueles que só eram deixados por reis. Mas isso só acontecerá se não nos esquecermos de lembrar, de proteger o registro de nosso tempo neste mundo e, acima de tudo, de encontrar novas maneiras, mais duradouras, de preservar nossas memórias.

A memória é a guardiã de todas as coisas. Mas, no final, nós somos os guardiães da memória.

Agradecimentos

Este livro germinou em minha memória durante muitos anos. Na realidade, ao olhar para trás, acho que comecei a me interessar pelo conceito da memória enquanto ainda estava na escola primária, doente em casa, com gripe e assistindo a prodígios da memória exibindo suas habilidades na televisão, em *Jeopardy!* e no *GE College Bowl*. Isso agora já faz quase meio século. E consigo me lembrar de ter feito um curso de programação de computador com meu pai (cuja história inicia este livro) alguns anos depois, no Ames Research Center da NASA, e passado horas digitando e conferindo cartões perfurados — e ouvindo o professor descrever a nova memória de "tambor", que logo tornaria obsoleto todo aquele trabalho enfadonho.

Mas talvez meu primeiro verdadeiro reconhecimento do incessante poder da engenhosidade humana de criar novos meios de armazenar memórias tenha acontecido alguns anos depois, quando eu era um estagiário do último ano do ensino médio, no Ames Research Center, quando, pela primeira vez, fiz o *download* dos resultados de meu trabalho para um cartão magnético em minha calculadora *desktop* Hewlett-Packard 9800. Este talvez tenha sido o momento em que, pela primeira vez, comecei a pensar seriamente a respeito da memória. E esse interesse foi enfatizado alguns anos depois, quando assisti à minissérie da BBC de James Burke, *Connections*, e sua lendária introdução a respeito do que aconteceria se o mundo moderno, de repente, parasse e não tivéssemos nada alem de nossa memória para seguir adiante.

A vida tem um jeito estranho de dar voltas sobre si mesma. Nas duas décadas seguintes, eu me veria como relações-públicas corporativo da Hewlett-Packard, ajudando a introduzir a segunda geração de calculadoras programáveis portáteis, depois como repórter de tecnologia, cobrindo a ascensão dos disquetes e das unidades de disco Wincheester, e até mesmo filmando programas para a televisão pública, com o extraordinário sr. Burke. Ao longo de tudo isso, nunca deixei de ficar maravilhado com os homens e mulheres que fizeram a revolução da memória. Eles nunca receberam o mérito que merecem por manter viva a era da eletrônica ao longo dos últimos setenta anos. O trabalho deles é o verdadeiro milagre de nossa era tecnológica, e embora seja impossível indicar nesta seção o nome de todos eles, quero, uma vez mais, reconhecer seu feito histórico.

Entre as verdadeiras lendas da revolução da memória, quero agradecer, particularmente, a dois cavalheiros que, ao longo dos anos, sempre estiveram presentes para responder generosamente as minhas perguntas, corrigir meus erros e, no início, trabalhar pacientemente com um repórter inexperiente: dr. Gordon Moore e o finado Al Shugart Jr. A reputação de Gordon (e sua lei) são de tal maneira sinônimas da era da eletrônica que parto do princípio de que seu nome nunca será esquecido. Não tenho tanta certeza de que o mesmo será verdade com relação a Al Shugart – o que é uma pena, não apenas porque ele foi um dos grandes inventores do século XX, como também ninguém parece ter se divertido tanto com a tecnologia como ele. Nós, no vale do Silício, poderíamos usar uma quantidade muito maior do espírito de Al e de seu senso de diversão.

A ideia efetiva de escrever este livro surgiu, ironicamente, durante alguns almoços e jantares, regados com um excesso de garrafas de vinho, com James Burke, o homem que trouxe o divertimento e a emoção da história da ciência para muitas pessoas de minha geração – e que se revelou exatamente a maravilhosa companhia para jantar que todos imaginávamos que ele fosse. Enquanto escrevia este livro, pensei frequentemente em James, desfrutando sua aposentadoria na França, e tentei corresponder aos elevados padrões da sua narrativa.

Também quero agradecer a influência de outras pessoas. Steve Forbes, Tim Forbes e Rich Karlgaard, que, ao me deixarem administrar a revista *Forbes ASAP* com uma completa independência editorial, possibilitaram que eu começasse a pesquisar os becos da história da tecnologia para encontrar esta narrativa. Antes disso, Jim Mitchell, meu editor no jornal *San Jose Mercury-News*, com quem briguei, confiou o bastante em meu discernimento a respeito das notícias, para permitir que eu escrevesse as primeiras matérias de jornal a respeito da indústria da memória. Gordon Bell, meu velho vizinho, a quem vi ao longo de várias encarnações, não apenas me inspirou com sua disposição de colocar sua própria vida em risco em defesa de sua visão, como também me proporcionou a conclusão deste livro. E Ray Kurzweil, que frequentemente escrevia para mim na *Forbes*, e cujo Singularity Institute está bem perto de onde estou escrevendo estas linhas, e instigou, mais do que ninguém, as minhas ideias a respeito da futura convergência da memória humana com a artificial.

Quanto à seção do Bestiário deste livro, quero agradecer ao antigo e à atual bibliotecária da Biblioteca Bodleiana em Oxford, Reginald Carr e Sarah Thomas, ao diretor de coleções especiais Richard Ovendon, e a Martin Kauffmann, curador de manuscritos medievais. Sou realmente grato pelo fato de terem se mostrado dispostos a ceder seu tempo para conversar comigo, sonhar comigo e, acima de tudo, me apresentar ao inesquecível *Bodley 784*.

No caso da seção egípcia do fim do livro, quero agradecer a ajuda do guia Terrance Gamble, que me conduziu pelo Rosicrucian Museum, para que eu pudesse encontrar o objeto histórico correto para descrever, e a história para contar.

Como sempre aconteceu em cada um dos vários livros que escrevi até hoje, minha mulher, Carol, tem sido a rocha sobre a qual repousa minha estranha carreira. Uma vez mais, mesmo enquanto ele gerencia sua própria carreira como pintora, hoje internacional, ela tomou medidas para que as contas fossem pagas, as crianças alimentadas e nossa família estivesse sempre saudável. E, uma vez mais, a assistente dela, Leslie Johnson Lopez, sempre esteve presente para me ajudar com os detalhes — computadores, cartas, contatos etc. — que acompanham a vida de um escritor. Meu velho sócio na produção da TV, Robert Grove, me ajudou a completar seções no esboço inicial deste livro.

No final, o livro que você tem em mãos só existe por causa de duas pessoas. Uma das lições do vale do Silício é que sempre devemos trabalhar com pessoas mais talentosas do que nós. E, doze anos atrás, encontrei essa pessoa em Jim Levine. No mundo dos livros de negócios, Jim já é conhecido como um agente literário extremamente talentoso, mas o que raramente é reconhecido é sua capacidade inigualável de encontrar a verdadeira história na ideia de um livro. Considere que, nos últimos cinco anos, procurei Jim com ideias improváveis a respeito de um modelo de organização comercial radicalmente novo, uma biografia de dois magnatas dos negócios já falecidos e um livro a respeito da história da memória, e Jim não apenas encontrou a alma de cada um deles, como também editoras que quiseram publicá-los.

Dito isso, eu sei que Jim também concordará comigo em que é preciso ser um editor muito especial para enxergar o potencial de um livro com um tema tão improvável quanto este. Mas Phil Revzin, e posteriormente Nichole Argyres, fizeram exatamente isso, e, portanto, são alvo de minha eterna gratidão. Além disso, temo precisar dizer, Nichole e sua assistente, Laura Chasen, tiveram que demonstrar mais paciência comigo — quando o vale do Silício me arrebatou uma vez mais em seu mais recente *boom* — do que qualquer um de meus editores antes delas. Espero que aceitem as minhas desculpas por isso.

A todas as pessoas que acabo de mencionar, e a todas as outras que ajudaram, de alguma maneira, a tornar este livro possível, meu muito obrigado. Vocês sempre estarão em minha memória de A *Guardiã de Todas as Coisas*.

Notas

1. Encontrando uma voz
1. Robin McKie, "How a Hobbit Is Rewriting the History of the Human Race", *The (Guardian) Observer*, 21 de fevereiro de 2010.
2. http://sjohn30.tripod.com/id1.html.
3. http://anthropology.net/2007/10/18/neandertals-have-the-same-mutations-in-foxp2-the-language-gene-as-modern-humans/.
4. www.andreasbick.de en/writings/sound_reading/?article=111.
5. "Toba Catastrophe Theory," *ScienceDaily.com*, www.sciencedaily.com/articles/t/toba_catastrophe_theory.htm.
6. J. David Sweatt, "The Neuronal MAP Kinase Cascade: A Biochemical Signal Integration System Subserving Synaptic Plasticity and Memory", *Journal of Neurochemistry* 76 (2001): 1-10.
7. www.enotes.com/topic/Baddeley<#213>s_model_of_working_memory.
8. www.audiblox.com/human_memory.htm.
9. www.longtermpotentiation.com. Uma excelente explicação é encontrada no registro de 1º de março de 2011.
10. Endel Tulving, "What Is Episodic Memory?", *Current Directions*, 1993, disponível on-line em http://alicekim.ca/ET93.pdf.
11. www.activemind.com/Mysterious/Topics/SETI/drake_equation.html.

2. A caverna da iluminação
1. http://communications.uvic.ca/releases/tip.php?date=22022010.
2. http://findarticles.com/p/articles/mi_hb3284/is_295_77/ai_n28995839/.
3. www.omniglot.com/writing/vinca.htm.
4. www.ancientscripts.com/indus.html.
5. www.feelnubia.com/index.php/culture/tongues/133-the-ancient-nsibidi-writing-system.html.

6. http://incas.homestead.com/quipu/caral_oldest_quipu.html.
7. "About Sequoyah," http://www.sequoyahmuseum.org/index.cfm/m/1/fuseAction/contentpage.main/detailID/29.

3. Argila, junco e pele

1. Martin Litchfield West, *The East Face of Helicon: West Asiatic Elements in Greek Poetry and Myth* (Oxford, Reino Unido: Oxford University Press, 1997), 334-402.
2. www.ancienttexts.org/library/mesopotamian/gilgamesh/.
3. www.buzzle.com/articles/history-of-egyptian-hieroglyphics.html.
4. Rosicrucian Museum, San Jose, Califórnia.
5. www.buzzle.com/articles/history-of-egyptian-hieroglyphics.html.
6. http://legacy.earlham.edu/~seidti/iam/papyrus.html.
7. Robin McKie, "Arab Scholar 'Cracked Rosetta Code' 800 Years Before the West", *The (Guardian) Observer*, 3 de outubro de 2004.
8. www.rosettastonelanguagekey.com/html/an_ancient_mystery/egyptian_hieroglyphs.htm.
9. www.crystalinks.com/libraryofalexandria.html.
10. Ibid.
11. www.alpharubicon.com/primitive/tanningdragoona.htm.
12. http://en.wikipedia.org/wiki/Parchment.
13. http://elab.eserver.org/hfl0243.html.
14. http://cunnan.sca.org.au/wiki/Codex.

4. A estátua ensanguentada

1. Dr. Charles Fernybough, "Moonwalking with Simonides", análise crítica, *Psychology Today* blog, 23 de abril de 2011, www.psychologytoday.com/blog/the-child-in-time/201104/moonwalking-simonides.
2. www.iep.utm.edu/cicero/.
3. http://public.wsu.edu/~dee/REN/HUMANISM.HTM.
4. Cicero, *De Oratore* II (lxxxvi), 351-54.
5. *Rhetorica ad Herennium*, livro III, capítulo 22.
6. Ibid., livro III, capítulo 19.
7. Joshua Foer, *Moonwalking with Einstein* (Nova York: Penguin Press, 2011), 248.
8. www.iep.utm.edu/cicero/.
9. www.roman-empire.net/articles/article-003.html.
10. http://en.wikipedia.org/wiki/Michael_Psellos.
11. Richard Erdoes, *1000 AD* (Berkeley, CA: Seastone, 1998), 60-1.
12. http://everything2.com/title/Historical+Evidence+Regarding+the+Libraries+of+Muslim+Spain.
13. Erdoes, *1000 AD*, 60-1.

14. Karl Christ, *Handbook of Medieval Library History* (Nova York: Scarecrow, 1984), 14-5.
15. "Celebrities in the History of Printing," www.chinaculture.org/library/2008-02/06/content_46431.htm.

5. Criaturas de pernas longas

1. Charles Homer Haskins, *The Renaissance of the Twelfth Century* (Cambridge, MA: Harvard University Press, 1927), viii.
2. Ibid., 6-8.
3. Lawrence M. Principe, *The Scientific Revolution* (Oxford, Reino Unido: Oxford University Press 2011), 7.
4. www.cosmopolis.com/villa/liberal-arts.html.
5. www.chinaculture.org/gb/en_aboutchina/2003-09/24/content_26624.htm.
6. T. H. White, *The Book of Beasts* (Mineola, NY: Dover, 2010).
7. George McCauley Trevelyan, *A Shortened History of England* (Nova York: Penguin, 1988), 69.
8. White, *The Book of Beasts*, 240.
9. Ibid., 241.
10. Ibid., 244.
11. Ibid., 5.
12. Conversa do autor com Martin Kaufmann, novembro de 2008.

6. Teatros de memória

1. Michael Lewis, "The Roasting of Giordano Bruno", *Slate*, 28 de fevereiro de 2000, www.slate.com/articles/news_and-politics/i-see-france/2000/02/the-roasting-of--giordano-bruno.html.
2. http://bigbendnow.com/2011/02/giordano-bruno-martyr-or-fool/.
3. http://romaexperience.com/romediary/giordano-bruno/.
4. Frances Yates, *The Art of Memory* (Chicago: University of Chicago Press, 1966), 12.
5. http://galileo.rice.edu/chr/bruno.html.
6. Yates, *The Art of Memory*, 41.
7. Ibid., 130-31.
8. Ibid., 131-32.
9. Essa explicação foi extraída do livreto da igreja de St. James the Great, em seus murais.
10. William Boulting, *Giordano Bruno: His Life, Thought, and Martyrdom* (Nova York: E. P. Dutton 1916), 58.
11. *Select Charters and Other Illustrations of English Constitutional History*, org. W. Stubbs, 2 vols., 9ª edição (Londres: Clarendon Press, 1913), 176.
12. M. T. Clanchy, *From Memory to Written Record, England 1066-1307*, 2ª edição (Oxford, Reino Unido: Blackwell, 1993), 115.

13. Ibid.
14. www.greatsite.com/timeline-english-bible-history/william-tyndale.html.
15. www.tititudorancea.com/z/encyclopedia_35892.htm.

7. Padronagens no carpete

1. Alfred Chapuis e Edouard Gélis, *Le Monde des automates*, volume 2 (Paris: Neuchatel 1927), 149-51; Alfred Chapuis e Edmond Droz, *Automata* (Paris: Neuchatel, 1958), 233-34; Jessica Riskin, "The Defecating Duck or the Ambiguous Origins of Artificial Life", *Critical Inquiry* (setembro de 2003).
2. www.antikythera-mechanism.gr/.
3. "Seventh Olympic Ode" de Pindar, www.jstor.org/pss/4430612.
4. http://library.thinkquest.org/C006011/english/sites/heron_bio.php3 ?v=2.
5. Joseph Needham, *Science and Civilization in China: Volume 2. England* (Cambridge, Reino Unido: Cambridge University Press, 1986), 53.
6. Ibid.
7. Ibid., 54.
8. www.classicallibrary.org/descartes/meditations/.
9. Riskin, "The Defecating Duck".
10. Ibid.
11. www.newadvent.org/cathen/10325a.htm.
12. http://research.miralab.unige.ch/automata/eightennth/vaucanson_uk.htm.
13. Crítica do livro "Living Dolls: A Magical History of the Quest for Mechanical Life", por Gaby Wood, *The Guardian*, 16 de fevereiro de 2002.
14. Ibid.
15. Ibid. Para uma boa história dos autômatos, inclusive o intrigante destino do Pato Digestor (que talvez ainda exista), consulte *Living Dolls: A Magical History of the Quest for Mechanical Life*, de Gaby Wood (Faber & Faber, 2003).

8. Grandes invenções, grandes inventores

1. http://wiki.whitneygen.org/wrg/index.php/Archive:Domesday_Book.
2. Adam Goodheart, "The Census of Doom", *New York Times*, 1º de abril de 2011, edição on-line, http://opinionator.blogs.nytimes.com/2011/04/01/the-census-of--doom/.
3. Ibid.
4. Ibid.
5. Ibid.
6. Ibid.
7. William Aul, "Herman Hollerith: Data Processing Pioneer", *Think* (revista dos funcionários da IBM), 22-24 de novembro de 1972. Disponível em www-03.ibm.com/ibm/history/exhibits/builders/builders_hollerith.html.

8. Ibid.
9. Ibid.
10. Michael S. Malone, *The Big Score* (Nova York: Doubleday, 1985), 14.
11. Nikola Tesla, "Thomas Edison", *New York Times*, 19 de outubro de 1931.
12. "George Eastman", www.nndb.com/people/980/000086722/.
13. Citado em *Film Facts*, de Patrick Robertson (Nova York: Billboard Books, 2001), 5.
14. www.acmi.net.au/AIC/MAGIC_MACHINES_4.html.
15. Parte do material desta seção foi extraído de www.ce.org/Events/Awards/468.htm.
16. http://cs-exhibitions.uni-klu.ac.at/index.php?id=220.
17. http://hyperphysics.phy-astr.gsu.edu/hbase/audio/bias.html.
18. www.videointerchange.com/wire_recorder1.htm.
19. www.computerhistory.org/events/.
20. Michael S. Malone, *The Big Score*, 67.

9. Diamantes e ferrugem

1. www.cci-compeng.com/Unit_5_PC_Architecture/5202_Who_Invented.htm.
2. Lawrence M. Fisher, "Reynold Johnson, 92, Pioneer in Computer Hard Disk Drives", *New York Times*, 18 de setembro de 1998.
3. Discurso no jantar por Rey Johnson, na DataStorage '89 Conference, 19 de setembro de 1989. Disponível em www.magneticdiskheritagecenter.org/100th/reyjohnson.htm.
4. George Rostky, "Disk Drives Take an Eventful Spin", *EE Times*, 13 de julho de 1998.
5. www-03.ibm.com/ibm/history/exhibits/storage/storage_3340.html.
6. Ibid.
7. Michael S. Malone, *The Big Score*, 279.
8. Michael S. Malone, *Betting It All* (Wiley, 2002), 129-30.
9. Ibid., 129.
10. Ibid., 131.
11. Ibid.
12. Rostky, "Disk Drives Take an Eventful Turn".
13. Michael S. Malone, *Betting It All*, 133.
14. Ibid., 136.
15. Ibid.
16. Ibid.
17. www.seattlepi.com/default/article/Apple-s-new-iPod-player-puts-1-000-songs-in-your-1070406.php.
18. www.cedmagic.com/history/transistor-1947.html.
19. Michael S. Malone, *The Microprocessor: A Biography* (Nova York: Springer, 1995), 33.
20. Ibid., 53.

21. www.computerhistory.org/semiconductor/timeline/1958-Miniaturized.html.
22. Michael S. Malone, *The Microprocessor: A Biography* (Nova York: Springer, 1995), 54-5.
23. Ibid., 56-8.
24. http://arstechnica.com/hardware/news/2008/09/moore.ars.
25. Michael S. Malone, "The Future Still Lives", *Forbes*, 11 de maio de 2011.
26. Michael S. Malone, *The Microprocessor: A Biography* (Nova York: Springer, 1995), 3-15.
27. http://en.wikipedia.org/wiki/Programmable_read-only_memory.
28. http://searchcio-midmarket.techtarget.com/definition/EEPROM.
29. http://electronics.howstuffworks.com/flash-memory.htm.

10. A persistência da memória

1. www.wisegeek.com/how-big-is-the-internet.htm.
2. Eliphas Lévi, *Transcendental Magic: Its Doctrine and Ritual* (The Occult Publishing House, 1860, 1913), 108.
3. http://psychology.about.com/od/biopsychology/ss/brainstructure_2.htm.
4. www.musanim.com/miller1956/.
5. Henry Markram, em 2009 TED Conference, Universidade de Oxford, http://www.youtube.com/watch?v=LS3wMC2BpxU.
6. Jonathon Fildes, "Artificial Brain '10 Years Away'", BBC News online, 22 de julho de 2009, acesso em 21 de fevereiro de 2012, news.bbc.co.uk/2/hi/8164060.stm.
7. H. G. Wells, *World Brain* (Nova York: Doubleday), xvi; George B. Dyson, *Among the Machines* (Nova York: Basic Books, 1997).
8. Ibid., 87.
9. Garet Garrett, *Ouroboros* (Nova York: E. P. Dutton, 1926), 19.
10. George Dyson, *Darwin Among the Machines*, 227.
11. Ibid., 1-2.
12. Michael Chorost, *World Wide Mind* (Nova York: Free Press, 2011), 9-10.
13. David White House, "Computer Uses Cat's Brain to See", BBC News online, 8 de outubro de 1999, acesso em 21 de fevereiro de 2012, news.bbc.co.uk./2/hi/sci/tech/468857.stm.
14. Ian Sample, "The Brain Scan That Can Read People's Intentions", *The Guardian*, 9 de fevereiro de 2007.
15. www.singularity-universe.com/technologicalsingularity. Fonte primária da citação de Irving Good: www.acceleratingfuture.com/pages/ultraintelligentmachine.html.
16. www-rohan.sdsu.edu/faculty/vinge/misc/singularity.html.
17. http://reason.com/archives/2007/05/04/superhuman-imagination.
18. Ibid.
19. Clive Thompson, "A Head for Detail", *Wired*, 1º de novembro de 2006.

20. Gordon Bell e Jim Gemmall, *O Futuro da Memória – Total Recall* (São Paulo: Campus-Elsevier, 2010).
21. Thompson, "A Head for Detail".
22. http://news.nationalgeographic.com/news/2011/03/110302-solar-flares-sun-storms-earth-danger-carrington-event-science/.
23. www.technologyreview.com/blog/mimssbits/26889/?p1=blogs.

Próximos Lançamentos

Para receber informações sobre os lançamentos da
Editora Cultrix, basta cadastrar-se
no site: www.editoracultrix.com.br

Para enviar seus comentários sobre este livro,
visite o site www.editoracultrix.com.br ou
mande um e-mail para atendimento@editoracultrix.com.br

Impressão e acabamento:

tel.: 25226368